明末清初天主教史文獻新編

下

周岩 編校

國家圖書館出版社

下冊目錄

編校者説明

《明末清初天主教史文獻叢編》收明萬曆年間至清康熙朝天主教史文獻，所收文獻除説明外，現藏北京、上海、南京等地圖書館，一般爲善本，學術價值極高，但流通範圍有限。

《明末清初天主教史文獻叢編》旨在整理天主教史古籍，搜求散存文獻，以便學術研究。

《明末清初天主教史文獻叢編》除孤本外，取善本爲底本，參校不同版本，進行校勘。對於不同版本的異文，附以《校記》；對於天主教名詞及與現行譯法相異之人名地名，附《天主教及西學名詞簡釋》，以備查檢。

《明末清初天主教史文獻叢編》編輯體例參考台灣吴相湘氏主編《天主教東傳文獻》；出版承香港漢語基督教文化研究所贊助，特此鳴謝。

二〇〇〇年九月北京周駬方謹識。

（意大利）利瑪竇等撰　周駬方校

辯學遺牘

辯學遺牘目録

辯學遺牘前言

《辯學遺牘》，明《天學初函》本，十行二十二字無欄，四周雙邊。中國國家圖書館善本部藏。

《辯學遺牘》收利瑪竇與虞淳熙往還書信，即：《虞德園銓部與利西泰先生書》、《利先生復虞銓部書》；及舊題《利先生復蓮池大和尚竹牕天説四端》，書末有李之藻跋。

虞淳熙是佞佛的名士，號德園居士，在士林中很有影響，晚年歸隱。李日華將他與湯顯祖相提，可見時人推崇。他做過吏部稽勳司郎中，故人稱虞銓部。利瑪竇《天主實義》出版後，在社會上反響很大。這是因爲，一，利氏所傳西學很新；二，書中有闢佛的内容，佛教界人士有争議。虞氏《天主實義殺生辯》説：「利清泰瑪竇書來，欲與余辨」云云。利氏當先有書信報虞。二氏辯教，或始於此，時在萬曆三十三或三十四年。之後，利氏又向虞氏爲其新著《畸人十篇》求序，其用意當然仍是辯教。虞氏也確實寫了序，收在他的《虞德園先生全集》卷六中。《辯學遺牘》中的《虞德園銓部與利西泰先生書》，就是這一時期利虞二氏往還書信中的一封。信中虞氏的觀點闡述得很完整，當是他用心之作。此函收在《虞德園先生全集》卷二十二中，以《答利西泰》爲題。

利虞二氏辯教過程中，還有一位參與者，就是杭州雲棲寺名僧袾宏大師。他自號蓮池，住持雲棲寺四十餘年。《遺牘》中的《利書》他是讀過的。袾宏大師《雲棲遺稿》里有《答虞德園銓部》一則。信中袾宏與虞氏討論《利書》，函稱：「利瑪竇回柬，灼然是京城一士夫代作。向《實義》《畸人》二書，其語雷堆艱澀，今柬條達明利，推敲藻繪，與前不類。知邪説入人，有深信而力爲之羽翼者。」並表示「儻其説（天主教）日熾，以至名公皆爲所惑，廢朽當不惜病軀，不避口業，起而救之。」虞氏《天主實義殺生辯》也説：「雲棲師嘗言，諸群若皆信受，我將著破邪論矣。」可見袾宏的反教會態度，要比虞氏猛烈些。袾宏後來也果然寫了《天説》四則。這是針對利瑪竇在《天主實義》中指摘佛教而作的條答，收在他的《竹牕三筆》中。《三筆》的刊布時間是萬曆四十三年，同年秋，大師圓寂。

袾宏《三筆》刊刻時，利瑪竇已殁五年，自不會讀過《三筆》。但因《遺牘》中的《復蓮池》題爲「利先生」，所以明季佛教人士詬教會人士僞託。《天童和尚辨天説》中有言：「雲棲以是春出《説》，即以是秋入滅。」並質問教會人士：「利氏曾與雲棲面質乎？曾與雲棲往復難問乎？概夫未之聞也。」其實此《復》雖題冠「利先生」，但通篇檢讀，文內並無託名「利先生」之處。比如，《利先生復虞銓部》，首字即爲「竇」，文內又多處自稱「竇」，而且在文中屢言西國西教事。而此《復》文內並無一處稱「竇」，全文也未擬利氏口吻，非有意飾爲利作。讀梁家勉先生《徐光啓年譜》，其「萬曆四十三年乙卯五十四歲」條云：「撰成《闢妄》《諏諮偶編》及《擬復竹牕天說》。據說均係闢佛老補儒之書。」徐氏《擬復竹牕天說》，無傳本。《遺牘》所收之《復》，是否即徐氏之《擬復》，這是一個很值得注意的問題，只是現在還無法結論。

《遺牘》有《跋》，署凉菴居士。之藻先生聖名良，凉菴是他據聖名化譯而成。明末清初很多奉教的士大夫，都有這種有學養的習慣。之藻先生在《跋》中說：「偶從友人得此鈔本，喟然感嘆，付之剞劂，庶三公德意，不致歲久而湮。」由此知《初函》本《遺牘》所祖。

崇禎八年八月，張賡湉至杭州天主堂，獲傳汎際贈《遺牘》一册，內載「《利先生復虞銓部書》及《利先生復蓮池大和尚竹牕天說四端》，後有凉菴居士跋」。張賡湉獲贈的《遺牘》，從內容上說當是《初函》本無疑。後來張氏寫文章說：雲棲「先師西逝至今二十餘年，而此辯牘始出。」也就是説，張氏覺得《遺牘》爲新出。《遺牘》未載刊刻時間。日本原尾張藩蓬左文庫里，藏有一部《天學初函》。據其藏書志，這部《初函》是藩主德川義直在寬永九年（一六三二，明崇禎五年）購入的，那麽，《天學初函》之刊刻，不會晚於這個時間。考慮到運輸等因素，出書時間還會早些。

國圖善本部所藏《遺牘》，有一扉頁。這張扉頁上半部爲《慎修堂識語》，下半部繡「辯學遺牘」四大字，甚别致。《遺牘》，《四庫全書·子部·雜家類》存目二著録。齊魯書社出版《四庫全書存目叢書》時，據北京大學圖書館《初函》本影印《遺牘》，但没有國圖藏本的《識語》。台灣學生書局曾影印羅馬存原金陵大學藏《天學初函》全帙，其中的《遺牘》也没有《識語》。所以《初函》本《遺牘》雖曾影印二次，而此《識語》却爲三百餘年後首次披示。善書之重要，由此可見。《四庫存目叢書》所據之《遺牘》，書末有批語：「利給之口，蘇張之舌，邪遁之辭，聖人所必誅者也。」題於書末空白處，然未具題者。

關於版本。明版之《遺牘》，北京師範大學圖書館目録，著録有萬曆間刊《天主實義》附《辯學遺牘》。余大喜過望，然有目而無書。去年江南訪書，在南京圖書館目録上也見到明刻《天主實義》附《辯學遺牘》，又有目而無書。兩家大圖書館均著録此版本，應該是有根據的，僅惜未見。崇禎年間有閩刻本《遺牘》，楊廷筠有跋。閩本未傳。《聖朝破邪集》張廣湉《證妄説》附收楊跋，故知。明季福建陸履夫在《誅夷論略》中説：「崇禎八年，利妖之遺毒艾儒略輩入丹霞，送余有《天主實義》《聖水紀言》《辨學遺牘》《鴞鵲不並鳴説》《代疑續篇》諸妖書等。」不知艾儒略當年在福建散發的《遺牘》，是否閩刻。《遺牘》未見清初刻本。清光緒六年北京救世堂重刊《遺牘》，北大圖書館有藏。入民國，據載天津大公報社曾重印《遺牘》。八年陳垣先生重刊《遺牘》，與《大西利先生行蹟》《明浙西李之藻傳》合爲一書。有陳垣序，馬相伯、英斂之先生跋。然而陳氏本與其他本子不同。陳氏本中《利先生復虞銓部》中，利氏有一段言西國風俗醇美之文，陳氏或以爲過，節去，凡三十七字。

二〇〇〇年一月十七日北京周駬方謹序

辯學遺牘

虞銓部未晤利公，而彼此以學商證，愛同一體。然其往來書牘，惜多散佚。今刻其僅存者，喫緊提醒，語不在多耳。蓮池亦有論辯，併附牘中。

慎修堂識

虞德園銓部與利西泰先生書

不佞熙，陳留人也。越故有蠻夷之虞，而不佞自陳留徙越，稱中國之虞。越人君子，數為不佞言利西泰先生，非中國[人][二]，然賢者也。又精天文、方技、握算之術。何公露少叅得其一二，欲傳不佞。會病結轖，眩瞀不果學，亦不果來學，時時神往左右，恍石交矣。既而翁太守周野出《畸人十篇》，令序弁首，慚非玄晏，妄譏玄白，負弩播粃，聊爾前引，故當轉克醯雞障耳。

不佞生三歲許時，便知有三聖人之教，聲和影隨，至今坐鼎足上，不得下。側聞先生降神西域，渺小釋迦，將無類我魯人，詆仲尼東家丘。忽於近耶，及[受]讀天堂地獄短長之說，又似未繙其書，未了其義者。豈不聞佛書有云：入無間地獄，窮劫不出，他化自在天，壽一晝夜，為人間一千六百歲乎？推此而論，定有遺矚。夫不全窺其秘，而輒施攻具，舍衛之堅，寧遽能破？敢請徧閲今上所頒佛藏，角其同異，摘其瑕釁，更出一書，懸之國門，俾左袒瞿曇者，恣所彈射，萬一鵠無飲羽，人徒空簸，斯非千古一快事哉。見不出此，僅出謏聞，資彼匿笑，一何為計之疏也。藉令孜孜汲汲，日温時習，無暇盡閲其書，請先閲《宗鏡録》《戒［疏］發隱》及《西域記》《神僧傳》〔二〕《法苑珠林》諸書，探微稽實，亦足開聲罪之端。不然者，但日我國向輕此人，此人生處，吾盡識之，安知非别一西天，别一釋迦，如此間三鄒二老，良史所不辯者乎？古今異時，方域遼邈，未可以一人之疑，疑千人之信也。原夫白馬東來，香象西駕，信使重譯，往來不絶。一夫可欺，萬衆難惑。堂堂中國，賢聖總萃，謂二千餘年之人，盡為五印諸戎所愚，有是事哉？兹無論其人之輕重，直議其書之是非，象山、陽明，傳燈宗門，列俎孔廟，其書近理，概可知矣。且太祖、文皇，並崇剎像，名卿察相，咸峙金湯，火書廬居，譚何容易。幸無以西人攻西人，一遭敗衄，教門頓圮。天主有靈，寧忍授甲推轂於先生，自隳聖城，失定吉界耶？

不佞固知先生奉天主戒，堅於金石，斷無倍〔三〕師渝盟之理。第六經子史，既足取徵，彼三藏十二部者，其意每與先生合轍，不一寓目，語便相襲，詎知讀《畸人十篇》者，掩卷[四]而起曰：「了不異佛意乎？」遼豕野芹，竊為先生不取也。嗟乎！群生蠕蠕果核之内，不知有膚，安知有殼。況復膚殼外事，存而不論，是或一道，惟先生擇焉。倚枕騰口，深愧謙占，穹量鴻包，應弗摽外，主臣主臣[五]。

校記

[一]本文凡「　」處，係據明天啟刻本《虞德園先生集》（以下稱《虞集》）卷二十四《答利西泰》補。

[二]「《神僧傳》」，清救世堂本作「《高僧傳》」；《虞集》作「《神僧傳》」。

[三]「倍」，《虞集》作「陪」。

[四]「掩卷」，原作「捲卷」，據《虞集》改。

[五]「主臣」四字，《虞集》無。

利先生復虞銓部書[一]

竇，西陬鄙人。棄家學道，汎海八萬里，而觀光上國，於茲有年矣。承大君子不鄙，進而與言者，非一二數也。然竇於象緯之學，特是少時偶所涉獵，獻上方物，亦所携成器，以當羔雉。其以技巧見獎借者，果非知竇之深者也。若止爾爾，則此等事，於敝國庠序中，見為微末器物，復是諸工人所造。八萬里外，安知上國之無此，何用泛海三年，出萬死而致之闕下哉。所以然者，為奉天主至道，欲相闡明，使人人為肖子，即於大父母得効涓埃之報，故棄家忘身不惜也。幸蒙聖恩，既得即次，食大官，八年於兹。亦欲有所論著，不敏未能。昨《畸人篇》，則是答問時，偶舉一二理端，因筆為帙，質之大都人士。其於教中大論，曾未當九牛之一毛也。不圖借重雄文，謬見獎許，諸所稱述，皆非竇所敢當也。獨後來太極生上帝語，與前世聖賢所論，未得相謀，尚覺孔子太極生兩儀一言為安耳。太極生生之理，亦敝鄉一種大論，其書充棟，他日尚容略陳一二，以請斧教。至乃棄置他事，獨以大道商推，則蒙知竇深矣。捧讀來札，亹亹千言，誨督甚勤而無勝氣。欲竇據理立論，以闡至道。敝鄉諺云：和言增辯力，台教之謂乎？且鐘鼓不叩擊，不發音聲，亦是夙昔所想望也。伏讀來教，知竇輩奉戒，堅於金石，不識區區鄙衷，何由見亮。即此一語蒙瞀，雖極慮畢誠於左右，知弗為罪，幸甚幸甚。蓋竇輩平生所奉大戒有十，誹謗其一也。佛教果是，果未嘗實見其非，輒遂非之，不誹謗耶？竇自入中國以來，略識文字，則是堯、舜、周、孔而非佛。執心不易，以至於今。區區遠人，何德於孔，何仇於佛耶？若謂竇姑佞孔，以諂士大夫，而徐伸其說，則中夏人士，信佛過於信孔者甚多，何不并佞佛，以盡諂士大夫，而徐伸其説也。實是堅於奉戒，直心一意，所是所非，皆取憑於離合。堯、舜、周、孔，皆以修身事上帝[二]為教，則是之；佛氏抗誣上帝，而欲加諸其上，則非之。竇何敢與有心焉。

夫上帝，一而已。謂有諸天，不誣乎？渺小人群，欲加天帝[三]之上，不抗乎？此為瑕釁，孰大於是，亦何必偏繙五千餘卷，而後知也。佛氏之書，人自為説。聞大藏中，最多異同。側聆門下，蓋世天才，而留心貝葉，若其書中，果有尊崇上帝，虔修企合，以此為教，敢不鞭弭相從。若其未然，即竇之執心不易，既蒙台亮矣。至其書中指義，捕風捉月者實多，微渺玄通者不少。雖未暇讀，竊亦知之。然譬諸偏方僭竊之國，典章制度，豈不依稀正統，而實非正統。為臣者豈可豔其文物，褰裳就之哉。舍衛雖堅，恐未免負固為名也。雖然，而來教所云，檢閱諸經，探微稽實者，實獲我心，所不敢廢，頃緣匆匆，未能得為。仰惟門下博物多聞，素深此義，若得摳趨函丈，各絜綱領，質疑送難，假之歲月，以求統一，則事逸功倍，更愜鄙心矣。此實良覯，當夙宵圖之，或遂得果此，未可知也。至於拙篇中，天堂地獄短長之說，鄙意止欲闢輪迴之妄，使為善不反顧，造惡無冀幸耳。《孟子》云：「不以文害辭，不以辭害志也。」儻因鄙言悟輪迴之妄，則地獄窮劫不出，天堂一日千歲，此亦言之有據者也，又何待論乎？若云生處盡識，故輕此人，此偶舉之言也。海內萬國，頗嘗審究某方某教，千百其歧。印度以東，延入中國二三萬里之內，知有佛耳。止一天竺，無別釋迦。但十室之邑，必有忠信，理果是者，何論其地，此非異同之肯綮也。凡諸異教，行久行遠者，無不依附名理，繼以聰明特達之士，入於其中，著述必多，自覺可信。所貴窮源極本，原始要終，以定是非之極。竇輩所與佛異者，彼以虛，我以實；彼以私，我以公；彼以多歧，我以一本；此其小者。彼以抗誣，我以奉事，乃其大者，如是止耳。且佛入中國，既二千年矣，琳宮相望，僧尼載道，而上國之人心世道，未見其勝於唐虞三代也。[每]〔四〕見學士稱述，反云今不如古。若敝鄉自奉教以來，千六百年，中間習俗，恐涉誇詡，未敢備著。其粗而易見者，則萬里之内，三十餘國，錯壤而居，不一易姓，不一交兵，不一責讓，亦千六百年矣。上國自堯、舜來，數千年聲名文物，儻以信佛奉佛者，信奉天主，當日有遷化，何佛氏之久不能乎？此未見之事，難以徵信，今直當詳究其理，以決從違。大義若明，即定於樽俎，豈輸攻墨守之比，而待授甲推轂為哉。但其中一事，頗覺為難。佛書固多，習者亦衆。敝國經典及述事論理，羽翼道真者，方之佛藏，不啻倍蓰。然未經翻譯。竇又孑然無徒，未能辦此。以今事勢，如來教所云，以一疑千，恐遭敗衂，此為力屈，非理屈也。鄙意以為，在今且可未論勝負，儻藉上國諸君子之力，翻譯經典，不必望與佛藏等，若得其百之一二，持此而共相詰難，果為理屈，即亦甘心敗衂矣。自非然者，則台教云：不盡通佛書，不宜攻舍衛城。竇亦將云，不盡通天主經典，豈能隳我聖城，失我定吉界耶？究心釋典，以覈異同，竇將圖之。究心主教，以極指歸，非大君子孰望焉？此爲天下後世，別歧路以定一尊，功德不細，幸毋忽鄙人之言也。風靡波流，耳目所牖，賢聖不免。門下云：堂堂中國，賢聖總萃，其所信從，無弗是者。則漢以前，中國無聖賢耶？門下所據，漢以來之聖賢，而竇所是者，三代以上之聖賢。若云堯、舜、周、孔，未聞佛教，聞必信從；則竇亦云，漢以下聖賢，未聞天主之教，聞必信從。彼此是非，孰能一之。凡此皆不可爲從違之定據也。來教又云，鄙篇所述，了不異佛意。是誠有之，未足爲過，何者？若竇竊佛緒餘，用相彈射，此爲操戈入室耳。今門下已知，竇未曉佛書，自相合轍，何不可之有？竇所惜者，佛與我未盡合轍耳。若盡合者，即異形骨肉，何幸如之？門下試思八萬里而來，交友請益，但求人與我同，豈願我與人異耶？逃空谷者，聞人足音，跫然而喜矣。遼豕自多其異，竇乃極願其同，則群豕果白，亦跫然而喜之日也。肆筆無隱，罪戾實深，仰冀鴻慈，曲賜矜宥。悚仄悚仄。

校記

[一]附釋袾宏《雲棲遺稿》《答虞德園銓部》：「利瑪竇回柬，灼然是京城一士夫代作。向《實義》《畸人》二書，其語雷堆艱

澀，今東條達明利，推敲藻繪，與前不類。知邪說人人，有深信而力為之羽翼者。然格之以理，實淺陋可笑，而文亦太長可厭。蓋信從此魔者，必非智人也。且韓歐之辯才，程朱之道學，無能摧佛，而況蠢爾么魔乎？此么魔不足辯，獨甘心羽翼之者可歎也。儻其說日熾，以至名公皆為所惑，廢朽當不惜病軀，不避口業，起而救之。今姑等之漁歌牧唱，蚊喧哇叫而已。」此函陳氏本始附。

[二]「上帝」，救世堂本通作「上主」，以下不出校。

[三]「天帝」，救世堂本通作「天主」，以下不出校。

[四]文内凡[　]處，係據救世堂本補。

利先生復蓮池大和尚竹牕天説四端

《天説一》曰：一老宿言，有異域人，爲天主之教者，子何不辯。予以爲教人敬天，善事也，奚辯焉？老宿曰：彼欲以此移風易俗，而兼之毁佛謗法，賢士良友，多信奉者故也。因出其書示予，乃略辯其一二。彼雖崇事天主，而天之説實所未諳。按經以證，彼所稱天主者，忉利天王也，一四天下，三十三天之主也。此一四天下，從一數之而至於千，名小千世界，則有千天主矣。又從一小千數之，而復至於千，名中千世界，則有百萬天主矣。又從一中千數之，而復至於千，名大千世界，則有萬億天主矣。統此三千大千世界者，大梵天王是也。彼所稱最尊無上之天主，梵天視之，略似周天子視千八百諸侯也。彼所知者，萬億[一]天主中之一耳。餘欲界諸天，皆所未知也。又上而色界諸天，又上而無色界諸天，皆所未知也。又言天主者，無形無色無聲，則所謂天[二]者，理而已矣。何以御臣民，施政令，行賞罰乎？彼雖聰慧，未讀佛經，何怪乎立言之舛也。現前信奉士友，皆正人君子，表表一時，衆所仰瞻以爲向背者，予安得避逆耳之嫌，而不一罄其忠告乎？惟高明下擇芻蕘，而電察焉。

辯曰：武林沙門作《竹牕三筆》，皆佛氏語也，於中《天説》四條，頗論吾天教中常言之理，其説率略未備，今亦率略答之，冀覽者鑒别，定是非之歸焉。其一，首言教人敬天，善事也，奚辯焉，此蓋發端之辭，非實語，然不可不辯。

夫教人敬天者，是教人敬天主以為主也；以為主者，以為能生天地萬物，生我，養我，教我，賞罰我，禍福我，因而愛焉，信焉，望焉，終身由是焉，是之謂以為主也。主豈有二乎？既以為主，即幽莫尊於天神，明莫尊於國主，皆與我共事天主者也。非天主也，佛惟不認天主，欲僭其位而越居其上，故深罪之。即吾教中，豈敢謂事天主可，事佛亦可乎？彼既奉佛，是以佛為主也。凡上所云生養諸事，愛信望諸情，皆歸於佛，則佛之外，亦不應有二主。二之，是悖主也，安得云敬天善事耶？且彼妄指吾天主，為彼教中忉利天王，其大梵天王，萬億倍大於忉利天王。而大梵天王，又於佛為弟子列也，則忉利天王之於佛，烏得擬八百諸侯之於周天子。蓋名位至下，特小有所統率，如所謂輿臣臺臺臣僕者耳。今有人事周天子以為主，又謂其輿臺亦可為主乎？捨周天子不事，而事其輿臺，威福玉食，望之以為歸，此乃周天子所必誅，即亦臣事周天子者所必誅，反可稱為善事，置之不辯耶？故我以天主為主，汝以佛為主，理無二主，即無二是。無二是，即無二生利樂，無二不[三]受甚深地獄之苦，此豈小事，可相坐視者？西士數萬里東來，正為大邦人士，認佛為主，足可歎閔故也。彼以佛為主，宜以我為非，共相閔恤，深相諍論，孰是孰非，令其歸一可也。何為置之不辯耶？以佛為主，不佛者置之不辯，亦非度盡衆生，我方成佛之本願矣。故辯者吾所甚願也。鐘不考不聲，石不擊不光，不辯則本明〔四〕者無時而明矣。第辯須有倫有序，如剥葱笋，如析直薪，方能推勘到底，剖析浄盡，使事理畫一，衆無二尊，此辯功之成也。若憑訛傳之謬説，以為根據，信耳不信理，因而妄相折挫，辯之不勝，即傲言詈語，欲擊欲殺，此為兒戲，非正辯矣。訛傳謬説者何也？所謂四天下三十三天三千大千者即是也。四天下、三十三天，其語頗有故。蓋今西國地理家，分大地為五大洲。其中一洲，近弘治年間始得之。以前不識〔五〕，止於四洲。故元世祖時，西域札馬魯丁獻《大地圓體圖》，亦止四洲，載在《元史》可考也。四洲之中，獨亞細亞、歐邏巴兩地相連最廣。其中最多高山，故指亞細亞之西境一高山，為昆崙亦可，或為須彌為妙高皆可。此四天下之説所自來也。西國曆法家量度天行度數，分七政為七重，其上又有列宿、歲差、宗動、不動、五天，共十二重，即中曆九重之義。七政之中，又各自有同樞、不同樞、本輪等天，少者三重，多者五重。總而計之，約三十餘重，此皆以璣衡推驗得之，非望空白撰之説也。此三十三天之所自始也。此二端者，自有本末，但言出佛經，多竄入謬悠無當之語耳。至於三千大千之説，不知孰見之，孰數之。西國未聞，即西來士人，曾游五印度諸國者，其所勸化婆羅門種人。入教甚衆，亦不聞彼佛經中，曾有是説。獨中國佛藏中有之，不知所本，以意度之，大都六代以來，譯文假託者。祖鄒衍大瀛海之説，而廣肆言之耳。不然何彼湮滅之盡，此相肖之甚也。蓋五印度近小西洋，西國往來者甚衆，經籍教法，從古流傳至彼，其所為佛教，皆雜取所聞於他教者，會合成之，如善惡報應、天堂地獄，是從古以來天主之教；如輪迴轉生，則閉他卧剌白撰之論，迨後流入中華，一時士大夫醉心其説，翻譯僧儒，又共取中國之議論文字，而傅會增入之。所以人自為説，不相統一，若其間鈎深索隱，彼法中所謂甚深微妙，最上一乘者，綜其微旨，不出於中國之老易。蓋自晉以來，人人老易，文籍必多，今皆泯没不傳。則當時之玄言塵論，汪洋恣肆之譚，微渺圓通之義，盡入之佛經中矣。不然何印度所譚佛法，了不聞此等議論也。印度去中國甚近，婆羅門輩求之不難。果欲真辯是非，試覓彼人數輩，令盡持其經典以來。復覓此中才士數輩，共肄習翻譯之，果否真偽，有無竄入，灼然自見矣。若言三千大千，以佛慧眼見知，非常所識，是佛所說，當可據依。則此一天中事，佛尤宜識之。何諸經所說日月星宿度數，一一不合，且自相舛錯耶？又其顯者，西國分天文為五十二相，如大熊小熊之屬；近黄道者十二相，如獅子寶瓶之屬。其說有圖有解，分列位次，與三垣二十八宿，文絕不類。今佛經中但取十二名字，附會中國二十八宿，與陰陽吉凶之說，湊合成文，此外毫不知之，云是文殊菩薩所說。此即是抄謄二方議論，雜合成書之左證。謂四天下三十三天，不出於西國，謂三千大千，不出於鄒衍，可乎？就令此三說者，出佛知見，不當得妄。即此三事所言，亦宜統一。云何四天下之最中處，一經言昆崙山在地，一經言妙高山在水，孰是乎？昆崙山，一經言高一萬五千里，一經言二萬一千里；妙高山，言入海八萬，踰繕那，高四萬由旬，孰是乎？三十三天，一經言欲界、色界、無色界，自下而上；一經言昆崙四面，面各八天，其上一天，又孰是乎？孰為不誑語，不異語乎？

然謂四天下，總一天主尚可；謂三十三天各一天主，謬矣。至三千大千，則天主至衆，有如品庶。惟佛至尊，罪尚有大於此者乎？佛者，天主所生之人。天主視之，與蟻正等。今反尊之，令尊卑易位，大小倒置。問孰知之孰言之，則又自知之自言之，此又何等妄誕，而賢智之士，皆從而信向焉，何居？譬如有人本一鄉民，鄉屬於國，國屬於天子。天子視彼鄉民，大小懸絕，亦何待論？忽復中風狂語，云此國外，有百千萬億國，國各有主。凡此各主，我皆得而臣事之。同鄉之人，不一核其真偽，亦皆從而臣事之。他日轉聞之天子，何如？惜哉，何不一論其真理，果可信耶否？而空與其罪也，若喜其微渺之言而甘心從之，寧知微渺者又非彼自言乎？可因而并信其猖狂無上之言乎？若因其猖狂無上之言，為可駭異，以為非佛不能，則莊周《逍遥》、宋玉《大言》，中國有之舊矣，亦可信以為真乎？規鵬之大以為籠，規鯤之大以為釜，規夸父之大為衣裳冠履，則人必狂而笑之。今者披猖醉夢，妄言天上天下，惟我獨尊，舉萬國數千年以來，帝王聖賢所昭事之上帝，降而下之，儕於品庶，反以為是必然不可易。乃至塑作梵天神像，侍立佛前，何不思之甚哉。儻云善惡報應，在身之後，必然不爽，早宜修繕，此則自然之理，根於人之靈心。生死大事，關繫人之真命，佛能驅人類而從之者，本原在此。不知此本吾天主之教法，附會出之者也。果為生死大事，則當承事天主，去偽即真，脱屣凶禍之鄉，寘身吉福之境，在一反掌間耳。願有志者，據理而論，擇地而蹈，相與講究從事可也。彼又言天主無形無色無聲，則是天者，理而已矣。將何以御臣民，施政令，行賞罰乎？惜哉此言，傷於率爾。謂天主無形無色無聲者，神也。神無所待而有，而萬物皆待之而有。故雖無形色聲，能為形色聲，又能為萬形萬色萬聲之主，曷為不能御臣民，施政令，行賞罰乎？理者，虛物，待物而後有。謂天主為理，不可也。且佛經言佛菩薩，不多有神通靈應乎？佛則曾有報身，涅槃後已無之，諸菩薩并報身無之。試問今佛菩薩，為有形色聲乎？為無神通靈應也，則亦自相矛盾矣。格物窮理之説甚長，今未易盡，請以異日。儻向上所説，更須折辯者，仍乞示教，共參訂焉。辯者吾所甚願，前既已言之矣。

校記

[一]「萬億」，原作「萬一」，據袾宏《竹牕三筆·天說一》改。

[二]「天者」，救世堂本作「天主者」。

[三]「即無二生利樂，無二不」，救世堂本改為「則非者必」。

[四]「本明」，救世堂本作「未明」。

[五]「不識」，原作「無有」，據救世堂本改。

其《二》曰：又問：彼云梵網言，一切有生皆宿生父母。殺而食之，即殺吾父母。如是則人亦不得行婚娶，是妻妾吾父母也；人亦不得置婢僕，是役使吾父母也；人亦不得乘騾馬，是陵跨吾父母也。士人僧人不能答，如之何？予曰：梵網止是深戒殺生，故發此論。意謂恒沙劫來，生生受生，生生必有父母，安知彼非宿世父母乎？蓋恐其或己父母，非決其必己父母也。若以辭害意，舉一例百，則儒亦有之。禮禁同姓爲婚，故買妾不知其姓則卜之。彼將曰：卜而非同姓也則婚之，固無害。此亦曰：娶妻不知其爲父母，爲非父母，則卜之。卜而非己父母也，則娶之，亦無害矣。《禮》云：「倍年以長，則父事之。」今年少居官者何限，其舁轎引車、張蓋執戟，必兒童而後可。有長者在焉，是以父母爲隸卒也，如其可通行而不礙，佛言獨不可通行乎？夫男女之嫁娶，以至車馬僮僕，皆人世之常法，非殺生之慘毒比也。故經止云：一切有命者不得殺；未嘗云一切有命者，不得嫁娶，不得使令也。如斯設難，是謂騁小巧之迂譚，而欲破大道之明訓也，胡可得也。復次，彼書杜撰不根之語，未易悉舉，如謂人死，其魂常在，無輪迴者。既魂常在，禹、湯、文、武，何不一誡訓於桀、紂、幽、厲乎？先秦、兩漢、唐、宋諸君，何不一致罰於斯、高、莽、操、李、楊、秦、蔡之流乎？既無輪迴，叔子何能託前生爲某家子，明道何能憶宿世之藏母釵乎？羊哀化虎，鄧艾爲牛，如斯之類，班班載於儒書，不一而足，彼皆未知，何怪其言之舛也。

辯曰：按《實義》第五篇《正輪迴六道之誣》，略有六端。今所辯一切有生，皆宿生父母云者，是其第六；則前五端，皆屈服無辭，必可知矣。第六端言據輪迴之説，一切有生，恐為宿世父母，不忍殺而食之，則亦不宜行婚娶，使僕役，跨騾馬，恐其宿世為我父母眷屬等。此理甚明，無可疑者。今辯曰：「恒沙劫來，生生受生，生生必有父母。蓋恐其或己父母，非謂其決己父母也。」夫恐其或然，則不宜殺之；不謂其決然，則可得而婚娶之，役使之，騎乘之，於理安乎？夫生生必有父母，恒沙劫來，轉生至多，父母亦至多，其為叔伯尊行兄弟、子孫親戚、君師朋友尤多，而吾一生所役使用度諸物又多。輪迴果有，必將遇一焉，豈卜可避免乎？佛教明言卜筮等事，皆不應作。今又教人卜度前世事，不犯佛戒乎？卜何能知人事，即目前事，卜而偶中者，百中有一耳。其不驗者至多，能知前世事乎？能知沙劫以來，生生世世事乎？婚娶可卜而避之，則役使騎乘等，亦可卜而避之，云何不卜乎？吾一卜甚易，父母眷屬、役使騎乘，甚辱甚勞，又何憚不以吾之甚易，免彼勞辱也。即日用間，又不勝卜矣。故又轉為倍年父事之説。《禮》言倍年父事，蓋父執也，非謂貴賤不倫者，一概皆父事之也。不然，以六尺之孤而臨王位，無所措其手足矣。從上言，恐為父母轉生，不應殺食等者。謂真父母，不謂似父母也。云何得言今年少居官者，皆以似父母之長年為隸卒，則亦可以真父母之轉生者，為妻妾童僕騎乘乎？何其引喻之不倫乎？

凡辯論事情，宜循其本。《實義》所云，蓋以此證輪迴之必無耳。意若曰：天主造物，既使人轉生為禽獸，又不令人知之，萬一為其宿生父母而殺食之、騎乘之，又為大罪，則是以天下為大阱而罔民也。是知天主必不使人轉為禽獸也。既使人轉生為人，又不令人知之，萬一為其宿生父母而嫁娶之，役使之，又為大罪，亦罔民也。是知天主必不使人轉為人也，此本意也。若欲明輪迴之必有，亦宜條論其所以必有之故。既能明其必有，然後別生他論，可也。今者空然坐據輪迴之必有，而曲論其所以處置之術。是謂不揣其本而齊其末，猶向者坐據三千大千之必有，而遽欲小天主而尊佛，乘浮云，摧泰山，其失略等矣。既明輪迴之必無，則禽獸可得而殺與用，又可得而嫁娶使令，此理燦然，云何小巧迂譚乎？人死其魂常在，必然之理；必如是然後善惡之報無盡，然後可以勸善而懲惡，顧猶有不覺不力者焉。藉其泯滅，豈不令小人倖免，而君子枉受為善之苦勞乎哉？天主教與佛多有相左，至言靈魂不滅，佛教中亦有之，云何自背其說乎？靈魂必滅，彼往生成佛生天者，何物乎？輪迴六道、地獄受苦者，又何物乎？禹、湯諸君，其靈魂必不滅，然桀、紂、斯、高等之殃罰，天主主之，非諸君事也。此理甚長，今未易罄。若言不行罪罰，以證靈魂必滅，則《三筆》所載，某為城隍，某為閻王甚衆。若將信之，其靈魂不在乎？其家子孫童僕，犯有過失，亦能誨督罰治之乎？此可謂輕於持論矣。某前生為某家子，某轉生為某物，佛書與小說書多有之。然而訛傳妄證者至衆，往往有載入刻中，傳播遠邇而歷其地，詢其人乃毫無影響者，是知書傳所說，未可信也。萬一果有之，則是魔鬼憑依，以誑惑人，使從其類，信之是墮其計中，尤不可之大者。且此等傳記，皆佛入中國始有之，何漢以前，了無一人知前身事乎？佛果以輪迴誘人為善去惡，宜使人明知之，云何億兆之中，僅得一二也，載於儒書，便為可信，則今小說家，汗牛充棟，盡皆實事，於理難言矣。

《天説三》曰：復次，南郊以祀上帝，王制也。曰欽若昊天，曰欽崇天道，曰昭事上帝，曰上帝臨汝，二帝三王，所以憲天而立極者也。曰知天，曰畏天，曰律天，曰則天，曰富貴在天，曰知我其天，曰天生德於予，曰獲罪於天，無所禱也，是遵王制，集千聖之大成者，夫子也。曰畏天，曰樂天，曰知天，曰事天，亞夫子而聖者，孟子也。［事］天之説何所不足［一］，而俟彼之創爲新説也。以上所陳，儻謂不然，乞告聞天主。儻予懷妬忌心，立詭異説，故沮壞彼王教，則天主威靈洞照，當使猛烈天神下治之，以飭天討。

辯曰：彼説所引南郊祀上帝，與《詩》《書》所言欽若、昭事等，以為從古帝王，皆事天也。夫釋氏而肯言帝王之事天，此吾所甚願也。引孔孟言知天事天等，以為孔孟教人事天也。夫釋氏而肯言孔孟之事天，又吾所甚願也，何者？至是而天乃大矣，不若向者三千大千之云，至衆多卑微矣。雖然，其如背佛何？佛既居大梵天王於弟子列，其忉利天王，不能當周天子之輿臺。中國聖賢所事之昊天上帝，則亦忉利天王耳。堯、舜、孔、孟等，豈知有欲界、色界、無色界諸天乎？若果以佛為主，則堯、舜、孔、孟等，亦所謂捨周天子不事，而事其輿臺。周天子所必誅，臣事周天子者所必誅也。今既事佛矣，又盛稱諸事天者，為憲天立極，為集千聖之大成，為亞聖，則是以周天子為天子可，以周天子之輿臺為天子亦可也，世豈有如是兩可之理乎？既以為兩可，則彼居一天之下，其中心實未嘗不以一天主，為至尊無上，未嘗不以諸帝王聖賢事天畏天者，為當然不易之理。雖習聞三千大千之説，習稱佛言不誑不異，實亦未嘗真見其然，以為昭灼無疑，特溺於所聞，姑為之因仍演説云耳。今設立兩端，求其必定歸一。從佛則天主為至微至卑，天主必罪之；從天主則佛為至妄至誕，佛必罪之，將何從焉？必且首鼠兩難，必不敢盡捨天主而歸佛矣。此等意象，出於人之靈心，不可强也，不可滅也，不可欺也。試人人捫心求之，誰獨不然乎哉？誠見其然，即是去偽即真之機括。故曰：吾所甚願也。若其兩難適從，惶惑無措，即當相與講論商搉，研析幾微，務求至當，披剥至盡，豈有永無歸一之理。故曰：辯者吾所甚願也。但云[事]天之説，無所不足，何俟創為新説，此又傷於率爾矣。

夫儒書言天，果無不足，更無一語可加。今來所舉，止於推演舊文，是則不名新説。果係新説，為儒書所未有者，便可發明補益，又安知非足其所不足者乎？夫帝王聖賢，言事天畏天等，信有之。然帝王聖賢自為此，必教人共為此，又必期人人盡為此，然後謂之帝王聖賢耳。今天下果能人人昭事奉若，人人日日，事事言言念念，皆無毫毛過失，獲罪於天，則聖賢帝王，所言所願，無一不滿，真可謂無所不足矣，真無俟創為新説矣。若猶未也，則帝王聖賢之志，此時尚為未遂，果有待後人之足之也。然則堯、舜、孔、孟而在今日，撫此民物，自知欽崇奉若之志，未為暢滿，必將求所以滿之之術，如饑於食、渴於飲焉。聞有傳述天主之教，教人欽崇奉若，牖民使歸誠於天主，祈天主願降祐於民，究將使人人日日，果無獲罪於天者，必且速致之。按其書與言，必共討論之，論之而當，必尊信力行之，何謂不俟新説乎？事天者，守其已陳之説，無俟於新。所俟於新者，必佛説而後，可乎？吾天主之教，自開闢以來，相傳至今，歷歷自有原委。其間一字一句，一事一法，不出於天主上帝[三]，不由千百聖賢，真傳實授，的然無疑者。不以入之經傳，誰敢自立一矩矱，自撰一文言。特中華遠未及傳，近歲乃至耳，非今日創為之新説也。若中國堯、舜、孔、孟，言天事天之書，火於秦；黄老於漢，佛於六朝以降，又雜以詞章舉業、功名富貴。書既殘缺，所言所事，又未見人人日日，設誠致行之，何謂已足乎？即使已足矣，相與參求闡發，又奚所不可乎？若稍有其書，有其言，便謂已足，則堯、舜之後，安用孔、孟乎？真法堯、舜、孔、孟者，必不據堯、舜、孔、孟殘缺之言，而距人千里之外也。天主之能無盡，仁愛無盡，謗者害者，無不憐憫之、誘接之。今者一言沮壞，謂且遽飭天討，吾安敢知。然言天主威靈洞照，即又知有天主。向者三千大千之説，果未能灼然無疑，又一徵也。不然佛至大，忉利天主至小，果信其然，何得於佛弟子所，命天神，飭天討乎？若真見其不能討，而姑為是語，又犯妄言兩舌戒矣。余聞此翁天資樸實，有意為善，特囿於本教，未能透脱耳，惜哉惜哉！

校記

〔一〕「事天之説」，原本作「天之説」，據救世堂本改。

〔二〕「天主上帝」，救世堂本節去「上帝」二字。

《天説餘》曰：予頃爲《天説》矣。有客復從而難曰：卜娶婦，而非己父母也，即可娶，獨不曰卜殺生，而非己父母也，亦可殺乎？不娶而生人之類絶。獨不曰去殺，而祭祀之禮廢乎？被難者默然以告予。予曰：古人有言，卜以決疑，不疑何卜？同姓不婚，天下古今之大經大法也，故疑而卜之。殺生，天下古今之大過大惡也，斷不可爲，何疑而待卜也。不娶而人類絶，理則然矣。不殺生而祀典廢，獨不聞二簋可用享，殺牛之不如湁祭乎？則祀典固安然不廢也。即廢焉，是廢所當廢，除肉刑、禁殉葬之類也，美政也。嗟乎！卜之云者，姑借目前事，以權爲比例，蓋因明通蔽云爾。予便作實法會，真可謂杯酒助歡笑之迂譚，俳場供戲謔之諢語也。然使愚夫愚婦，入乎耳而存乎心，害非細也，言不可不慎也。客又難殺生止斷色身；行淫直斷慧命。意謂殺生猶輕，不知所殺者，彼之色身；而行殺者，一念慘毒之心，自己之慧命斷矣，可不悲夫。

辯曰：夫卜筮陰陽之説，人世之大害，不可信用也。矧曰用以卜前世事乎？害之中復有害焉。且卜而可信，則三千大千世界，尚不知其有耶？否耶？宜先卜之，卜而無有，宜屏絶不言，如是可謂能信卜者。苟為不然，則其於卜也，猶在疑信之間，祇以是為權宜副急之策，乃彌見其辭之窮耳。何明之因，何蔽之通乎？今所論者，輪迴之有與不有，在《實義》《畸人》《七克》諸篇，稍説其一二矣。若信為必有者，願顯舉諸篇，對析其理，勿以卜之一言，姑借權比云爾也。然則殺生如何？曰殺生不殺生，不可為功與罪，有所附則為功與罪。如殺生者，為事邪魔恣淫慾及和合諸惡事，則殺生大罪也。如不殺生，為信有輪迴故，是顯背天主賞罰之正經。若世法擅改律令者，則不殺生，大罪也。如少殺生，為事天主故，則愛物亦徵其愛天主。少殺生，為養人故，則愛物亦徵其愛人，此為功矣。儻無所附麗，其愛情全向於物，但能不為輪迴而愛之者，則非功亦非罪也。若言盡不可殺，殺之者為天下古今之大過大惡，則天主未嘗有是命。古西土聖賢，及所聞於中土聖賢者，亦未嘗有是訓。萬國君臣，所以約束人民者，亦未嘗有是律，何所據而名之罪惡，若斯甚乎？夫教訓法律，因於理而出，理附於事勢而見者也。教訓法律，事理事勢，又天下古今之公物也。一物不可殺，即物物不可殺；一人不可殺生，即人人不可殺生；一時不可殺生，即百千萬年不可殺生。如此豈非自今以前，上遡之至於生人之初，人人不殺生乎？果若是也，則世界安得有人矣。造物之初，先有萬物，然後有人。造物之主，本為人而生萬物也，嘗命人主萬物矣，嘗命人用萬物矣。自生人之祖，有方上帝之命，因而鳥獸亦方人之命，於斯時也，爪牙角毒，鳥獸之猛，百倍於人，皆能殺人而食之。才智者出，不得已作為五兵網罟之屬，以自救而制勝，因而食其肉，衣其皮。是食肉衣皮，起於殺鳥獸；殺鳥獸起於自救其命；自救其命起於鳥獸之能殺人也。寇賊姦宄妄殺人，制治者殺之；鳥獸能殺人，何獨禁殺之乎？相沿至於堯、舜之世，猶曰獸蹄鳥跡，交於中國。是堯、舜以前更多也。益烈山澤，禹治洪水，然後害人者消。益烈山澤，不殺之乎？不殺能驅而放之而消之乎？自是以來，鳥獸之跡不交，食人之鳥獸既遠，人亦不得恒食鳥獸，於是稼穡之利興，則猶有食稼穡之鳥獸。稼穡盡，猶之乎殺人也。於是作為蒐苗獮狩四時之田，田者獵於田中，去其害稼穡者，此皆殺生之所自來也。如生人以來，天主遂著殺生之戒，則一蟲之微，殺一人有餘矣。況其他毒螫鷙猛者萬端，彼得而殺人，人不得而殺之，豈能以生人之至寡，當彼至衆乎？堯、舜之世，著殺生之戒，不烈山澤驅蛇龍，獸蹄鳥跡何時消乎？不為四時之田，稼穡卒痒，人不盡饑而死乎？如此人類之滅久矣，安得有帝王聖賢，又安得有所謂佛者，起而為衆生戒殺也。則彼將曰：生人之初，固然。至於今，鳥獸不甚殺人，人宜戒殺，如此豈非自今以後，至於百千萬年，人人不可殺生乎？果行此，則數十百年以後，世界又無人矣。鳥獸至易蕃育也，不殺之則亦不宜搏擊，恐致死矣。不殺不搏擊，必將居人之居，食人之食。一蝗之類能盡穀，一虎之類能盡人，何況其餘毒螫鷙猛者萬端。彼得而殺人，人不得而殺之，不出十年，而鳥獸遍國中；不出百年，而天下無子遺，自然之勢也。若曰：我不殺之而能驅逐之，捍衛之，不知何法而可乎[一]？彼見今畏死之鳥獸避人，不知不殺之後，强者攫網[二]，弱者援箬，攖人而奪之食矣。度其勢不至於人殺之，則必至於殺人。殺生之戒，又焉能充其類也乎？必充其類，將拱手就噬，而讓此世界於鳥獸，不知天主造此世界，為人耶？為鳥獸耶？如為鳥獸，烏用生人；如果為人，人曷為拱手就噬，而讓之於鳥獸？如必曰：生人之初，可以殺之；百年之後，待其殺人也可以殺之。特今世不可以殺之，即非世世通行之常法。如曰他人殺之，鳥獸既遠避矣，不我殺矣，我可以無殺之，即又非人人通行之常法。如曰彼能殺人之鳥獸可殺之，此不能殺人之鳥獸不可殺之，即又非物物通行之常法。夫我之法，既不可為天下古今之大常，犯之者又焉得為天下古今之大過大惡哉？故天主造物，無所不能。儻有意戒殺，必不為此鳥獸與人，不可兩存之勢。既有此不兩存之勢，即有可殺而用之之理，即不宜有禁殺之教訓法律。故千古帝王聖賢，止於愛養，時取節用之，未為失也。豈可與肉刑、殉葬同類共譏之乎？肉刑、殉葬，人也；人與物，輕重之分久矣。必欲等無軒輊，須果有輪迴而後可，輪迴又必不可得有，則人與物，必不能等無軒輊，定有定無，儻未信者，請須後命，相與商求是正焉。

校記

〔一〕「可乎」，救世堂本作「能驅逐之捍衛之也」。

〔二〕「綱」，原本作「網」，據救世堂本改。

跋

蓮池棄儒歸釋，德園潛心梵典，皆為東南學佛者所宗。與利公昭事之學，戞戞乎不相入也。茲觀其郵筩辯學語，往復不置，又似極相愛慕，不斬以其所學，深相訂正者然，而終於未能歸一，俄皆謝世。悲夫！假令當年天假之緣，得以晤言一室，研義送難，各暢所詣。彼皆素懷超曠，究到水窮源盡處，必不肯封所聞識，自錮本領。更可使微言奥旨，大豁群蒙，而惜乎其不可得也。偶從友人得此抄本，喟然感歎，付之剞劂，庶俾三公德意，不致歲久而湮。淺深得失，則余何敢知焉。

涼菴居士識

（明）楊廷筠撰　周駬方點校

代疑篇

代疑篇目録

卷下

答耶穌疑至人神人，未必是天主條

答耶穌爲公教，諸聖相通功條

答遵其教者罪過得消除條

答命終時解罪獲大利益條

答十字架威力甚大，萬魔當之立見消隕條

代疑篇前言

明楊廷筠，《代疑篇》撰者，與徐光啓、李之藻，被後世合稱爲中國天主教早期教會「三柱石」。

楊廷筠字仲堅，號淇園。浙江仁和人。公生於明嘉靖三十六年（一五五七）。萬曆七年（一五七九、二十三歲）成舉人；二十年（一五九二、三十六歲）中進士。知江西安福縣事，乾隆江西《安福縣志》及《吉安府志》有公傳。在任時，「緩催科，均徭役，尤加意學校，月課歲試，獎進不倦。」（《府志》卷三七《名宦》），地方人士謂之「仁侯」。萬曆二十六年（一五九八）擢監察御史。曾諫阻礦税，疏劾陳奉、馬堂、陳增等奸狀，並諫阻取太倉庫金。三十年（一六〇二）任湖廣道御史，巡視漕運。三十二年任四川道掌道事。三十三年巡按蘇松，疏請罷止蘇松改織綾紵三十萬事，又請免蘇松常鎮四府河工加賦，有「焚林竭澤，民豈堪此」之語。三十七年任江蘇督學，訪孝孺後裔，建求忠書院。同年稱病告歸。《神宗實録》卷五七六記十一月壬子「起陞太常寺少卿程紹、副使楊廷筠」。因丁憂，未授職。光啓二年六月壬午，「起原任江西按察司副使楊廷筠爲河南按察使司副使，分巡大梁道」（《熹宗實録》卷二三）。三年四月「陞湖廣按察司副使楊廷筠爲光禄寺少卿」（同上，卷三三）。天啓四年四月，任順天府丞。六月，東林與魏閹黨争起，楊漣劾魏忠賢二十四大罪，次年，漣與左光斗等六人下獄死，杖死萬燝於公堂。七月，公「覩時事已變，遂乞歸」。陳繼儒《祭楊侍御文》稱楊公：「我公居鄉則澹泊寧静，立朝則忠厚正直。台中呼爲真御史，吴下推爲真導師。急流勇退於璫焰之先，講學談道於湖山之下。」（《陳眉公先生全集》卷四十六）同時，相國葉向高亦罷歸。六年，公在杭州捐資設學；七年十二月卒，享年七十有一。

楊廷筠早年佞佛，故何光出萬曆年刊《蘭臺法鑒録》立公傳。公最早接觸來華傳教士，約在萬曆三十年。其時利瑪竇入京覲帝，廷筠與利氏相晤。但這時楊公還没有信教的打算。楊公弟子丁志麟説：「西泰利瑪竇先生來賓於廷，倡明天主之道，公蓋習聞其説而未之悟也。」（《楊淇園先生超性事蹟》）所以，萬曆三十七年，公自江蘇督學告歸，「爰選西湖佳勝」，「結真實社」，「其優婆比丘，襲竺乾衣鉢之傳者，恒以禪乘中之，於是公之門有禮僧之室焉。」（同上）真正對楊公有觸動的事情，則是萬曆三十九年，李之藻丁外艱回籍，並邀郭居静、金尼閣至杭州開教。廷筠前往致吊，見之藻毁泥佛木塑，且不請僧道超度，頗爲驚異。並會晤郭金二神父，「欣然叩其宗旨，既而懇覩主像，竦息瞻拜，恍若大主臨而命之也。因延先生至家，厚禮之，杜却囂塵，一意窮聖學指歸。」（同上）

楊公「因乏嗣，故置側室，公子二，由庶出。比公固請領洗，而先生未許。公躊躇且久，私謂我存（之藻）公曰：『泰西先生乃奇甚，僕以御史而事先生，夫豈不可，而獨不能容吾一妾耶？若僧家者流，必不如是。』我存公喟然歎曰：『於此知泰西先生非僧徒比也。』公忽猛醒，痛改前非，屏妾異處，躬行教誡，於是先生鑒其誠，俾領洗焉。」（同前）妾姓賈，見《武林楊母吕恭人傳》（《陳眉公先生全集》卷四十五）。是年公五十五歲，領洗聖名彌額爾。公因號彌格子，即書中彌格居士也。《代疑篇》，公領洗後所著。另撰有《天釋明辯》，即《篇》中所説《或問西釋辯明》。

《代疑篇》二卷，又名《徵信篇》。明天啓年間刊於杭州。有李之藻（即涼菴子）、王徵序。目録下題「若瑟生批閲」。若瑟生，不詳何人。書梓行後社會反響極强。左光先（光斗弟）任福建福寧縣左堂時，曾出告示曰：「若乃愚民妄相揣度，則有《鴞鸞説》《用夏解》及《代疑》正續二編在。爾等其繹思之。」可謂奉爲圭臬。

由於楊廷筠早年佞佛，故釋家闢之猶厲。《闢邪集》卷下收有行元和尚《代疑序略記》《非楊篇》、性潛《燃犀》、行聞《拔邪略引》四篇，明指楊氏《代疑篇》（以上四文，同收入本《叢編》）。

《代疑篇》原刻爲明天啓年間刻本，國內各大圖書館均未見。海外巴黎國立圖書館和梵蒂岡教廷圖書館有藏。一九六五年十一月，台灣吴相湘氏據梵蒂岡藏本影印，收入《天主教東傳文獻》中。在内地，我止在北京師範大學圖書館里，找到一部舊刻本，是原輔仁大學圖書館的舊藏品。未題刻印年月，署「提學監察御史武林楊廷筠淇園甫述」。原涼菴子《序》，改題爲「天啓辛酉閩中後學林起識」；又未收王徵《序》。此本將原書結構改變。書原分上下卷，此本則撤去卷目，渾全書爲一；且原二十四則條答，也作了很大的調動。卷末附丁志麟《楊淇園先生超性事蹟》。此本避清諱，又文内「夷教」改爲「西教」，已是海禁大開以後的筆法。書内文字改動處甚多，除因教會譯名應統一而做的必要修訂外，其他行文的改動，也甚是隨意。這也是晚清教會出版物之弊病。民國年間，上海土山灣印書館有鉛印本《代疑篇》行世。

本次點校整理《代疑篇》，以吴氏影印本爲底本，以北師大藏本校訂，爲存影印本原文之真，本編校訂除錯舛外，僅對教會譯名，作了一些必要的改動，並在校記中說明。

一九九九年五月三日北京周駬方謹記

代疑篇序

聖人之道，無疑鬼神，斯不惑後聖。若信心不及，則疑事無名，疑行無功，未聞與道有入。而彌格子急急望人疑，又恐人不疑，而代為之疑，遵何說哉？蓋道之近人者，非其至也。故曰：「及其至也，聖人有不知不能焉。」非聖人安於不知不能，而遺其可知可能，惟日孳孳以求知，至知終，故一息不敢少懈也。一番新解，必一番討論；一番異同，必一番疑辯，然後真義理從此出焉。如石擊而火出，玉礪而光顯，皆藉異己之物，以激發本來之真性。始雖若戾，終實相生，安見大異者之不為大同也。唯拘守舊聞，自矜極致，妄謂世無域外之境界，人無超性之名理，局小心量，靈機不活，聖人復起，其以為然乎？

夫謂道備於古，經盡於聖。則《易》《書》之後，不宜有他書矣，經史之作奚為？《素問》之後，不宜有醫案矣，諸大家之出又奚為？此見義理，原自無窮，畸人畸書，應時而出，未宜盡廢。既已畸於人，自必駭於俗。求諸自心而不得，必生疑；質諸習聞習見而不合，必又疑，而疑豈道中所禁哉？顧有正疑，有妄疑。正疑者，恐悖於理，傷於教，迷於人之性情，欲求一端至是，以窒彼之至非，此不可無也。妄疑者，吠聲吠形，襲訛襲舛，不問有無虛實，謂蘭蕙臭，謂莫邪鈍，此不可有也。西儒從絕域外，泛重溟，浮天末，來此創寓，匪第語言未通，性行未浹，即義理精微，全憑書籍，而文教懸殊。此中以六書為體，有形而後有聲。彼國以二十三字母為用，有聲而後有形。不但密義難疏，即尋常淺解，有一字而費數十遍翻譯。若欲摘疑生辨，逐支逐節，皆是問端，安可置而勿疑。彼泛泛嘉與，無所違覆者，諸儒固最耻之。若謂彼嘉與者，不過奇我遠國土風，詫我新巧製作，此何異貴翡翠象犀柟檀之入中國，禽獸草木我也。貴工倕之指，離朱之目，般輸之斧斤，梓匠輪輿我也。是故偽者之譽我，不若仇者之詰我。以此望人求疑求辨，共疑共辨，安得不急急哉！始乎有疑，終乎定信。自是一信之後，不復再疑。始知宇宙公理，果非一身一家之私物，吾何不以公心還之。其真同者，存為從前聖教之券，識東海西海之皆同。真異者，留為悟後進步之燈，亦復命歸根之有賴，無非實益大道為公，孰與夫意見橫分，狹小天地而自束縛其靈才者哉。

請以質諸有道，毋蘄此疑也。

凉菴子題

代疑篇序 舊題徵信篇

孔子曰：「人而無信，不知其可也。」凡言不知，皆深絶之之辭，非止不可行而已。蓋事理見前，由信得及，然後有心肯，由心肯從，然後能身赴。信菽粟可飽自必食，信布帛可温自必衣，信水火難蹈，堇葛傷生，自必避。萬事成立，未有不從信始。故西學向天主三德，信為之首；十二宗徒各表所信，為《性簿録》，誠重之矣。木之發榮，託命在根；室之嵬焕，造端在基。根撥而基壞，雖有場師大匠不能成功。故曰師無當於五服，五服不得則不親。信無當於五常，五常不得則不舉。學者欲希聖希天，為安身立命之事，未有不從信入。此西儒惓惓接引，首闢信門。而彌格子承其意，作《徵信論》二十有四篇，有味乎言之矣。先是西學深渺，與人言多不領契，幸儒者善疑，弭格善辨。舉向來人情最不釋然者，似已搯擊殆盡，昭揭靡遺，自今惟手是編，即同面證言說，可無事乎？抑西士又言，信者心之真嗜，非必見見，非必聞聞，待見待聞而後信，其信猶淺淺者。信東魯有尼父，未見聖如弗克聖。既見尼父，信亦無所用矣。信長安有天子，豈必身至闕廷，既與至尊接，信又不必言矣。此西國信字之詮解，而又云有死信，有活信。活信者，行解齊到，知與樂好，一時都有。孔子云：「信以成之。」成始成終之理，漆雕之吾斯，武城之莞爾，足以當之。死信則浮慕而已，衷不熱，力不注，究必中槁焉，於以希聖希天，奚繇至哉。敢併述所聞，以足弭格子之未備，不知有當否？是為序。

天啟辛酉關中王徵謹撰

代疑篇總論

有大儒問於彌格居士曰：儒者之學，希聖希天，凡言畏天命，事上帝，是吾儒本等學問，日用工夫。在西士不必哆為創見，在吾人不必疑為異端。即禪玄二門，未嘗不尊天，安得於此中著一異同解，獨所謂造化萬物，一歸主者之作用，未信也；生死賞罰，惟係一主，百神不得參其權，未信也；有天堂有地獄，更無人畜鬼趣輪迴，未信也；物性不同人性，人性不同天主性，未信也；戒殺放生，釋氏上善，西教不斷腥味，何云持齋，未信也；佛由西來，歐邏巴既在極西，必所親歷，獨昌言無佛，未信也；既說人性以上所言，報應反涉粗迹，未信也；西國義理書籍有萬部之多，若非重復，恐多偽造，未信也；地四面皆人所居，天有多層，重重皆可測量，未信也；九萬里程途，涉海三年始到，未信也；從來衣食資給本邦，不受此中供養，未信也；人倫有五，止守朋友一倫，盡廢其四，未信也；禮惟天子祭天，今日日行彌撒禮，非僭即瀆，未信也；謂窘難益德，遠於人情，未信也；疑西教者籍籍，果盡無稽，可置勿問，未信也。至西來諸士，觀其篤行，真是不愧暗室，久習暫處，無不祗服；細談理道，亦多發人未發。然恐遠方學術，各自源流，未必盡有證據。如云天主有形有聲，未信也；降孕為人，生於瑪利亞之童身，未信也；天主有三位一體，降生係第二位費略，未信也；被釘而死，因以十字架為教，未信也；耶穌疑至人神人，未必是天主，未信也；耶穌為公教，聖神相通功[二]，未信也；遵其教者罪過得消除，未信也；命終時解罪，獲大利益，未信也；十字架威力甚大，萬魔當之，立見消隕，未信也。吾非欲拘常攣舊，墨守井窺，以一膜自封。然儒者所貴窮理，尤貴信心，質諸理而合，方反諸心而安。彼國學者既窮理為入門，以上多端必辯析有素，若果言之成理，不荒唐，不傅會，信而有徵，使我廓然心解，不難捨所學而從矣。

居士答曰：天人之懸久矣，人事雖極高極奇，近在人世。耳可聞，目可見，口可言，心可想，誰不信之。惟天載玄微，既非耳目所經，亦非言思可及。且人心量有限，以人測天，猶蠡虫測溟渤之寬深，蹇夫測王宫之侈麗，多見其不知量。若言而即信，天主心量，僅與人齊，正不足為天主矣。觀《西經十二信》，首一句云：「我信全能者。」只味「全能」二字，世間何物可稱全能，凡能有所界，必先有過我者，方能界我。而天主無始，即先萬物而亦無始；天主無終，即後萬物而亦無終，物物受始受終焉。在此全能之內，何物可以並之。「全能者」之下，即接云：「天主罷德肋化成天地。」夫天地之大，可以化成，則更有何物可並天地，何事可並化成之難者。況原初空無所有，既能以絕無為有，則建立以後，造有適有，變有歸無。又不過微塵末事，反掌可就，只「全能」二字，自足了當。如上所示種種諸問，一言蔽之，不必條為之析矣。

又曰：世之疑西儒者，非謂有遺行也。祇因其行徑，過好過畸，近乎不情。人所必有者，彼獨不有；人所必無者，彼獨不無。人情不甚遠也，彼來自絕域，何獨能然？求諸自心而不得，則反疑其作偽，甚而以不肖之心窺之。不知世情之外，另有人品。衆所未信，未妨絕德，而況遠人心跡，能逃於耳，不能逃於目；能掩於暫，不能掩於久；能塗飾於庸愚，不能塗飾於明智。未有縉紳賢達，日與之接膝，日與之抵掌，經歷數年之久，無一蓋藏，猶有不可信者。則向所疑過好過畸，今已實有是事，明有其人，但可謂之難能，謂之孤行，豈可反生譏謗，大亂名實，何損彼人，自墮雲霧中耳。

校記

［一］「聖神相通功」，輔仁舊藏本作「諸聖相通功」。「諸聖相通功」，《信經》後世固定譯法，相延至今。

代疑篇卷上

答造化萬物一歸主者之作用條

武林楊彌格子著　河東康丕疆校

物彙至多，問誰始造。或云一氣所為；或云氣中有理；或云偶然遇合，不須造作；或云自然生成，不由主宰；皆求之不得其故，漫為之說也。夫氣無知覺，理非靈才，若任氣所為，不過氤氳磅礴，有時而盈，有時而竭，有時而逆，有時而順，焉能吹萬不齊，且有律有信也。即謂之理，理本在物，不能生物，如五聲之在八音，變不勝窮，皆屬之理；理在鐘鼓管絃，不能自生鐘鼓管絃，此人人所自明也。若偶然之說，尤屬謬妄。天地萬物，自古及今，無一僭差，是何作用？可以偶然值者當之乎？金偶然遇火則流，火偶然遇水則滅，若不相遇，終古不生不尅。四行之用，一物不可少。若待偶然相值，物類毀滅久矣。人惟不明此理，第認物自生自長理氣之中，如魚在海中一般，反視天夢夢，若與我邈不相干。天載之事，可知可不知，可事可無事。本由習迷不覺，復為異學奪志，將自古聖賢，諄諄敬事之語，盡移之他向，而學術人心，敝非一日矣。誠思天何以動，地何以靜，日月星辰何以運行，風雨雲雷何以變化，山何以峙，川何以流，四行何以生剋，飛潛動植何以生長，何以收藏，物何以蠢，人何以靈，何以各循其軌，各安其類，無相假借，無相凌奪，此必有大主化成其間，不待智者能知之也。海中一舟過焉，帆檣整理，即不見其人，知有操舟者在也。空中一矢過焉，發必中的，即不見其人，知必有運矢者在也。

或云大生廣生，自然而然，不由主宰，此又見其末，不見其本，不可不亟論者。洪荒之初，未有天地，焉有萬物，其造無為有，非天主之功而誰功。《古經》云：天主化成天地，以七日而功完。時則物物各授之質，各賦之生理，予之生機，各畀天神以保守之，引治之，此迺天主洪恩。自此物物依其本模，轉相嗣續，完其生理，暢其生機。人第云天地之功，不知天地無功。天主命之，百神司之，即天地定位，誰非天主造成？知其自然，不知有使之自然者，豈探本之論乎？祖父宮室，子孫自然居之。創造由祖父，營構由工匠也。又如自鳴鐘、銅壺滴漏、風車水碓、木牛流馬、槖籥編簫，用之者以為自然，作之者幾經智慮也，可僅云自然已乎？但人之造作，或用五官，或用百體，縱極神巧，有可得而測量。天主不然，非有思非無思，竭千聖智巧，不能窮其思，特不見其思之倪；非有為非無為，合千聖之力量，不盡其為，特不得其為之窔。此種義理，止可神會，難用舌傳。夫造物化工，昭昭在人心目，何須詮解。惟是天主全能，乃為前數説，掩蝕已久。異學縱横，駕軼其上，反以凜凜上帝者為迂遠，為無據，寧知天主如許全能，如許化工，是吾人大父母，出王游衍，無息可離，無處能遁，乃竟覿面而違之，没齒而昧之，不能不為之深慨也。

答生死賞罰惟係一主，百神不得參其權條

問天之道，福善禍淫。世顧有善未得福，反以得禍；惡未受禍，反以受福，此可謂有天道乎？曰：天道本不盡然，即此或然，内亦定有故，不可不察也。天主生人，原以世福均散世間，聽人自取。凡有知慮者，自能思索；有才幹者，自能運用。人人皆可得取，故善人惡人，皆可有分。且賦予之

初，惡亦未立，只為世人求福，有過當，有適中，便種種差别，善惡乃分。有得所應得者；有有而不居，推以廣庇餘人者；有甘守無得，絶不冀人之有者，此因世福而生善者也；有得非其有者；有只願自己，略不為人者；有妄求强奪，公取竊取者；皆因世福而生惡者也。可見善惡，常與世福相夾而來，不必盡是善惡之報。又世間賞罰，多不合情，必天主予奪，方無滲漏。除上善極惡，無一假借外，其餘中等之人，或善中有惡，則先降困苦，以削其見在之惡，死時只留全善，徑得善報，而享極樂。是善人得禍，非不幸也。或惡中有善，則先與榮寵，以酬見在之善，死時只留全惡，徑得惡報，而遭極殃，是惡人得福，大不幸也。又天主陰騭下民，不重陽善陽惡，故善者得聲名，其善已酬，報亦不厚；惡人得訾詈，其惡已洩，謫亦可輕。正子之所謂善人惡人，昭昭與世共知者也。知即是報，何云無報乎？況人之善惡，又有隱微，如有為為善與文飾詐偽，皆善中之隱惡也。無知陷溺，或真心不揜，皆惡中之隱善也。此則人不及知，惟主知之，則賞罰有獨異焉。以此言之，世法勸懲，容有僭差。天主彰癉，必無謬誤。

或曰：萬法心造，自求多福，似乎人亦有權也。法王宰官，可以貧富人，可以生殺人，似乎君相有權也。曰：是皆不然。幸而得之，皆值天主之所許也。如其不許，天子不能富貴一人，冤仇不能排陷一人，古事往往有之，豈有人力可以違主？

或曰：鬼神者，造化之功用。今云百神無權，禁人不得奉祀，此不可解？曰：天主生天地，即先生無數萬神[一]。自天地山川，日月星辰，以至昆蟲草木，皆有所司，開闢至今，俱有分職，各神惟順主命，毫無曠越天主[二]之意，無非百神之意；百神之功，無非天主之功。第其名其號，吾人未盡測識。雖欲信奉，無從尋覓，既不容於中有所揀擇，亦豈容己意擅立所尊。擅立者，謂之矯誣，得罪甚大。西學不事百神，非不敬神，正是敬神之至。今人漫信鄉俗，或以意之所重，衆之所推，便立為神。一時謬舉，久作當然，慢神忽天，莫此為甚。非卓然不惑，安能定見不搖也。夫授官品者，必係朝廷；授神秩者，必由天主。官不出朝廷，謂之偽職；秩不由主命，必係妖魔。西學事天主，即百神在其中。世人泛祀無考之百神，反使對越天主之虔，有缺不全，吾不知其可也。

校記

[一]「萬神」，輔仁舊藏本作「天神」。

[二]「天主」，輔仁舊藏本作「百神」。

答有天堂有地獄，更無人畜鬼趣輪迴條

問天堂地獄，原出佛教；既不信佛，何猶沿其說也？曰：說固有名同而實異者。吾所謂天堂，非佛之天堂；所謂地獄，非佛之地獄。蓋佛氏所指二處，似乎肉身享用，故境界現前，俱極粗淺。而福盡業盡，俱復輪迴，則樂苦亦非極處。不知人死，不帶肉身，止是一靈。一靈所向，境界絕與人世不同，受享絕與肉身各別。昇天堂者，入至善之鄉，止增其善，無福盡之期；入地獄者，處全惡之地，止增其惡，無業盡之理。且生前有作有修，全為有身。死既無身，在天堂者，與天神一類；在地獄者，與魔鬼一類，無作無修，憑何福業，為昇墮之實乎？後談淨土者，不言地獄，談宗學者，併天堂

亦不設。終古今極大一事，可以任意改竄，為此更端之說耶？佛之與祖，同一法門，前後持論，迥然不同。而奉佛者，且兩是之，何哉？至六道輪迴，其說亦不始佛。大西洋上古一士，曰閉他卧刺者，憫世沉迷，倡為此說，以誘導愚俗，謂之權法。而大西古賢，久已直斥其妄矣。厥後流傳鄰裔，延及西竺等邦，承訛習舛，甚淺俚不經，不謂中華文獻之地，祖述其說，傅會轉工，遂成家傳户誦，久假不歸也。若人與物不輪迴，人與人不轉世。輪迴另有專論，在《或問西釋辯明》書中[二]，閱之自醒。故知六道輪迴，决非正理。然後信釋氏之説，與西學不同，而西學之言天堂地獄，可得而舉焉。天主化成天地，即分為三等：至清至善者，在天之上；至濁至惡者，在地之下；清濁分、善惡半者，在天地之中。此等分別是自然恰好，上下二處，是有定之所。惟中間一處，可上可下，為無定之處，何也？人有靈性，則向於天；人有肉身，則向於地。又人得自專，為聖為賢由人；為禽為獸由人，天主特設此境，以待人之自修，故謂之未定。要終還歸天堂本所，而天主不加强焉。强之則不得自專，雖善無功，如蜂蟻之忠，蛛蠶之巧，水火之冷熱，不得不然。此之為功，非人之功，皆天主之功，昇天不可望焉。

問天堂之樂何如？曰：昔有天神，自天而來，人問其樂，但告之曰：無言美好，無所不有。世間無一物比之也。所可言者，人昇天堂時，天主增益其能，如身自有光，增倍於日；體輕可飛行上下；能速瞬息届所欲至；無阻穿堅透實，物莫能傷；心明得見天主，滿足快樂，遍通萬理，盡與古賢聖相值，而境界則別是一種成造，無一物是下界所有者。欲知地獄，即此反視之。古賢某德行純備，未知究竟，默祈天主，預示將來。天主使天神告之：「爾微罪未銷，宜歸煉修地獄兩時辰。若在人世，須腹痛終身，惟爾自擇。」此賢念終身腹痛難忍，兩時易過，情願煉獄。天主命攝至其地，備極苦毒，皆人世未有，若數十年之遠者，心怨天神欺我矣。天神曰：「未也，纔半時耳。」最輕易之煉所，其重如此，地獄可知。

校記

［一］《或問西釋辯明》，即《天釋明辯》，楊廷筠撰，指明天主教與釋氏之異。

答物性不同人性，人性不同天主性條

問仁者以天地萬物為一體，儒先至言也。今欲闢輪迴之非，而曰人物不同性，人與天主性尤迥絶，果儒先之言盡非乎？曰：儒先之言，自有所為，為隘視吾身者，守其一膜，與天地萬物絶不相關；泛視天地萬物者，任其慘舒榮悴，與吾身絶不相涉，是以自私自利，相戕相賊，寧知原來同一爐冶，故明儒特醒之曰，是吾一體，分雖殊而理則一，派雖別而源則同。如見入井之孺子而怵惕，見堂下觳觫而不忍，見牕□之艸，與自家生意一般，皆實境實情，惟仁者見其然焉。然云以之為體，則彼亦一體，此亦一體，不可强而同，明矣。今夫明鏡在懸，萬象攝入其中，似乎實有。然而攝者，虛象也，光去則不留，體移則盡換。鏡與影原非同體，豈不昭然。若論性體不同，諸篇自有明解，姑摘言之。如草木依類而生，依期而長，止有生魂而不知趨避，是無覺魂也。禽獸有草木之生長，而能趨能避，是有覺魂。然不論義理，是無靈魂也。人魂兼有三能，能辯理之是非，別人之可否，禽獸有是乎？今言草木不同於禽獸，人皆信之，獨謂禽獸不同於人性，無有信者，則輪迴之説，溺其見而又一體之論，成其訛也。

或曰：物亦有靈，人亦有蠢，安得執一論之？曰：善持論者，當觀其大全。物之靈、人之蠢，不過千百中之一二，豈可因其一二，遂廢千百。況所謂物之靈，不過謂鷄司晨，犬司夜，牛司耕，蜂蟻之義，蛛蠶之巧之類，有似乎靈，而不知此非靈也，特覺魂之偏至者。物主特畀此能，取用於世，示表於人，即諸物不自知之，惟其為天所使，諸物不得不然，不得言功，亦不可言靈。靈者，見其當然，又推測所以然，惟人有之。設禽獸諸物，能見義理，亦能自專，必有然不然者，而物態萬殊矣。胡為此方之物類，無殊萬方；今時之物類，不殊古昔乎？西教言物之無異，由不自專，雖有善，非物之善主之為也。人之萬變，由得自專，則有善，非主獨為，亦人之功也。不然，諸物既有靈，復有善，且殺身以報於世，大忠大義，人類不如，果可為通論乎？知物之與人，既知人之與天矣。天主之性，不可名言，即後章一體三位與《性簿録》[二]之十二信，一時不能遽悟，久久或可推求，遂謂人性能窮天主之性，則亦未敢矣。嘗謂人有三世：母腹一世；出胎一世；歸天堂一世。在胎不盈一掬，自謂至適，不知人世之寬也；出胎見天覆地載，方駭廣大無比，又不知天堂之無窮無際也。天堂之與人世，人世之與母胎，廣狹不同量矣。此人性天性之別也。學者不明此理，徒見一體之説，膾炙已久，襲舛承訛，遂至汎濫無極。卑者認物為我，與衆生輪迴，既無了脱之期；高者認天猶凡，謂福盡降生，寧有敬事之念，誤認一體，流弊至是，不可不深辯也。

校記

[一]《性簿録》，又譯《信經》。

答戒殺放生釋氏上善，西教不斷腥味何云持齋條

問釋氏慈悲，故不食生物。西教不斷血食，即齋日亦用腥味，甚而鱔鱉亦取作膳，豈不可駭？曰：西士居恒多食蔬菜，則齋日不禁水族，聽人用之，人力不等故也。有問鱔鱉可食否？西士不知鱔鱉何物，答云：若是水族，與諸魚無異，豈獨不可食？原來不過如此。而戲侮者，遂執為食鱔鱉之齋。不知此二物，是善是惡，亦未有定。世間不食，獨嚴此二物，是不可曉

也。但人能食齋，本是好念，何可厚非。惟須問其發念，果何所為，若止為惜物命，為求利益，為佞佛生慈，是三者皆不可也。何也？謂物與己同類，不宜殺食，此輪迴謬談，前篇已詳辯之。六畜原為人用，若人不食用，誰畜誰管，且斷絶其種類，聖王之五鷄二彘，為不仁之大者也，此可無論矣。為求利益，吾不知利益之權，實誰司之。世間善事甚多，豈無加於喫齋戒殺者，奚獨於茹素之人，偏加福佑乎？彼以食素，認作上善。世間食葷，俱是大惡。聖王之法，卿大夫肉食，祀先者血食，奉親者有酒肉，豈皆以惡事加於尊親耶？至佞佛生慈，言似有理。吾獨謂慈本仁德，仁者，人也，當以愛人為先；論愛人，泛而同類，近而親友，至切而家庭，皆是當愛，用慈莫切於此。今人於一體人類，漠不相關，獨區區惜此物命，不親親仁民，而功先及物，吾未詳其真慈也。使佛不論理義，惟佑茹素之人，以為親己，謂之喜佞非過矣。

或曰：西教大小齋如何？曰：小齋者，變其常食；或平時肉食，齋則去肉，平時兼味，齋則少味；或全食蔬菜，隨人力量。大齋不止變食，且要減餐，減其三餐，止用一餐，有三日者，有四十日者[二]，此皆外齋，齋之淺者也。又有內齋，在明潔其心。齋日密檢十誡，毋蹈七種當克之條，隨宜行十四哀矜方便，晨昏日課，持誦加勤。靜則默想聖教事情。《傳》曰：「齋者，齊不齊而致其齊。」《易》曰：「齋戒以神明其德。」此所謂內外兼理之齋也。

或曰：西士持齋，亦有為乎？曰：有為。一，為虔修祀禮。西國極重祀典，臨當奉祭，必更著新衣，澣濯裏衣，冠履盡易，飲食必改常，以亦敬也。二，為抑制氣血。氣血在腸胃只思飽，在舌口只思甘滑，在唇齒只思軟脆，在鼻齅只思馨香，何饜足之有？不但飲食之人，則人賤之，而昏志氣，生疾病，皆原於此。能齋則滋味澹泊，氣血不強悍，有觸不至橫發，肉身自得其職矣。三，為伸拔性靈。性靈原是一身之主，只為嗜欲昏迷，飲食為最。飲食既薄，氣力軟柔，此中清清明明，做得主宰，如僕從委順，主令常伸，靈性又得其職矣。四，為扶助德行。凡人見善不能為，見惡不能去，或為之去之，不能勇決，皆緣真性，為氣血剥蝕，不能振拔。今既主宰清明，方寸脱灑，自然無所牽絆，見事剛勇，不沮不退。五，為默領真福。口之於味，是極重嗜欲，為欽崇天主，捐所甚愛，就所甚不愛，以此潔誠，主光必照其方寸。如屋宇灑掃，達官貴人，自來駐止。自此益發心光，增長善念，愈積善功。《經》所謂「阨辣濟亞」是也。此皆奉齋者之所為，專屬心性，不緣生物，不緣福利，不緣求媚。西國克己正志之齋，乃是如此。人誠克己，齋可也，執或不能，即隨便啖腥，不為違主命。人不克己，不齋非也。念或妄寄，即入關長齋，亦空費祈求。吾見世人，有茹素食淡，垂數十年，面黄體瘦，勉强吞啖。如此堅忍，本好進修，惜其中無實見，不加審擇，以此難事，等閒小小用之，曾不為之一轉移也，可用深慨。

校記

〔一〕「四十日」，原誤「四十六日」。輔仁舊藏本作「四十日」。

答佛由西來，歐邏巴既在極西，必所親歷，獨昌言無佛條

問佛生西竺，據《萬國坤輿圖》，歐邏巴又在天竺西，則諸士自西徂東，必經由其地，可曾親履佛國，覿承佛教乎？曰：天竺去中國為近，去歐邏巴

極遠。西士來此由水道，必取赤道北；過赤道南，經大浪山，再轉過赤道北，涉海三年，方抵廣東。天竺國在小西洋，本會同志為傳教遠游，多有至其地者，則熟習彼國之教，遍閱彼國之書，義理粗淺，人物鄙俚，直是一方私說。附近諸邦，通不尊之。各國另有所奉，名目甚多，各不相襲。豈至一入中國，而薄海同尊，誠彼國所未信也。中國始緣帝王託夢，宰相貢諛，差去使臣，奉君相意旨，何事不可崇飾。取至番文，誰人識之，以意翻演，誰人證之。蓋自蔡諳、秦景用白馬馱回，虛恢譎詐，而百端偽妄，已潛伏不可究詰矣。後此途徑漸熟，智術漸工，又襲老列清談之餘，五胡雲擾，六朝偏安，無明王聖主，擔持世教，處士橫議，邪說浸淫，助其瀾者，便稱名士。便立取卿相，遂爾轉相效尤。既有禍福之説，令人欣懼；復有義理之談，聳動高明。是以智愚賢不肖，並入其中。訛以傳訛，盲復引盲，至於今遂謂真真有佛，真真有內典，傳自西來，皆佛親授。若悟得盡是偽撰，真可發一大噱，吐棄斥除，惟恐或後矣。吾輩窮理，孰似考亭。觀《朱子語録》云：佛經皆中國文士自相撰集，如晉宋間，自立講師，孰為釋迦，孰為阿難，孰為迦葉，各自問答，筆之於書，轉相欺誑，大抵皆是老列意思，變換以文其說。誠為確論。夫以西士所經，親見親聞，不足重，既如彼；先儒考證，偽名偽書，不足信，又如此。人亦何苦為其所愚也。

或曰：古來學佛者，多少聰明才辯，至心歸依，豈皆漫無所見。乃欲以一人私意，掃除千古定論耶？且經論中，微辭妙義，細心讀之，不由人不心悅誠服。子於內典，豈未寓目耶？曰：雖有聰明才辯，其畏禍福之心，盡與庸愚同。又人之聰明才辯，往往流為文人。文人作過多端，偏畏死後。故其佞佛，獨在人先，今不能折衷以理，而徒信人之信，恐不免載胥及溺矣。即云微辭妙義，足悅人心，古來立教，孰不依傍名理。其確然可信者，皆已不出吾儒，彼特轉換其說，更新其語，世人淺標外郛，遂或驚喜創獲，而不知儒家自有之珍也。惟儒者言畏天命，彼胡不言，即佛理果長，不過是聖言可畏；佛位果尊，不過是大人可畏，奈何加諸天主之上耶？佛非人類，何以有像有言？佛猶人類，必天主所生，父母所產，何至稱上天下地，惟我為尊，而梵天帝釋，反侍立其傍耶？古來至人，必引人尊天。即耶穌在世，引人欽奉罷德肋。未有不奉所尊，止令人尊己，如釋氏之教，可稱聖稱神者，就此一端，不識名理安在。

答既說人性以上，所言報應反涉粗迹條

程子言：「人性以上，不容說。」後儒因是，止言率性以下，修道之事。而天命一語，從無剖抉精微。揭而示之，不知程子之言，特形容天命之妙，不可輕擬；說而不當，不若不言之為愈。非謂可說不必說，乃不容說也。《易》曰：「窮理盡性以至於命。」使可無說，則窮理盡性足矣，何以必至於命哉？今只就「天命之謂性」一句繹之。言人有性，從天降之，猶官有職，從朝廷與之。朝廷不分自己與人，所與者誥勅文憑；上帝不分體質與人，所命者虛靈性體，其理極明。惟後儒不得其解，又強欲為解，乃謂命即是性，天即是人，總是這於穆不已。在天為命，在人為性，特一物而兩名。若造化分體與人，人各得造化一體，謂之物各一太極。又謂之造化在手、止問在我之天，不必有在天之天。猶之居官者，執誥勅文憑，即信是朝廷，不復有端冕凝旒、明目達聰之朝廷，君臨主宰其上也，可乎哉？無操握大寶者，君主於上，誥勑文憑，不過一紙，人雖至愚，必不以一紙為朝廷明矣。

或問：天命云何？曰：西儒言人為萬物之靈，故所具亞尼瑪，人與物迥然不同。蓋覺魂從耳目口鼻四肢而生，血肉之精華，不但人有之，禽獸皆有之。既從血肉而生，凡具有生覺，即能嗣續不絕，不必再領主命。惟亞尼瑪，譯言靈魂，人之所以異於禽獸者，全在於此。不關血肉，不涉耳目口鼻四肢，從新天主付畀，其付之之由，不從內發，不從外入，實天主造以予之。若誥勑文憑，然非深思，非明傳，未易信而悟也。此程子所謂不容說之意，蓋防世之不知，而妄為之說者。若可說不說，使世認物與人無異，人與天無異，源頭不清，流弊蓋遠，非程子立言意矣。靈性惟由主賦，所以必無散滅。無散滅，所以必有報應。報應之事，有天堂有地獄，粗言之似乎涉跡；精言之極為玄微。蓋天主全能大智，至善萬福，既超人性以上，必思通己所有，以與人共。於是乎受其所分者，有善報，而天堂之賞，亦人性未有之賞也。棄其所分者，有惡報，而地獄之罰，亦人性未有之罰也。既報其生前，又報其死後；既報其靈性，並報其肉身。極言天主報人，無所不盡，正是超性者之作用，非人思議，豈云粗跡哉？至耶穌住世，所言所行，每以微論而寓至理，以瑣事而表鴻訓，非冥思實體不能領會，俗眼俗情，視為粗淺，正其高深不可測識處，亦超性以上者之呈露也。西士每舉聖蹟，必自始至終，詳細備述，嘗恐一字增損，有失本真。奉教惟謹，述而不作之意，嘿嘿可想。況以西言，始發此中文義，語不應口，筆不凑句，安能遽玄遽妙，聽者不深惟其意，反謂涉迹，如在璞之玉，韞蚌之珠，凡目眡之藐為非珍，初何損於至寶哉？

答西國義理書籍有萬部之多，若非重復恐多僞造條

書籍者，天地之英華，人心之精蘊。非聖不作，非賢不通，海內文獻之邦，無如中國矣。總計《七略》四部等，恐不能萬卷，尚多文字詞章。其談理如六經、諸子；紀事如《二十一史》，數亦無幾焉。歐邏巴雖海外大邦，何如我中土，而載籍至多，又皆義理之書，人或未信乎？曰：無而為有，寡而為

多，此於證為妄，於慝為傲，犯誡損德，會士何苦為之。蓋緣西國學者，以義理為養性之糧，窮理為昇天之具，本國所習無老少男女，賢愚貴賤，皆宗其說。故義理日開，書教日廣，其最重者為天學，名陡琭日亞。此種學有《録略》[二]一書，見其發問條目，有三千六百餘條，每條有問反定解，答人心疑窒，無不搜剔殆盡，即此一種，有可想其卷帙之多。其次為人學，名斐琭所費亞，皆格物窮理之事。其書之多，與天學仿佛。其次則憲典，其次則曆法度數，其次則醫理，其次則兵事，大都非説理則紀事，取其有益民生，可資日用。其詩賦詞章，雖亦兼集，上不以此取士，士不以此自見也。

或曰：今之汗牛充棟，大抵詩賦詞章。又云非國所重，則種類益不能多矣，或者非傅會即重復，並贋刻龐雜其中乎？曰：西國之法，極重書教，以此係民之耳目，關民之心志。一訛則無所不訛，故先聖特預防之。掌教事者，必當代聖賢，聰明睿知，高出人群，而傳世之書，必經掌教親目鑒定，毫釐無差，然後發鐫。鐫法工精費鉅，非大力不能，民間無此力量。且國禁甚嚴，私鐫者罪至死，故從來無有贋書。不特於法不容，亦於人不肯也。

曰：聞此益不能信矣。此間哆文辭，廣私鐫，又不禁僞書，故載籍日新。今云在官精刻，盡歸義理，乃有萬部之多，恐海外無徵，如《上林》《子虚》，徒誇本國之盛麗乎？曰：誇多鬬靡，何殊童竪之見？吾指其實，實可據者，自西泰利氏用賓上國，蒙朝廷生養死葬，其國主感恩圖報，特遣陪臣金尼閣，遠來修貢，除方外物，有裝潢圖書七千餘部[二]，重復者不入，纖細者不入，若然並國中所有，即萬部不啻矣。此非可飾説也，書笈見頓香山澳，已經數年，為疑議未息，貢使難通，俾一朝得獻明廷，當寧必發儀部及詞林，與西來諸儒翻譯讎訂，自爾昭然無疑，兹辯亦屬剩語矣。夫物産之盛，由乎地利；製作之工，由乎人為。凡地廣財富之鄉，皆可與幾，惟談義之書，非理精則不傳，非文妙則不遠。既傳且遠，又極宇内備所未備，此豈人力能然，良由天主錫靈人心，尤於此方人心，特加寵佑，兹事亦可想見。不然計其成就，非萬萬金錢不可，孰肯罄天窮地，作此無益之事也耶？

校記

[一]《録略》，指托瑪斯·阿奎那《神學大全》。

〔二〕「裝潢」，原本作「裝演」，據輔仁舊藏本改。

答地四面皆人所居，天有多層重重皆可測量條

通天地人謂之儒。今學者止言人事，不識宇宙之寬，終日戴天履地，不曉其説，恐於自心所不容已也。舊説地形方，地處最下，非然也。天體竪之，有三十三層；横之，有三千大千。非然也，何以知地形非方。天如卵白，地如卵黄，體必相稱；天既圓矣，地安得獨方？世間之物，如卵生必圓，果實之類必圓，一氣噴水，萬點珠圓，非由人力。地之不能不圓，於理可信。古言地方，此明其不動之德，非言形也。地居天中，天包地外，故地土之上，四面皆人所居，以足之所履為重濁，首之所戴為輕清。四面皆天，則四面皆輕；重不就輕，則地不能偏落一面，捨中央誰居焉？若疑地下之人，有顛仆之患，則吾正與彼脚底相對，不見我之顛仆，上下一理，可以反觀。西士多遠游，如過大浪山，則惟見南極，出地三十六度，不見北極，分明與此中人脚底相對。而所見天日在上，山河在下，毫忽不異此中。則其事，實身試而目

擊之，即吾中國自看廣海北極，出地廿三度；順天北極，出地四十度。告以順天為地之正面，則廣東在偏南傾斜，不在地上正面明甚。而人固不覺毫有傾斜也，則何疑其不可站立耶？如云地在最下，縱極深極厚，必有底止，底外又歸何處？天體極實，能係七政，能時刻運行。若地形不脱空，則天體窒礙，一息不能運行，而地下既無人居，則日入地中，俱不照物，造化虛費一半。若謂日止在地面，未嘗入地，則宜常晝不夜，非通論矣。蓋以人視地為極大，以天視地如彈丸；以人視地，重不克舉，以天力舉，僅如鴻毛。而要歸本論，造物之初成天地，以極輕者為天居於外，以極重者為地居於中。重濁之離輕清，必當絕遠，則中心者，是重濁本所也。地是渣滓有形之物，惟中心為恰好相應之處，偏不得一分；欲偏一分，便不免反近輕清一分，無是理矣。今人試以一圓物，納入氣毬，極力吹之，此圓物不落四邊，不在上下，正爾中央。此皆物理自然之勢，何問大小乎？自地到最近最小之月天，以幾何測之，得四十八萬餘里。自此以上，愈廣則愈高，俱自然相稱。極而至第十一重天，以萬萬里計，又不知幾何遠。而《九章》無此算目矣。然共仰惟一天主也，則此天地世界，不為不廣，為人而窮一天地，與一天地之內之事之理，已不啻彀足。若猶以世界為小，一天主為未盡，必進而求之三千大千，求之十萬億國土，既已違悖正理，且將何所憑據，以為實然耶？

或曰：十一重天，已如此不可限量；三十三天，益難究極。至恒沙世界，應如棋子分布，中間空處連處，如何安立，吾亦疑之。若吾子所言，豈亦有本耶？曰：天之示象以文，天文之運，遲速縱橫，亘古不易，各不同候。一天不能有二動，故以候察之，知其有各天也，而所測里分，自上古博學通儒，立法推測，國人習之，在地上者，已盡驗矣。天上隔懸，今何由斷，直須到彼，方信不疑耳。

答九萬里程途，涉海三年始到條

問西士自言從歐邏巴國，歷九萬里程，幾盡乎地矣。從來無此遠游，豈物之來也，遠則見珍；人之來亦遠，乃見貴乎？竊疑附近屬夷，假託名目，以自彰其辛苦墊隘，亦未可知。曰：內附諸夷，即限隔山海，出千萬里外，既列職方，皆有言語文字，物産風俗，會同館譯字子弟，皆能辯之。不識此種人物，圖書製作，與其書籍中所傳義理學問。今所刻《四夷譯語》內，亦曾稍見一斑否乎？凡事皆可倣效，而義理之學問，非聖賢不能傳，皆可贗為？而書刻之精備，非千百年不能就，試舉而求諸職方，有一端一節之相肖者乎？既出職方諸夷之外，則其來必係絶遠，有張騫槎所未經，蘇武節所未到，佛澄、羅什、罽賓諸人所未履者。且人品之重，亦不在遠，是其言也，果為世法；行也，果為世則。即幅幁近地，亦足自見，何必遐方。若徒假託空名，道家之弱水、蓬萊，釋家之萬億國土，豈不尤誕，曾足為二氏增重乎？十誡中有妄證一條，天道人事，俱極重此。設一言有偽，即自犯其誡；一誡有虧，即全喪其善。學道之士，何苦而為此無益之用心也。凡人大有所取於世者，不難少有所喪於己。今西士不婚不宦，於世一無所需，如遊空之鳥，縱壑之魚，何所不得，而必為此枉尺直尋之事乎？況閲其籍按其圖，皆有度有里。上與極星相應，吾目可知，不必口舌之贅也者。若然，則其人涉海三年，歷程九萬，盡是實語。而其來也，自出家門，拚葬魚腹，一苦也；永絶家鄉之望，二苦也；食用伴侶，非人情所堪，三苦也；語言文字，盡去其熟習，而學所未諳，四苦也；風教未通之地，言而莫信，行而莫與，至或疑之謗之賤之侮之，甚則殺害之，五苦也。備兹多苦，毫無利益，惟欲為天主闡明其教，歸向天主。雖此中人情，不信其說，而耶穌在世，親傳此命，諸士奉行，一心不貳，視死如歸，通不退悔焉。其國之士，亦有傳教本土者，有在近鄰國者，有在先已明教人心信從之地者。人謂非難，功德不大，惟最遠最險，從來教未通，人未信之邦，世情極苦，而會士偏極甘心，國俗士風，習有由然，西方之人哉。然亦須自審力量，教主亦審其力量，堪充此任，隆禮而遣之。凡到此稱鐸德者，皆國中之上選也。

答從來衣食資給本邦，不受此中供養條

夫行百里者，宿舂糧，矧身入異域，資生無計，非智也。西士既從九萬里來，道里之費，日用之需，必且不貲。在此歲月即久，居食何從？人饋之錢弗受。且或分資助貧，非天雨非鬼輸，世意其習爐火點化之術，所自來

矣，而實不然也。使其能成黃白，則擅造化之權，侔人主之柄世俗向慕。如奉父師，亦可藉之接引，何必深諱，而堅避其名。叢世之揣億，可不辯自明矣。然則何從得之，諸士在本國，俱以賢智食禄於朝，兹奉主命，涉遠涉險，國主愈重其德，愈為之計食用。歲歲人人，給以常禄，多方曲致，於賈舶擇其最穩者，於商客擇其最有德行者，託以寄帶，邀有天幸，從來無失。夫百金之寄，稍踰鄉井，有至有不至焉。諸人厚糈，來自絶徼，不異比鄰，即此一種，任人者與任於人者，亦人情所絶難也。止聞有一年，船將抵廣，觸礁而沉。於是一年缺供，資生甚窘。借之澳中不足，借之中土知交不足，諸士乃節腹併衣，度此空戹，竟不乏絶。得及新運之接濟，不可謂默佑非天主也，乃此事大有深意。凡人須自食其力，不望人施，始能伸其志氣，為世所重。若不農不賈，身必常貧，衣食既窘，不得不仰面求人，求之不遂，未免展轉多營，或裝飾行徑，或恢張言語，眼前流弊，誠可概見。然後知西國立法，所為諸士謀者誠周；而為傳教慮者誠遠。今觀諸士於世皆絶拔援，泯炫飾，固是學習使然，亦由人能自給，不羨長物，教中立法，原自極良耳。吾人於此，更宜著一心思。彼異域人也，於我何親，乃窮極險遠，自裹糗糧；所圖何事，只要與人為善，同歸天堂。不須論到入吾地者，受難受屈，通不退悔，只想出門發軔之初，如此志願，如此力量，何從得來，非天上人，不足當此也。世人先或不知，蔑視之，詬辱之。今業已有聞，而猶不回其心，至德甘讓於彼，薄德甘處於身，平日爭夷爭夏，爭體面之心，果安在也。

答人倫有五，止守朋友一倫盡廢其四條

問人有五倫，缺一不可。西儒既先窮理，宜於此理極明，胡為不婚不宦，去父母，遠兄弟，以事交游，將四倫可全廢乎？聖王制禮，生則養，死則祭，故祀典極重。聞西教不奉祖先，此出訛傳猶可，設果有之，忘親倍本，不足齒矣。答曰：此關人道之大，極宜辯明。而不奉祖先，尤為大逆，不可不先剖者。西教十誡，是為人彀率。前三誡歸天主，後七誡歸於人。而七誡之首曰：孝敬父母。父母生則養，盡志盡物；死則祭，如生如存，乃孝敬也。豈西國異人異心，獨於父母死，不孝敬乎？不孝敬何為列諸首誡乎？

觀此中縉紳奉教最堅者，其家中廟宇，必崇飾品物，必隆備禮節，必準古，此足明徵。若所奉一教，所行又一教，是為二心，何云奉教最堅也？惟是教中祀禮與此不同，人頗疑之。紙錢銀錠，冥器明衣，是今人所重，彼皆謂無益，通不用之。惟獻過品饌，己不食用，並撤以送貧戚，為亡者廣仁，資其冥福，是或一禮。今庶人之家，所供神佛，謂之家堂，大都與祖宗牌位，共在一處。西教不信三官聖帝為何神，五聖五通為何祀，教人廢此，弗為非鬼之祭，世遂訛傳不奉祖先。有不知而悞信者，有明知而故入其罪者，故悞由人，彼曷與焉？若論人倫，渠在家事父母，娶妻子，和兄弟，尊君長，盡與此同。惟一種特達之賢，願入耶穌會，稱會士者，方守童身，出家學道。學道而有得者，稱撒責爾鐸德，千百中無一，國中所最貴也。蓋其國之人，相習成風，以此種人為第一流。如狀元及第，中華所美，人人爭羨，父母兄弟所祈望，惟願得為鐸德，即不翅榮福，無復他願，自是彼方風尚，非他邦可例也。故父母生子承祧嗣續，多先有人，而其間賢智絕倫，則侈為家之祥、國之瑞，勸守童貞，送入教會，此父母之治命，兄弟之同心，不謂之不孝不弟。及乎道成，而陶淑一家，並登天路，彼又以此事為孝友之至大，或與吾儒顯揚之指合乎否也。夫妻止一娶一嫁，再無二色，凡出遊必奉君長之命，食君長之禄。食其禄者，致其命，萬死有不辭焉。彼其於倫，蓋有維其實，不徒狥其名者矣。

或曰：娶妻生子，理亦何妨，即無子娶妾，亦屬正道，何必禁之嚴也。

曰：娶妻無妨，故不禁人。惟會士願學耶穌，非童貞不克相肖，此其一；極重彌撒之禮，每晨行祭，非絶色者不可，此其二；遠游異域，孑然一身，不得有所携，此其三。夫有志不娶，士林高行，中國有此，從來以為難，未聞議其短也。且生子為宗祀，則同胞有娶，已堪承祀，於祖父無闕，所闕獨當身之祀。而得昇天堂，享福萬年，為祀更遠，又非不孝論也。況以倫言，妻不容有二夫，夫豈容有二妻。如轉一名謂之妾，遂云無妨，豈婦私一男，亦可轉一名，謂之無妨乎？西國之言人倫者如此。

答禮惟天子祭天，今日日行彌撒禮非僭即瀆條

禮有名同實異者，不可一概而論也。天子為萬民主，即為萬民報答生

成於陽生之始，日特舉殷祭，其品用犢，其樂九奏，其瘞埋用蒼璧，昇達用庭燎燔柴配位，則創業帝王，此為大祀之首，典禮最重，諸侯王通不得僭之，重名分也。若西教之彌撒禮，非此之謂。言人享受天主大恩，日日具有，何可一日忘報。凡人有心，各欲自盡，故每日晨起，或望空拈一香，叩一頭，不教而能，此有何故，表自心之不能已耳。此見禮之根心，原非强世也。耶穌在世，亦日日虔奉罷德助，親定此禮，為萬民表率。故西士亦謹守其傳，日日奉祭耶穌。一是感天主之恩，一是守耶穌之命，且其中妙義，悚人心之敬信，邀維皇之默佑，功德甚鉅，語難盡述。有《彌撒解》一編，述舊教新經，沿改事蹟，俱有深意，在教人士，俱能通解。解則此禮當行，自無一日可少，非僭亦非瀆也。

今人止視天主至尊至高，與己邈不相親，不知在人世，則論名分。天主視人，無非其子，無貴賤無賢愚，皆一大父所出。故謂之大父母，尊而且親，無人可得遠之。子事父母，惟力自視；善事父母者，謂之能竭其力。豈有父母之前，可一日不盡其分，以僭與瀆罪之耶？正為世學不明此理，佯名尊天，其實遠之，甘以極尊至敬，奉所不必奉，則惑也。耶穌所定之禮，酌古準今，繁約至當，革去犧牲，止用香燭，而臺上所獻者，為阿斯第亞，極薄小麵餅，上有聖號。爵用葡萄酒，盛其服飾，而器具音樂，有人則備，無人則不備。禮隆而不至於繁，意虔而不藉於費，此禮日日可行，會士人人可習。此外非真潔之人，不可執鬯，不可近於器物。其肅敬也如此。固非如他所云，祭不欲數，數則瀆者，可比倫也。

或曰：人有常業，日日為此，恐亦妨功。曰：此第就會士言耳。彼專以奉主為學，入門以來，惟此一事，即其每晨之功課，而所行之節奏威儀，耶穌當日親定，自然恰妥。聖人〔二〕無以易之。莫非會士，自盡本等職業，來聽彌撒，各從其便，曷云妨功？常見瞻禮日，堂中附聽彌撒，濟濟多人，跪拜終事，寂不聞聲。所謂無言靡爭，惟此近之。此見天主立法，至善至嚴，與世間教法，由人所立，自不同也。

校記

〔二〕「聖人」，原作「聖神」，據輔仁舊藏本改。

答謂窘難益德，遠於人情條

問喜順惡逆，人情之常。即古來聖賢，不遠人情，患難之來，不得已受之，非有擇也。今西士言之津津，似擇而取之，毋乃矯枉之過乎？答曰：不得此解者，難與進道；溺於世味者，難進此解。今幸承明問，請就而折之。夫人世有何順逆，只緣有身，是以口欲味，目欲色，耳欲聲，鼻欲臭，四肢欲安逸，得之即謂順，不得即謂逆。順即謂之福樂，逆即謂之窘難。豈知此皆形軀分事，靈神不與焉。靈神所司，仁義禮智天道，大都與形軀相反，形軀之所便，必義理所不安者也；義理之所宜，必形軀所不樂者也。故聖人每外形骸，俾不得自專制血氣，俾不得過逞。即天主於豪傑，將降大任必先勞筋骨，餓體膚；行拂亂其所為，以堅其德性，而增其不能，則窘難之中，有大利益在。天與聖賢之所共珍者也。要之患難之來，聖賢亦不視為窘迫；應之無策，當之不堪，方可謂之窘迫。聖賢視逆境，是實境；處逆境之功，是真功。孔之蔬水，顏之簞瓢，皆謂之樂。履順者，止一富貴，而貧賤夷狄患難，乃有多途。為仁者不去貧賤，而造次顛沛，不違終食。世間有順必有逆，逆非不美事。粗浮者不得其解，往往棄而不取。寧思金非錘煆不精，玉非鑢盪不粹，鏡非磨擦不明，藥非瞑眩不已疾，農非晨耕暑耨不收穫，商非宿水餐風不捆載，士非屈首寒牕不成名，將非拚身疆場不封拜，矧生死何事，欲昇天堂，何究竟，可以未經磨煉，不堅不勞之偽德，僥倖萬一哉。夫不覈躬行，止騰口說，何人不聲律乎？不涉世緣，止耽空寂，何人不靜定乎？一生履順，不藉營求，何人不止足乎？一遇事變，而猝不及圖，本色悉露，有明知不可，而物重我輕，不能堅持，於是盡失故吾。止足者，亂營矣；靜定者，棼擾矣；聲律者，背馳不顧矣。人不由事煉，事不由窘難煉，皆屬偽德。縱議論高青天，事功揭白日，不過人世間作一名流，青史中標一顯跡，謂於天德有成，天國有分，未敢許也。鍮石似金，烈火試之，即成灰燼，碔砆類玉，良工眂之，不異凡石。患難者，試金之烈火，眂玉之良工也。故《經》曰：「窘難者，天國所無，其價甚貴。」又曰：「市天國者，艱難而已。」言之似拂人情，而欲求超性之榮樂，非勵超性之工夫，不可幾也。故此種學問，與世俗言，非嚼蠟，必充耳，而真心為生死者，得之如獲異方，知奉真訣，守而弗失，初以信而得佑，即以佑而益信，謂之益德，實自試其必然，非關師説也。

答疑西教者籍籍，果盡無稽可置勿問條

問君子不因譽勸，不為毁沮，然察言觀色，亦不可廢。西士來此久矣，或疑其迹，或疑其心，或慮其有他患，豈人言盡不足畏歟？曰：據某所見，凡與彼交，暫接無不加重，久處無不敬慕，其相疑相詆，皆從未識面，聞風附和之人，未可執為定論也。其致疑之故，亦有數端：生自絶徼，從古未通，何由信其來歷，一也；人道易明，天道難曉，此又創明其説，人益難信，二也；世情貴同賤異，彼其學問，不苟同俗，三也；粗通華言，妙義在心，不能得之口與手，四也；人就之則見，不則閉户潛修，人罕得面，五也；人謂夷教夷之，甫入中國，頓與三教抗衡，六也；世重祈求，彼則不問世福世禍，惟重身後，俗情視為無益，七也；生死大事，非極論不能發明，而聞者止信一二訛傳，八也；世人所尊惟佛法，彼絶不奉佛，犯衆所忌，九也；無二氏之

誇張引誘，惟平惟實，人不見重，十也；教人習苦，而富貴之人，多畏拘礙，十一也；炫耀則名彰，彼之教，善恐人知，避名如避疾，十二也；心與行皆過人分量，人反謂不情，疑其幻妄，十三也；貪者求燒煉之術，疑有秘吝，銜恨而去，十四也；緇流慮其說行，有妨彼教，極力詆毀，十五也；彼自以檢身窮理，致人信服，不知者疑其有別故，十六也；載籍充棟，非六書可通，非翻切可入，精義難傳，十七也；世視天渺茫，彼談天親切，朝夕諄諄，止此一事，而俗耳多厭聞之，十八也；學貴信心，雖受世誣謗，不亟辯明，十九也；不畏高明，不虐惸，獨不報冤仇，一以愛人為主，知者以為墨學，不知者以為回教，俱臭味不倫，二十也。有此多端，疑心疑迹之事，或所不無，若誠接其人，聞其學，秉彝之良，自不容泯，謂有一人之疑，無有哉。

或曰：吾之所聞，尚不止此。有謂日本、奴酋，與彼有連。今黨與日盛，防有不測，若斯之言，胡為乎來哉？曰：書稱狎侮君子，罔以盡其心。今是之問，謂之狎侮，非耶？吾復言而洗之，增其侮狎，於心滋慼，姑舉淺事明之。子所言第一等惡逆，彼所習第一等善功，設言行相左，人朝聞而夕黜之，可容數十年乎？凡逆謀必避人知，踪跡詭秘，必匿隱僻之所，有顯在通都大邑者乎？愚民或有可欺，彼所交多鉅公名輩，孰能塗其耳目乎？從古讀書談理之儒生，有與海外異邦作間作使者乎？凡事皆可偽設，而書籍萬本，裝潢印摹，精絕無比，有石渠中秘所未見，此可襲取乎？人欲謀事，孰不圖成？自利氏入貢已五十年，壯者老，老者死，尚欲需待何為乎？日本為洋客熟遊，略有端倪，彼當洞識，况奴之發難，近在數年，彼之來賓，遠已數十，而頃者獻大銃，構敵臺，正攻奴防倭之秘器，彼之効忠，視內地人情，不尤獨至乎？自乙卯以前，朝貴咸尊利氏學，以序贊相贈，如《同文紀》所載[一]，推評揚詡，且擬於聖，侔於畸，何曾有疑？疑之自南疏驅逐始。然賴南中之疏，而諸士之不淄不磷，若益顯焉。蓋諸士受侮受疑，人以為絕異，彼以為尋常，從古來高士奇行，受禍得謗者不少；西教中尤以此為勵性立功之極則。如耶穌之全能焉，而不免諸聖之效法耶穌焉，而不免諸士又聖神為徒，何必祈免，此非不得已而受之，意有所擇，乃欣然概而受之，然則窘難何損於諸人哉。彼入極生極遠之邦，倡立未聞未見之說，戈矛刀斧，逆料必然，甘心順受，等待有日，來而非怪，又何論狎侮詆毀之淺事乎？所恃聖經垂訓，一面受窘難，一面得天國。人以受侮為辱，而享無窮真樂在此。語得便宜，無如此人，以能加侮為榮，而失無窮真福在此，語失便宜，無如此人，兩者宜何居，雖然西士受誣不辯，予叨叨為之辯，心雖無他，跡亦有類狎侮矣。

校記

［一］《同文紀》，即《絕徼同文紀》，凡二卷。楊廷筠編，收明季天主教士西學著述之序跋及奏疏文牘。是書傳本極稀，巴黎國立圖書館有藏。

代疑篇卷下

武林楊彌格子著　河東康丕疆校

答天主有形有聲條

天主二字，原非本稱，在西國只稱陡斯。陡斯云者，譯言大主。在天地，為天地之主；在人物，為人物之主；在神鬼，為神鬼之主。無所不主，即無所不在，其體亦與之相稱，但雖不可問形聲，亦不可疑有無。實自有無形之體在，形聲自出，天載至妙乎？以其不可睹聞，謂之無形聲可；以其形聲所自出，謂之未嘗無形聲可。譬之於風，摶之不得，未始無氣，水中之鹽，視之無色，未嘗無味。無形之體，仿佛近之。又近取人身，性體寂然，形聲安在？俄而七情交感，喜怒哀樂，紛然異象，烏得言無？故執形執聲，不足明人物之近，矧云天主哉？然有無又有實理，非混而無辯也。天主未降世[一]，形聲原無，無既不能强言有。古西國之教，雖建立殿宇，奉事天主，然只有經典，未嘗有像設也。天主既降生，形聲實有，有即不能强言無，西國實見實聞而信之，此中未見未聞，而信不勝疑者，是也。或謂降生一事，正爾不能信，人請明言之。

答曰：此理甚長，須盡看別篇，方能曉悟，姑略言之。天主愛人甚矣，上古之時，性教在人心，依其良知良能，可不為惡，只以行與事示之，聖賢名教迪之，人人自畏主命，不須降生。然而《詩》《書》所載，欽若昭事，如臨如保，已示開光之兆矣。三代而後，聖賢既遠，奸偽愈滋，性教之在人心者日漓，《詩》《書》之示監戒者日玩，則又大發仁愛，以無限慈悲，為絶世希有，自天而降，具有人身，號曰耶穌，此云救世者。既是降生，則實有其地，如德亞國是也；實有其母，瑪利亞是也；實有其時，西漢之末庚申年是也。雖性是天主之性，原無形聲，而特接人性以出，則四肢百骸，盡與人同，安得謂之無形聲哉？夫在世之主，與在天之主，原無二主。惟是在天，則無形無聲，萬古如斯，即降生者之原體也。在世則有形有聲，三十三年暫現，即無形聲者之化體也。顧在天則霄壤懸隔，在世則呼吸可通；在天則默運難窺，在世則實跡可仰。在天則無階可昇；在世則有途可入。故降生一節，仁愛之極思，人道所未有，此種義理，在西國有源有委，有前知有後證，萬種之書，皆記載此，皆發明此。學者如日用飲食，言出信隨，不似此中苦費詞說也。

今人知九重宮闕，至尊端拱，不可聲聞矣。時或六飛親駕，一遊一豫，畎畝農民，皆得見之，安可云端拱者為帝王，豫遊者即非帝王哉？吾人心量不能測識天主，即不可信無形聲者為真，有形聲者為假。若謂有者為假，恐認無為真者，亦屬虛想，不過蒼蒼茫茫之舊見而已。

校記

〔一〕「降世」，原本作「出世」，據輔仁舊藏本改。

答降孕爲人生於瑪利亞之童身條

天主降生，宜無此理，乃西邦如德亞國，實實傳有此事。多少聖賢，參證講辯，確信無疑，歷今千數百年，流傳遠近，萬國無不信奉。今就人心所明，如太上有母，逍遥李下，剖左脅而生老聃；净飯王摩耶夫人，剖右脅而生釋迦。其説頗類，彼為不經，人反不疑。何此極真宜信者，乃獨致疑乎？

或云天主欲救世，即從天而降，何所不可，奚必孕自母腹？曰：自天而降，則不取人身，不同人類，反增疑駭。且其降生有大因緣，欲為萬民贖除原罪。非自身受難，原罪不除，不取人身，全是主性，不能受難，何由贖罪。故擇聖德室女，投入胎中，出世為人，受盡世間苦難，以償千萬世未償罪債。其降生有為，與道釋兩家剖脅而生，其義大不同也。獨聖母既有孕育，猶為童身，人苦不解。常取玻璃瓶為喻，太陽正照，光射瓶中，玻璃不損，太陽既去，光出瓶外，玻璃不傷。聖體清虛，出入無礙，何以異此。

或曰：天主降生，何不既現玉霄金闕之象，徑投帝王貴胄之家，威力既大，弘教尤全。胡為擇取貧女，主與爾偕，雖云聖德，豈不重褻至尊？曰：此正卑陬末俗之見，不足窺穆穆深意也。顯露本相，世共尊仰，既無由受難，本願不成，且在世行事，實欲為人立表，顯示威神，人力卑微，何能仿效，豈降生接引意乎？

或曰：繪像者，以一女相，抱一嬰兒，似少莊嚴，何以起人肅敬？曰：西國聖像，自有多種。有手撫天地，顯化成之能者；有以身受難，成贖罪之功者；有一體三位，示無窮妙義者。而是聖母手抱，則取降生時最初聖迹，有深意焉。其一，彰聖母之德。凡人德行，第一是守貞，尚不如童身之貞。聖母發此誓願，女德無比，耶穌選擇為母，益加寵佑。自此奉教會者，男效耶穌，女效瑪利亞。西國童修極多，則身先之效也。其二，顯聖母之愛。凡用情真切，無如母之愛子。以瑪利亞之聖德，鍾愛耶穌之聖子，其呼吸顧復，必非人情可想，言語可明者。故西國繪像，常繪在一處，而特取初生時，欲人愛敬天主，如聖母之抱初生，方為無缺。其三，表聖母之功。天人懸絶，人有祈求，何能遽達。聖母為人性人身，猶屬同類，可藉之以轉達臣民章奏，必藉大納言，始得上聞。耶穌極愛聖母，故聖母之求耶穌，無不允許。循理之求，聖母無不轉達，特繪此像，導人祈求之法。耶穌初生，即是全體全能，非可小大分見，豈曰嬰孩。至視聖母與俗所謂觀世音者比倫，尤萬不相侔也。

答天主有三位一體，降生係第二位費略條

問西士每言天主三位一體，願聞其説。曰：此事過人心量，未易窺測，

從古以來，無有明傳，則亦難怪人之莫曉也。惟西庠學者，專務窮理，謂道之大原，理之極則，皆原於天。千聖相傳，專重此事，則其究心有獨至者，始緣異人異書，預揭其理；後賢發明，理益昭徹。其言天主，非屬虛無，實有體在，欲窮其體，妙不勝言。一位不足以盡之，蓋有三位；如云有三力，有三德，總是一體一性也。然問如何為位？如何為三為一？雖有巧舌，不能盡言。取喻設譬，不過世間所有，終於天載無當，第不從借證，益無由明，則僅取近似聽人自悟焉。一位曰罷德肋，二位曰費略，三位曰斯彼利多三多，此西國本音。罷德肋，此言父也；費略，此言子也；斯彼利多三多，此言無形靈聖也。以經論之，各位有屬。全能屬罷德肋，全知屬費略，全善屬斯彼利多三多。然以父子為言者：言子，即知有父；言父，即知有子；言父子，即知交相愛。蓋天主原為至靈，自照本體無窮之妙，而內自生一無窮妙之像，與己全同，獨有生於受生之分。生者為父，受生者為子，又父子相慕，共發一愛，為神聖也[二]。故位分而為三，體合而為一，三位無大小先後之别，共一性也，一主也，一體也。譬諸人之靈性，具有三德：一曰含記，二曰明悟，三曰愛欲，實則一人之性；又譬諸日焉，有輪有光有熱，總一日也；譬諸水焉，能濕能寒能下，總一水也；此三位一體之説也，人誠明知三位，是真實理，則知巍巍天主，非無思無為者。殆自開闢以至末造，無所不照察，無所不運量者乎？既常照又常運，故千古人性，一時俱在現前，即知上古時醇宜性教，中古漸開宜書教，後代人性大壞，雖聖賢書教，亦難轉移，非以身為教，不易行其救拔矣。故降生之事，從開闢時，即默啟於神人，傳述於聖筆，後來一一符應，非待至其時，始有其事也。

問降生為第二位費略，果主何意，又耶穌在世，日日敬奉天主。若天主是一，豈自奉自己耶？答曰：一體者，本不得分三位，則各有所重。罷德肋稱全能者，為萬化主；費略稱全智者，為救世主。故罷德肋化成天地人物，而費略乃降世立表贖罪。《信經》云：「我信其惟一費略，耶穌契利斯督我等主；我信其因斯彼利多三多，降孕生於瑪利亞之童身」是也。要之罷德肋，未嘗不在人世；降生之天主，未嘗離得罷德肋。如樹木一本三枝，其枝葉花果，雖各自敷榮生意，總由一幹，無可疑者。其耶穌之奉主，一來，是以身立表；一來，耶穌性兼天主之性，性與主合，如子依父，不得不事。身是聖母所生之身，身是人類，以卑奉尊，不容不事。吾教所傳奉彌撒禮，是耶穌在世，奉罷德肋之旨，義理最深，利益最大，學者誠不可不講也。人只有三位難明，非可辯説而得，非可義理而通，要在信心，要在潛悟，又須耐久，默求天主加其力量，有時忽然而通，一得俱得，如上所問諸疑，一朝冰釋矣。

校記

［一］「神聖」，輔仁舊藏本作「聖神」。「聖神」係後世天主教會固定譯法。

答被釘而死，因以十字架爲教條

或問：上言天主降生，理已可信，至被釘十字架，天主為無能矣。無能宜亟諱之，諄諄舉以為教，此心想所不到也。答曰：據人心想，必謂天主全能，宜大顯威神，無可加害。即加害者，必極惡之人，何不反中其身，而自甘受刑，於理無當，嗟嗟！此正猶人之見，不足以知天主也。若欲反中於人，何如弗受於事更易。豈知耶穌出世，原為救贖人罪，興此大事，發此大願，受刑受難，原其自擇，非迫於不得已也。將舉萬方萬世之罪，歸併一身，而以一身之受苦受難，消盡萬方萬世之罪愆，此事豈同小可。奈人之罪惡，無所不有，刑罰無所不犯，則代之受者，亦宜舉世間無所不有之罪苦，總萃一身，乃可償補無歉。故當時十字架上之傷之痛，筆不能盡，口不忍言，天主猶謂未足也。

或曰：天主至仁至慈，何不竟赦人罪，以身代之何為？曰：有罪不赦，是謂不仁，不仁非主心也；有罪徑赦，又為不義，不義非主法也。寧過於仁，無過於義，世法有此姑容，天網決非偏漏。欲求至當，無如身代，使人知有罪，天主不輕赦之，直自代受之，如何敢犯，仁之至義之盡也。

或曰：「萬方有罪，罪在朕躬。」古只有此語，豈真一身可以遍償。曰：此正天主權衡，一毫不爽者。凡人重罪，莫過違主命。將此罪秤量，無可比度，必有與主命相當者，方足銷除，則無如耶穌自身也。必有大善大福，與世罪相當者，方可准抵，無如釘十字架功勞也。請詳言之。有人於此，得罪國王，必力等國王者，可以解之；得罪天子，必力等天子者，可以解之。進而得罪天主，必能鈞天主，可以解之。耶穌一身人而天主者也，四方萬國，皆天主所造成，則以耶穌與世罪較，世罪又其小小者。大可包小，豈其不能解乎？

或問十字架，稱大善大福，吾則未解。曰：此非口舌所能誦揚，略舉數端。尊肯降卑為至善，語尊誰如天主者；有德不居為至善，語德誰如天主者；以德為罪，忍辱不較為至善，忍辱誰如天主者；以死為人為至善，耶穌之死，通是為人，毫不為己，愛人誰如天主者；能贖人罪為至善，耶穌一死，萬民宿罪全除，救世誰如天主者；在世立表為至善，耶穌三十三年，示脱罪之路，開上天之梯，立功誰如天主者。善即福也，知大善即知大福矣。今人止知十字架為受刑之具，受刑為不得已之事，故以為下劣，為詬病，又不認釘十字架者，真實天主，故只草草看過。若明明認是天主親身受難，出自本願，則上所言善福數條，誠千古聖神未有之慈悲，無方之普救。西經論被釘之功，過於化成天地。蓋化成只是用意，今親身降臨更難也。化成萬物，養人肉身；今救人靈魂，脱人心罪，更精也。萬物不自專而順主命，化成無難；惟人自專能逆主命，轉移極苦，更難也。耶穌不降生，人類生者必死；指不能昇天。既降生，人性死者復活，指能昇天。更超越也。而大樞紐，大竅會，總統在十字架中，義理無窮，故特尊之，以為教也。

或曰：凡教務欲流通，其益始廣，十字之外，更有神通妙用。如佛經所載，豈不更易動人？曰：會士守其師傳，本教所重者，不以世之所棄而略言；本教所無者，不以時之所趨而增益。寧莫我知，何忍遷就，況如神通之説，不知有無，即誠有之，令人艷慕，馳騖不過增長憍慢，厚集恢張，於實修奚關焉？心求日上者，德日下者也；心求日下者，德日上者也。此會士之所守也。然吾主降生，實多異蹟。大抵在世，全立人表，故事多卑近，令人可師，復生而後，全是顯聖，種種神工，又須別論也。

答耶穌疑至人神人，未必是天主條

高視天主，疑其必不降生；卑視耶穌，疑其必非天主。遷就兩者之間，非主非人，則以為至人神人，皆凡夫之臆説，非窮理之極解也。蓋天主與人，其性體不同，其分量大異。猶如滄海之與一漚，千古之與一瞬，曾不得比而同之。從古至人稱神者，豈不迥絶人類？然止做得人世間事，盡得為人的分量，而人事之外，不能令地生一草，天降一粟，人産一卵。即從古開天聖人，不過舉已生已有之物，節宣轉徙，如金木具，而聖人取以作室；水火具，而聖人取以烹飪；百穀百果具，而聖人取以供食用。謂之代終，謂之輔佐則可，若化無為有，變死為生，即萃千古神聖於一堂，不能成一事也。曾是人可擬於主，主可混於人乎？

若降生西國，西國又從來窮理之邦。西士篤信，決非偶然。在未生前，有美瑟等聖人，受天主默啟，預知其事，具載《玻羅弗大之書》，後來靡事不驗：一，擇大聖瑪利亞為之母，童身而生；二，將孕時天神嘉俾阨爾前來報期；三，既生後有異星出現，其大非凡；四，三皇在數千里外，望星來朝；五，斂其全能，處於極卑極困之處；六，自發大願，代世贖罪；七，擇取釘死之刑；八，死後三日，自墳墓中復出，住世四十日，與人傳道説教，傳畢，白日上昇，有目可見，有耳可聞；九，宗徒皆漁夫常人，初無學識，後皆靈異，走萬國，作開物成務之聖人；十，所立教法，皆耶穌當日躬行，傳之後世，萬聖人不可易；十一，生平行事，全顯天主真性，瞽者命視即視，聾者命聽即聽，瘖者命言即言，瘻者命起即起，死者命生即生；十二，此何等事，而可云至人神人？子欲將至人神人一語，抹煞降生因緣耶？至昇天之後，有不見者，尚不信之，欲毀其教，而宗徒篤信彌堅，寧捨身命以證此教之真，愈殺戮，愈感奮，争死者至千萬人，謂之瑪而底而，然後舉世大悟，一信不疑，已上所言，不過聖跡中萬分之一，即讚揚耶穌，舉及神奇，亦聖性中自不容掩，非以此當全能。若全能而可言盡，非天主矣。即論天主在世，平平常常，不異庸人，此正以身率人，極高極妙處。夫火能不熱，水能不寒，汞能不流，金石能懸空不墜，此不現其能，正爾絶奇希有。世或不識，以卑淺疑之，此真凡夫之見，不足測天主，並不能窺聖神矣。

夫凡夫之見，疑駭降生，必視天主頑然不靈，民生罪福，通不關心，所雲出王遊衍，陟降臨汝，通是虛談，即不畏天命，亦無不可，以此不信降生，名曰尊天，而實褻天矣。又使拘儒執泥常理，淺律耶穌，則聖人必得其壽，何止三十三齡，聖人無死地，何至被釘十字架，聖人過化存神，成聚成都，何至遭盡謗毀。聖人不語怪神，何至復生後，疊顯神奇，即稱耶穌為聖神，恐亦非子心之所安矣。故能信則當直認天主，不必更云聖神；不信即宜盡掃實見，全歸滅無。聖神之名，並可不立，二者將何從耶？

答耶穌爲公教，諸聖相通功條

人知中國之内，有釋道異端，不知九洲四海，如此教甚多，名目各別，或一時所尊，或一方所貴，或依附名理，或狥人私意。故有此之所立，不能通彼；前之所說，不能信後，不得為公教。惟主一而已，萬國共戴一天，共仰一主，予之形軀為人，復予之萬物以養其形軀，賦之靈性，為形軀主；兼賦之義理，以美其靈性，萬國無異同焉。有生之倫，皆知為天主思，則皆感之而不忍貳，敬之而不敢褻。若出彝性，自不可解，不教而能，此謂大公。異端起而其教始分，異教尊而其念始奪，乃一念顧畏上帝之忱，隱隱在中，終不可泯，晦中有明，剥中常復，益知公德在人共尊，惟主謂之公教。誰曰不宜，乃又云聖神相通功，何也？曰：此説似中國未啟，西教學者，人人晰之。有在天之聖神，有在世之聖神，皆體備萬善，不欲自私，願分所有，與人同德，不啻鎡石之戀針，琥珀之引芥也。惟人不知向慕機緣，無由契合。耶穌契利斯督降生，立撒格辣孟多有七端，依其教而行，悉有諸善人類，即有形之聖神；聖神即無形之善類，在世在天，通一無二，非但一方，即四海九州，同在教中，修習之功德，於我同有分矣。豈惟一世，即往古來今，同在教中，已成之功德，於我均有分矣。蓋緣教是耶穌所設，命是天主所定，自非思議所及，即不能通其理。天主有命，不可疑也。

昔人有問教孰為真，答者以十二種別之：一曰真主之教為真；謂世教皆人所立，不能無缺。惟天主為真主，所立之教，與人不同。二曰聖而公為真；聖不易言矣，普天之下，咸尊一主曰公，另有全篇。三曰最先之教為真；自有人性，即知敬天。四曰古今不間為真；五曰多聖人奉之為真；六曰萬狀攻不能破為真；七曰經傳義理歸一為真；非如別學，權實互異。八曰有真超異顯迹為真；超異不足表章，性體所露，自不容泯。九曰預言未來不爽為真；人知降生為後來事，不知開闢之初，即預示其兆。十曰奉教者為教捨命為真；捨命為證教之真也，故今西國無有貳信。十一曰能釋罪救人為真；卷內另有全篇。十二曰能主張內外賞罰為真；內謂靈性，外謂肉身。另有全篇。知此為真，疑亦無從者矣。

或問如何謂聖神之功？曰：聞之人有三種性光：良知良能，謂之本性之光，即不在教，人人有之；既奉聖教，篤信勤行，天主又加寵，名阨辣濟亞，明悟愛欲，益增力量，謂之超性之光，惟善人有之；至死候，天神降接，又加四種德力，為昇陟階梯，謂之真福之光；惟至死不犯誡人有之。此三種光，皆聖神自具，人能信奉，與聖神同德。同德則機神自合，如萬燈相照，重重攝入，應有相通之理，非待人力强為之合也。世人妄恃，已能不祈主佑，自同魔屬，其為墮落，固亡足論。稱性修為，不信若啟若翼，如龍不乘雲，豹不澤霧，鵬不借風，必不能成其變化，不進此解，雖窮年矻矻，勞苦無成，所以通功之義，西士甚珍，非同臆說。況學者自驗，有一分信力，得一分寵佑，隨試輒見，如答桴鼓，如配影形，非敢自誣誣人，則死候神人相接，自同一理，通功何必疑哉？

答遵其教者罪過得消除條

問有罪必罰，理無虛赦。故天主寧身受刑，代人贖罪，何其嚴也。今西
教有撒格辣孟多，奉其教者，即得赦除諸罪，何其易也。設遇狡者，知有此
法，儘力為非，為訖又解，解訖又為，不幾以解悔為戲侮，而與於不仁之甚
乎？曰：是皆不然，前後皆主命，毫忽無差焉。先之代贖，贖其首祖以來，
所遺之原罪，即壞性之根，造罪之種者是。賴十字聖架之恩，已免此罪，而
既免之後，能保人性之不復犯乎？再犯而無以拯之，則已醒復迷，已超復
墮，救世前功，幾於盡棄，則又為將來人類，更立一法。耶穌在世，親定教
規，有撒格辣孟多之七端，其中有名拔第斯摩者，是初入聖教，付其聖水，以
洗其從前之罪；有名白泥登濟亞者，是既入教後，再有犯戒，聖水既難再
領，前美又難棄捐，則容人痛悔，誓不重犯，審其意念果真，則為之誦經，及
致罰以解之。此法既耶穌所定，萬品受成，如是者能解乎，不能解乎？迨耶
穌期滿昇天，又於宗徒中，選第一聖德者，代居己位，謂之教化皇。位在國
王之上，代代傳賢，有官天下之風，既是天主所命，又第一聖德，則依法解

罪，非教主贖之，天主贖之也，如是能解乎，不能解乎？又教化皇止於一人，豈能傳教萬國，則又擇聖德副己者，立為畀斯波，畀斯波又擇極有學術、有行誼者，命為撒責爾鐸德，以行教於萬國。入中華者如利瑪竇以後諸人，皆中鐸德之選者也。其人皆教皇之所選擇，其德即天主之所簡，在彼依經依教，為人懺解，非曰吾力能脱，恃天主有命云爾，如是者能解乎，不能解乎？既一心求解，誓不重犯，已先改除矣。猶必量其所犯重輕，或令刻責自己，或限出財濟貧，或多誦經茹齋，以勞苦其身心，使人常念解之非易，犯之亦不容輕也。

或曰：佛教中亦有懺經，有拜懺法，與此同否？曰：不同。凡懺罪要先取自心，要祈天主寵宥，要導告解定規，三者缺一，罪不可懺。今不責人定心，亦不專懺某罪，止沿襲舊儀，狥情陪奉，其積垢隱慝，通未舉以對越，是輸情伏罪之小恥，尚嫌不為，望其一斷永斷，盡滅前非，定無是理。故有跪拜終日，懺禮已畢，茫不知所懺為何事也，是謂增罪，非云解罪。至所靠福力，則梁武造成之懺經，所奉導師，不皆學行雙全之宿德，則其能解與不能解，世必辯之。欲與西教同類而稱，恐不然也。

問人果定心為懺某罪，罪可消否？曰：此當全以理論。凡人未領聖水，其舊罪必多；既領聖洗，其新罪必少。罪少故明知某罪，歷歷在心，自不能容。若洗而猶多，多而冥然不知，是有意犯戒，不但前功盡棄，其罪甚於不在教者。明理之士，必不敢也。惟人定心，摘揀某罪，悉心傾吐，更無不實不盡之處，即此一念，全與天主相合，天主安得不赦之？若言知有此法，解而又犯，犯而又解，以解犯為戲侮，即此正是極大罪惡，解罪時必明言之，必深悔痛改之，安得再犯乎？此皆不信者，設為此論，妄相駁難，果以真信入門，雖甚惡人，無敢作此狡獪者，請姑試之可也。

答命終時解罪獲大利益條

問西士言無妄證，人服至誠，獨遇人病厄，許為救解，往往即得死亡，何云能救，不幾以空言示虛惠乎？曰：會士所謂解，解其心病，非解其身病也。所謂救，救其罪過，非救其死亡也。如受病，應死則死，乃天主所命，誰能改移？設壽必求延，死必求活，是與造化爭衡。外道異端，容有此說，西教無是也。蓋天主生人，付有二分：一分為肉身，風寒暑濕能中之，是為身病；一分為靈性，世俗、肉身、魔鬼，三仇能中之，是為心病。二者截然不相混亂，不知者悞認為一，西教則設為多喻。身如舟，性如長年[二]，舟載長年，長年去而舟亦隨敝矣。身如屋，性如主人，屋庇主人，主人亡而屋亦就頹矣。是二物原可合可分，合則生分則死，世人惟認做一物，故忙忙碌碌，一生只照顧肉身，而至尊至貴之靈性，反撇却一邊，猶之捨長年以奉舟，棄主人而狥屋，豈不哀哉！耶穌立教，專來救人之靈魂，凡三十三年，在世之所親講。復生後四十日之所親諭，十二宗徒傳教，與千聖萬賢之所闡繹，無非將人已壞之靈性，刮除洗滌，復還原初。而肉身之可長延，疾病之可不死，未嘗不在，卒無一言及之。解罪之事，平日固是諄諄，臨終尤宜汲汲。蓋一息尚存，猶可發心祈求悔改，有一分之至信，即有一分之解力。故撤責爾鐸德，每依教規及時解之，一藉天主降生福力，二藉本人自新誠懇，三藉司教奉命解釋，如別篇所詳者。不問罪輕罪重，皆可得免。得免如甚小孩孺，純然潔净，生固無愧，死得昇天，故以為極幸云。惟過此一會，咽喉氣絶，再無可為，何論侯王之富貴，何論聖賢之子孫，無力挽回，駢首就獄。故臨死之候，係人鬼關頭、福禍喫緊，是以西士極重之，有可從事，雖極寒極賤，下至病丐殘廢，臭穢不可近之人，一有所聞，攝衣從之，雨夜遠途，徒步之勞，不惜也。原為救其靈性，而昧者認為肉身，肉身不救，遂謂解之無益，豈不愚甚矣哉！

或曰：人身只有這個，在目為視，在耳為聞，在口啖食，在鼻嗅馨，在手執持，在足運奔，形神總是一物，古德已有明言，判然離歧，恐無定據。答曰：如上所云，人與禽獸同之，皆肉身之一分，靈性不與焉。所謂靈性，不徒見色，且別所見為何色，色中所具為何理，及我處此色者，有可否從違之不齊。此與一照而俱盡者，其分大不同也，推之口耳等皆然。禽獸有覺魂，故與人同；無靈魂，故與人異。正緣人混一形神，究竟必混一人物，學術大繆，皆原於此。然又有説，神之與形，其體判然二物，其用遞相為君。何謂判然二物？形血氣，神虚靈；形嗜欲，神義理；形滯濁，神昇清；形一往，神萬變；此不可得同者也。何謂遞相為君？如凡夫認定肉軀，役神以從形，則形為君，流為惡類，生同禽獸，死歸地獄者是也。君子認定靈性，役形以隨神，則神為君，究成善類，生為聖賢，死為天人者是也，二端之相去遠矣。而遞為君臣，頗似不分，故人悮以為一耳。西士以肉身之修短，聽之主命；以病疾之去留，聽之良醫。惟以心病之當痊，聽人之自浣濯自針砭，並聽能醫心病之鐸德。心病解而生順死安，無復遺憾，所謂夕死可矣。故命終解罪，獲大利益，實事實言，總無妄證也。

校記

[一]「長年」，輔仁舊藏本作「舟子」。

答十字架威力甚大，萬魔當之立見消隕條

以世法言十字架，刑人之具，人所畏惡也，乃西國獨珍此事，謂上善聖蹟，無過十字，此自有說。蓋刑及惡人，謂之平常，施之無罪則駭矣，施之善人君子則大駭矣；施之聖人神人則駭不可言矣，況等而上之乎？無罪之

刑，加之平人，已為非常；加之士大夫則駭矣；加之公卿則大駭矣；加之國王天子則駭不可言矣，況等而上之乎？絶世希有之事，至十字而極。後世對此架，謂之聖架，謂聖體在架，萬世猶新，感動人心，莫切於此；萬全功德，莫備於此。西國之教，即以此架為號。一日之間，凡作事用功，必先畫十字於額於口於胸，以净其身口意，而後有營為。經籍所載，皆十字起首。今觀釋經卷首，皆有卍字，亦見十字流傳西竺，未嘗不共尊也。萬魔當之，無不立隕，此非竅言，一者可以理測；一者可以事驗。理測者，世間惟正邪二途，正則自與正合，邪即不能勝正。如寒冰不可當烈火，目力不可敵太陽，自然之理也。事驗者，百聞不如一見，人言不若親歷。善人在患難中，矜持十字，甚有得力處，往往奇驗，庸愚被魔附體，轉念持號，魔即立遁，或己力不能，敦請主教會士，灑水持號，應手而除，此百試而百不爽者。今人不信西教，只用此一事，便可勘對虛真，此所謂事驗也。惟人見事驗而信，不若不見事驗而信。故會士每有神奇，通不置頰，恐人專信顯應，失立教初意耳。

若西經顯揚十字，功難盡述，有用之闡法，而萬神百靈，無不拱手聽命者矣。有用之臨陣，而猛將雄兵，無不屈首受降者矣。有用之降大災，施大福，而城廓人民時有頃刻變化者矣。諸如此類，更僕難宣。蓋天主降生之功，勝於開闢天地，其功之得成，由於受難；難之所罹，由十字架；則自應有威力。第恐庸人妄用，濟其私欲，天主斷然不許，又不可以驗不驗，信其理之有無也。

三山論學紀

（意大利）艾儒略撰　周駬方點校

三山論學紀目録

三山論學紀前言

《三山論學紀》，耶穌會士艾儒略與明相國葉向高談道集。三山，福州又稱；談道之年，明天啓七年（一六二七）丁卯夏。

葉向高自編年譜《蘧編》載：天啓四年，葉公因得罪魏黨而罷歸，天啓五年返閩。葉公返閩時，道經杭州，會晤楊廷筠，因而結識當時在越的艾儒略，相談甚得，即邀艾氏入閩。《三山論學紀》中，艾儒略謂：「相國福唐葉公以天啓乙丑，招余入閩。」葉向高素敬重西方傳教士，萬曆帝賜利瑪竇葬地時，有人以「諸遠方來賓者，從古皆無賜葬」而表示反對，然葉公云：「子見從古來賓，其道德學問有一如利子者乎？毋論其他事，即譯《幾何原本》一書，即宜賜葬地矣。」因而力主賜地（鈔本《大西利先生行蹟》）。萬曆四十四年，南禮部侍郎沈漼起教案於南京，一時間傳教士或被逐，或被迫潛於地下；教堂被迫關閉，情勢緊迫。徐光啓、李之藻、楊廷筠等多方營救，葉公也曾施予援手，善遇教士，頗予維護，故教會人士也非常尊重葉公。

艾儒略天啓五年之入閩，遂爲福建開教第一人。從此，艾儒略一直在福建地區傳教，直至病逝。艾氏所撰《職方外紀》，「閩人多有索者，故艾君重梓之」，葉向高爲之作《序》（《職方外紀》葉《序》）。在福建士大夫中，艾氏享有很高聲譽，有「西來孔子」之令名。這般贊許，就是當初利瑪竇也是沒有的。這可以在反對天主教人士的口中證實，如陳侯光在《辨學芻言自叙》中說：「近有大西國夷，航海而來，以事天之學倡，其標號甚尊，其立言甚辨，其持躬甚潔。闢二氏而宗孔子，世或喜而信之，且曰聖人生矣。」

艾氏《三山》稱：天啓七年，「丁卯初夏，相國再入三山」。葉氏《蘧編》也記有此次入福州時間：「四月初七日入省至，則游閩王墓胭脂山。又時泛舟西湖，或至洪江避暑，親朋咸集。」葉公在福州月餘，「端午後十二日歸」。艾儒略即在此期間與葉公相晤。艾氏謂：「一日余投謁，適觀察曹先生在坐。相國笑而謂曰：二君俱意在出世，顧一奉佛一闢佛，趨向不同，何也？」此即艾葉談學論道之始。文中「曹先生」，即曹學佺，侯官人。字能始，官浙江按察使，《明史》有傳。此次會晤，艾葉二氏談論數日，講天主造天地萬物之理，講天儒之異之同，史稱「三山論學」。後來，艾氏將此次談論整理出來，並付梓行世，即《三山論學紀》。

《三山論學紀》記艾葉二氏談論，葉有一問，艾有一答，若以論學題目，全書依次爲：論天佛之異，論天主造天地之理（及與太極之異），論天主造人之理，論天主造物之理，論人善惡與天主賞罰，論人永生，論天主降生救贖之理。蘇茂相爲全書作序，評艾葉之辯云：「相國之往復辨難，不啻數千百言。微艾子之墨守曷敵輸公；然微相國之麈屑霏霏，則艾子之能不疲於屢照者。」又稱艾氏曰：「如艾子所論尊崇天主，欲人遵行教戒，返勘吾身從何而生，吾性從何而賦，今日作何服事，他日作何歸復，真真實實，及時勉圖，如人子之起敬起孝，此則其論學之大意。」序者蘇茂相，《明史》有傳。

《三山論學紀》初版刻於福建，段襲《重刻序》嘗言及。但是閩刻本至今未見，也不詳具體刻印時間。現存的《三山論學紀》有二種明刻本：一種爲明武林天主堂刻本；一種爲明絳州段襲刻本，俱存於國家圖書館善本部。兩本孰先孰後，没有確載。余曾將兩書通校一過，以有關「天主」稱謂考之，認爲應是武林本在前，絳州本在後。茲將二本有關天主名稱相異處，臚列如下：

武林本	絳州本
「只言事上帝」；	「言翼翼昭事」；
「使人畏天之怒」；	「則多敬畏上怒」；

「不爲帝之所誅」；　「不爲主之所誅」；

「即天帝之戮」；　「即天主之戮」；

「斯天帝制馭天下」；　「斯天主制馭天下」；

「感格上天」；　「感格天主」；等等。

武林本中雖然還是以「天主」這一稱謂爲主，但同時又與「上帝」、「天」、「帝」、「天帝」、「上天」等名稱混用，並未區别。而到了絳州本，已只用「主」、「上主」、「天主」，總之不出「天主」二字之義了。利瑪竇取《史記·封禪書》「八神：一曰天主，祠天齊」中「天主」二字，對譯拉丁文之「Deus」（音譯「陡斯」），並允許以中國傳統經書如《尚書》《詩經》中的「上帝」等名稱，來稱呼天主。當時有一部分傳教士如龍華民等，對此表示異議。利瑪竇逝世後，傳教士中對這個問題的争論日趨激烈。爲討論「上帝」或「天主」的名稱問題，天啓七年，傳教士在浙江嘉定召開會議，並邀請中國教友參加，教會史稱「嘉定會議」。當時參加這次會議的中國教友，據載有徐光啓、李之藻、孫元化等人。這次會議之後，雖然不是很嚴格，但是教會出版物中有關「天主」的名稱，已經相當統一了。

明武林本《三山論學紀》，署「武林天主堂重梓」。雖爲重梓，相信可能最接近原刻。

署「耶穌會費奇規、陽瑪諾、費樂德訂，值會陽瑪諾准，杭州范中、錢塘舒芳懋校」。蘇茂相有《序》。附葉向高《贈思及艾先生詩》。國圖之藏本有「王鳴盛印」，又有「長樂鄭振鐸西諦藏書」印，知爲長樂鄭氏舊物。國圖之武林本，益彌足珍貴。

明絳州本《三山論學紀》，比武林本多段襲《重刻三山論學序》。《序》云：「《三山論學》，書艾先生既刻於閩，余何爲又刻於絳，從余兄九章命也。余兄何以命余，曰：『爲天主著書功大，爲天主刻書功亦大也。』」由此知絳州本是段襲奉兄長段衮之命而刻，其意則在弘教。絳州本除有關天主稱謂已做改動外，文字也有修訂。如：人惟盡本分以事主，「方爲天神之品」，絳州本改爲「方近天神之品」，一字之異，可見雕琢。但是國圖所藏絳州本有闕葉，書内圖書館《工作夾條》曰：「頁三十一以後闕。」對比武林本，正文已足，所闕可能是《附贈思及艾先生詩》。

去年江南訪書，在上海復旦大學圖書館也見到一種《三山》，題「主教趙方濟准，慈母堂藏板」。共訂者除陽瑪諾、費奇規、費樂德外，尚有「温陵張賡、福唐葉益蕃」二人。署「康熙三十三年歲次甲戌仲冬京都天主堂重梓」。這個京都本的《三山》和二明本通校後，與明絳州本如出一轍，可知祖絳州本無疑。但是京都本雖爲清刻本，却獨有價值，因爲它可正明本之誤。艾儒略在論述身後賞罰時，接連有「曰人魂非呼吸之氣固矣」云云，及「曰設使人之精氣與靈明爲一」云云。京都本校者就在第一個「曰」之前，加了「相國」二字，又另起行頂格。這樣，就將明刻本誤爲艾儒略的話，訂正爲葉氏之語。這是復旦藏京都本的價值之一。

京都本有蘇茂相、黄景昉二序。黄景昉與艾儒略是有交往的。他在《序》中稱贊艾氏「恭愨廉退，尤儼然大儒風格」。並感慨説：「嗟乎！以彼大儒風格，特見於重譯絫朞之久，八萬里之遥；而吾輩安坐飽食，目不窺井外，乃靦焉議其區區得失，是則可媿也。」黄先生的眼光在當時已經很開闊了。黄氏與另一序者蘇茂相同爲福建人，早年即有交往，後同爲明季名臣，黄氏《自叙宦夢録》記述甚詳，可參看。

清道光二十七年刻《三山》，題「天主降生一千八百四十七年重刊，司教馬熱羅准。」但不詳何地。這個本子有蘇茂相、段襲《序》，末附《贈詩》。這個本子雖然與絳州本、京都本，是一個系列，但是改動甚大。最大的改動就是删去了葉向高「天地萬物有一大靈明之主宰主之，吾中國經書屢言之矣」一節。此節葉公引《詩》《書》語，以證古人之敬天。此節之略，可見「中國禮儀」之争後，「敬天」二字及其事，在教會内已成禁忌。此本文中語句之改動，甚是隨意。對比以前刻本，前本不劣，此本未必優。

民國上海土山灣印書館又重刊《三山》，上有「天主降生一千九百廿三年江蘇主教姚重准」字樣，這個本子實際上是道光本的鉛印本。

關於《三山》，我就見過上述五種本子，費賴之《在華耶穌會士列傳及書目》謂：還有一種徐家匯刻本，未詳年月，是主教馬雷斯卡准印。此本我没有見過。

西文教會史稱葉向高有二孫、一曾孫、一孫媳皆入教，儒略之力也。復旦大學藏本價值之二，即由此知「福唐葉益蕃」爲《三山》校者之一。葉益蕃，字君錫，萬曆二十三年生。成學之子，向高長孫。據《福清縣志》，益蕃「承廕尚寶司司丞，未任」。益蕃追隨儒略有年，艾氏譯述《幾何要法》，葉氏亦參校者之一。

明天啓朝以後，教會已定「准印」制度，即：「遵教規凡譯經典諸書，必三次看詳，方允付梓，並鐫訂閲姓氏於後。」教會著作可由他人序跋，但「訂閲」屬教務，一般是教内人士承擔，尤其又在崇禎朝之後。由此益蕃爲教徒，當爲有據之言。

本次點校整理《三山》，以武林天主堂本爲底本，以明絳州本（簡稱絳州本）、清京都本（簡稱京都本）相校。三本不同之處，在《校記》中説明。爲便於對照，《校記》附於相應段落之末。

二〇〇〇年一月二十二日北京周駬方謹序

三山論學記序

《三山論學記》者，泰西艾子與福唐葉相國，辨究天主造天地萬物之學也。夫天地萬物，自必有所以造之者。窮無窮，極無極，其所以造之者，天主是也。然艾子以天主為降生救人，而天堂地獄實為天主賞罰之具。蓋其國歷來尊信，教法如此。相國之往復辨難，不啻數千百［言］［一］，微艾子之墨守，曷敵輪攻；然微相國之塵屑霏霏，則艾子之能不疲於屢照者，其明鏡孰從而發之。不佞以為諸葛武侯讀書，觀其大意。如艾子所論尊崇天主，欲人遵行教戒，返勘吾身從何而生，吾性從何而賦；今日作何服事，他日作何歸復，真真實實，及時勉圖，如人子之起敬起孝。此則其論學之大意，其餘雖千百言，以此數語蔽之可也。

石水道人蘇茂相書

校記

［一］據京都本補。

重刻三山論學序

《三山論學》，書艾先生既刻於閩，余何為又刻於絳，從余兄九章[一]命也。余兄何以命余，曰：為天主著書功大，為天主刻書功亦大也。其大著書功者何？曰西先生學澈天人，不務榮顯，剷名滅跡；向狠烟毒霧中，行九萬里，為天主鐸教中華，其至德精修，自爾感人。第中華幅員萬里，西先生落落晨星，履跡不盡到，謦欬不盡聞，惟書可以大闡天主慈旨，曉遍蒙鐸，若處處有西先生，人人晤西先生，且若時時留西先生也。故著書功大也，其大刻書功者何也？曰西先生持誡精嚴，一介不取，季餞費倍，額糧愆期；保赤濟饑，率從減口；著書雖易，刻書實難。非資二三信友，仔肩梓工，雖有絶妙之書，超性之理，破千古之悠謬，振舉世之沉迷，而韞匱之藏，終無繇傳所欲傳，使沛然洋溢，若斯之廣且速也。故刻書功亦大也。著書功如日，自具真光，施照萬有；刻書功如月，無光而傳日光，以照日之所不及照。而清輝耀夜，皎色親人，又疇以其光從日借，遂薄月謂不光也？故刻書與著書功並大也。至於初刻再刻，苟同一心，為主闡教；即同一月，為日傳光，要論厥功及人，而得之淺深，刻之先後，無論也。艾先生是書率皆天主要旨，而閩刻至北方者絶少，人多不及見，余兄所以屬余再付剞劂也。抑余又聞高先生[三]三福冠、兩審判之説矣。三福冠者何？為天主致厥命，守童貞，開聖教也。兩審判者何？人死候小審判；天地終候大審判也。夫致命、守童貞事至難，其獲天上異寵，群中顯著宜也；開教事似易，厥福乃與致命、守童貞同，何也？為其功大且久，可以被天下傳萬世也。人死候小審判，善惡已定；定矣又須大審判者，何也？曰品定矣，量未極也。人死後流風餘韻，猶並感人；善善惡惡，更相迪引。其功罪亦相通，積累及無窮世，非天地終候，其量皆不能極，其報亦皆不能盡，故須大審判也。大審判之説，義甚廣，茲其一端爾。而余因是有感於福冠之榮寵也，審判之威嚴也，昇則永昇；墮則永墮；夢夢度日，竟將安歸？清夜一思，芒刺背負，則為天主開教，而積死後可大可久之功，固非緩事；而開教積功，捨著書刻書，其道或無繇也。著書非深於天學性理不能，西先生事也。刻書則吾輩諸信友皆宜任，非一人事也。敬因是刻，並識余兄與高先生之言，告諸心同余而力過余者。

古絳後學段襲撰

校記

[一]段袞，字九章，方豪《中國天主教史人物傳》有傳。

[二]高先生，即高一志，耶穌會士。原名王豐肅，南京教案時被捕（參見《破邪集》卷一有關史料）。放出后，易名往山西傳教。

三山論學紀序

讀蒙莊氏有云：堯問道於許繇，許繇問於齧缺，齧缺問於王倪，王倪問於披衣，意謂寓言。今觀葉文忠師相之與泰西氏論學也，一晤談間乃有八萬里遼邈之勢。洪荒前事，乃真有之耳。泰西氏之學，詳具《紀》中。凡吾儒言理言氣言無極太極，皆見為執，有滯象，物於物而不化之具。其擯釋氏尤力，微詞奥旨，大都以勸善懺過為宗。文忠所疑難十數端，多吾輩意中喀喀欲吐之語，泰西氏亦迎機解之。撞鐘攻木，各極佳致。語云不發橫難，不得縱説，其謂是乎？愚按天之與帝，明分二體。地法天，天法道，道法自然，雖老氏頗亦言及。然降衷昭事，載在《詩》《書》可考也。謂天地之大，別有主之者，理所必然。愚聞之艾思及先生曰：「我歐邏巴人國主之外，蓋有教化主焉，其職專以善誘人。國主傳子，教化主傳賢；國主為君，教化主為師。」若然則二柄之難於兼合，即泰西氏亦慮之矣。然其人咸越八萬里而來，重譯絫朞，始習吾中華文字，如痿再伸，如壯再穉。以余所交如思及先生，恭慤廉退，尤儼然大儒風格，是則可重也。嗟乎以彼大儒風格，特見於重譯絫朞之久，八萬里之遥，而吾輩安坐飽食，目不窺井外，乃靦焉議其區區得失，是則可媿也。

湘隱居士黄景昉拜題

三山論學紀

泰西耶穌會後學艾儒略著

旅人西陬後學也，承先聖造物主真傳，梯航九萬里，經身毒諸國入中華。初繇粵而兩都，觀光上國，復繇都門而晉、秦、吴、越，每喜請益大邦諸君子。相國福唐葉公以天啟乙丑，招余入閩，多所參證。

丁卯初夏，相國再入三山。一日余投謁，適觀察曹先生在座。相國笑而謂曰：「二君俱意在出世，顧一奉佛，一闢佛，趨向不同，何也？」儒略曰：「大都各以生死大事為重耳。」

觀察公曰：「吾於佛氏，亦擇其善者從之。如看古名人法帖，歲久多蛀，吾直摹其未蛀者耳。釋氏之教，未暇論其細，第摘一二，如六度梵行，或亦人世指南，胡可少也？」儒略曰：「六度條目，與天學七克次序頗似。第論學術，必挈宗旨源頭，方可別其正否。如偏霸小國，其創制立法，豈不依彷正統？然實是僭竊名號。吾泰西諸國，千百年來，盡除異端。一以敬天地之主為宗，且天下萬國五大洲之廣，強半多宗焉。既至身毒佛生之地，邇來亦多捨釋教而宗天主。天主也者，天地萬有之真主也。生天生地生人生神生物，而主宰之安養之，為我等一大父母。心身性命，非天主安畀？天下國家，非天主安立？吾人所極當欽崇者也。按釋迦，乃净飯王子，摩耶夫人所生，則亦天主所生之人耳。雖著書立門，為彼教所尊，豈能出大邦羲文周孔之右。今奉羲文周孔之教者，亦但尊為先王先師，不敢尊為萬物主。則奉釋迦之道者，豈可不知敬信天主，忘其無上尊威，無盡恩慈，而輒一心奉佛，禍福惟彼是求，生命惟彼是依也哉。噫！人心性命，原天主賦也。佛以明心見性為宗，則當先發明天之[二]所以為主，其賦於人者若何？吾之所以為人，不負造物主者若何？心性之學，始有本原，始有歸着。今佛單揭自心廣大無際，抹摋大本大原，絶不導人歸向，則心於何明，性於何見，是源絶而根拔矣。即有一二微語，譬如果實既敗，縱有未全爛者，概不堪用也。夫一心學佛者，豈不亦為身後大事，急求脱離。第有為善之心，而無成善之路，錯認鄰人為父，非其所當皈依也。旅人遠來，涉險歷艱，經啖人掠人之國，備極危苦，惟恐人忘極大恩主，不圖所以復命；永劫沉淪，至於悔而無及也。夫推大造愛人無已之心，凡我人類，皆如兄弟親屬，彼不以菽粟養生，而日服烏喙毒藥，為長年養命計，能不痛切而禁止之耶？說至此，真可痛哭太息，故不憚再三，欲人於性命關頭，尋認生死路徑，以欽崇一造物真主，豈徒挈長較短，欲攻彼嘵嘵以求勝乎？」

校記

[一]「天之」，京都本作「天主」。

觀察公曰：「吾中國人士，雖奉佛未嘗不敬天，如元旦啟寅，必拜天地，後及祖考百神，即男女婚娶亦然。豈有含齒戴髮，均為覆載中人，而不知敬天者。」曰：「至尊原無二主，至道本無二理，人心亦不可有二向。既知[二]敬天為主，則又奉佛何為？況釋氏僭尊抗天，我又安可附之以尊。且拜天拜地，是特就其形器致敬，敬將誰任受也？試思夫蒼蒼者塊然者，果能自位奠乎？凡天地間種種妙有，豈其自然而能自生自滅，自消自長乎？亦豈其偶然而能並育並行，不害不悖乎？」

校記

[一]「知」，京都本作「云」。

觀察公曰：「謂二氣之運旋者，非歟，抑理也？」曰：「二氣不出變化之材料，成物之形質，理則物之準則，依於物而不能物物。《詩》曰：『有物有則。』則即理也。必先有物，後乃[二]有理。理非能生物者，如法制禁令，治之理也。指法制禁令，而即為君乎？誰為之發號施令，而撫有四國也？若云理在物之先，余以物先[之][三]理，歸於天主靈明，為造物主體。蓋造物主未生萬有，其無窮靈明，必先包函萬物之理，然後依其所函而造諸物也。譬之作文，必有本來精意，當然矩矱，恰與題肖者，立在篇章之先，是之謂理。然而誰為之命意搆局，繪章琢句，令此理躍然者？則理自不能為主，當必有其主文之人。繇此觀之，夫物之理，自不能生物，而別有造物之主可知矣。」

校記

[二]「後乃」，京都本作「而後」。

[三]據絳州本、京都本補。

相國曰：「天地萬物，有一大靈明之主宰主之，吾中國經書屢言之矣。《詩》曰：『皇矣上帝，臨下有赫。監觀四方，求民之莫。』《書》曰：『惟皇上帝，降衷於下民。』若有恒性，明道亦曰，以其主宰謂之帝。紫陽曰：帝者，天之主宰是已。今云天主始造天地萬物，此說吾未之前聞。大抵先有我之身，然後有我之神，以為身主；未有是身，無是神也。有天地，斯有天主主之；未有天地，云何有主？」曰：「師相見解超倫。主宰既得認真，則大端已定。而茲所論先有大主，後有天地，亦易見矣。蓋必有無始，而後有有始；有無形，而後能形形；有所以然，而後有其固然。吾身之先，必有父母生我，必有天主降衷於我。若無賦我靈性，與生我形骸者，神身從何出耶？夫天地猶一宫室也，宫室樓臺，必待有主製造而後成。曾是天地之大，無有主之者，竟能自造自成乎？是知天地大主，原在萬有之先，本為無始，本為無象，而實為萬象始，為萬有所以然者，方能化生萬物，而常為之主。猶夫開國之君，為一國主，肯搆之人，為一家主也。若云天地之先，無此全能大主，既有天地，方始有之，請問天地從何出，此主其後從何來，且誰立之為主乎？」

相國曰：「太極也者，其分天地之主也。」儒略曰：「太極之説，總不外理氣二字，未嘗言其為有靈明知覺也。既無靈明知覺，則何以主宰萬化。愚謂氣於天地，猶木瓦於宫室。理也者，殆如室之規模乎，二者闕一不得。然不有工師，誰為之前堂後寢，為之庖湢門牆，為之棟梁榱桷也？向呈拙述物原之論[一]，師相謂深入理窟，正合今日之所舉矣。儒者亦云：物物各具一太極，則太極豈非物之元質，與物同體者乎？既與物同體，則囿於物，而不得為天地主矣。所以貴邦只言事上帝[二]，亦未嘗言事太極也。」

校記

[一]艾儒略著有《萬物真原》。

[二]「只言事上帝」，絳州本、京都本作「言翼翼昭事。」

相國曰：「造物主超出理氣之上，肇天地而主宰之，固矣。第云世間萬事，無非天主所為。至於善惡萬不齊，亦皆天主為之耶？」曰：「萬物之化生無窮，無不繫於造物主之全能。至論善惡，考之《聖經》與古名論，未有混歸［之］［一］天主者。蓋天主至善，人為天主所生，悉啟翼於善；或乃為惡，則固人所自造。造惡者，反天主之命者也，豈可謂善與惡，皆天主為之乎？第其所好惟善，所惡惟惡，實司其賞罰以勸懲天下萬世耳。貴邦經中，『作善降之百祥，作不善降之百殃』，與福謙禍淫之說，正可相證。」

校記

［一］據絳州本、京都本補。

相國曰：「天主萬善之宗。為惡者，固其自犯大主之罪，但天地至廣，物類甚繁，若皆天主所生，天主所宰，彼至微至細之物，亦經其搆撰，不幾褻乎？毋亦煩而過勞也。」曰：「造物主之生物，非可謂因大小分難易也。微族細品，亦各有當然造化。試觀天地間，物寧皆大而無小者乎？獸不必皆麟象，而無蟲蟻；鳥不必皆鸞鵬，而無燕雀；魚不必皆鯨鱷，而無鯤鮞；木不必皆豫樟［二］松柏，而無樸樕，即此變化懸殊，皆顯天主［三］化功之妙。天主至尊無褻，至明無煩，至能無勞。世間工匠作室，大抵必資木石，必利器械，必費心力，必需時日，厥室乃成。既成之後，不能定其存毀。天主則自無物生萬物[三]，又時時保存安養之，俾得不壞。若此世界，天主頃刻不顧，便歸全無。譬之日光，從日而生，必不能離日而存；少有不照，則天地黯然無色矣。此以知萬物之存，不得不繫於天主安養之恩也。顧天主全能，亦何煩勞之有？如太陽發照，六合同光，雖至偏僻至穢下之處，糞泥腐草，無所不照，而日光如故，未見煩何心力，致褻其高明之體也。」

校記

[一]「豫樟」，絳州本、京都本作「橡樟」。《左傳》哀十六年注：「豫章，大木。」

[二]「天主」，京都本作「大主」。

[三]「萬物」，京都本作「萬有」。

相國唯唯。觀察公曰：「余未窺天學中扃，尚容請益。如君今日捨故土東來，名利世塵，一切不染，飄然天地間，其樂何如？」曰：「旅人區區，實為天學之傳，出九死一生，以請於上國諸有道者，惟冀有以教我，發明此一種大事，庶免於戾，何敢言樂乎？」

明日，相國復顧余邸中，曰：「天主全能，化生保存萬有，固無煩勞，如昨論甚悉。但既為人而生，必其皆資民用，不為人害者，乃今爪牙角毒，百千種族，不盡有用，或反害焉。生此於天地間何為？」曰：「兩間原無一物無益於人。第人智識淺隘，多不善用之耳。蓋造物主之生物，或以養人逸人，如百穀充食，牛代耕，馬代乘載之類；或以衣人，如枲苧繭絲皮革之類；或以治人疾病，如百草五金藥石；或以娛悅人耳目，如五色五音；或以資人取法，如烏鳥之孝，雎鳩之貞，螻蟻之義，鳥紀官，蝌蚪作書之類也。西聖諳當曰：『學不貴窺簡策，即星辰草木昆蟲，天地之真文章，皆可法也。豈可謂有無用物乎？』不可用於此，或可用於彼。蟭螟蟣蝨，最為無用。余經印度國，有名醫取臭蟲七八枚，裹以樹葉，救垂死之病，而立起之；糞蛆炒為末，能止漏血；蜘蛛可以治蜈蚣之毒。敝鄉有最毒蛇，名未白刺者，取煉成藥，可救萬病解諸毒。蝎能傷人，畜於玻璃餅內，盛暑日曬煉，其油亦能解諸毒。大抵物性隱微，物用廣博奧妙，人惟無所傳授，不能究其性味生剋，故未得其實用耳。亞悟斯丁曰：『爾不能啖彼蟲乎？第瓦雀啖蟲，人啖瓦雀，則蟲亦未為棄物也。』若論其害人者，象虎猛獸，多不害嬰兒；獅熊惡物，而畏伏之者不害；間有被害之人，或緣人先有害物之意。故物求自保，而害人以自避，且其能害人者，縱有害於外身，實有益於內心，何也？非常之害，人皆以為天災，使人畏天之怒[一]，無敢戲豫，悔改求宥。是緣暫殃，反獲永福。蓋天主哀憫宇下，恩以慈之，威以懼之。苦事之警醒，使人無躭樂恣肆，知責躬修行，厭世界，而思昇真福之域耳。如厥慈母，欲兒斷乳，而習飲食，必以苦味加乳，使其畏苦不嗜。況天主生物，欲以養人；生人欲以事主。原無一物能害人者，惟迨人犯仁主之命物始戕人之命而肆其毒。若然亦所以代天主之威，討有罪，警無罪者耳。噫嘻！人不肯順大主之命以成善，乃欲大主順人意以成福，不亦惑哉！」

校記

[一]「使人畏天之怒」，絳州本、京都本作「則多敬畏上怒。」

相國曰：「造物主為人而生萬物，未嘗無益於人。人之受其害者，人自招之，於理甚合。然造物主用是物以討人罪可也，乃善人亦或受其害，何耶？吾儒直以為氣數所遭，若盡屬之天理，恐理窮而不可究詰矣。此疑不剖，恐無以解天下，而動其敬信也。」答曰：「造物之道無窮，人之明悟有限。吾欲以一人私見，窺上主大權，是持螢光而照泰山之八面也。明問云横遭之害，不宜及於善人。然善人惡人之辨，非吾人所能定也。善之十分，或缺其一二，未成善人。且問有飾節於昭，而敗行於冥；或始善而終惡，或實惡而類善；或居己於善名，而陷人於罪阱者。惡之十分，僅染一二，便為惡人，何者？善成於全，惡敗於一也。譬之國法百款，獨犯其一，便是罪人，為王法所不宥。今吾輩觀人，亦只觀其外行耳。至於天主，乃併其底裏衷曲而悉鑒焉。吾見其一時，天主直照其畢世；吾見於儔衆，天主直燭其間居。一念不善，而德之址傾矣。善惡之界，如此其微也，焉知人之所羡，不為帝[一]之所誅。所謂人[二]之君子，天[三]之小人，其孰能辨之。故災毒之害，即天帝之戮；氣數之遭，即行刑之日[四]，肆市朝於青天白日之下者，正以信天主癉惡之權耳。安得信人之隱善，而致疑於上主之顯義，委之氣數耶？」

校記

[一]「帝」，絳州本、京都本作「主」。

[二]「人」，絳州本、京都本作「昭昭」。

[三]「天」，絳州本、京都本作「冥冥」。

[四]「即天帝之戮；氣數之遭，即行刑之日」，絳州本、京都本作「即天主之戮，禍患之遭，或降罰之日如」。

相國曰：「人稍亦為善者，天主尚譴其陰惡，則人共見其為惡者，當何如譴之？且不譴之，何復有反加之世福者，抑不譴其身，而譴其子孫乎？若其不然，則留一惡名於世，萬年不滌者，亦當其惡一罰乎？抑以心勞日拙，自足為罰乎？」曰：「子孫之善惡，自有子孫之彰徵。父惡子賢，父賢子不肖，不相及也。胡可以父之僭，而移責其子之賢；以父之德，而曲祐其子之不才者乎？矧夫無子若孫者又多，則其善惡之報將誰當之？故凡子孫之遺福遺禍，只可謂祖父之餘慶餘殃而已矣。而其本身之功罪，斷莫能代者。至於善惡之名，與夫自慊自歉之心，固亦賞罰之一分，第非其報之正，僅其報之餘耳。嗚呼噫嘻！人之生從何來，死歸何去？其受生也，天主必降之靈性，命之遵守義理，毋負賦畀初意。如朝廷命官牧守某地，付以符篆，課以殿最，及其滿任，未有不復命而聽陟降者。人死則形骸歸土，乃其靈性不滅，必復命於天主，各聽審判。自有天地以來，無有一人生而不受天主為善祛惡之命，無有一人死而不復命天主，以蒙賞罰之報者。此賞罰也，應知[二]生前猶小，身後甚大。夫人之為善，未有純粹無微瑕者；人之為惡，亦未有純毒無纖善者。天主至公至明，其善者或稍受世苦，此以煉其細過，玉成其德。迨德行純全，始昇之天國，以食永遠無涯之報。惡人者雖少獲世福，此以了其微德當酬者耳。至於顯然恣惡，絶不悛改，則天主必降重罰，不逭於冥獄也。如醫者視病，病可療，則進苦口之藥。其必不可救者，則藥石無所用。恣其好嗜，不之禁焉。此天主暫恕不善之故，盈其惡而降之罰，豈祚之哉。矧天主間加世福於不善之人，乃欲以恩德激發其心，使之知恩遷改，不復再犯。如終怙惡，則其受恩愈深，負罪愈重，萬無可赦，降之永罰，不亦宜乎？抑且不惟罰於死後，即當生前，亦多有身罹其苦者。總之賞善罰惡，惟在上主。輕重遲速，毫釐不差。未有顯恣其惡，而天主不知，且不加相稱之罪譴者也。」

校記

[一]京都本無「知」字。

相國曰：「人之善惡，賞罰既不可免，則大主生人，何不多善少惡？善或不可多得，何不篤生賢哲之君。君仁莫不仁，君義莫不義。而天下萬世治平，不亦休哉？」曰：「父母生子，豈不欲皆賢，以身為範而訓之正。然有不肖者，此乃其子之過，何可妄咎厥父耶？人性原無異禀，天主至善，豈有賦予惡性之理。故人之生也，天主賦以明悟之知，使分善惡；又賦以愛欲之能，使便趨避。知能各具，聽其自專。第其原罪之染未除，原罪之染，詳見別篇。則本性之正已失。明悟一昏，愛欲頓僻，而趨避之路，所以漸歧。其為善惡之分者，一也。形軀受之父母，則血氣有清濁，所謂禀氣是也。禀氣乃靈性之器具，或有良易冲和者，或有躁虐暴戾者，生平舉動多肖之而出，其為善惡之分者，二也。人所居處，五方風氣不同，習尚因之而異，見聞既慣，習與性成，其為善惡之分者，三也。善惡既分，功罪自定，賞罰隨之，此必然之理也[二]。人自[三]不願為善，顧願為惡，而天主强之於善，無有是理。人各有所為之善惡，自應各受善惡之報，而謂天主不加，亦無是理。若使天主賦性於人，定與為善，不得為惡，雖造物主之全能，無不能者。顧必如此而後為善乎？則為善者，天主之功，豈得謂為人之功也哉？如天主生火，其性本熱，民賴以生，然非火之功也。日之光萬方畢照，日亦曾有何功可賞。緣火之熱、日之照，非其本心則然，其性定於此，不自知其然而然也。賞罰上主不爽，善惡聽人自造，蓋如此已。至論篤生賢君，亦以此可推。夫帝王士庶，同是一稟。然帝王之力，無所不舉，能為善則功德甚大；苟為惡則罪僭亦甚大。是非天主定其善惡，亦世主之自為善惡也。天學大行之地，則代有聖哲，主持教化，政平俗美，上下和樂，熙熙穆穆，此豈大主偏厚此一方人耶？上下皆尊崇聖教，自不肯為非也。彼不知上有至尊可畏，而恣意妄為者，則極之不建，民將何從？風俗浸漓，亂賊踵接，自貽伊慼，而責望於天主，謂將有靳焉，非通論矣。」

校記

〔一〕「善惡既分，功罪自定，賞罰隨之，此必然之理也。」絳州本、京都本作「然天主所愛者善，無不多方啟翼之；所惡者惡，無不多方儆戒之。」

[二]「人自」，絳州本、京都本作「但人」。

相國曰：「氣質習慣雖不同，然不善者改而之善，固欽崇要道也。」曰：「禀氣習慣之善惡，旅人譬之二人馳馬。其一調良，其一耍駕。良馬不煩控勒，馳騁如意；耍駕者御勒有法，亦能聯鑣併進。若不善御，任其奔騁，此不盡馬之過，亦御者之過也。靈性之於形軀，猶主人之勒馬，克己復禮，自强不息，自可變化氣質，以抵成德，此善御馬者也。苟為不然，任情放逸，隨俗成非，蔑十誡而罔聞，任三仇之遞引，則亦何所不至哉。然此非不能改，不欲改耳。「大都」[一]自畫者多，自奮者少；沉淪故習者多，砥礪圖新者少。所謂勒馬懸崖，鞭鐙咸失；毀啣竊轡，決首碎胷，夫誰之咎，皆怙終不改致然，而反疑惡之不可改，善之不可遷也，過矣。」

校記

[一]據絳州本、京都本補。

相國曰：「良然。第天主生人為善，人顧為惡。天主有權何不盡殲之，為世間保全善類。豈其不能，抑不欲乎？」曰：「天主無不能，然有不可。若必舉惡人而盡殲之，誰不罹法網者？恐將靡有孑遺矣。天主至公也，尤至慈也，且愛人悲懇，如慈母育子。子雖不肖，其忍遽棄絶之耶？且天主所以容惡人者，其慈悲無已之心，猶望其改。世亦有初為惡而終善者，始因蒙昧無知，陷於污下，繼而因人啟迪，自己奮勵，躋於高明。若使陷罪即滅，將法無自新之路，非大父母慈愛心矣。況縱惡無忌者，生前多有顯戮，如水火刀兵、猛獸暴死之災；死後又有永劫沉淪之報，何必於電光石火之世，遽殲滅之耶？」

相國曰：「善惡之報，固知不忒。然冥冥中孰能見之。且一惡人不知害幾善人，胡不懲於昭昭，俾有所儆畏。其善者亦必食報於昭昭，俾有所激勸，庶人皆為善，而不敢為惡乎？」曰：「善必降祥，惡必降殃，或生前或死後，此皆天主所必兼用之權。大抵善極始必賞，惡極始必罰。若行一善遽賞之，行一惡遽罰之，則一生之行，一日之間，善惡參半，倏而賞，倏而罰，天主彰癉之權，不其錯紊屑越也哉。況為一善事[二]，未足為善人；必飭躬勵行，至終不變，始稱為善人。即行一惡矣，或後日省改，未便入惡人之籍；必終不改圖，方為下流，方為衆惡所歸，不得不重罰也。且隨善隨賞，為善者不能無希覬世福之想，其修德心便不純。故必德行純粹，無覬覦於世，惟盡本分以事主，方為真德，方〔近〕〔二〕天神之品，天主方可以償其德，而行賞也。況世福甚雜甚微，亦甚不永，非聖賢之所〔三〕注愛，取其所不愛者，而以報施純德厚善之人，不其薄之耶？故必以天上之真福，至純至大至永久者報之。天主賞善之心始慊，而聖賢之願，亦始滿足。又人處貧窮拂鬱之境，多自懲創刻責，努力為善。稍遇富貴福澤，多生懈惰，或至以長傲滋淫，則以富貴賞善，不亦反害而速之惡乎？世苦甚微，至死已矣。然且惡人所不懼也，不足懲其惡。故必報以身後永遠難堪之萬苦，方為相稱之刑。使眼前善惡，輒見報應，雖人人得知，然知其小者，終不知其大者；知其近者，終不知其遠者，豈天主陶冶下民之意，主持世道之權衡耶？若論惡人多凌虐善類，余以金不鎔於火，則不見其赤。聖亞悟斯丁曰：『天主容不善之人在世，或以望其改圖〔四〕，或以鍛善人成其德器。』儻受其磨涅而磷緇，則非真德也。烈火試金，艱難試德，豈虛語哉。有成仁取義而死者，即《經》云：『為義而被窘難者乃真福，為其已得天國，不虛死也。』此於穆奧妙，豈可以人意測度？世人或以死後之事，渺茫無據，無所激勸。故昭昭之中，天主復有顯以示人者，如大德之必受祿位名壽，極惡之必罹凶咎災患，屢徵之屢言之矣。其間已然未然，當然所以然，可知不可知，可見不可見。總之善惡二字，賞罰二權，天國地牢二路，惟人自取。遲速之間，幽冥之界，如衡之平，毫不得輕重；鑒之公，毫不容媸妍。吾何可以其所不見，而疑其至當至微至公至妙者哉？」

校記

[一]「事」，京都本無。

[二]「近」，武林本原作「為」，據絳州本、京都本改。

[三]「所」，京都本無。

[四]「望」，絳州本、京都本作「俟」。

相國曰：「人之善惡不齊，生前賞罰未盡，必在身後固宜。然或謂人之靈魂也，精氣耳。氣聚則生，氣散則死，安見身後復有賞罰耶？縱人之靈氣，或有精爽不散者，形軀既無，苦樂何所受，賞罰何所施耶？」曰：「按敝土性學，氣者四行之一，頑然冥然，瀰漫宇内，全無知覺。在物則為變化之料，在人則為呼吸養身之需，夫非所謂靈性也。又人在氣中，晝夜呼吸，時刻無停，不知幾萬更易。設使人魂為氣，則魂亦有更易乎？魂更則人與俱更。且晝之巳非暮夜之巳，有是理哉[二]？況人寓氣中，呼吸有餘，何緣有盡，乃為氣盡而身死乎？設人之靈與氣同散，則先王先師，與夫祖先之神，與其身亡矣。彼立祠立像，而致敬盡禮祭祀之，不過祭其土木，與先人無與乎。可見氣是氣，靈是靈，判然為二，豈可混為一而不分別哉？」

[相國][三]曰：「人魂非呼吸之氣固矣。然或與人精氣為一？」曰：「設使人之精氣與靈明為一，凡人之精氣强壯，則其靈明才學，亦宜與之强壯也。人之精氣衰弱，其靈明亦宜與之衰弱也。今每見人當氣强壯時，其靈明才學，反為衰弱。至氣若衰老，其靈明之用，義理之張主，更覺强壯也。當知所謂魂也者，乃生活之機，運動靈覺之原也。生物有三種，下者則生而

無覺，草木是也；中者生覺而無靈，禽獸是也；上則生覺靈，三能俱備，人類是也。故魂亦有三種：一為生魂，一為覺魂，一為靈魂。生魂助草木發育生長；覺魂助禽獸觸覺運動，二者囿於形，根於質，而隨物生滅，所謂有始有終者是也。若人之靈魂為神妙之體，原不落形，不根質，自無更易聚散之殊。故雖與人身俱生，必不與人身俱滅，所謂有始無終者是也。是以人之靈魂，特有所異，合身亦生，離身亦生，不論聖賢不肖，英雄凡夫，賦畀無二。不因善否變易性體，故永存亦無二也，獨其所受善惡之報殊甚。蓋人之靈魂，原為一身之主；形骸百體，靈魂之從役者也。善惡雖所共行，而其功與罪，總歸主者。形骸歸土，主者自存，必復命天主，以先聽其審判賞罰也。」

校記

［一］「巳」，十二時辰之一，上午九時至十一時。此處撰者論述有誤。

［二］「相國」，據京都本補。

相國曰：「天地之間，不離順逆二境。人之閲世，不離苦樂二情。然當苦樂之遭，而身受之者，以其有五官百骸之用。故耳司聽，目司視，口司啖，鼻司臭，四體司覺。死則一具白骨，立見僵仆，形軀無所受，苦樂無所施；神雖不滅，安見朽腐歸土，又別有苦樂可受哉？」曰：「無論身後，即生前所受之苦樂，並非繇形骸，而實繇靈神也。非因有身在，而神始有知覺。蓋有神在，而身始能知覺也。則其苦樂之加，神原受之也。試觀人之生時，凡遇五官之順境，其神情自懽忻暢適。值苦境則轉生拂鬱。忽然而死，豈不耳目口體俱備，而主翁出舍，破宅徒存。司明者眼光落地，司聽者聞根去體，雖列美色於目，奏美樂於耳，豈能見聞之哉？此何以故？非苦樂之緣，原在神而不在形，必神在而形始能知覺乎？古西土有名醫然納帝阿者，性良直，好施孤貧，素敬奉天主，而但致疑身後之事。謂靈魂既出軀殼，則苦樂無所附着也。然雖有此念累心，亦不敢疏缺欽崇之禮，與救濟貧人及諸哀矜之行。天主亦哀憐而開救之。一夕夢美童子入其室，呼之曰：『從我來！』即從之。入一城，極佳麗，聞世所未嘗聞之樂，甚樂之以為奇絕。童子曰：『此聖人在天之樂也。』又城中所見美好之物甚多，寤後甚追想樂之。次夕就寢，又夢童子呼之曰：「然納帝阿，爾知我否？」曰：「非昨夜之童子，引我入佳城，及聞美樂者乎？」童子曰：「是天物也，爾何得見乎，夢耶？寤耶？」然納帝阿曰：「夢也。」童子曰：「夢時爾目闔乎開乎？」曰：「闔也。」童子曰：「爾目既闔，何能見我，且同我入佳城，見諸好物也？」莫知所答。童子曰：「此非爾世眼雖闔，而自然有見乎？則爾靈神，自更有一目以見，而不藉此瞭眊之瞳子為也。故身没之後，爾神自有所用，無耳而能聽，無目而能視，無舌而能嘗，則苦樂必有所受，而非泛泛然無所附着也。」且思生世之韶華，其富貴佚樂，軀殼受之也，懽然自適；忽轉一拂意憂愁之念，則心焦欲死。此苦既不關形軀，豈非靈神獨受之乎？若貧窮勞病無聊，四體痛楚，患難無底，忽生一道德樂境之念，便覺神清氣定，怡然閒適，自忘其一身之痛，此樂既不關肉軀，豈非神之為乎？是以身生身死，而神明常存，必有不與白骨俱朽者。賞罰之必加，苦樂之必受，其不藉肉軀之有無明矣。人能知靈神之不滅，則不可不圖所以善其生，所以善其死；知苦樂之必受，則不可不於生前為永樂之圖，離永苦之路。噫！苦樂之因，善惡幾希之間，可不畏哉，可不畏哉？」

相國曰：「承明訓。人之靈神永在，不與世物同朽。善惡覈之生前，罪福定之身後，斯善無遺恨，惡無漏綱，可以厭人心矣。雖然善本當為，不必有希冀而後為。惡本當戒，不必以畏懼而不敢。如但執賞罰為趨避，斯釋氏報應之説，吾儒所不喜道者，姑置之不論何如？」曰：「嗚呼！縱無所為，必有可畏。畏與不畏，此乃君子小人之分也。夫世之所以陷溺愈深，造罪彌甚者，正繇生死之大事不明，身後之審判不論也。《聖經》云：『時念四末，永無犯罪。』四末者何？人生之盡頭四事，人人所不免也：曰身死，曰審判，曰永賞，曰永罰。蓋人之所以肆惡無忌，不時時思念四末故耳。作善縱一無可望，固不可以不修；為惡縱一無可懼，固不可以不戒。然天帝〔二〕至公之法，尤不可不明也；人之究竟不可以不知也。欲人為善，而不示以善之歸宿，猶導人以坦夷之路，步履之法，而不指其路之所止，將漫漫何所措足耶。如知身後之結局，善必賞，惡必罰，而又不但以恐懼滌惡，希冀修善，必欲盡己職分，奉天地之大主，悦吾人之大父，此更為真德純修，世豈多見。

西土一聖德士，名如尼伯樂者嘗云：『吾豈不知為善必昇，為惡必墜哉。我於死後，設使天主必罰我以永苦，絶無昇天之路，亦不敢少涉惡途，必盡心以奉天主。何也？寧無罪而下幽獄，不願有罪而冒登天國。』旨哉斯言！其聖人之心乎？第人不盡皆聖哲，心不必皆無為而為，則安得不以勸懲之典明示之。農不期有秋，何以胝胼於隴畝；器不期適用，何以終歲於陶冶。怵以桎梏，必不敢自罹於罪罟；指以陷阱，必不敢縱步而漫行。此罪福之關，悉從善惡而來者。露[二]電浮生，功罪未暇相償。設不天堂不地獄也，造物之主豈不便益於小人，而難乎其為善類也哉！且朝聞夕死，惡知其可也，死則賢愚同盡。設賢者身後一無所得，安見聞道者之益，而曰可矣，特未信此理之必有，未察其事之實據。又以佛教入中國，雜之輪迴謬説，儒者或所厭聞，遂併詆天堂地獄之至理，為誕幻下俚之談，而不樂道之。噫！崑山之璞，豈非至珍？第市碱砆者，混贋價於前，令人併昆玉亦致疑耳。善必不可不為，惡必不可不避；則天堂地獄之賞罰，自是必有。斯天帝[三]制馭天下萬世之大權。若置之不論[四]，則不惟上主至公之賞罰不明於世，且人無究竟着落，不幾塞行善之門，長小人之無忌憚哉？」

校記

〔一〕〔三〕「天帝」，絳州本、京都本作「天主」。

〔二〕「露」，絳州本、京都本作「雹」。

〔四〕「論」，京都本作「語」。

相國曰：「天主化成天地萬物，則造世者也能造世，豈不能救世，而必躬為降生，何也？且其至尊無二，為天地萬有之主，若復降為人，豈不甚褻，此於理似有不可。自開闢以來，我中土未之前聞。書契肇興，傳載訖無可考，安知果曾降生也？」曰：「此天主降生莫大之恩，原超人思議之外，豈可一言而盡明哉，姑觕論之。天主妙體，雖為實有，第無聲無臭之至，非耳目可以覩聞，不降世則下民雖信其有，猶以為高高在上，遠而不相涉也。天主至尊，而其孺愛兆民，則情又至親也。實與我親，而我輩不知，其瞻依之念愈疏，其違背之諐彌積，懵懵然載胥及溺也，而吾主忍乎？必也降生為人，乃可以示耳目之津梁，洗衆生之業垢。故無聲無臭之主，偕有形有聲者而顯著焉。然其降生也，實非離於上天，囿於下地。蓋其靈明之極，原無邊際，六合之内，六合之外，無所不在，無所不有。當其降生，亦在於天；迨及昇天，亦不離世。且雖降在世，亦豈先為靈明之主，後乃為形聲之人哉？聖體自然無有終始遷變，降世之時，仍自制馭天地，主張萬有。第以本性之原體，結合於吾人之性體，孕聖女胎中，而生以救世也。譬之以梨接桃，梨藉桃以生，桃何嘗損其本體。天主接人性以降，何嘗損其本性。其為降生，亦何不可？且夫德愛之彌深者，其用愛亦彌切矣。慈母育子，其懷抱洗滌，必躬必親，不言其褻。帝王尊居九重，設見愛子忽墜池中，豈不躬自急援，寧嫌其褻而徐徐然，俟呼左右哉？天主之愛人，不啻慈母之愛子；世人之造罪，不啻溺水之危急。罪不可不滌，世不得不救。則其降生也，亦胡能自己耶？況夫救世之全功，以贖萬世之罪，又非諸神聖之能可以代之也。未降生千百年前，天主已豫示其必降之兆。《古經》所載，其誕某時，降某地，徵何瑞，顯何功，及其將降之時，又有天神之來報。果以漢哀帝元壽二年庚申，生於如德亞之國。景宿導引於中天，三王來朝於聖土[二]，普濟四方，傳授徒衆，仍勅以廣宣八荒，流衍萬世。種種奇功異瑞，歷百千載，而皆相符合。當時聖徒紀其事，歷代諸聖詮其詳。其書充棟，特未傳譯於中土耳，豈載籍無稽者耶？矧其生平聖蹟，如使瞽者明，聾者聽，喑者言，跛者行，甚至死者復活，令非真天主乎。即古來至聖，居帝王之位，德可以感格上天〔二〕，權可以生人殺人者，曾能仿佛其萬一否耶？救世功畢，白日昇天，此豈世俗所誇神仙誕術，餐露煮石，丹砂羽化，烏有之類也。」

校記

〔一〕「聖土」，絳州本作「聖主」。

〔二〕「上天」，絳州本、京都本作「天主」。

相國曰：「如此則天主必須降生矣。然既欲降生人間，即從天而降，不尤易易，何必胎於女腹中？」曰：「降孕則真為人，自天而降，則不取人身、不同人類，豈不駭人見聞，如空桑之生，啟天下萬世之疑乎？剖脅而生，已不是生人正道，況自天而降耶？」

相國曰：「既降世何不降為帝王之胄，威福易行，而顧孕於孑然女氏也？」曰：「王侯貴胄，則微賤者仰之懸絕，衆庶效法無階，且備受世福，不習饑勞，則行願不滿，救世之標表不立。況聖母亦國主之裔也，卒世童貞，女德之盛，萬古莫加，天主擇焉。於是乃以天主之性，合於人之性，以顯其救世之功，其道超妙無窮，未易以思議窺也。」

相國曰：「仁覆閔下，其愛人無己之心，如此其亟也。何不降我中土文明之域，尤易廣布，則不煩先生九萬里之勞矣。」曰：「若然，則先師孔氏，何不生於中州，令四方來學者，道理[一]均平，顧獨生於東魯耶？楚人曰何不生於吾楚，越人曰何不生於吾越。是必生百仲尼，方可滿四方人士之願耳。舜諸馮，文王岐下，人皆以為夷，其實人之眼目囿於陋小，各從厥居，擬其近遠。若操域外之觀，更無中外華夷之分也。縱降生中國，為文明大邦，其自他方視之，則亦不免同此猜疑，同此觖望，將何以滿其願耶？設降貴邦，則旅輩固不必航海東來，以傳其旨，然又必勞師相輩西行，以廣傳其教於遠方也。今誕於如德亞國，此地不屬歐邏巴，與上國同一方域，總在亞細亞之界內，尤為三大洲之中正[二]，居寒暑適均帶下，實厥初生民祖國也。其地氣候中和，雨暘時若，土膏沃衍，民物樂康，《經》稱川河流乳，樹木凝蜜，非他國可比者，至今傳為聖土。按《唐書》舊名大秦。貞觀九年，曾有傳教東來者，今考《景教碑序》，可知梗概。天主降生此地，正為此地易於流行。且宗徒多默，敷教於小西時，去天主降世未六十年，傳播已廣。漢明遣使西行，訪求佛書，以為西方有聖人焉。此時必有所聞，其使者行至天竺，不能復西，偶得浮屠之書，認為聖教，遽以四十二章東入中國，悮取之也。若乃天主經典，昭如日星。吾大西七十餘國，人人奉之，奚啻如中國之六經，家絃户誦已乎。且紀載之符合如彼，聖蹟之絶奇如此。若使降生他國，則典籍不載，耳目未聞，非惟人之不信，且將玩而褻之。其在今日，歐邏巴諸國盡從其教，咸自如德亞國相傳而來。今上國所傳景教，流行至今，則亦淪肌浹髓久矣。要以德教之行，未可以遲速遠近論也。總之或見而知，或聞而知，真似之辨白既真，正教之擔當自力，世道人心，端必賴之。豈可以天主不降於此土，而疑其偏僻也耶！大抵造物主之陶鑄天地，搏捖萬物，生生化化，無始無終，其妙理無窮，不啻如滄海之浩蕩，豈可以涓滴而測之。要之信之一字，道之原也，功之首也，萬善之根也。真信得過，知為天地大主宰，萬民大父母，翻然動其敬畏愛慕之誠，遵行教誡。返勘吾身從何而生，吾性從何而賦，今日宜作何昭事，他日作何歸復，真真實實，及時勉圖。如人子之事親，朝夕温清，起敬起孝，雖督之勞之，亦惟命是從；不敢少有猜疑過望，如是而後，謂之孝子。若無敬畏之心，而徒探究大主奥義。譬沐太陽之光，未感其照臨之德，徒瞪目視之，强欲覷其光耀之原，則其目必致眩瞀，而反不受其照矣。日其可窮乎哉？日不可窮，况天地之旋轉乎日者哉！天地不可窮，又况天主之生天生地者哉？知天主之生天生地生人生萬物，又降生救我，則知其當一心欽崇在萬有之上，無疑矣。」

校記

[一]「道理」，京都本作「道里」。

[二]「中正」，絳州本、京都本作「正中」。

相國曰：「天主之教，如日月中天，照人心目。第常人沉溺舊聞，學者競好新異，無怪乎歧路而馳也。先生論如披重霧覩青天，洞乎無疑矣。請示我《聖經》，以便佩服。」儒略曰：「此其大略也。師相見徹人天，已解未始有始之始矣。請繹經典，講解數日，更有深益。向觀察公已曾面諭，須撰數語以便參同。請先以此質之何如？」遂敬紀數端，授相國典載者。

贈思及艾先生詩

天地信無垠，小智安足擬。爰有西方人，來自八萬里。躡屩歷窮荒，浮槎過弱水。言慕中華風，深契吾儒理。著書多格言，結交皆名士。俶詭良不矜，熙攘乃所鄙。聖化被九埏，殊方表同軌。拘儒徒管窺，達觀自一視，我亦與之遊，泠然得深旨。

福唐葉向高題贈

（清）李祖白撰　周駬方點校

天學傳概

天學傳概目録

天學傳概前言

《天學傳概》，李祖白撰，清康熙刻本，九行二十字，白口單邊。今海内外僅梵蒂岡教廷圖書館有藏。

李祖白，字然真。明天啓六年與湯若望合作，譯《遠鏡説》。入清，湯若望順治元年八月十一日《請給新曆供費兼陳本局要務疏》云：「如順天生員宋可成、副榜監生李祖白、儒士掌乘、焦應旭，此四人者，文理優通，有志曆學，訪舉在局，効力多年。」二十五日旨下，李祖白等「以効力有年，勤敏可加，相應照例量帶欽天監博士職銜」（見《西洋新法曆書奏疏》二卷）。至順治六年刻《西洋新法曆書》，李祖白成欽天監夏官正。

祖白以弟子禮事湯若望。順治十七年七月，湯氏立聖母堂碑於北京教士公墓。祖白有跋，刻於碑陰。跋云：「吾師湯道未先生，諱若望。西海熱爾瑪尼亞國人。幼齡學道，入耶穌會，以宣傳天主正教爲務。三十遊中華，爲天啓二年。嗣以夙諳曆學，歲己巳由大學士徐文定公薦，應召來京修曆，凡十餘載。恭遇國朝建鼎，遂用西洋新法，造曆頒行。湯荷恩禮優異，迄今未艾云。門人李祖白謹識。」湯氏纂定《西洋新法曆書》

中，《渾天儀説》一卷、《五緯表》十卷，鐫受法門人中，有「祖白」名。

康熙二年癸卯孟冬，祖白「公餘少暇，客有問天學今昔之概者，謹遵所聞論次，以代口答」。是即《天學傳概》，許之漸序。此書一出，天下大譁。楊光先即投《與許青嶼（之漸）侍御書》，狂訾祖白。是年冬，因曆法事，朝廷議湯若望、李祖白不軌，罪至極刑。後因京師連續地震，朝中不敢遽用；再議，若望得開釋，欽天監附教官員李祖白、宋可成、宋發、朱光顯、劉有泰五人俱處斬。至康熙八年，湯若望、李祖白之欽天監案，始得平反昭雪。

《天學傳概》是天主教名著，在中國天主教史、中西思想交匯史上，均有獨特地位。祖白也曾參與教會其他書籍之校刻。高一志譯《聖母行實》，卷三修潤者題「虎林李祖白」。虎林，今浙江杭州，古吴封地，故是書祖白自署「燕吴後學」。

本次整理《天學傳概》，以台灣吴相湘氏《天主教東傳文獻續編》影印本爲底本，除了徑直訂正引文中的一些錯訛外，其他文字没有任何改動。

二〇〇〇年五月六日北京周駬方謹序

天學傳概序

自天地之心見，而後君師之道興。帝王之所以為治，聖賢之所以為學，未有不本乎天者也。黃軒迄今，世無異治，而教統一裂，人自為學，家自為師，若水火之不相謀，要無不尊天以立說者。一彼一此之間，往往陽擯其名，而陰竊其實。雖道家之幽渺，釋子之虛寂，窮其所託，與吾儒之盡性至命，不有殊途而同歸者乎？惟是斁倫毀紀，捨君臣父子之大，而躭夫幽渺虛寂，以別求其所謂天，此二氏之教，吾儒所以辯而闢之也。彼行之不著，習矣不察，終其身於君臣父子，而莫識其所為天，即儒者或不能無弊。如欲循其弊以為救，仍莫若尊天以立說。相傳開闢以來，有所為天主教學者，驟而聆其語，若儻怳而弗可據。即其於吾儒當告之以二帝三王之道，日月星辰之行，天地之所以著，鬼神之所以幽，物類之所以蕃，江河之所以流，不應瀆告之以其學也。久之而親，其人繹其書，以昭事不墮為宗旨，克己愛人為工夫，悔過遷善為入門，生死大事有備無患為究竟；其於二帝三王之道，日月星辰之行，天地之所以著，鬼神之所以幽，物類之所以蕃，江河之所以流，靡弗相始終相表裏。超出乎二氏之上，而後知其學，何莫非吾儒之學也？其教自漢唐流傳中土。明萬曆辛巳，耶穌會士西泰利子，航海九萬里而來，建堂於宣武門内。一時名公卿，多樂與之遊。至國朝恩禮倍渥，通微教師實總曆務，復勑建東堂，再可利子、景明安子主之，余俱樂與之遊。而然真李子以余為有契乎其言也，持所著書，屬利子索余序，因述其大略。惟向者福清葉相國，《贈西賢》詩有云：「言慕中華風，深契吾儒理。」又云：「拘儒徒管窺，達觀自一視。」誠化其同異之見，取所為尊天以立説者。究其指歸，精其義藴，即不言學，並不言教可也。而一切窮神達化，更有進乎此者，抑非余之所及知也已。

康熙三年歲在甲辰春王正月柱下史毘陵許之漸敬題

天學傳概

燕吳後學李祖白撰

天學，天主教學也。天主為萬有之初有，其有無元而為萬有元。德福圓滿，知能渾全；妙性超然，奥窮思悟，中土尊稱之曰上帝。茲以其為天地之主宰，故質稱天主也。而其教則為人而立，別人於蠢動，儕人於天神，令向真原而求真福。大要以昭事不墮為宗旨，以克己愛人為工夫，以悔過遷善為入門，以生死大事有備無患為究竟，誠吾人最喫緊之實學，而其從來遠矣。緬昔天主上帝，於厥世始，開闢乾坤，發育萬物，所以資人安居利用者悉備。而生初人，男女各一，其靈性賦以當然之則，好善惡惡，秉為彝常，永不能脱。凡遇忠孝大節，舉仰慕之若渴；凡遇奸頑大慝，舉疾視之若讎。自古稱為性教，愚非不足，聖非有餘，豈不然乎？只以性參氣稟物誘交侵，失其初良，而不敢漫言率也，則繼之以書教。後開闢三千七百有一年，天主於西納山西距中國四萬里。頂，降石碑二，明列十誡為目，括以愛主愛人為綱。是書教者，所以為性教之申命也。而不惟是，又後千四百九十七年，天主之教世，又有進焉者。先是詔示人間，兼遣神人，此因舉世沉迷，躬自降救，下取人性以接本性，而生如德亞國（初人亦生於此，西納山在其界内。）之白稜郡，名耶穌。在世三十有三載，所顯奇跡甚衆。命死者活即活；命瞽者見即見；巨浪雄風，命息即息；虐魔恣害，命退即退。蓋與化成功用萬有應命而出者，同一神異也。詳明誠理，簡定新規，群心大服，名其教為寵教，以見教由主寵，非人分所應有云。較前性書二教，恩施此尤摯矣。然則天學之傳及中土，其時亦可得而稽乎？曰有斯人，即有斯教，中土人與教同時並得也。何以言之？方開闢時，初人子孫，聚處如德亞，此外東西南北，並無人居。當是時，事一主，奉一教，紛歧邪説，無自而生。其後生齒日繁，散走遐逖。而大東大西，有人之始，其時略同。考之史册，推以曆年，在中國為伏羲氏，即非伏羲，亦必先伏羲不遠，為中國有人之始矣。

惟此中國之初人，實如德亞之苗裔，自西徂東，天學固其所懷來也。生長子孫，家傳户習，此時此學之在中國，必倍昌明於今之世。延至唐虞，下迄三代，君臣告戒於朝，聖賢垂訓於後，往往呼天稱帝，以相警勵。夫有所受之也，豈偶然哉？其見之《書》曰：「昭受上帝，天其申命用休。」曰：「予畏上帝，不敢不正。」曰：「惟皇上帝，降衷於下民。」曰：「上帝妥佑下民。」曰：「惟簡在上帝之心。」曰：「惟上帝不常，作善降之百祥，作不善降之百殃。」曰：「顧諟天之明命。」曰：「天佑下民，作之君，作之師，惟其克相上帝。」曰：「我亦不敢寧於上帝命，弗永遠念天威。」見之《詩》曰：「文王在上，於昭於天；文王陟降，在帝左右。」曰：「維此文王翼翼，昭事上帝。天鑒在下，有命既集。上帝臨女，無貳爾心。」曰：「皇矣上帝，臨下有赫。」曰：「敬天之怒，無敢戲豫；敬天之渝，無敢馳驅。」曰：「蕩蕩上帝，下民之辟。天生烝民，其命匪諶。」曰：「□我來牟，上帝率育。」曰：「赫赫姜嫄，其德不同。上帝是依……『無貳無虞，上帝臨女。』」《魯論》曰：「獲罪於天，無所禱也。」曰：「予所否者，天厭之，天厭之。」曰：「丘之禱久矣。」曰：「畏天命。」《中庸》曰：「郊社之禮，所以事上帝也。」曰：「上天之載，無聲無臭，至矣。」《孟子》曰：「樂天者，保天下。畏天者，保其國。」曰：「順天者存，逆天者亡。」曰：「雖有惡人，齋戒沐浴，則可以事上帝。」曰：「存其心，養其性，所以事天也。殀壽不貳，修身以俟之，所以立命也。」

凡此諸文，何莫非天學之微言法語乎？其不但言帝又言天者，天即帝也。猶臣民間稱君上為朝廷，朝廷即君上也。審是則中國之教，無先天學者。惜乎三代而還，世風日下，民生苦於戰争，士習壞於功利。吕秦代周，任法律，棄《詩》《書》。從前載籍，盡遭烈焰，而天學不復覩其詳矣，傷哉！逮至西漢元壽，天主降生及救世畢，宗徒聖多默者，行教中土，事載西史。而此中中州近地，明季流傳十字教規，緣天主救世，功成十字，故以名教，是即多默所遺教也。逮至有唐貞觀九年，上遡天主降生六百三十五祼，大秦國（即如德亞國）修士阿羅本，遠將經像重譯來朝。爾乃宰相郊迎，翻經内殿，命名景教。初勅造大秦寺於京，後又徧勅諸州，各置景寺。開元以後四朝，寵賚彌渥，即郭汾陽王，亦復重廣法堂。依仁施利，修舉哀矜，教行有唐，蓋二百載而近矣。今長安有《景教流行中國碑》可考也。又後九百四十六載，遡天主降生千五百八十一年，為明萬曆辛巳。耶穌會士西泰利子，自歐羅巴梯航九萬里東來，庚子底燕京，貢聖像、西琴、自鳴鐘等物。朝廷義隆柔遠，恩禮備至。縉紳先生與之遊，講究天主大道，多所契合。著有《實義》《畸人》等書行世。服從其教，感其化者比比。辛亥卒於京，賜地葬焉。於是熊、龐、陽、龍諸子，先後接踵來京司教事，而晉有高則聖，閩有艾思及，江南有畢今梁，併顯聞於時。崇禎己巳，庭議修曆。徐文定公素折節西賢，為性命交。知其旁通曆學，時以少宗伯領督修，疏薦函璞鄧子，未幾病歿。續薦余師道未湯子，暨味韶羅子[一]。曆垂成，羅又病歿。獨余師與曆事相始終。入國朝，用其法造《時憲曆》，頒行天下。命掌欽天篆，辭再三不允。至辛卯，遂荷世祖皇帝特達之恩眷，錫嘉名，晉崇階，更念其將老，勅户部查給地畝，任作生壙。而且駕數臨堂，諮求教學，賜《御製文》有銘。西泰氏舊堂之東偏，師為倣西式，改創新堂，寬數倍，於其東階，恭勒綸音於石，以垂不朽，天下聞而榮之。堂近宣武門，屬城西。東華門舊燈市之南又一堂，欽賜於順治乙未，改建於康熙壬寅。堂亦西式，相偕在內行教者，再可利子、景明安子也[二]。人稱東堂，以別於宣武門之堂。天學之在京師，為四方之望，自京師堂構一新，叨恩格外。而四方西賢鐸振之地，士民益奮欽崇。會有中丞匯白佟、廉察鶴沙許二公[三]，信嚮綦堅。宦遊所到，捐貲營築，以奉天主。俸入不為己有，而為天主有。其視明葉文忠、徐文定、韓蒲州、劉成都、李冏卿、楊京兆數君子[四]，樂為道侶身主者，又何讓乎江南之蘇淞二郡，浙之武林，江右之南昌之建昌之南贛，楚之武昌，閩之福州之建寧之延平之汀州，蜀之重慶之保寧，咸有新堂，西賢居焉。前己丑，余師為曆學計久遠，特疏上請，敦伯南子[五]以知曆赴闕庭，仰給大官。同時遵旨入内地者，又十餘人。

我國家肇造區夏，一統無外，名公鉅卿，相與黼黻皇猷於上，而輦轂内外，或省會之衝，或鄉邑之僻，每有西賢至止，時出其所學，為世津梁，指正真之定極，杜誑惑之旁蹊，於以下肅人心，上襄王化。唐虞三代之風，庶其再見於今日歟？利西泰而下，著述號最富者，《進呈曆書》百餘卷，業蒙宣付史館。他若理器殊彙，莫非教學攸關，成書又三百卷。有經、有史、有超形性學、有形性學、有修學、有天文學，板藏京師、江南、浙、閩、秦、晉各堂。且總計載來圖書七千餘部。群賢感荷帡幪，賓至忘返，共矢協佐同文，抑首翻譯，川至日昇，殆無窮竟。嗚呼！此又秦火以前未有之盛事也，漢唐無論矣。

癸卯孟冬，公餘少暇，客有問天學今昔之概者，謹遵所聞論次之，以代口答。

校記

[一]鄧玉函，字函璞；湯若望，字道未；羅雅谷，字味韶。

[二]利類思，字再可；安文思，字景明。

[五]南懷仁，字敦伯。

以上耶穌會士。

[三]佟國器，字思遠，號匯白；許纘曾，號鶴沙。

[四]葉向高，謚文忠；徐光啟，謚文定；韓爌，宰相，蒲州人；劉宇亮，宰相，綿竹人；李之藻，仕光禄寺卿，故稱；楊廷筠，官京兆尹，故稱。

以上中國官吏。其中葉向高、韓爌、劉宇亮，家人有領洗人教者，而本人尚難確定。

破邪集

（明）徐昌治編輯　周駬方校

破邪集目録

破邪集前言

《破邪集》，原名《聖朝破邪集》，徐昌治編輯。明人反天主教及西學在華傳播的重要文集。

徐昌治，字覲周，《千頃堂書目》卷五作覲周，浙江海鹽人。父應奎，康熙《嘉興府志·孝友》有傳。兄從治，明末重臣，山東萊州抗清時陣亡，傳記資料甚夥。昌治天啓年間貢生，崇禎朝應天中式。《嘉興府志》卷七《從治傳》云：「弟昌治以廩生入國學，考授通判。」昌治另編有《昭代芳模》三十五卷，崇禎時編，起太祖，止熹宗，編年體。

《破邪集》編成於崇禎十二年。那時昌治從費隱禪師遊，詣嘉興，見費隱禪師「案前所列闢邪諸書，若痛斥天主教之所以亂真、貶佛、毀道」之書，於是亦有志於闢邪矣。其時天主教在士大夫中之傳播，頗有聲色。而闢之者亦不遺餘力，所謂「南有宗伯，北有諫臣」。宗伯指南禮部沈潅，諫臣如朱國祚（字兆隆，秀水人，官至大學士，謚文恪。萬曆二十九年，以禮部侍郎攝部事，時利瑪竇入京師，中官馬堂以其方物進，國祚上疏）。在民間，袾宏、費隱諸禪師，亦皆有闢邪文字行世。與《破邪集》成書最有關的，則是費隱禪師。據徐《自序》云，費隱「以數帙授昌治」，於是昌治「編其節次，臚其條款，列其名目」，遂有《破邪集》。

《破邪集》收明人奏疏、公牘、揭帖、論辯、信函，凡六十篇，撰者或官吏，或士大夫，或僧人。茲將撰者生平考列於後：

沈㴶，字仲雨，浙江烏程人。明萬曆二十年進士，官南禮部侍郎，文淵閣大學士。有《尊生館稿》、《沈文定公集》二十卷。

陳懿典，字孟常，浙江秀水人。明萬曆二十年進士，選庶吉士，授編修。崇禎朝晉少詹事，至侍讀學士。晚年以老固辭，里居三十餘年，卒，年八十五。有《吏隱齋集》三十六卷。

吳爾成，直隸青浦人。明萬曆三十二年進士。

徐從治，字仲華，一字肩輿，浙江海鹽人。明萬曆三十五年進士。官至山東武德道兵備，超拜都察院右副都御史，巡撫山東萊州，被圍，中飛礮死。事聞，贈資善大夫，兵部尚書。有《平妖紀事》一卷。

施邦曜，字爾韜，浙江餘姚人。明萬曆四十七年進士。知漳州府，陞福建參政，轉四川按察使，福建右布政使，南京光禄寺卿，擢左副都御史，殉國難。謚恭愍。

徐世蔭，浙江開化人。明天啓五年進士。官提刑按察使。

吴起龍，直隸丹徒人。明崇禎元年進士。官福州知府。

蔣德璟，字中葆，福建晋江人。天啓二年進士，改庶吉士，授編修，歷侍講、論德、庶子，掌司經局，累官太子少保、禮部尚書、文淵閣大學士。有《敬日草》二卷、《慤書》。

顔茂猷，字光束，福建平和人。明崇禎七年進士，官禮部主事。有《迪吉録》八卷。

唐顯悦，字子安，福建仙遊人。天啓二年進士，官廣東參政，進階通議大夫。

周之夔，福建閩縣人。崇禎四年進士。

黄貞，閩人，未詳。

王朝式，字金如，山陰人，沈國模弟子也。崇禎末，浙中大饑，朝式倡賑粟，全活甚衆。國變後旋卒，年三十八。

黄廷師，字惟經，萬曆四十七年進士。歷官湖廣僉事。入清，起光禄寺卿，任廣西副使。

蘇及寓，閩人，未詳。

魏濬，字禹欽，福建松溪人。明萬曆三十二年進士。官至右副都御史，巡撫湖廣。有《峽雲閣存草》十二卷。

許大受，浙江德清人。孚遠子，萬曆廕生，以父任刑部郎中。《千頃堂書目》卷十二《小説》著録《聖朝佐缺》一卷。《破邪集》卷四作《聖朝佐闢》。

陳侯光，閩人，未詳。

戴起鳳，閩人，未詳。

虞淳熙，字長孺，浙江杭州人。官至吏部稽勳司郎中。有《虞德園先生全集》。

黄紫宸，閩人，未詳。

黄問道，閩人，未詳。

李璨，未詳。

張廣湉，浙江杭州人。官百户，雲棲弟子。蓮池有書致廣湉，見《雲棲法彙》。

林啓陸，未詳。

鄒維璉，字德輝，江西新昌人。萬曆三十五年進士。官至兵部右侍郎。有《達觀樓集》四卷。

王忠，未詳。

黄虞，未詳。

李王庭，閩人，未詳。

謝宫花，閩人，未詳。

曾時，閩人，未詳。

劉文龍，未詳。

釋袾宏，雲棲蓮池袾宏。字佛慧，仁和沈氏。本諸生。項士元《雲棲志》收大師生平資料甚豐。

釋圓悟，天童密雲圓悟。字覺初，宜興蔣氏子。傳見《新纂天童寺志》卷三。

釋普潤，杭州積翠唯一普潤。浙梅東楊氏。《正源集略》卷二有傳。

釋通容，天童費隱通容。閩福清何氏。《續指月録》、《新纂天童寺志》有傳。

釋大賢，雲棲弟子。

釋成男，雲棲弟子。

釋如純，未詳。

《破邪集》在中國久已不傳，如今我們還能讀到，有賴日本安政二年水户藩弘道館之翻刻。序者署源齋昭，即水户藩第九代藩主德川齋昭。其時水户藩進行藩政改革，以藩校弘道館爲中心之教育政策，使水户藩聲名遠播，成爲後期水户學之中心。後期水户學以攘夷論爲基礎，排斥西學，反對日本開國。在這個時代背景下，翻刻《破邪集》，其意顯明。

本次點校《破邪集》，不用原書名。因無其他版本可以校異，所以照原文排印，文中尚有個别疑難未解之處，也未便改動。

二〇〇〇年二月十四日北京周駬方謹序

破邪集序

邪教之入龍國，豐臣太閤固嘗禁絶之，東照宫固嘗驅攘之。台德、大猷二公皆善繼善述。而寬永之亂，發於至治之日，時人或以海隅小寇目之，而逆燄所被，鄰境皆應，西海為之震擾，其禍大矣。然聚邪徒於一城而殲戮之不可，謂非天意。顧設禁令，益嚴邪徒。或有來者戮其人，火其舟，使蠻夷永絶窺竄之心。比之西土，明末僅能驅逐而不能掃蕩者，不異宵壤，可謂偉矣。至常憲公時，海外復有諭妖邪之書者，賴當時能辨其奸，不得逞其害。方今蠻夷來逼，日甚一日，外奮武衛，内息邪説，是我急務。而審萬國形勢，立守禦長策，或不能無取乎彼，非特船艦銃礮之制也。故海内争講蟹行之書，亦自然之勢。而彼長於誑誘，即我今日不講，亦安知異日不為邪説之媒哉？是可憂也。

余廩中藏《破邪集》，即時人所稱彼其在上者。既不能掃蕩邪教，唯一二志士以空言觸挑之，雖切何補？然在今日則未必無小補，乃命梓布世。

顧此書不無駁雜之説，讀者捨其疵而取其絲可也。

安政乙卯陽月初五[一]

校記

[一]安政乙卯，即日本安政二年(一八五五，清咸豐五年)。序末署名。鈐「源齋昭印」「尊王攘夷」二印。

翻刻者例言

一篇中稱呼如聖朝等，及其書法如抬頭等，皆宜改書，今一從原刻，以見當日之舊；

一篇中間有難讀者，恐屬訛誤，而無他本可校，不敢妄改；

一此書主於破邪而如學術有純駁，立言有深淺，固不遑論。雖緇流之言，取以為息拒之用，可見破邪之急於拯焚溺。故通篇從原本，不增損一字。

闢邪題詞

余佩服儒教，攻苦有年，蓋通晝夜寒暑，而行住坐卧，於此中方以未得理道為憾，忍聽邪説亂之也哉。日兢兢焉以一善之得、一隙之明，急為傳布，嘉與流通，何帝典王謨、名臣烈士、貞夫節婦，不一一表章於帙中，迄上古中古前朝君相，豐功偉業，咸密密哀崇於言外，無非以大經大法，迪人心而開人目，使異説不得乘而中也。偶於中秋，偕費隱禪師，連舟詣禾，見其案前所列闢邪諸書，若痛斥天主教之以似亂真，貶佛毁道；且援儒攻儒，有不昭其罪，洞其奸，彰灼其中，禍於人流，害於世胥，天下而膺之懲之不已者。南有宗伯，北有諫臣，娓娓疏論於神宗顯皇帝之前，已稱直窮到底。閩諸君子、浙諸大夫，侃侃糾繩。夫以技衒巧，以利誘愚，口誅創異，筆伐黨同，何啻張膽明目。至於雲棲有《説》，密老有《辯》，費師有《揭》，邪之不容攙正也。纚纚數千言，佛與儒同一衛道之心矣。費師又慮巧偽易滋，除蔓匪細。不合諸刻揭諸塗，使人人警省，在在聳惕，焉能户為説而家為喻。因以數帙授昌治，編其節次，臚其條款，列其名目。一種憂世覺人之苦心，洞若指掌；一段明大道、肅紀綱、息邪説、放淫詞、闢異端、尊正朔，較若列眉，於中刪繁就簡，去肉存髓。凡一言一字，可以激發人心，抹殺異類，有補於一時，有功於萬世者，靡不急録以梓。是則昌治以膚見，當佐闢也夫。

崇禎十二祼季冬五日鹽官徐昌治覲周甫書於大業堂中

明朝破邪集卷第一

南宮署牘序

鹽官居士徐昌治覲周甫訂

《南宮署牘》者，吴興沈仲雨以少宗伯署南禮部諸稿也。仲雨與余同籍同館，號為莫逆。居恒以經濟道誼相勗，不欲徒以文藻稱雄長，每共討館閣故實，相與歎高皇帝析中書省為六部，然帷幄未嘗不與儒臣相咨諏，殿閣皆設大學士，特乾綱獨運，親决萬機。故顯潤色之猷，而泯參贊之跡。後人謂國初罷丞相，而内閣創於永樂間者，非也。文皇神武定鼎，投戈講藝，即命三楊、解、胡七大夫，日直文淵閣。親臣比於重臣，贊决機務。有從他曹改入翰林，官僅編簡，積漸尊貴，終始不離詞林。後人謂内閣不盡出詞臣一途者，非也。惟景泰、天順、正靖之間，初有繇濬邸部院入者，而議禮諸臣，皆先改館職，而後大用。則祖宗雅重詞臣，其來久矣。惟是文學侍從之臣，初若優遊無所事事，逮晉卿貳，則肩仔周應皆鉅且要，而禮卿為尤甚。若南禮部，人人以為閒適無事之地，用以養望而待遷。而仲雨典南部，獨不取優遊養尊，所奏疏移文諸牘若干卷，余受而卒業焉。所言謹天戒，開儲講，請王婚，定陵祀，皆關宗社大計。引經據禮，明諍婉諷，不遺餘力。而其所發憤抗論，至再至三，不顧流俗，不避勞怨，必期於異説芟除之净盡者，毋如西洋夷人一事。

夫天下之患，其來有端，其成有漸。惟早見遠慮者，能預察其端，而力防其漸。為能剪其枝蔓，拔其根株，而不遺大患於後。當其初議時，或目為迂闊而訕笑之，旁撓之。若見為尋常不足介意者，正智者之所瞿然恐，蹙然憂，如疾痛之在身，不能一朝濡忍者也。昔賈誼痛哭於庶孽，江統著論於徙戎。當時若能聽其言，則七國之釁必可逆銷，五胡之亂何至横决哉。惟端已見而不知，漸已成而莫覺，故一朝發難而不可收拾也。仲雨於夷人王豐肅等，據律參奏，盡法驅逐，意正在此。或云彼夷無扞罔逆跡，引繩批根，不無傷向化心，一統無外，何所不包荒。又云：夷人窺天之器殊巧，適當修正曆法之際，或可參用，如回回曆法，而反覆仲雨牘中，固皆侃侃言之矣。彼夷妄稱大西洋，且不奉其主箋表，潛跡闌入兩都，與重譯來王不同。且其徒衆日繁，金錢符水，既足煽誘愚民；異教秘器，稱天測象，又足以動士大夫好怪耽奇之聽。於此不竭力掃除，為虺不摧，為蛇奈何？即如仲雨身任禮卿，奏請奉旨以治此么麽。而辨揭縱横，南北響應，伏莽含沙，意正未已。藉使鋤治少緩，撰述同貝葉以盛行，部署如黄巾而難制，輦轂之下，陵寢之旁，其禍可勝道哉。學者誦法孔孟，仲尼之誅魯之文人也。固曰行僻而堅，言僞而辨，記醜而博。又曰其居處足以撮徒成黨，其談説足以飾衺熒衆，其强禦足以反是獨力，不可不除也。而孟子之詆楊墨曰：「楊氏為我，是無君也；墨氏兼愛，是無父也。」夫孔子未攻擅政之三家，而先誅亂政之少正卯。孟子不攻儀秦之傾危，而先距楊墨之淫邪。乃後儒稱孔行周公之志，孟之功不在禹之下，則豈非以奇衺詭譎之患，能早絶其端，而防其漸哉？仲雨之意蓋深遠矣。方今寓内多故，疆事叵測，皆坐於見端不早，積漸不防，以養無窮之禍。仲雨遇事，有關係者，不少寛假，向與予尋討館閣舊聞遺事，止為今日，政將及於海内共拭目。新參之作用，其擘畫建樹，茲稿不足盡其大。余特為茲刻表其用心之所在云。

庚申春仲就李年眷弟陳懿典頓首拜撰

南宮署牘

南京禮部侍郎沈漼著

參遠夷疏

奏為遠夷闌入都門，暗傷王化，懇乞聖明，申嚴律令，以正人心，以維風俗事：

職聞帝王之御世也，本儒術以定紀綱，持紀綱以明賞罰，使民日改惡勸善而不為異物所遷焉。此所謂一道同風，正人心而維國脈之本計也。以太祖高皇帝長駕遠馭，九流率職，四夷來王，而猶諄諄於夷夏之防，載諸《祖訓》及《會典》等書。凡朝貢各國有名，其貢物有數，其應貢之期，給有勘合，職在主客司。其不係該載，及無勘合者，則有越渡關津之律，有盤詰奸細之律。至於臣部職掌，尤嚴邪正之禁。一應左道亂正，佯修善事，煽惑人民者，分其首從，或絞或流；其軍民人等不問來歷，窩藏接引，探聽境内事情者，或發邊充軍，或發口外為民，律至嚴矣。夫豈不知遠人慕義之名可取，而朝廷覆載之量，可以包荒而無外哉？正以山川自有封域，而彼疆我理，截然各止其所，正王道之所以蕩平，愚民易與為非，而抑邪崇正，昭然定於一尊，乃風俗之所以淳厚。故釋道二氏流傳既久，猶與儒教併馳。而師巫小術，耳目略新，即嚴絶之，不使為愚民煽惑，其為萬世治安計，至深遠也。不謂近年以來，突有狡夷自遠而至，在京師則有龐迪峨、熊三拔等，在南京則有王豐肅、陽瑪諾等，其他省會各郡，在在有之。自稱其國曰大西洋，自名其教曰天主教。夫普天之下，薄海内外，惟皇上為覆載照臨之主，是以國號曰大明。何彼夷亦曰大西。且既稱歸化，豈可為兩大之辭以相抗乎？三代之隆也，臨諸侯曰天王，君天下曰天子。本朝稽古定制，每詔誥之下，皆曰奉天，而彼夷詭稱天主。若將駕軼其上者，然使愚民眩惑，何所適從。臣初至南京，聞其聚有徒衆，營有室廬，即欲修明本部職掌，擒治驅逐。而説者或謂其類實繁，其説浸淫人心，即士君子亦有信向之者。況於閭左之民，驟難家諭户曉，臣不覺喟然長歎，則亦未有以尊中國，大一統，人心風俗之關係者告之耳。誠念及此，豈有士君子而忍從其説乎？説者又謂治曆明時之法，久失其傳，臺監推算漸至差忒。而彼夷所製窺天窺日之器，頗稱精好。

以故萬曆三十九年，曾經該部具題，欲將平素究心曆理之人，與同彼夷開局繙繹。嗚呼！則亦不思古帝王大經大法所在，而不知彼之妖妄怪誕，所當深惡痛絶者，正在此也。臣請得言其詳，從來治曆，必本於言天，言天者必有定體。《堯典》敬授人時，始於寅賓寅餞，以日為記。如「日中星鳥」、「日永星火」、「宵中星虛」、「日短星昴」，蓋日者天之經也。而月五星同在一天之中，月之晦朔弦望，視日之遠近，而星之東南西北，與日之短永中相應。是故以日記日，以月記月，以中星記時。《舜典》在璇璣玉衡，以齊七政。解之者以天體之運有恒，而七政運行於天，有遲有速，有順有逆，猶人君之有政事也。則未聞有七政而可各自為一天者。今彼夷立説，乃曰七政行度不同，各自為一重天，又曰七政諸天之中心，各與地心不同處所。其為誕妄不經，惑世誣民甚矣。《傳》曰：「日者，衆陽之宗，人君之表。」是故天無二日，亦象天下之奉一君也。惟月配日，則象於后，垣宿經緯以象百官，九野衆星以象八方民庶。今特為之説曰：日月五星，各居一天。是舉堯舜以來，中國相傳，綱維統紀之最大者，而欲變亂之，此為奉若天道乎，抑亦妄干天道乎？以此名曰慕義而來，此為歸順王化乎，抑亦暗傷王化乎？夫使其所言天體，不異乎中國，臣猶慮其立法不同，推步未必相合；況誕妄不經若此，而可據以紛更祖宗欽定、聖賢世守之《大統》曆法乎？臣又聞其誑惑小民，輒曰祖宗不必祭祀，但尊奉天主，可以昇天堂，免地獄。夫天堂地獄之説，釋道二氏皆有之。然以之勸人孝弟，而示懲夫不孝不弟造惡業者，故亦有助於儒術爾。今彼直勸人不祭祀祖先，是教之不孝也。繇前言之，是率天下而無君臣；繇後言之，是率天下而無父子。何物醜類，造此矯誣？蓋儒術之大賊，而聖世所必誅，尚可蚩蚩然驅天下而從其説乎？然閭左小民，每每受其簧鼓，樂從其教者，聞其廣有貲財，量人而與。且曰天主之教如此濟人，是以貪愚之徒，有所利而信之，此其胸懷叵測，尤為可惡。昔齊之田氏，為公私二量，公量小，家量大。以家量貸民，而以公量收之，以收民心，卒傾齊國，可為炯鑒。劉淵入太學，名士皆讓其學識。然而寇晉者，劉淵也。王夷甫識石勒，張九齡阻安禄山，其言不行，竟為千古永恨。有忠君愛國之志者，寧忍不警惕於此，猥云遠夷慕義，而引翼之，崇獎之，俾生其羽毛，貽將來莫大之禍乎？伏乞勑下禮兵二部，會同覆議。如果臣言不謬，合將為首者，依律究遣，其餘立限驅逐，仍復申明律令：要見彼狡夷者，從何年潛入，見今兩京各省有幾處屯聚；既稱去中國八萬里，其貲財源源而來，是何人為之津送；其經過關津去處，有何文憑，得以越渡；該把守官軍人等，何以通無盤詰？嚴為條格，今後再不許容此輩闖入，違者照《大明律》處斷。庶乎我之防維既密，而彼之蹤跡難詭。國家太平，萬萬年無復意外之虞矣。臣不勝激切待命之至。

萬曆四十四年五月　日

再參遠夷疏

奏為遠夷闌入都門，暗傷王化，懇乞聖明，申嚴律令，以正人心，以維風俗事：

先該臣於本年五月間，具題前事，候旨未卜。頃於七月十九日，接得邸報，又該禮部覆題，亦在候旨間。臣有以仰體聖心，未嘗不留念於此事也。

則臣言有所未盡，而機務原不可不熟思爾。夫左道惑衆，律有明條，此臣部之職掌當嚴也。裔夷窺伺，潛住兩京，則國家之隱憂當杜也。聖明自為社稷計，豈其不留念及此乎？惟是兩京事體，稍有不同，而王豐肅等潛住南京，其盤詰勾連之狀，尤可駭恨。則臣前疏，尚有言之未盡者，何也？京師為陛下日月照臨之所，即使有神姦潛伏，猶或上憚於天威之嚴重，而下怵於舉朝之公論。未敢顯肆猖狂，公行鼓扇。若南京則根本重地，高皇帝陵寢在焉。山川拱護，固為臣庶之瞻依，而門殿闕清，全在紀綱之振肅。所以譏防出入，而杜絶夫異言異服者，尤不可不兢兢也。而豐肅神姦，公然潛住正陽門裏，洪武岡之西，起蓋無梁殿，懸設胡像，誑誘愚民。從其教者，每人與銀叁兩，盡寫其家人口、生年日月，云有咒術，後有呼召不約而至。此則民間歌謡遍傳者也。每月自朔望外，又有房虛星昴四日為會期。每會少則五十人，多則二百人。此其自刻《天主教解要略》中，明開會期，可查也。蹤跡如此，若使士大夫峻絶不與往還，猶未足為深慮。然而二十年來，潛住既久，結交亦廣，不知起自何人何日，今且習以為故常，玩細娛而忘遠略，比比是矣。臣若更不覺察，胡奴接踵於城闉，虎翼養成而莫問，一朝竊發，患豈及圖。尤可恨者，城内住房既據洪武岡王地，而城外又有花園壹所，正在孝陵衛之前。夫孝陵衛以衛陵寢，則高廟所從遊衣冠也。龍蟠虎踞之鄉，豈狐鼠縱横之地，而狡夷伏藏於此，意欲何為乎？更可駭者，臣疏向未發抄，頃七月初，纔有邸報，而彼夷即於七月初旬具揭。及至二十一日，已有番書訂寄揭稿在王豐肅處矣。夫置郵傳命，中國所以通上下，而廣宣達也。狡焉醜類，而横弄綫索於其間，神速若此，又將何為乎？頃該巡視東城御史孫光裕，查照會題事理，行令兵馬司拘留彼夷候旨，猶有愚民手執小黄旗，自言願為天主死者，幸而旋就拘獲，然亦可見事機之不可失，而處分之明旨，更不可後矣。

臣查得大明律例，凡化外人犯罪者，並依律擬斷，註云俱要請旨。除王豐肅係化外人，臣謹遵律令，明文候旨處分外，其餘同居徒衆，妄稱天主教，扇惑人民，見在本所搜獲者一十三名。一面行提鞫審，此外更不株連一人。今小民洗滌門户，不復從邪，正可嘉與維新。而都士大夫，尤曉然知狡夷不可測，臣乃得昌言以畢其愚慮。惟恐遠聽者不審其情形，而猶惑於術數之小知也。且龐迪峨、熊三拔，久在輦下，傳送既速，簸弄必巧，遷延日久，綫索横出，則亦事機之不可不慮者也。伏乞陛下念根本重計，蚤賜批發該部，覆請速咨。臣等將夷犯從法依律擬斷。其原參未獲陽瑪諾等者，行提緝獲，庶乎明旨昭然，而人心大定，道化歸一，而風俗永清，不惟臣部職掌得申，而國家之隱憂亦杜矣。臣不勝激切待命之至。

萬曆四十四年八月　　日

參遠夷三疏

奏為遠夷情形甚詭，留都根本當防，懇乞聖明蚤賜處分，以清重地，以正人心事：

臣聞邪不干正，而左道惑衆者必誅；夷不亂華，而冒越關津者必禁。方其萌芽窺伺，則以禮教防之而有餘，及其當與勾連，則將干戈取之而不足。竊照夷犯王豐肅等，詐言八萬里之遠，潛來南京，妄稱天主教扇惑人民，非一日矣。先該臣兩次具題，又該禮部及南北臺省諸臣，先後題催，未奉明旨。陛下豈猶未悉彼夷情形之詭乎？夫其術之邪鄙不足言也。據其所稱天主，乃是彼國一罪人。顧欲矯誣稱尊，欺誑視聽，亦不足辨也。但使止行異教，非有陰謀，何故於洪武岡王氣所鍾，輒私盤據？又何故於孝陵衛寢殿前，擅造花園？皇上試差官踏勘，其所蓋無樑殿，果於正陽門相去幾里，是否緣城近堞，蹤跡可疑。南京各衙門月給報房工食，蓋謂兩京事體，奉旨施行，欲其呼吸相通爾。其他鄉官士民皆不能得。而彼夷人亦給工食與報房人，意欲何為？尤可異者，各衙門參彼之疏，尚未得旨，而龐迪峨、熊三拔等，亦造疏揭，差其細作鍾鳴禮、張寀等，賫持前來，詐稱已經奏進，刊刻投遞。臣觀其疏揭內，公然自言兩京各省有十三人，殊為可駭。夫利瑪竇，昔年進京始末，此廷臣所知，原未嘗有如許彼衆也。皇上憐其孤身，賜之葬地，此自柔遠之仁，與成祖當年賜浡泥王葬地相同。若使浡泥王蒙恩賜葬，而浡泥國臣民，遂借為口實，因緣竊入，散布京省，成祖能置之不問否？彼乃欲借皇上一時柔遠之仁，而潛藏其狐兔蹤跡，勾連窺伺，日多一日，豈可置之不問耶？臣近又細詢閩海士民識彼原籍者，云的係佛狼機人。其王豐肅，原名巴里狼當，先年同其黨類，詐稱行天主教，欺呂宋國主，而奪其地，改號大西洋。然則閩粵相近一狡夷爾，有何八萬里之遥？臣雖未敢即以此説為據，然而伏戎於莽，為患叵測。總之根本重地，必不可容一日不防者也。

伏乞皇上即下明旨，容臣等將王豐肅等，依律處斷。其扇惑徒衆，在本所捕獲鍾明仁等，及續獲到細作鍾明禮、張寀等，或係勾連主謀，或係因緣為從，一面分別正罪，庶乎法紀明而人心定，奸邪去而重地亦永清矣。臣無任激切待命之至。

萬曆四十四年十二月　日

付該司查驗夷犯劄

南京禮部為奉旨處分夷情事：

准禮部咨照得狡夷王豐肅等，與内地奸民鍾鳴仁、鍾鳴禮等，勾連扇惑，潛住輦轂之下多年。先該本部奏為遠夷闌入都門，暗傷王化，懇乞聖明，申嚴律令，以正人心，以維風俗事。內參夷犯王豐肅、陽瑪諾、龐迪峨、熊三拔等四名，除龐、熊二犯，係潛住京師，近該禮部遵旨遞發外，七月間，禮部覆題抄到二十一日，該巡視東城御史孫，行兵馬司提拘王豐肅等一十四名。該本部於八月初一，題明前事，除王豐肅係化外人，臣謹遵律令明文候旨處分外，其餘同居徒衆，妄稱天主教，扇惑人民，見在本所搜獲一十三名，一面行提鞫審，此外並不株連一人等因。又於十二月初一，該本部續奏為遠夷情形甚詭，留都根本當防，懇乞聖明早賜處分，以清重地，以正人心事。內稱尤可異者，各衙門參彼之疏，尚未得旨，而龐迪峨、熊三拔等，亦造疏揭，差其細作鍾鳴禮、張寀等，賫揭前來，詐稱已經奏進刊刻投遞云云。

伏乞皇上即下明旨，容臣等將王豐肅等，依律處斷，其扇惑徒衆，在本所捕獲鍾鳴仁等，及續獲到細作鍾鳴禮、張寀等，或係勾連主謀，或係因緣為從，一面分別正罪，庶乎法紀明而人心定，奸邪去而重地亦永清矣等因，俱候旨間。今該前因除鍾鳴仁、鍾鳴禮、張寀等，合照本部題明事理另審外，及查十三名内，謝務禄一名，亦供稱化外人在卷。為此合劄該司，查驗王豐肅、謝務禄果否俱係化外夷人，其未獲陽瑪諾是否先歸本國，速具確報，以憑查照。禮部題奉欽依事理，速差遞送督歸欽遵施行。

萬曆四十五年二月　　日

會審王豐肅等犯一案并移咨

南京禮部主客清吏司為奉旨處分夷情事：

奉本部劄付内開鍾鳴仁、鳴禮、張寀等合照本部題明事理另審外，及查十三名，内謝務禄一名，亦供稱化外人在卷。合劄該司查驗王豐肅、謝務禄，果否俱係化外夷人；其未獲陽瑪諾是否先歸本國，速具確報，以憑查照。禮部題奉欽依事理，速差遞送督歸等因。奉此隨牌行東城兵馬司將遠夷王豐肅、謝務禄二名，提解前來。該本司吴郎中，會同司務廳張司務、祠祭司徐郎中、精膳司黄郎中、儀制司文主事、祠祭司徐主事，會審得：王豐肅面紅白、眉白長、眼深、鼻尖、鬍鬚黄色。供稱年五十歲，大西洋人。幼讀夷書，繇文考、理考、道考，得中多耳篤，即中國進士也。不願為官，只願結會，與林斐理等講明天主教。約年三十歲時，奉會長格老的惡之命，同林斐理、陽瑪諾三人，用大海船在海中行走二年四個月，於萬曆二十七年七月內，前到廣東廣州府香山縣香山澳中。約有五月，比陽瑪諾留住澳中，是豐肅同林斐理，前至韶州府住幾日。又到江西南昌府住四月，於萬曆三十九年三月內，前到南京西營街居住。先十年前，有利瑪竇、龐迪峨、郭居靜、羅儒望等，已分住南京等處。利瑪竇要得進京貢獻，寄書澳中，到王豐肅處，索取方物進獻。是豐肅携自鳴鐘、玻璃鏡等物前來。比時利瑪竇先已進京，隨將方物等件，寄進京貢獻訖。比時羅儒望將家火交與王豐肅，遂在此建立天主堂，聚徒講教，約二百餘人。每遇房虛昴星日一會，寅聚辰散，月以為常，並未他往。其林斐理，於四十一年六月內病故，其屍棺見停天主堂內。其陽瑪諾，向住澳中，亦於先年移住南雄府，約有幾月前到南京，與豐肅同住兩年，又往北京。三年仍復回南同住，於四十三年十二月內，仍往南雄居住，並未回還本國。一向豐肅所用錢糧，自西洋國商船帶至澳中，約有六百兩。若欲蓋房，便增至千金，每年一次，是各處分教龐迪峨等分用等語。

又審得謝務禄面紅白色、眼深、鼻尖、黄鬚，供年三十二歲，大西洋人。曾中多耳篤，不願為官，亦只會友講學，於先年失記月日，自搭海船前到廣東澳中，約有三年六個月等語。據此看得謝務禄面貌與豐肅相同，其為遠夷無疑。陽瑪諾雖未回還本國，據稱見在南雄，則非潛匿此中明矣。緣係劄審事理，理合具繇，連人解堂，伏候裁奪施行，須至呈者。計開解夷犯二名：

王豐肅　謝務禄見病

堂批二犯既查驗明白，即移咨都察院，轉行巡城衙門，遵旨速差員役遞送至廣東撫按衙門，督令西歸。

萬曆四十五年二月　日署郎中主事吳爾成移南京都察院咨

南京禮部為遠夷久羈候旨，懇乞聖明速賜處分，以維風教，以肅政體事：主客清吏司案呈，奉本部送准禮部咨前事，該本部題主客清吏司案呈：

奉本部送據南京禮科給事中晏文輝揭稱前事，内云：臣惟天地開闢以來，而中國之教，自伏羲以迄周孔，傳心有要，闡道有宗，天人之理，發洩盡矣，無容以異説參矣。嗣是而老氏出焉，楊墨出焉，好異者宗之。然不過竊吾儒之緒餘，以鳴其偏見。故當時衛道者力闢焉，而不使滋蔓。乃今又有倡為天主教，若北有龐迪峨等，南有王豐肅等，其名似附於儒，其説實異乎正，以故南北禮卿參之，北科道參之，而南卿寺等巡視等衙門，各有論疏也。今一概留中而不下，豈皇上悉未省覽耶，豈謂此輩未見其顯害，而姑優容耶？夫龐迪峨等在輦轂下，誠不知其詳。王豐肅等在南中，臣得畢其説。豐肅數季以前，深居簡出入，寡交遊，未足啟人之疑，民與之相忘，即士大夫亦與之相忘。邇來則有大謬不然者，私置花園於孝陵衛，廣集徒衆於洪武岡，大瞻禮、小瞻禮，以房虚星昴日為會約，灑聖水，擦聖油，以剪字貼户門為記號，迫人盡去家堂之神，令人惟懸天主之像，假周濟為招來。入其教者，即與以銀，記年庚為恐嚇，背其盟者，云置之死。對士大夫談，則言天性；對徒輩論，則言神術。道路為之喧傳，士紳為之疑慮。祖宗根本之地，教化自出之區，而可令若輩久居乎？以故禮臣沈㴶，據其今日行事，虞其將來禍患，發憤疏聞，誠大有裨於世道人心者。其時臣巡視門禁，亦於合疏中，附名以上請。而御史孫光裕覊之以候旨，皆為地方、為王化計也，豈好為是激聒哉？且天帝一也，以其形體謂之天，以其主宰謂之帝，吾儒論之甚精。而彼刻《天主教要略》云：天主生於漢哀帝時，其名曰耶穌，其母曰亞利瑪。又云被惡官將十字枷釘死。是以西洋罪死之鬼，為天主也，可乎不可乎？將中國一天，而西洋又一天耶？將漢以前無天主，而漢以後始有天主耶？據斯謬譚，直巫覡之邪術也。孔氏有言曰：攻乎異端，斯害也已。今正其攻之之時矣。更民心易於從邪，亦易於返正。自王豐肅被論被羈之後，聞從其教者，一時盡裂户符，而易門對矣，安家堂而撤夷像矣。悔非遠害，散黨離群，無復可虞矣。惟是王豐肅等，尚在覊縶之中，未蒙處分之旨，守候既久，結局無時。萬一自斃，其如法之未明何？烏在其為尊朝廷而懾裔夷哉。

伏乞速下部議，或飭我皇綱從重究治，或恢我皇度從輕驅逐，庶風教維而政體肅矣等因到部，送司案呈到部。看得南科臣疏請，雖未奉旨下部，但遠人久在羈禁，時令又值嚴寒，恐傷天地好生之心，相應據揭題覆。

竊照夷夏之防，自古嚴之，故用夏變夷，未聞變於夷者，孟軻氏言之確矣。王豐肅等之在南，龐迪峨等之在北，既自稱八萬里之遠人，不載貢享，突流寓於中華，其來已自可疑，特昔也隱處一廛，無甚非常可駭之事，故置之不論。今孝陵衛、洪武岡，何地也？我太祖龍飛興王之所，而侈列花園，廣集徒衆，大倡天主之教，利誘術籠，無所不至，意欲何為？此豈聖明之世，車書軌物，一道同風之景象哉？况莫尊於天，帝中國者稱天子，彼乃出於天子之上乎？南禮臣特疏參之而不報，南府部臺省合疏參之而不報，北科道諸臣暨本部參之亦不報，故南科臣晏文輝，又有速賜處分之請也。職等伏念此輩左道惑衆，止於鼓鐸搖鈴，倡夷狄之道於中國，是《書》所稱蠻夷猾夏者也。此其關係在世道人心，為禍顯而遲，但其各省盤據，果爾出神没鬼，透中國之情形於海外，是《書》所稱寇賊奸宄者也。此其關係在廟謨國是，為禍隱而大。年來皇上德威遐鬯，東征西討，諸妖氛小醜，旋即殄滅。視西洋零星諸夷，蒙頭蓋面，講性説天，炫奇吊詭，得無謂其頗有智慧，無甚禍心，姑以包荒於覆載耳。寧知彼天主之説，謬妄欺君，淫邪誣民，一至於此，即所私創渾天儀、自鳴鐘之類，俱怪誕不準於繩，迂闊無當於用。嘗考堯、舜之世，有璿璣玉衡，以齊七政之法，歷代相傳，有銅壺滴漏以測晷刻之法，豈無穎異，如王豐肅、龐迪峨等，其人絶不聞有此規制也。稽祖宗令甲，私習天文有禁，私通海外諸夷有禁。蓋防微杜漸，慮至深遠也。如皇上憫念遠人，簧鼓雖有的據，跳梁尚無實跡。

伏乞將王豐肅、龐迪峨等，勑下本部，轉行各該衙門，遞送廣東，聽彼中撫按暫為收管，督令西歸，庶帡幪之仁以廣，睥睨之漸以消，統一聖真，如日之中天；寧謐海宇，如盤之鞏固。天下後世誦英君之舉動，超出尋常萬萬矣等因。萬曆四十四年十二月初十日本部署部事左侍郎兼翰林院侍讀學士何宗彥等具題。

二十八日奉聖旨：這奏内遠夷王豐肅等，立教惑衆，蓄謀叵測。爾部移咨南京禮部，行文各該衙門速差員役遞送廣東撫按，督令西歸，以静地方。其龐迪峨等，去歲爾等公言曉知曆法，請與各官推演七政。且皆係向化來京，亦令歸還本國。該部院知道，欽此。欽遵。擬合就行，為此除將龐迪峨等，咨行都察院轉行五城巡視御史衙門，遞至廣東撫按衙門，督令西歸外，合咨貴部查照本部，題奉欽依内事理，轉行各該衙門，速差員役將王豐肅等，遞送廣東撫按衙門，督令西歸，一體欽遵施行等因到部。原參夷犯陽瑪諾，已經先回南雄府。另文知會驅逐外，見有王豐肅、謝務禄二名，俱係夷人相應遞送。看得狡夷王豐肅等，盤據多年，黨與日衆，豈容太平之世，有此不軌之徒。南北交參，事非得已。近蒙聖明洞悉邪謀，立賜驅逐。雖云待以不死，業已永靖地方，但醜類實繁有徒，而道里又甚遼遠，兼以挾貲營幹，不無意外生奸，仍恐遞送員役，萬一疎虞，為累不小，為此合咨貴院，轉行五城巡視御史衙門。

查照禮部題奉欽依事理，擇差的當員役，將狡夷王豐肅、謝務禄二名，沿途加意隄防，遞送至廣東撫按衙門，交割明白，仍聽從長計議，督令西歸，事竣之日，希回文過部以便覆題。煩為查照一體欽遵施行。

萬曆四十五年二月　日

南京都察院回咨

南京都察院為遠夷久羈候旨，懇乞聖明速賜處分，以維風教以肅政體事：

據巡視京城監察御史郭一鶚、趙敍、孫光裕，呈據指揮李鈺、劉仕曉等齎回總督兩廣軍門今陞南京户部尚書候代周揭帖前事，內開准巡視南京中等城河南等道揭帖前事。奉南京都察院劄付，准南京禮部咨主客清吏司案呈奉本部送准禮部咨，該本部題主客清吏司案呈奉本部送，據南京禮科給事中晏文輝揭前事，題奉聖旨：這奏內遠夷王豐肅等，立教惑衆，蓄謀叵測。爾部移咨南京禮部，行文各該衙門，速差員役遞送廣東撫按，督令西歸，以靜地方。其龐迪峨等去歲爾等公言曉知曆法，請與各官推演七政。

且皆係向化來京，亦令歸還本國，該部院知道。欽此。欽遵。備劄到職。奉此看得狡夷王豐肅、謝務禄，連犬羊之類，蓄蛇豕之奸，盤詰且歷有年，黨與所在而是。雖覆載恩深，既以假其殘息，而窺伺情熟，未必懷好音。意外疎虞，萬宜如慎，為此選差指揮李鈺、劉仕曉，帶領兵勇，將王豐肅、謝務禄二名，開具年貌，押解前去，沿途加意隄防，遞送廣東撫按衙門交割明白，仍聽從長計議，督令西歸，事竣之日，希回文過院以憑回報覆部覆題施行。又准南京禮部咨前事，煩為查照禮部題奉欽依事理。將狡夷王豐肅、謝務禄，委官的當收管，及查本部原參夷犯，今回住南雄府陽瑪諾，一併行提等因。並據差官解到夷犯王豐肅、謝務禄二名，俱經案發廣東布政司，會同按都二司，將二犯譯審，果否西洋國人，於何年月日，從何處入中國，從何路入南京？今既奉旨遣還，仍從何路歸還本國。陽瑪諾見在何處，曾否先回？龐迪峨計不久解到，應否候其同歸，其在濠境澳各夷，有無相識，應否責成澳夷伴送歸國。取具的確口詞，酌議通詳，及將未獲陽瑪諾，嚴去緝拏去後。今據該司呈稱廣州府署印同知林有樑，審看得夷人王豐肅等，以左道簧鼓士民，麾之使去，是治以不治之法也。

查王豐肅，大西洋國人。萬曆二十九年船泊濠境澳，同行三人。一林斐理，一陽瑪諾。肅與理先駐足韶州數日，乃往江西入省住四月，直至南京，蓋利瑪竇徒也。因利瑪竇有望北之行，先息於三夷人，使居於南，為之管事耳。後四十一年，謝務祿亦繇大西洋船泊澳，亦繇廣東而江西直抵南京，以尋豐肅等。先陽瑪諾入澳時，患病不能進南京，留於澳七八年方往韶州，二年方進南京。駐數月即進北京。此人頗識天文，故龐迪峨邀之同往。龐迪峨、熊三拔即與利瑪竇同來者。諾後因不服水土，不耐寒霜，於四十一年還南京，至四十三年臘月還南雄。今查其人已駕西洋船去，其蹤跡不可考也。問二夷去向，大抵欲入澳也。但一入澳，去與不去，難以鈐制。合就省內另擇一所羈候，日撥營兵二名防護之。五日一換，禁絕通息。即牌令澳中探有大西洋船欲回時，隨就省差指揮官二員，帶兵押至船，直待其開駕回報以便轉文。龐迪峨未知解到何期，陽瑪諾合行牌南雄府屬嚴查下落。其林斐理四十一年六月内在南京病故。今年三月部委上元、江寧二縣，開驗埋葬訖。豐肅、務禄回夷日子未知久近，月各給火食銀二兩等因，具詳到司。該本司左布政使臧爾勸，右布政使堵維垣，會同按察司署印副使羅之鼎、都司掌印署都指揮僉事楊維垣，譯審得夷人王豐肅、謝務禄，俱西洋國人。豐肅於萬曆二十九年船泊濠境澳，轉抵韶州而達江西，直至南京。務禄於四十一年亦船來泊澳，轉繇廣東、江西而至南京。兹奉明旨遣還歸國，無庸再議。但歸國必取道於澳，去留皆不可知，須西洋船至澳，庶便遣還。今西洋船尚未至，難定開洋日期，合應羈候，俟其船到發還。其龐迪峨解向未到，應候解到之日，另行發遣，通取開洋日期，及澳夷不致潛留甘結繳報。又據豐肅稟稱：陽瑪諾於四十三年十二月內，繇南雄回澳訖，未委虛實，應行南雄府嚴查另報。再照夷人稽留境上，無從得食。該府議另擇一所撥兵防護，每月給銀二兩似應准從等因到職。除批如議行外，該職會同巡按廣東監察御史田看得：王豐肅等以海外夷人，先年越關入廣，漸達兩京，潛住長安邸舍，倡立天主異教，惑世誣民，法本難貸。兹蒙待以不死，遣還歸國，誠廟堂崇正之訏謨，安夏攘夷之長計也。萬代瞻仰在此舉矣。既經押解前來，應即速遣還國。第此夷自西洋入中國，取道濠境澳，夷必多熟識。曾經面審並無相識，澳夷情偽叵測，今當暫羈省城，防護之以兵，優給之以食。俟有西洋船到澳回國，即差的當官督押至船，勒令開洋載歸本國，取澳夷不致容留，甘結繳查。其龐迪峨、熊三拔續報已到京城，業行該司會議，併發取各開洋日期呈報。若陽瑪諾則稱久已還國，除另查覈外為此具揭，並送廣州府印信收管一本等因到職。又准巡按廣東監察御史田櫂回前事相同，內開隨經案行按察司，會同布、都二司，將發去夷犯譯審後，隨據該司經歷司呈奉本司帖文開稱：又准布政司照會奉總督兩廣軍門周，案驗亦同前事。依蒙移會二司酌議及行廣州府，將二犯譯審，并行南雄府嚴緝陽瑪諾解報，及香山縣查澳夷有無相識瑪諾，密緝拏解。又蒙本院案驗奉都察院勘劄亦同前因。內稱：龐迪峨等已行京城巡視衙門，督令起程還國，應否候至總發等因。行間就據廣州府署印清軍同知林有櫟審看，於五月二十六日具詳到職。除批如議行外，本日就據夷人龐迪峨、熊三拔赴職投見，并遞順天府原給帖文，仰沿途衙門遞送至廣東而止，投撫按查收發回等因。隨牌發按察司，會同布、都二司查驗，并同王豐肅等一體羈候，及委官督兵防守，不致他虞。候有洋船至日，押發歸國。取開洋日期呈報，該職會同總督兩廣軍門周，看得王豐肅、謝務禄之至南京也，始託足於濠境，繼取道於江西，倡邪說以誣民，思用夷而變夏。此固《春秋》所為别内外，而孟氏所以正人心者。奉旨遣歸，天恩浩蕩。第兩夷之意，亟欲准其入澳，而三司會議，謂宜押令開解，參酌輿情。若聽其從澳而歸，是教之以澳為窟也。寧使澳夷不致留存界限於今日，毋使狡夷明居澳滋隱禍於他年。惟有暫羈會城量給館穀，俟西洋船至遣還耳。其龐迪峨、熊三拔已到，已牌行臬司議之，亦宜一體施行。若陽瑪諾則稱久已還國，除另行查覈外，合行移復等因到職。准此看得：狡夷王豐肅等已經差官押送至廣，取有撫按牒并廣州府收管一本。惟彼中藩臬熟諳夷情，今准前因處置停妥，事已結局，理合呈報。伏乞照詳咨部以憑覆題施行等因到院。據此案照先准南京禮部咨前事，已經備行巡視五城御史查照，禮部題奉欽依事理，擇差的當員役，將王豐肅、謝務禄二名，沿途加意隄防，遞送廣東撫按衙門，交割明白，仍聽從長計議，督令西歸。事竣之日，具繇回報，以憑咨覆，該部覆題施行去後，今據回報前因，擬合就行咨覆，為此移咨貴部，煩為查照施行，須至咨者。

萬曆四十五年八月　　日

廣東廣州府今於[下空十四格]與收領，除將發下夷犯王豐肅、謝務祿收候，遵照明文施行外，中間不違，收領是實。

萬曆四十五年五月　　日署印本府清軍同知林有樑。

明朝破邪集卷第二

鹽官居士徐昌治覲周甫訂

南京禮部侍郎沈㴶著

發遣遠夷回奏疏

題為欽奉明旨，發遣遠夷回奏事：

主客清吏司案呈奉本部送准禮部咨，為遠夷久羈候旨，懇乞聖明速賜處分，以維風教，以肅政體事。該本部題據南京禮科給事中晏文輝，揭稱前事，雖未奉旨下部，相應據揭題覆，乞將王豐肅、龐迪峨等，勅下本部，轉行各該衙門，遞送廣東，聽彼中撫按，暫為收管，督令西歸等因。萬曆四十四年十二月初十日，本部署部事左侍郎兼翰林院侍讀學士何宗彥等具題，二十八日奉聖旨：這奏內遠夷王豐肅等，立教惑衆，蓄謀叵測。爾部移咨南京禮部，行文各該衙門，速差員役，遞送廣東撫按，督令西歸，以靜地方。其龐迪峨等，去歲爾等公言曉知曆法，請與各官推演七政，且皆係向化來京，亦令歸還本國，該部院知道。欽此欽遵。除將龐迪峨等，咨都察院轉行遞送外，備咨臣部。查照欽依內事理，將王豐肅等遞送廣東撫按衙門，督令西歸，一體欽遵施行等因，到部送司。卷查萬曆四十四年五月內，該臣題為遠夷闌入都門，暗傷王化，懇乞聖明申嚴律令，以正人心，以維風俗事，稱在南京有王豐肅、陽瑪諾等，及照本年七月二十等日，該巡視東城監察御史孫光裕，行南京東城兵馬司擒獲一干人犯，暫羈候旨。聞彼時提有王豐肅、鍾明仁、謝務祿等一十四名。其陽瑪諾，據稱先歸本國，未知有無窩藏容隱。及見獲謝務祿，亦供稱化外人，未知虛實。今該前因行司審據王豐肅供稱：年五十歲，西洋國人。萬曆二十九年前來南京，建立天主堂，聚徒講教。其陽瑪諾，向住器中，先曾與豐肅同住兩年，又往北京三年，仍復回南同住，於四十三年十二月內，仍往南雄居住訖。又審得謝務祿，亦供稱西洋人，面貌與王豐肅相同，其為遠夷無疑，查明呈覆。該臣查照禮部，題奉欽依內事理，咨行南京都察院，轉行五城巡視御史衙門，速差員役，將王豐肅等遞送廣東撫按衙門收管。續據回稱：會差小教場中營中哨衛總李鈺、龍江陸兵前營把總鎮撫劉仕曉，帶領兵勇俞大亮等八名，於三月二十五日，起程遞送去訖，相應回奏等因，具呈到部。該臣看得王豐肅等，潛住多年，妄稱天主，利驅術誘。愚民被其煽惑，不難出妻獻子，至於擦油灑水，婦女皆然。而風俗之壞極矣。明旨所謂立教惑衆，蓄謀叵測，真是洞見萬里之外，而尚寬之以不殺之恩。遞還本國，又真所謂包荒不遐遺，聖人之仁明並用也。惟是私創庵觀有禁，而况乎門庭之清肅，陵寢之森嚴，豈容留狡夷鼾睡之跡，服舍違式有禁；而况乎無樑殿，其制逼尊；事天堂，其名大僭；豈容不掃除以易都人耳目之觀。臣謹行上元、江寧二縣、東城兵馬司，將前項二處，折毀入官。蓋皆遵律令明文，仰體我皇上以静地方之旨而為之。一以清愚民積習、炫誘之端；一以杜彼夷覬覦復來之地爾。然不敢不一併上聞也。

萬曆四十五年五月　　日

會審鍾明禮等犯一案

南京禮部主客清吏司，為緝獲人犯事：

據東城兵馬司呈解犯人鍾明禮、張寀、余成元、方政、湯洪、夏玉、周用、吴南等八名到部，奉堂諭四司會審。奉此該本司吴郎中，會同司務廳張司務、祠祭司徐郎中、儀制司文主事審，據鍾明禮即鍾鳴宇，供年三十四歲，廣東新會縣人。父鍾念山，生兄鍾鳴仁及鳴禮。幼時曾住香山澳中，澳中有大天主殿，一澳人皆從其教。彼時主教者，名曰歷山，又有頭目曰東寶禄兩人，共住澳中。或兩年一换，或三年一换，俱從西洋國撥來。鳴禮失記日月，不知何年分，有利瑪竇、龐迪峨、王豐肅、郭居静、羅儒望等，從西洋國來入澳。繇將天主教愈加講明，要得行教中國。是父鍾念山率鳴禮兄弟，往拜從之，自此朝夕不離利瑪竇等。向在韶州地方，起造房屋，供奉天主像，約有十年，乃至江西南昌府，賃房居住。比時從之者少，教未大行，衆議分投行教。王豐肅至南京，郭居静至浙江，羅儒望住江西。萬曆二十七年，利瑪竇、龐迪峨前往北京，有鳴仁從之同住，鳴禮自住江西。於萬曆三十三年間，鳴禮來至南京，與王豐肅同住天主堂内。兄鍾鳴仁亦自北來，一同居住。及萬曆三十九年，利瑪竇死，鳴禮兄弟同往北京會葬。葬畢仍復來京。王豐肅一切費用，俱自香山澳送來。其銀自西洋國送入澳中，澳中商人轉送羅儒望，羅儒望轉送到此，歲歲不絶。凡天主堂中，有來從教者，或鳴仁，或鳴禮，先與講説，然後引見王豐肅，一向無異。至今年五月内，鳴禮前往杭州，與郭居静會話。八月初二日，知王豐肅事發，兄鳴仁已被拘獲。又聞浙江軍門亦將緝挐郭居静，鳴禮即於初十日到京，見天主堂已封，即訪教中人王甫、余成元。比時王甫已獲在城，惟余成元在家，見張寀先已在彼，持有北邊書揭，俱不敢開。鳴禮云開亦何害，即開其包袱，見護封内有揭帖一封。是禮稱説：刻此揭帖，徧送各老爺，可以釋放我兄并一干人犯。即於初十夜，將錢僱已發落刻匠潘明、潘華，并已逃秦文等，包工刊刻，至十四日刻完。隨到蓬廠中裝釘，欲於十五日朝天宫、習儀處所投遞。不意城上聞知，當有兵馬官前來擒獲。是鳴禮説平日受天主大恩，無以報答。今日就挐也不怕等語。

又據張寀，供年二十六歲，山西平陽府曲沃縣人。於萬曆四十二年三月内，前往北京，推水過活，因見同鄉人説稱天主教極好，遂拜從龐迪峨門下。迪峨即以鷄翎蘸聖油，向額上畫一十字，謂之擦聖油，乃又持聖水念

《天主經》，向額上一淋，即滌去前罪。自後七日一瞻拜，群誦《天主經》，「在天我等父者」云云，日將出乃散，習以為常。至今年七月二十一日，龐迪峨見南京王豐肅事發，要得救解，與宷盤費銀二兩，交袱包一個，內書揭一大封，差宷送南京天主堂中開拆。宷於八月初八日到南京，見王豐肅天主堂已經封鎖，乃尋到教中余成元家。比時鍾鳴禮自杭州來，解包開封，因商量刻揭情繇。十一日刻起，十四日刻完。隨於本夜刷印裝釘，共成一百本，約十五日習儀處所投遞。不意二更時即被拘獲等情。

又據余成元，供年二十九歲，原籍江西，本京府軍右衛人。住鷹揚倉地方，向與王甫同院居住，合種一園。萬曆三十九年十一月，內有表叔曹秀，先從天主教，勸余成元并入教中。先遇鍾鳴仁講説人生不久，壽夭不同，不如及今修一修，使靈魂不滅等語，遂於本月初七日，進見王豐肅，成元跪於天主像前，王豐肅先擦聖油，後淋聖水，令拜天主四拜，并向王豐肅叩頭，口稱王爺。自後七日一聚會，天未明而至，日未出而散，每次或三四十人，或五六十人不等。至今年七月二十日，王豐肅事發，王甫被城上拘獲，成元獨住園中。八月初八日，值張寀自北京齎揭前來至成元家，即與同住，尚未敢開揭。適鍾鳴禮亦從杭中來，將書揭拆開。是成元僱得潘明、潘華并已逃秦文等，包工刻完。議於十五日習儀日投揭，隨被拘獲等情。

又據方政，供年三十二歲，徽州府歙縣人。描金生理，先於三十八年十一月二十日，有不在官叔方文榜，向從天主教。政因此拜從王豐肅，稱為王爺，自稱小的，擦油淋水，其衆俱同七日一會，歲時不絕。至今年五月內，王豐肅被參。至八月初九日，余成元見北京張寀持揭到來，遂向政説北京有個信來，不知其中何意。值鍾鳴禮自浙江來，乃開書揭，即同刊完，要趕十五日投遞，十四日夜隨被拘獲等情。

又據湯洪，供年三十二歲，上元縣人，住朝天宮後易家橋，總甲劉科地方，有故兄湯應科，向在天主堂中，每向洪勸誘。應科即於四十年十一月，率洪到天主堂，先見鍾鳴仁，即叩王豐肅四頭，擦油淋水如常，自後如期聚會。今年七月內，王豐肅事發，洪雖住家中，時常探聽消息。至八月十四日到余成元家，見張寀、鍾鳴禮等先在，余成元向洪云：你母舅王桂，捉在監中，你可幫送揭帖，救你母舅等語。是洪聽信，亦同在彼幫釘，釘完即同喫酒。約十五日投遞，隨被捉獲等情。

又據夏玉，供年三十三歲，南京府軍右衛人，住本衛平倉地方，賣糕生理。萬曆四十年十月內，前往帽子店曹秀家做帽。曹秀因說：「天主生天生地生萬物，汝何不從之。有鍾鳴仁等，與玉講說天主道理。玉云既謂之天主，何以有像。仁等答云：當初天主化生，止有一男一女，自後百姓作業，不認得天主了。所以洪水泛濫，遭此大難。天主不忍，降生西洋國，以教化天下，至今共一千六百十五六年。又將夷教書十五本，付玉誦讀。隨進天主堂，擦油淋水，一一是實。若婦人有從教者，王豐肅差鍾鳴仁前往女家，以聖水淋之，止不用油。至今年七月二十一日，見天主堂門已封，思我既敬天主，就有災患亦無事。至八月二十四日，余成元來叫玉同買魚肉等項，前往蓬中。但見揭已刷完，只要明早送了。正喫飯間，被城上拏獲等情。

又據周用，供年六十八歲，江西撫州府東鄉縣人。一向在京居住，開設書鋪，並刷書生理。萬曆三十八年正月內，王豐肅僱用刷《天主經》，因與用說，你年紀老大，何不從天主教，日後魂靈可昇天堂，用遂入教。今年八月十四日早，有湯洪來說，揭已刊完，你須去刷印幾簿。用因年老，恐刷不及，即僱覓吳南同往蓬中，刷至起更時分方完，隨即裝釘，商量明日投遞，不意被獲等情。

又據吳南，供年二十四歲，羽林左衛人，平日刷印為生，並未從入天主教中。八月十四日，周用向南說：「有一相公有幾本書，速要刷完，要趕十五日分送各位爺，我刷不及，你同去一刷。」及刷時乃知其為揭帖，許錢二十文，尚未交付。正留喫飯，隨即被獲等情。

今據該城將一干人犯，申解前來，各供口詞，前情是實。參看得狡夷之闌入中國也，駕稱八萬里，不可窮詰之程途，妄揑西洋外千古所無之天主，狡焉盤踞留都，突然私駕巍殿，百千瞻拜，昏夜成群，舉國既已若狂，隱憂大為叵測。已經本部題參，巡院拘禁，靜候明旨。攘除蕩滌，一時從邪之民，俱已去番字而貼門符，遠夷教而祀宗祖。會見維新之衆，大有廓清之機。

而何物鍾鳴禮等，當此見晛雪消之日，迺為魑魅魍魎之謀，潛集蓬廠，公行刻揭。幸被獲於深夜，幾得中其狂鋒。鍾鳴禮父子兄弟通夷，雖戴履中華天地，而儼然披髮左衽。張寀天南地北奔馳，即么麽亡命厮走，而甘為伏戎隱寇；余成元、方政，一則以灌園而為保匿奸徒之藪，一則以鏤金而効刻揭投遞之功；湯洪、夏玉，一則從兄邪而與舅同惡，一則受夷書而利蓄亡命。此皆利於明條，亦何辭於法網，宜參送法司，次第輕重擬罪儆示者。若周用則垂盡之息，或蠱於輪回而終迷；吳南則鬼鼠之流，偶誘以青蚨而効用，宜即解網以覆顓愚。緣奉堂諭會審事理，本司未敢擅便。伏乞裁奪施行，須至呈者。

計開解犯人八名：

鍾鳴禮　張寀　余成元　方政

湯洪　夏玉　周用　吳南

萬曆四十四年十月　日署郎中主事吳爾成。堂批：題參各犯，自合靜聽處分：鍾鳴禮等，故來犯法，所惡異教之惑人者，正惡有此等輩耳。本都當參送正法，姑念周用年老，止當日受僱；吳南認不入教止受僱，未得錢，量與省放。其餘六犯，情有輕重，總之為夷人用，而勾連煽惑，揚波助瀾，則鍾鳴禮實謀主矣，該法司分別定罪。

會審鍾鳴仁等犯一案

南京禮部主客清吏司，為遠夷闌入都門，暗傷王化事：奉本部劄付前事，奉此遵依行。

據五城兵馬司呈解，從夷犯人鍾鳴仁等，一起到司。該本司署司事祠祭司徐主事，會同司務廳張司務、祠祭司徐郎中、儀制司文主事，除王桂即王貴病故外，會審得鍾鳴仁，年五十五歲，廣東廣州府新會縣人。供稱先年同父念山及弟鳴禮，往香山澳中從天主教。於己亥年隨利瑪竇進貢，在北京七八年，方來南京住三年，又往浙江一年。舊歲五月間，仍來天主堂中，為王豐肅招引徒衆。若婦人從教者，不便登堂，令仁竟詣本家，與婦淋水宣咒。咒云：「我洗爾，因拔的利揭，非略揭，西必利多三多明者，亞們。」大約淋過婦人十五六口，不記姓。仍管買辦使費，所費銀兩在澳中來，每年約有一二百兩。

曹秀年四十歲，江西南昌府南昌縣人。供稱先年來京結帽為生，因妻染痰疾，五年不愈。慕天主教可以禳災獲福，遂於四十年三月間，同妻入教，誦《天主經》。《經》云：「在天我等父者，我等願爾名承盛，爾國臨格，爾旨承行於地，如與天焉。我等望爾，今日與我，我日用糧，爾免我債，如我亦赦負我債者，又不我許陷與誘感，乃救我與凶惡。亞們。」專務招引從教，如余成元、王文等是實。

姚如望，年六十一歲，福建興化府莆田縣人。供稱挑脚為生，在京三十年，於甲寅正月十六日進教。因王豐肅事發，手執黃旗，口稱願為天主死，遂被獲。

游禄，年五十三歲，江西南昌府南昌縣人。供稱髭頭為生。有夷人羅儒望在江西開教，即便投入教中。於四十四年五月間，儒望以書一封，差禄送王豐肅處。即入天主堂中，於頭門外耳房居住看守。

蔡思命，年二十二歲，廣東廣州府新會縣人。供稱幼年粗讀《詩》《書》，於三十七年間，同陽瑪諾、費奇規來京，投入王豐肅家，專管書柬，兼理茶房。每年約得錢一千二百文，來時年止十六歲。同來費奇規亦夷人，尚在韶州府。

王甫，年三十一歲，浙江湖州府烏程縣人。供稱四十四年五月十二日，有桐鄉縣錢秀才僱甫來京，抽豐失意，棄甫獨歸，被鄰居余成元引進王豐肅處看園。每月得受僱工錢一百五十文，飯米三斗，菜錢三十文。

張元，年三十二歲，江西瑞州府人。供稱結帽生理，在南京十餘年。於四十年間，偶在縉紳家做巾，見本宦拜禮豐肅，心竊慕之。遂傭於天主堂內，客至捧茶，每月得受工食銀三錢，從夷教，守十戒。

王文，年三十歲，江西九江府湖口縣人。供稱補網為生，來京二世。於四十三年正月十六日進教，有姐夫曹秀先在教中，招之使去也。

劉二，年三十九歲，江西南康府都康縣人。供稱木匠為生，於三十八年來京，前年從王豐肅教，先在天主堂中修理做工，遂聽其教。迨事發往看，因而被獲。

周可斗，年二十七歲，江西九江府湖口縣人。供稱隨母在安慶府宿松縣王佑家，帶至南京結帽為生。四十四年六月十二日進教。王豐肅將錢一百七十文，浼斗結帽一頂，網完送去被獲。

王玉明，年二十九歲，福建邵武府邵武縣人。供稱前年八月到京，跟陳外郎度日。外郎往山西蒲州探親，遺下玉明，遂進天主堂煮飯，每月得工錢一百二十文，候外郎回日仍去隨之。

幼童三郎，年十五歲，松江府上海縣人。供稱父親鄒元盤，於四十三年同母病故。有祖父鄒思化，送杭州開教夷人郭居靜處讀書。因交遊不暇，轉送王豐肅處讀書。今染病。仁兒，年十四歲，北直保定府人。供稱父親劉大，於四十四年三月內，將仁兒賣於龐迪峨，聞南京要人使用，差管家送至豐肅處，兩月被獲。龍兒，年十四歲，北直保定府漆水縣人。供稱父故，有伯張文正，將龍兒賣與龐迪峨，得銀一兩，同仁兒一起送至南京。本多，年十四歲，廣東東莞縣人。供稱父親劉應魁，在此當軍，於四十二年將本多僱與王豐肅燒火，每月得錢七十文。熊良，年十四歲，江西南昌人。供稱父親熊廷試，久住南京，木匠生理，時常在王豐肅家做工，帶良進出。偶豐肅與錢五十文買鷄，送進被獲。各供是實。

據此看得此數犯者，皆亡命之徒，烏合之衆也。執業甚賤，無恒産以固其心。故投之以纖利，而奔走若狂。秉性好奇，有妖言以熒其聽，故攻乎異端，而扞網不顧，即均置之法，庶挽異趨，而細按其情，不無差等。如鍾鳴仁，其殆登壇執牛耳者乎？代宣夷咒，廣招羽翼，猶曰引男子也。至於公然淋婦女之水，而瓜嫌不避，幾淪中國以夷狄之風。父率其子，兄勉其弟，猶曰惑邪謀也。至於甘心供辦之役，而錢穀是司，顯受夷人以心膂之寄，所當與別案之鍾鳴禮，同律擬究者也。若夫曹秀，其即次焉者乎？深信其教，至挈妻以從，縱託言有疾，終屬無耻。誦習其經，至呼朋以往，彼余成元、王文等，是誰之慫。所當與鍾鳴仁，並擬示懲者也。姚如望，一擔負么麽耳，輒敢揭竿而呼，聲言効死，則不但從邪，抑且亂民矣，罪豈在鳴仁、曹秀下哉。游禄既從該省之羅儒望，而郵筒自効，暗通彼此之情，又登此處之天主堂，而閽人見委謹司出入之候。鷹犬不辭，三尺焉逭。蔡思命專供掌記，暇則烹茶，先經與匪人偕來，每年有多錢之人，法不容貸。第其來時年止十六耳，尚屬無知誤入，量當原情末減。此外，則有被服其教，寢處其廬，此借彼之衣食，彼藉此之傭作者，如王甫之灌園，張元之捧茶，王玉明之執爨是也。因之以為利，非有深謀也。則又有謁徒而來，請依期而進拜，聚則為教中之人，散猶能自食其技者。如王文之不棄補網，劉二之仍操斧，周可斗之不廢帽匠是也。偶牽於所誘，非其本心也。他如幼童五名：三郎、仁兒、龍兒、本多、熊良，或捨入於堂中，或鬻之為僕隸，赤子入井，誠為可矜。即時省發，猶以為晚。要而論之，鍾鳴仁、曹秀、姚如望，引例則有左道惑眾之人，或燒香集徒，夜聚曉散，為從者軍衛發邊遠充軍，有司發口外為民，各犯政與例合。引律則有左道亂正之術，或隱藏圖像，燒香集眾，夜聚曉散，煽惑人民，為首者絞，為從者各杖一百，流三千里。各犯又與律合，是在法曹酌而用之也。游祿、蔡思命，雖為夷人效用，尚非引類呼朋，合送法司定罪，方行遞回原籍。王甫、張元、三郎，免送法司，竟遞回原籍。王玉明雖係受傭，實為愚民，相應與王文、劉二、周可斗，免行遞解，放歸生理。幼童本多、熊良，見有父在，即宜發領。仁兒、龍兒，皆北直人，無親識者，若竟放之，不免為棍徒拐賣。姑令寺中收管，以俟北方之訊可也。為此分別具繇，連人犯一併呈堂定奪。原蒙劄審事理，本司未敢擅便，須至呈者。

計開解犯人十一名：

鍾鳴仁　曹　秀　姚如望　游　禄

蔡思命　王　甫　張　元　王　文

劉　二　周可斗　王玉明

幼童五名

三　郎　仁　兒　龍　兒　本　多　熊　良

萬曆四十五年五月　日署司事祠祭主事徐從治。堂批：各犯既審問明白，所引律例，似亦允當。但勘鍾鳴仁、曹秀、姚如望，與別案鐘鳴禮、張寀，平時勾連夷教，扇誘愚民，臨事又往來偵探，壞法情重。按律有在京在外軍民人等，與朝貢夷人私通往來，投託管顧，撥置害人，因而透漏事情者，俱問發邊衛充軍之例。五犯是否，又與此例，合該司並入疏內。將鍾鳴仁等，與同游祿、蔡思命，俱參送法司定罪；其王甫、張元、三郎，免其參送，竟遞回籍；王文、劉二、周可斗、王玉明，姑准省放；幼童本多、熊良，着令親識人領回，取領狀繳；仁兒、龍兒，暫令僧録司收管寄養，俟該府縣有親識人來發領。奉此遵將鍾鳴仁、曹秀、姚如望、游祿、蔡思命，於五月二十五日，參送南京刑部河南司，收問定罪。取有批回在卷。其王甫，行上元縣，轉遞浙江湖州府烏程縣；三郎行江寧縣，轉遞直隸松江府上海縣。張元在京年久，行上元縣着落甲鄰收管。取上、江二縣回報收管在卷。王文、劉二、周可斗、王玉明，放歸生理；幼童仁兒、龍兒，發僧録司收養；本多、熊良，各發伊父領回，各領狀在卷。

拏獲邪黨後告示

南京禮部為禁諭事：

照得狡夷王豐肅等，潛住都門，妄稱天主教，煽惑人民。先該本部題參，只欲申嚴律令，解散其徒衆耳。向在候旨，未遽有行。及部科兩疏并前疏發抄該城兵馬司，奉察院明文提人候旨，本部亦未有行也。但據申報，西營地方，搜獲十三名、幼童五名；孝陵衛地方，搜獲一名，如此而已。本部之意，若明旨一下，只此見獲者究論，此外不必株連一人。目今地方，素不從邪者，固幸獲狡夷之發露，無或撓亂我，而可以各安生理，即有為所引誘者，知其犯律令所禁，而回心改過，一朝洗滌，依然是平世良民。本部嘉與維新，何曾搜剔，無柰有一二邪黨，如鍾明宇等八名，自遠而來，齎有龐迪峨、熊三拔等疏揭二件，潛搭窩棚，私行刊刻，肆出投遞。夫本部未有一牌票提治，而狡夷公然揭，又公然疏，又公然刻。此等伎倆，豈法紀所容，為此不得不拏。此外仍未嘗株連一人，猶恐愚民無知怵惕，合行曉諭，今後各務本等生理，不許訛言恐喝，安心無事做太平百姓，不必疑畏。即在彼夷，若能靜聽處分，官府必且哀矜。若多一番鑽刺，徒增一番罪案，無益有損，為此出示禁諭，各宜知悉。

今將狡夷邪說，欺世惑人，相應破除者，開款於後：

一　夷人辨疏辨揭，俱稱天主，即中國所奉之天，而附和其說者，亦曰吾中國何嘗不事天也。乃彼夷自刻《天主教解要略》，明言天主生於漢哀帝某年，其名曰耶穌，其母亞利瑪，是西洋一胡耳。又曰被惡官將十字枷釘死。是胡之以罪死者耳，焉有罪胡而可名天主者乎？甚至辨疏内，明言天主降生西國，其矯誣無禮，敢於欺誑天聽，豈謂我中國無一人覺其詐耶？

一　《大明律》有私習天文之禁，正謂《大統》曆法，為萬世不刊之典。惟恐後世有姦宄之徒，威侮五行，遁天倍法者，創為邪説以淆亂之也。故預嚴其防耳。凡我臣子，皆凛凛奉若，不敢二三，而狡夷突來，明犯我禁，私藏另造渾天儀等器，甚至為七政七重天之説，舉天體而欲決裂之。然則天下何事非可以顛倒誑惑者耶？無論百里不同風，千里不同晷。九萬里之外，晷影長短懸殊，不可以彼格此。目今聖明正御，三光順度，晦朔弦望，不愆於月，分至啟閉，不愆於時，亦何故須更曆法，而故以為狡夷地耶？

一　《大明律》禁私家告天，書符咒水，隱藏圖像，燒香集衆，夜聚曉散等款。今彼夷妄稱天主，誘人大瞻禮、小瞻禮各色，不為私家告天乎？從其教者，灑之以水曰灑聖水；擦以油曰擦聖油，不為書符咒水乎？其每月房虛星昴大小瞻禮等日，俱三更聚集，天明散去，不為夜聚曉散乎？種種邪術，煽惑人民，豈可容於堯舜之世？

一　夷人煽惑愚民，從其教者，每人與銀三兩。此係民間歌謠遍傳者。而遠聽之君子，豈能入彼窟穴，探彼蓋藏，遂身任其無咎，曲證為借貸乎？或曰：人未有不自愛其鼎者。獨疑彼夷有禁咒之術，是以不得已而獲之。不知彼鬼術者，只可在魑魅之邦，騙下愚耳，豈能行於大明之世。而堂堂士君子，立身行己，自有法度，何至畏彼狡獪，反沮其正氣耶？

今該本部出示之後，彼夷縱有邪術，自然不靈，不必畏護。

萬曆四十四年八月　　日示

清查夷物一案

應天府上元江寧二縣，為清查夷物事：

抄蒙巡視京城監察御史趙、郭、孫，憲牌內開：照得狡夷王豐肅、謝務禄，近奉南京都察院劄付，准南京禮部咨，奉有欽依事理，擇差的當員役，押解廣東撫按衙門交割，發遣在邇，所有夷人原存房内貨物，合行清查，為此仰上江二縣，會同東城兵馬司，原經手三員，量帶隨役三人，前往夷人房内驗開原封，將原日揭報驗存貨物，并隱藏未盡物件，逐一清查。除私置中國書籍，及自造番書、違禁天文器物，具揭報院，以憑轉送禮部貯庫存照外，其餘衣物器皿家伙等項，逐一交付王豐肅收領變賣，以資盤費，以示柔遠之仁。取領狀回報，仍着兵番把守前後門，毋令閑人混入，致有遺失，違者許行拏究，其孝陵衛、洪武岡，違例置造房屋，徑聽禮部定奪施行。蒙此隨經會同東城兵馬司，原經手兵馬三員，前詣本犯屋内查明，違禁天文書籍器皿，并自置番書、天主像造册，并應給本犯衣物器皿等件。當給本犯收領，取有領狀，具繇通詳，去後只奉本院孫蒙批，所不許狡夷帶去者，惟違禁天文器物書籍耳。據册開報，如玻璃琥珀珠串、琴、畫、銅器等件，硃筆勾的，仍給還王豐肅收領，取領狀繳示。中國不寶遠物，毋利分毫之意，其變價什物，着人代為議價交易，不許勢豪衙役，勒騙强買。驅夷之中，不失柔遠之恩。第毋縱兇出柙，致有疏虞可也。林斐理屍棺，臨行聽其領出，安埋義塚。仰行東城會同查行繳，蒙此隨經會同東城唐吏目，復詣本犯屋內，將冊內硃勾，應給什物，逐一查明，當付本犯收領訖。所有衣服什物等件，給發本犯收領變賣。又經復查出，應入官圖像并番書數目造冊見在。其林斐理屍棺，責令王豐肅領出葬埋義塚，取有領狀見在。其入官違禁什物，俱封貯本犯屋內，未蒙批示貯庫，二縣未敢擅便，擬合申詳。為此今將前繇并造完入官什物文冊，粘連領狀，理合具申。

拆毀違制樓園一案

南京禮部主客清吏司，為奉旨處分夷情事：

照得狡夷王豐肅等，違制蓋造無樑殿樓房花園，已經題請拆毀入官，其苜蓿園廳房物料，因涬泥王墳屋盡燬，業經稟堂批行東城唐吏目移蓋。所有園基當憑城官同經紀估價銀一十五兩，賣與內相王明。唐吏目隨將前價，給發工費訖。至於洪武岡拆毀樓房，及基地牆圍，初議欲建公署一所。

比緣帑藏如洗，不能為無米之炊。而拆卸既久，又恐滋鼠竊之弊，合無將前基地磚料發經紀變賣，收其價銀，送貯縣庫，俟本衙門修造取用。庶物料不致散失，而垂涎此地者，亦可息念矣。本司未敢擅便，擬合稟候裁奪，批示施行，須至呈者。

萬曆四十五年八月　日署郎中事主事徐從治。堂批：前據司呈五間樓，移蓋於黄公祠，則遺下地基磚料，委應發賣，以杜非分垂涎者。銀貯縣庫，尤為得體，依擬查行。

具呈人李成為承買入官房地事：

近有南京禮部奉請拏獲夷犯王豐肅，起解去訖，遺下入官房地一塊，坐落崇禮街西營三鋪地方，前街至後巷基地，通共七間，併拆毁磚料等物發賣。竊成願得承買，當憑經紀戈九疇議定，時值價銀一百五十兩整，為此具呈，連銀投上。伏乞俯賜批准發下，該司驗明貯庫，仍賜給執照，自買之後，聽憑成執業翻蓋居住，實為恩便，上呈禮部老爺施行。

萬曆四十五年八月　日具呈人李成。

堂批：李成呈買官地銀兩，該司查明，發上元縣貯庫，候本部正項修造支發。主客司票仰東城唐吏目，即將承買狡夷王豐肅入官房地人李成，二次賫來價銀共一百五十兩，驗看明白，轉送上元縣秤兑貯庫，聽候本部修造作正支銷。其本宅内原樓房七間，木料磚瓦等件，運至黄公祠蓋造，仍將修過本祠并拆花園修造淳泥王墳，一應工料數目造册回報，以憑施行，須票。

萬曆四十五年八月　日

會估修黄公祠一案

南京禮部主客清吏司為修造名臣祠宇，以光俎豆事：先該本司郎中徐從治，呈為奉旨處分夷情事，奉一連送，該司行翰林院，行人司五府。

詹事府　宗人府　欽天監　太醫院　錦衣衛

萬曆四十六年正月　日

福建巡海道告示

欽差巡視海道兼理邊儲福建布政使司左布政使兼按察司副使施，為拏獲通夷事：

十月二十二日，奉督撫軍門沈，批據本道呈詳。本月十五日，據寧德縣申蒙本道牌，照得夷漢之防甚嚴，通夷罪在不赦。據稱王春首告通夷之犯，稱見有夷人四名，窩藏在已故吴鄉官莊内。為此備牌仰縣，會同中軍官顧世臣，前往拘拏。狀内通夷人犯，并通夷贓證，一併解道等因。蒙此隨該本縣，即時密委巡捕典史何汝焕，同顧中軍，到吴家莊。時獲得夷人一名，同夥福安人黄克私即黄尚愛。餘夷二名，及到莊亭内。諸等物件，顧中軍俱已搜出攤開，見在查點：竹籠八隻、皮包三隻，布包三包，内係裏衣物、番畫三張、熊皮二張。隨查夷人一名瑪方濟、一名阿腦伯、一名多明莪，福安縣一名黄尚愛、莊户一名李財六，并籠箱物件，押解到縣。當該本縣即會顧中軍、何典史，當堂與夷人及福安縣人黄尚愛，眼同逐件報明，填票入箱外，更未獲夷人一名。據稱在福安縣白石司停住。隨復差役前往緝拏，即據福安縣三十四都塘邊保長、副甲頭黄清褒、繆文明、黄興、阮福等僉結，稱崇禎九年八月内，本鄉生員郭邦雍、黃大成、繆兆昂、郭若翰等，設立夷館，集衆從教。本縣聞知，給示驅逐出境，雍等不遵，今蒙差官到處擒拏。

據廿八口稱：初八夜二更時分，夷人同受教人林一、黃尚絅等，護送落船走脱等情，只獲得從天主教犯人徐伯獻、黃利八、洪若翰、黃沾四名，并籠一隻，内貯物件，及外獲大小天主龕各一座，經架一隻，印板十板，賣契二張，各到縣隨照數備開文册見在。其未獲夷人，與從逃林一等犯，乞嚴行福安縣捕緝另解。今將見在人贓，合就解報物件數目册一本，併供開福安縣從夷教生員郭邦雍、陳台臣、陳五臣、黃大成、黃元中、繆士呴、繆兆昂、繆仲選、王之臣、王道淑、郭崑、陳端震、郭弘惠、阮孔貫等，緣繇到道。該本道查是吕宋夷利瑪竇一派，專講天主者。看得華夷界限，從古甚嚴，左道惑人，法律最重。故以夷亂華，以邪亂正，實深人心世道之憂。

粤稽古聖人治世，教人惟有人倫。自堯舜以來，未之有改。何忽有所謂天主教者？自利瑪竇一人航海而來，闡揚其説，中國之人轉相慕效，莫覺其非。本道細閲其書，大概以遵從天主為見道，以天堂地獄為指歸。人世皆其唾棄，獨有天主為至尊。親死不事哭泣之哀，親葬不修追遠之節，此正孟子所謂無父無君人道而禽獸者也。其為邪説惑人，明白易見。然其巧詞深辨，足新好異之聽聞；細小伎能，又足動小民之嗜好。於是窮鄉僻壤，建祠設館，青衿儒士，投誠禮拜，堅信其是而不可移易。如生員吴伯溢以縉紳之後，甘作化外之徒；黄尚愛等田野匹夫，堅為護法之衆。本道庭問尚愛等以從教之故，則云中國自仲尼之後，人不能學仲尼，天主入中國，勸人為善，使人人學仲尼耳。夫仲尼教人慎終追遠，又曰：「生事之以禮，死葬之以禮，祭之以禮。」寧有親死不哀，親葬不奠而稱為仲尼之教者乎？且極詆中國親死追薦之非，既從天主便昇天堂，春秋祭祀俱屬非禮。是則借夷教以亂聖道，真為名教罪人，然此猶以理之是非言也。本道諭令尚愛等悔悟從教，免其戒責。彼則寧受責而不肯悔從教之非。但云秀才不從，則某等亦不從矣。是何異教之令人信從，牢不可破如此。夫一人能蠱數十人之信從，數十人便能蠱百人；既能蠱惑百十人，即能蠱惑千萬人。從其教者，人人皆堅信若斯，使之赴湯蹈火亦所不辭，又何事不可為哉。是不但人道等於禽獸，必至夷狄而亂中華，誠時事之大可慮者也。況近奉功令，海禁甚嚴，安容非我族類，實逼處此。

伏乞本院嚴飭沿海各郡縣，不許容留此輩，於十家牌内注明：有從其教者，十家連坐；從教者處以左道惑衆之律。見在夷人三名，并從教諸犯，俱應重處。念此道惑人有日，在上申飭未行，夷人姑着帶原來行李，速令歸國，不許再處内地；藏夷生員吴伯溢等，俱行學道懲戒，令其悔改；黄尚愛等，該縣講鄉約以誨諭之，再不改則治之以律。此亦正人心以正風俗，杜患於未然之一端耳。最可異者，方具詳間。有生員黄大成、郭邦雍，忿忿不平，直赴本道為夷人護法，極口稱人間追遠祭祀為虚文，惟天主為真實。且以本道為古怪不近情者。此等情狀似不普天下而入夷教不已者。二生更應行學道重處等緣繇，奉批人心不古，即聖訓揭於中天，尚或淪於匪僻。天主夷教何為者，乃能使士民齊嚮，牢不可破如是，足見誘惑易行，漸不可長也。夷人驅逐出境，勿許地方潛留，通飭講明鄉約，一洗邪説。吴伯溢照議罰懲，黄大成等仍行學道處治。此繳奉此。又蒙巡按御史張，批該本道呈同前縣，蒙批據詳，士民惑邪，殊可怪詫，倡教夷人押令歸國，隨身行李許其帶回，天主龕板架等項即行燒燬。藏夷生員吴伯溢、護法生員黄大成等，即行學道降責，仍責同黄尚愛等，朔望赴縣具結。該地方尚有私習此教者，左道惑衆之罪，悉歸其身，一年無犯，許令自新。該道即於通行保甲中，嚴飭此款，講讀鄉約，候另文頒布繳，蒙此合行嚴禁，為此示仰地方軍民人等知悉。凡有天主教夷人在於地方倡教煽惑者，即速舉首驅逐出境，不許潛留。如保甲内有士民私習其教者，令其悔改自新，如再不悛，定處以左道惑衆之律，十家連坐并究，决不輕貸，須至示者。

崇禎十年十一月初一日給

巡海道施諱邦曜，字爾韜，號四明，浙江餘姚人，己未進士。

提刑按察司告示

福建等處提刑按察司，為奉旨緝獲邪教事：

欽惟聖諭，以六章教民，平坦大道，百姓克遵，身家康泰。若無為、天主等教，悉屬左道，妖妄邪言，律禁森嚴。近者奸徒董一亮、牛君臣等，在京私習，煽惑痴愚，就經捕獲，題奉明旨，將董一亮等即時凌遲處决訖；李光福等監候處决。復行福建緝擒黨與陳大有等正罪，隨行各府縣拏解。去後訪得閩屬傳習邪教者不少，而省城尤甚，本宜盡拏正法，以銷亂萌。本司矜念蠢爾無知，被奸簸弄，誤入迷途，不教而誅，寸衷惻然。稔聞邪教害人，烈愈長乎祖宗神主不祀，男女混雜無分，喪心乖倫，莫此為甚。且呼群引類，夜聚曉散，覬覦非分之福，懶惰生業之營，卒至妄萌蠱亂，名陷逆黨，身棄法場。遠不具論，即今董一亮等，可為殷鑒。除將天主教首楊瑪諾、艾儒略等，驅逐出境外，合行出示禁諭。為此示仰軍民人等知悉。以後各宜力行忠孝，保守身家，不得妄習無為、天主邪教。如前已被惑者，今各改過自新。示禁之後，若再執迷不悛，及祖宗神主不祀者，該府縣印捕官採訪得實，即行擒拏解司，以憑轉解兩院，盡法重治，各家仍遵。近蒙按院頒行家甲牌上，仍書本甲並無倡習邪教等人。如互相容隱，事發一體連坐。其地方若有教堂妖書，盡行拆毀焚除，不得隱藏。違者該保約并處不貸。各宜恪遵，毋貽噬臍，須至示者。

右仰知悉。

崇禎十年十一月初五日給發雙門前張掛

提刑按察司徐諱世蔭

福州府告示

福州府為嚴防邪教，以靖地方事：

夫經正民興，載在古訓；叛常亂俗，厥有明刑。故《周禮》不能寬左道之誅，《春秋》所以凜防微之戒。從來邪教聿興，多方煽惑，致蚩蚩之衆，俛首皈依，或棄倫常而弗顧，或傾貲産以相從。種種昏迷，為憂方大。如近日楊瑪諾、艾儒略輩，以天主教首，簧鼓人心，非覺發之早，驅逐之速，漸不可知矣。雖已押出境，仍恐邪黨未消，去向復入，更為厲階。爾家甲人等，以後嚴加防察，如有天主教艾儒略、楊瑪諾等，并無為教首，來省城者，許即稟官嚴拏究治。如容隱不舉，事發一體連坐。上司耳目最近，禁法森嚴，斷不為爾等貸也。特示。

崇禎十年十一月初五日給

福州府知府吳諱起龍

聖朝破邪集卷第三

鹽官居士徐昌治覲周甫訂

破邪集序

向與西士遊，第知其曆法與天、地球、日圭、星圭諸器以為工，不知其有天主之教也。比讀其書，第知其竊吾儒事天之旨，以為天主即吾中國所奉上帝。不知其以漢哀帝時，耶穌為天主也。其書可百餘種，顯與佛抗。而跡其人，不婚不宦，頗勝於火居諸道流，以是不與之絕。比吾築家廟奉先，而西士見過，謂予此君家主，當更有大主，公知之乎？予笑謂大主則上帝也，吾中國惟天子得祀上帝，餘無敢干者。若吾儒性命之學，則畏天敬天，無之非天，安有畫像？即有之恐不是深目高鼻一濃鬍子耳。西士亦語塞。

或曰佛自西來作佛像，利氏自大西來亦作耶穌像。以大西抑西，以耶穌抑佛，非敢抗吾孔子。然佛之徒非之，而孔子之徒顧或從之者，何也？未幾當道檄所司逐之，燬其像，折其居，而株擒其黨。事急乃控於予，予適晤觀察曾公，曰：「其教可斥，遠人則可矜也。」曾公以為然。稍寬其禁，而吾漳黃君天香，以《破邪集》見示。則若以其教為必亂世，而亟為建鼓之攻；又若以予之斥其教而緩其逐，為異於孟子距楊墨之為者。予謂孟夫子距邪說甚峻，然至於楊墨逃而歸則受之，而以招放豚為過。今亦西士逃而歸之候矣。愚自以為善學孟子，特不敢似退之所稱功不在禹下耳。且以中國之尊，賢聖之衆，聖天子一統之盛，何所不容？四夷八館，現有譯字之官，西僧七王，亦賜闡教之號。即近議修曆，亦令西士與欽天分曹測定，聊以之備重譯一種，示無外而已，原不足驅也。驅則何難之有？李文節曰：「退之《原道》，其功甚偉。」第未闡明先王之道以道之，而輒廬其居亦不必。予因以此意廣黃君，而復歎邪說之行，能使愚民為所惑，皆吾未能明先王之道之咎，而非邪說與愚民之咎也。白蓮、聞香諸教，入其黨者，駢首就戮，意竊哀之。然則黃君破邪之書，其亦哀西士而思以全之歟？即謂有功於西士可矣。

崇禎戊寅歲孟秋晉江八公蔣德璟書

聖朝破邪集序

粵自開闢以還，三教並興，治世治身治心之事不容減，亦不容增者也。何僻爾奸夷，妄尊耶穌於堯舜周孔之上，斥佛菩薩神仙為魔鬼，其錯繆幻惑固已輾然足笑。世人不察，入其教者比比，愈有以中夷豢金之陰狡矣。余在京邸時，接門人黄貞《請闢天主書》。竊有慕沈宗伯苦志而未逮，無何輒以母喪告歸，讀《禮》家居，未敢干絲毫分外事。不審此秋季，艾妖輩踵至吾漳，既已歸人如市，又欲買地搆堂，幾令人目擊心怖。嗟嗟夷變至是，不惟亂世統，兼亂道脈，不特戕人類，并戕人性，舉世冥冥，莫知其詳。間有知者，亦莫之敢言；即有言者，案架沉埋，終莫之見其作。故今日之能使人知，使人言，使人見，江統憂，賈生哭，則《破邪》一集，其以裨於世道人心，顧不鉅歟？惟願得是集者，取而讀之，知諸先生與碩德君子之一字一金，而勿弁髦視之，則幸甚矣。敢冒不孝，姑為序。

崇禎丁丑年孟冬霞漳宗璧居士顔茂猷撰

題黃天香詞盟

壯哉黃子，不遠千里；呼朋闢邪，唯力是視。疾彼西人，釀茲禍水；聖脈幾沉，佛日漸晦。能言距之，世道攸繫。

崇禎丁丑長至夜語石居士唐顯悅書壬戌進士。

破邪集序

夔邇來力闢社黨，不無見尤焉。吾師董見龍先生，諭以安命之學。禪友曹源公，又進以無諍之旨，佩服其教，方修儒宗而求諸心；持佛戒而懺口業。臘八夜坐，心如寒石，次日猶推轉不下。次子渤素孝，自書館來問疾，談次方消，誓從此不談人間是非。而清漳賢者黃天香，持所刻《破邪集》問序於夔。觀儒臣之疏、諸賢之論，凡所以闢西洋天主邪教者，詞嚴義正，已無庸更置喙矣。西洋本猾黠小夷，多技巧，能製玻璃，為千里鏡，登高遠望，視鄰國所為，而以火炮伏擊之。故他夷率畏其能，多被兼併，以此稱雄於海外。若其為教，最淺陋無味，而人多從之何哉？蓋利慾相誘。夷先以金啖愚而貪者，雖士大夫非無欲，亦墮其術耳。病端實實如此，別無玄妙奇異也。孟子待橫逆妄人以為與禽獸奚擇，於禽獸何難。夔愚每謂視天主教，與從其教者，只宜視如禽獸，不當待以夷狄之禮。何則？夷狄猶靦然人也，而諸君子猶諰諰焉，引聖賢與之析是非。此不亦待之過厚，與佛慈悲等。而非吾孟子所以自處乎？夔又謂吾儒之有孟子，猶禪釋之有達磨，皆直指人心見性。孟子學孔子，吾輩只宜學孟子，學孟子而天下之能事畢矣。孟子救人類，先救人心，而又諄諄告戒曰：「人之所以異於禽獸者幾希。」又曰：「夜氣不足以存，則其違禽獸不遠。」又曰：「飽食暖衣，逸居而無教，則近於禽獸。」又曰：「楊墨之道，無父無君是禽獸，而率獸食人」。其言痛切，幾於一字一淚。則以禽獸視天主教與從其教者，誠非刻而可以佐天香闢邪之本心矣。雖然邪教之亂儒亂佛也，吾與天香諸君子能以口舌為功。至於嚴不軌之防，芟除殄滅，無俾易種，則當事之責。廟廊之權，即佛慈悲尚判五逆七遮不通懺悔。況吾儒治世者乎？儻謂其天文尚可用，則不主休咎，已明絕吾儒恐懼修省一脈。且彼以堯舜周孔皆入鍊清地獄矣。其毀吾聖賢，慢吾宗祖，至此而尚為寬大不較，羈縻勿絕之語。此之謂失其本心，而違禽獸不遠也。

崇禎戊寅臘月初旬閩中周之夔章甫書

蘇州府推官，辛未進士。

請顏壯其先生闢天主教書

霞漳去惑居士黄貞著

邇來有天主教中人利瑪竇會友艾姓儒略名，到吾漳，而鈍漢逐隊皈依，深可痛惜。更有聰明者，素稱人傑，乃深惑其說，堅為護衛，煽動風土，更為大患。貞一見即知其邪，但未知其詳耳。乃稽自萬曆間以至今日，始知此種夷邪，為毒中華不淺。貞不得已往聽講數日，未能辨析破除之，幾至大病。至四五日以後，方能灼見其邪說所在，歷歷能道之，心神始為輕快。大端則有五者，能為人世大害，餘且未暇多指，懇祈師慈細察俯聽，容貞縷析其凶毒，得以達於師臺也。蓋彼教獨標生天生地生人生物者曰天主。謂其體無所不在，無所不知，無所不能。謂主賦畀靈魂於人曰性，不可謂性即天，不可謂天即吾心。又謂天地如宮殿，日月似燈籠，更不可謂天地即天主。天地也，天主也，人也，分為三物，不許合體，以吾中國萬物一體之說為不是，以王陽明先生良知生天生地生萬物皆非也。此其壞亂天下萬世學脈者，一也。佛菩薩神仙斥之曰魔鬼，言其必入地獄。彼書云：祭拜天地日月、菩薩神仙等物，皆犯天主大戒，深得罪於天主是也。又彼教中有十誡，謂無子娶妾，乃犯大戒，必入地獄，是舉中國歷來聖帝明王有妃嬪者，皆脫不得天主地獄矣。貞詰之曰：「文王后妃衆多，此事如何？」艾氏沉吟甚久，不答。第二日，貞又問，又沉吟不答。第三日，貞又問曰：「此義要講議明白，立千古之大案，方能令人了然皈依而無疑。」艾氏又沉吟甚久，徐曰：「本不欲說，如今我亦說。」又沉吟甚久，徐曰：「對老兄說，别人面前我亦不說。文王亦怕入地獄去了。」又徐轉其語曰：「論理不要論人。恐文王後來痛悔，則亦論不得矣。」蓋彼教中謂犯戒後，能皈天主，真心痛悔，則地獄之罪亦可免。直至氣盡而不知痛悔，則無及故也。嗟嗟！辭窮莫遁，謗誣聖人，其罪莫容者，二也。觀音菩薩、關聖帝君及梓童帝君、魁星君、呂祖帝君等像，皆令彼奉教之徒，送至彼所，悉斷其首，或置厠中，或投火內。語及此，令人毛髮上指，心痛神傷，此貞親見者。此其教人叛聖，殘忍莫甚，大罪大逆者，三也。謂人死無輪回，惟皈依天主教戒者，其靈魂永在天堂；不皈依者，餘雖善，靈魂亦必永在地獄，蓋不知天主大恩故也，忘本故也。至天地將壞時，天主現身空中，無數天神圍遶，乃自上古以來，一切死者，皆悉還魂再生，一一審判，善者現成肉身歸天堂；惡者現成肉身歸地獄，永永無轉變。此際雖有天不能運轉，而日月無光；雖有地不能生發，而草木俱滅；謂殺生不妨，以禽獸生而無靈，死後無魂故也。此其妄誕邪謬之甚，四也。艾氏言會友二十人來中國開教，皆大德一體也。今南北兩直隸、浙江、湖廣武昌、山東、山西、陝西、廣東、河南、福建福州興泉等處，皆有天主教會堂，獨貴州、雲南、四川未有耳。嗚呼！堂堂中國，蠱惑乎夷邪，處處流毒，行且億萬世受殃。而今日縉紳大老士君子入其邪説，為刊刻天主教書義，為撰演天主教序文。貞目覩所及甚多，此其可患可憤者，五也。彼竊附儒教昭事欽若之説，恣逞凶毒奸巧。陳水石兄謂其於吾教中做鼠入强出之賊，旨哉言也。

伏望吾師究其書詳其說，急著論闢之除之，以維持天下萬世人心學脈，所謂其功不在禹下。今日急務，莫此為甚。白蓮、無為等教，乃疥癬之疾，不足憂也。天主邪教入中華，天下無有闢之者，此真可為痛哭流涕長歎息者也。昔日惟有虞德園先生與蓮池和尚，力闢其邪。蓮池老人至云：「吾當不惜老朽之軀，起而闢之。」惜乎未幾西歸。然當時蓮大師與利瑪竇，未嘗見面，未詳邪說，未深辨擊。且天主教書未甚多出，如文王入地獄等語，亦未有知之者。今日天主教書名目多端，艾氏說有七千餘部，入中國現在漳州者百餘種。縱橫亂世，處處流通。蓋欲掃滅中國賢聖教統，一網打盡，行其邪毒而後快於心焉。微燃不息，炎炎可待。矧今已非微燃之勢者乎？閩省皈依，已稱萬數之人。九州播惡，實受無窮之害，豈可忍乎坐視而釀大蠱者耶？小子貞不揣愚狂，力陳情旨。《梵網經》云：「如三百矛刺心。唯刺心故，不禁其言煩贅如此。」伏惟師慈俯納，多方剪斥，臨稟不勝感激之至。

尊儒亟鏡叙一 說凡七

儒教崇於宇宙也，諸子百家不能與同行，予胡庸贅言尊乎哉？則以今日之欲滅之者之卑之也，故不忍不號天下以尊。儒道耀乎乾坤也，子臣弟友原奉以為照，予胡庸贅言鏡乎哉？則以今日之欲滅之者之混之也，故不忍不請天下以鏡。夫欲滅之者何物乎？西之夷，天主耶穌之徒；與華之夷，從天主耶穌之徒者是已。然夷固不即滅儒也，而其計先且用媚與竊。媚能顯授人以喜，竊能陰授人以不驚。喜焉從而卑之，不驚焉遂即混之。爪牙備，血力强，一旦相與蹲素王之堂，咆哮滅之矣。予小子誠為此懼，雖然仲尼，吾心之仲尼也；仲尼之道惡可得而滅焉。仲尼日月也，洙泗一堂，舊所傳授之光明，未墜於地，又惡可得而卑與混焉。或曰妖夷惑世誣民，晦盲否塞，乃世運之夜色也。其亟以中天之日月鏡之乎？或曰妖夷語默動静皆怪，乃中邦之魍魅也。其亟以禹王之鼎鏡之乎？予則以為此蓋似道非道而害道，媚儒竊儒而害儒者，乃孔門之王莽也。予其亟以仲尼一堂所傳授之鏡，鏡之乎。鏡焉然後知聖賢之面目鬚眉有真，不至為妖夷之所假；鏡焉然後知妖夷之肝膽情形皆惡，不至貽耳目以誤迷；鏡焉然後喜者，或其有隱憂，不驚者或其有危愕，庶不相率而為夷也乎？此區區所以求天下之鏡之，而惟恐其不亟焉。今夷之言曰：我等必教中華盡尊我耶穌，而惟我是從，不然不能已也。嗟夫！苟中華相率而從夷，吾知仲尼之微服遠去也，必且有甚於當年之桓魋。予小子惟有赴東海而死耳，豈肯處夷世界以求活也哉。斯鏡也，聖賢先得我心而作之者也，現成不朽，毋用予鑄，光明不垢，毋用予拭。予惟舉此鏡以鏡之而已矣。然妖夷之假也已久，民物之迷也日衆。予小子之號尊請鏡也，又惡可以不亟。

狡夷之害無窮，不辨爲忍心害理說

利瑪竇輩相繼源源而來中華也，乃舉國合謀，欲用夷變夏，而括吾中國君師兩大權耳。今其國既竊讀吾邦文字經書，復定爵禄之等年月，考選其人之能聞教於吾邦者，大富貴之，此其計深哉。於是彼國之夷，奮臂争先，竭畢世之心力而為之。凡可以亂吾聖賢之教，無所不用其極，而無忌憚焉。其最受朱紫疑似者，莫若上帝、天命與天之五字。狡夷以為甚得計者在此。

吾國吠聲之夫，與貪貨之流，起而和之，各省皆有其羽翼。吠者無目者也，見聲不見人也；貪者喪心者也，見金不見人也。害道害世，茲無窮矣。計自利妖首難以至今日，五十餘年，吾儒豪傑之士，未聞有為孟子之辨者。忠孝節義之像，日受其斬，天道德性之宗，漸以不明。誠可為痛哭流涕者矣。予小子凉德不才，以期期之口著辨，愧汗殊深，然固不得已之苦心也。誠以為忍心害理之甚者，莫甚於今日，坐視而不言者也。

聖賢知天事天，衷不可混説

子曰：「五十而知天命。」知天莫若夫子矣。然其垂教大旨，惟有德性心學，盡吾至誠無息之道而已矣。初不教人褻事帝天，蓋天之所以為天於穆不已之誠也。天即理也，道也，心也，性也，此道最靈而有權柄。故《易》云：「天道福善禍淫。」此理最靈而甚神速。故曰：「一念善則景星慶雲隨之。」是以吾儒惟有存心養性，即事天也；惟有悔過遷善，即禱天也。苟捨是而别有所謂天之之説，别有所謂事之之法，非素王之旨矣。予讀禱爾於上下神祇。子曰：「丘之禱久矣。」未嘗不了然大暢，悠然深省也。是吾夫子之大功德，分明揭事天禱天之精義，以詔天下後世也。《注》云：「上下謂天地，天曰神，地曰祇。」又是朱子大功德，使人知有天有地，有天神有地祇，在上在下也。是吾夫子子路，未嘗不並言天地也，未嘗不並禱天神地祇也。豈非祇神之所以為祇神者，一吾心之道乎？豈非吾心之鬼神，視之而弗見，聽之而弗聞，體物而不可遺乎？豈非能視者即鬼神，能聽者即鬼神。夫微之顯，誠之不可揜如此乎？此聖賢經書之明旨，昭若日月於中天，夷妖何得而混之也。是故夷妖混儒之言天言上帝，而絕不敢言地，不敢言禱於地祇，不敢言即吾心之道，不敢言即吾心之誠。豈非以其害於天主耶穌之說乎哉？而我華人以夷之天主耶穌，為合吾儒之經書帝天者，何異以鳥空鼠，即為合鳳凰之音也與。

生死理慾相背説

自十六字傳心以來，中國之儒，門無異學，惟有仁義而已。故生死皆不失其正，仲尼集千聖之大成，孟子學孔子者，後先垂教，可謂至矣。妖夷不知真體所在，心惟天主是逐，不嫌盡此生而媚之，則生也為抱妄想，生是虛生，志惟天堂是惑，不難捨此生而求之，則死也為抱妄想，死是虛死，生死皆慾也。夫吾人之生死大事也，妖夷與孔孟理慾相背如此，矧其他乎？

受用苦樂相背說

子罕言命與仁，《注》曰：「命之理微，仁之道大。」蓋命即理也，此理極精微；仁乃道也，此道最廣大。惟君子致廣大而盡精微，總之所以尊德性也。此德性非可以言傳，乃千聖不傳之秘，現成之受用。《易》云：「艮其背不獲其身。」《書》云：「安汝止。」如是則可以見聖人，生未嘗生也，死未嘗死也。所謂生死不相干也，所謂齊生死也，超生死也，所謂「毋意必固我」者也。聖賢生之受用誠樂哉，如是則與狡夷之所謂靈魂者，生時如拘縲絏中，既死則如出暗獄，教人苦生樂死也，毫不相干矣。蓋狡夷不知真體所在，外執天主，內執靈魂，情著天堂，而謀所以登，無事而自被刑枷，非罪而槌胸乞救，活潑潑之趣何在，坦蕩蕩之宗奚存，狡夷與聖賢苦樂相背如此，矧其他乎？

尊貴迷悟相背說

故君子尊德性，明是德性外皆卑也，捨德性別無可尊矣。此德性本體，在我原明，故曰克明德，此德性本體與天不二。在天為命，故曰顧諟天之明命，此德性本體原無邊際，極其高峻，而莫與儔，故曰克明峻德，皆自明也。明則誠矣，即此是人之道，故曰誠之者人之道也。即此是天之道，故曰誠者天之道也，即此是天與地之道，故曰天地之道可一言而盡也，其為物不二。夫豈天主耶穌之所得而主宰，所得而七日造成乎？即此是物之道，萬物皆從此誠而生，故曰則其生物不測。夫豈天主耶穌之所生物乎？故曰誠者物之終始，不誠無物。是故君子誠之為貴，明是誠之外皆賤也，不足貴也。夫君子之所尊貴如此，而謂不悟者能之乎？如是則與狡夷之所尊貴，在於深目隆鼻之天主耶穌也，毫不相干矣。蓋狡夷不知真體所在，不悟自成自道，自貴其貴，以故教人乞成乞道於耶穌，乞靈乞貴於天主。今觀其尊刑枷之凶夫，貴釘死之罪人，恭敬奉持，無所不至，誠為可悲。夫狡夷之所尊貴如此，而謂不迷者為之乎？狡夷與君子迷悟相背如此，矧其他乎？

道貫天地人物，非夷所知說

是故當知此誠真體，無所在而無所不在也。在聖人則為聖人之道，故曰大哉聖人之道，洋洋乎發育萬物，峻極於天；在君子則為君子之道，故曰君子之道費而隱，夫婦可以與知能行。聖人有所不知不能，是夫婦不乞靈於神聖也，神聖不能有豐於夫婦也。竪無上兮横無外兮，虚空逼塞滿兮，語大莫載也；野馬尿溺兮窗前草兮，物物一太極兮，語小莫破也。在鳶魚則為鳶魚之道，飛戾天兮忘其天，躍於淵兮忘其淵，鳶魚各足也。生民之食息起居，何非此道之妙用。兩間之水流花開，總屬此理之流行，造端乎夫婦，察乎天地矣。君子也，聖人也，夫婦也，天地也，飛潛動植也，共在一道中矣。故曰天得一以清，地得一以寧，王侯得一以為天下貞，此吾道一以貫之宗，性與天道之旨也。洙泗一堂，當日漏洩已多，然及門弟子猶不可得而聞，况妖夷輩今日可得聞此哉。是故知此者謂之知天，行此者謂之事天，吾儒豈別有所謂知之之學，如今日利妖指天主降生為耶穌，耶穌復返為天主，地獄天堂有幾重，始為知天乎哉？又豈別有所謂事之之法，如今日妖夷淋聖水、擦聖油、運十字刑枷以自桎梏其身心，暗招密誘，男女混雜，始為事天乎哉？總之妖夷不能知此一貫之道，故妄立天主與靈魂，而卑賤太極與理道也。

太極理道仲尼不可滅說

夷之言曰：若太極者，止解之以所謂理，則不能為天地萬物之原矣。蓋理亦依賴之類，自不能立，曷立他物哉？又曰自不能立，何能包含靈覺，為自立之類乎？理卑於人，理為物，而非物為理也。故仲尼曰：「人能弘道，非道弘人也。」如爾曰：理含萬物之靈，化生萬物，此乃天主也，何獨謂之理、謂之太極哉？繇此觀之，夷妖明目張膽，滅仲尼太極是生兩儀之言，而卑賤之矣，以天主耶穌滅太極矣。夫既滅之，而復引仲尼人能弘道，非道弘人之語何為哉？蓋欲以仲尼攻仲尼也，使天下知仲尼之說為矛盾，而太極生兩儀為不足聽也。華人峨冠博帶輩，讀仲尼書者，敢曰利先生天學甚精，與吾儒合，嗚呼！是可忍也，孰不可忍也。只為太極之亂臣賊子，為素王之惡逆渠魁焉已矣。予請略言之，夫道者，人之體性，形之君也。本含弘而光大人者，道之妙用，性之臣也。惟當率其性之固有，而滿其本然之分量，以盡其妙用之職。此之謂人能弘道，非能出乎道外，而弘其道之所本無也。故以致良知良能之功用言之，言人能弘道也可。若以良知良能之本然言之，言道能弘人也亦可。所以知格物，尤貴知物格。吾且即問其人云何而能弘道，所以能弘者為何物，則道為人之主宰也，不已彰明較著乎？但人不順道不率性，是自違於道，自逆於性，自暴自棄矣。而道亦何能授擴充之柄於人乎？故曰非道弘人。此仲尼望人率性修道之奥旨，反覆抑揚之微言也。豈利妖輩所可藉口哉？故曰道也者，不可須臾離也，可離非道也。豈依賴之云乎？若謂之依賴，則可離矣。利妖之滅太極，即滅中庸也。利妖不言白馬乎？曰馬乃自立者，白乃依賴者。雖無其白，猶有其馬。繇此而言，則利妖以道為依賴，是利妖以道為可離也，是利妖實謂雖無其道，猶有其人也。此口一開，孔之門皆閉矣。《詩》曰：「人而無禮，胡不遄死。」《詩》固謂人卑於禮矣，何妖夷之無道無理至此哉。夫滅理無道，而曰精曰高；攻孔悖孟，斥中庸，而曰符曰合，卑德性而尊耶穌，賤明誠而貴天主，輕仁義而重天堂，以生為縲絏，以死為出獄。源源而來，開教於吾邦，布金幾乎滿地，予則安能已於辨哉？故曰忍心害理之甚者，莫甚於今日坐視而不言者也。

破邪集自敘

霞漳黄貞天香著

奸夷設天主教入我中邦，以堯舜周孔入地獄，此千古所未有之膽也。細查彼國毒法妖術，真可暗天黑地，惑世誣民，此又諸夷所未有之毒也。歷窺彼夷亂華機局，真能使智者愚，賢者不肖。士庶同迷，貴賤共惑，五胡之禍未堪匹此。且彼土產金銀，密交上下，黨羽之多，不可筭數，楊墨之禍未堪匹此。貞嘗泣而言之矣，始自癸酉年艾儒略之入吾漳也。貞乃知之，時每自嗟曰：如此大患，今天下無一人出力掃除之，何耶？又自思曰：萬曆間宗伯沈仲雨驅逐之疏霹靂，未幾而此夷旋踵復入，千倍於昔。天下為其所惑，莫知其詳。則今日雖再驅之，安知後來不如今日之為其所惑，而莫知其詳乎？況予草野愚拙，微寒孤立，其何能為。因憤鬱胸熱如火，累夜鷄鳴不寐，得一計焉。曰我今日當起而呼號六合之内，共放破邪之炬，以光明萬世，以消此滔天禍水。於是每拜天默禱曰：小子貞願以無用之身，用報孔孟，用報君親，用救天下萬世生靈，勿為夷邪所害，共還中國衣冠。又自發誓以堅其志曰：雖奸邪機深局巧，金多黨大，粉身碎骨，我必無畏，神祇共鑒。於是不論儒徒佛徒，是我非我，惟極力激勸，乞同扶大義。乃奔吳越之間，幸得沈仲雨等諸公舊疏於沉晦之秋，遂募刻播聞。然始也，保守身家者多，敢闢者少，求之既如逆浪行舟。且高明特達者微，阻障者衆，辨之又若紛絲尋緒，每一回想，不覺淚下。或笑我曰：「此乃食祿者事，何須子為。」應之曰：「政緣食祿者不肯為此，故我飲水者為之。」或計我曰：「子一人耳，縱為公卿亦不能與之敵，況韋布耶？子一人耳，縱富千萬，亦不能與之敵，況微寒耶？子枉費心力。」應之曰：「我一人誓必為之。」或危我曰：「彼奸黨聲勢，自卿相以至士庶，自兩京以至各省郡，誰能計筭。子一人獨不為首領計耶？且誰聽之而縱子之舉乎？」予曰：「我今日首領尚存，政好出頭。縱今天下無一人聽我，我一人亦決當如此做。況主上聖明，政恨無人入告耳。」或辯我曰：「我只管明明德，彼自消滅，子何須如此。」予曰：「我恐奸謀遂時，把一刀了爾七段八段，消滅在彼之先耳。」或折我曰：「彼教無父無君，決不能行，不足慮也。」答曰：「邪書毁堯舜孔孟者，今現百餘種流惑天下，蔓延於後，禍世無窮。試觀今日何處非耶穌之堂，叛逆之教也乎？」或慰我曰：「此係天意，子將柰何？」答曰：「天地今日亦被誣為耶穌所造，且號於人曰，天地如宫殿，不宜祭拜，祭拜則背耶穌天主，天主怒置之地獄，上天之意甚欲昭明，故生貞也不肖，日以破邪為務，天意其政在斯。」或限我曰：「子非孟子，胡能距得楊墨？」予應聲喝之曰：「孟子原不是孟子，我原不是我。」或止我曰：「子設破邪之計，呼朋作鬭，蓋所以發明至道而砥柱狂瀾，昭揭患害而維持邦家也，猗歟偉哉。然詞意已備，事理已詳，年月已久，可以已矣。今何必復求人鬭，愁苦如斯。」解之曰：「奸夷處處行金結人，誰不貪者？日日用術惑世，誰不惑者？凡予求得吾儕之作鬭章也，便有許多辨說心力在。凡吾儕之俯從予請也，便有許多利害明白在，良知感激在，而此後便不為夷黨所惑。此撥亂微機，難以言說。況正人君子之文章，可以培植人心，多多益善乎？」

嗚呼！七年以來，一腔熱血，兩晝愁眉，此身不管落火落湯，此集豈徒一字一血。談之唇焦未罄，録之筆禿難完。今幸集成，謹拜手稽首，以白天下後世曰：此國夷衆，生生世世，奪人國土，亂人學脈，不可使其半人半日在我邦内也。此破邪之集，良存華明道之至計，諸聖人之授靈於人子者，其尤當世世流行而不可廢也夫。

崇禎己卯仲春書。

罪言

山陰王朝式金如甫著

閩中黄天香子，為顔光衷先生門人，翩然來越，以狡夷之駕為天主説者相告。願鳩同志合擊之，必絶其根株乃已。蓋痛邪説之迷人，日日已甚，而我國家廟社之憂，不可言耳。萬曆間，南少宗伯沈公漼，首發其奸，疏三上未報。而一時兩都府部臺省，連章特奏，相繼並起，遂得旨放逐。我華人惑於其説者，亦皆依律正法，夷氛為之頓熄，則其為朝廷一大喫緊事可知矣。顧查《南宫署牘》，爾時狡夷入中國者，纔十三人耳，今則指不勝屈矣。建事天堂，聚衆惑民，止留都洪武岡一處耳，今則景教之設，延及數省矣。擦聖油、淋聖水者，特八九擔豎，今則縉紳先生且為其書弁首綴尾，頌功揚德，加吾中國聖人數等矣。向使當日諸公及見如事，其痛哭流涕，又可勝道耶。且狡夷欺天侮聖，蔑君毀祖，其謬妄悖逆，皆振古所未有。而所以售其奸者，亦從來所不及。或布散金錢，蠱彼貪愚，或窮極機巧，動諸黠慧。陽持七克十戒之文，以收好修之士；陰竊昇天入獄之說，以堅從邪之志。天下根殊器別，固已一網打盡，而又資之以舉國之物力，竭其畢世之精神，遂敢破明禁而闌入，抗王章而不去，日蔓月延，幾遍海内。斯其心其勢，不舉我中國君師兩大權，盡歸之耶穌會裏；大明一統之天下，盡化為妖狐一窟穴不止也，岌乎殆哉？故萬曆間明旨有立教惑衆，蓄謀叵測之語，蓋已逆知其如此矣。然而今日朝廷不及問，學士大夫不及知，獨天香子以韋布之賤，起而昌言之。且呼號同志，若求亡子於道者，視古人著論徙戎，更為深隱。吾計天下豪傑之士，必將翕然應之若式，則視我君父大倫，為邪說所破壞，中國大聖人事天享帝之文，為幺麽所竊侮，私心固弗忍，而欲一倡大義，為天香子摧鋒陷陣，力又有所未能，徒坐而貽君父以隱憂，蓄生民之酖毒，則我一人不獨為大聖人之罪人，實為天香子之罪人矣。嗟夫。

驅夷直言

温陵黄廷師著字惟經，號調雨，己未進士。

古盛王通道諸夷，蓋亦因其向化，而以中國之治治之耳。蠢彼夷酋，朝貢有期，其屬不許私入内地，正朔是奉；其人不得謬獻私書，此華夷不相及之辨也。我朝應天御極，除腥羶而闢文明，按堯舜之璣衡，遵周孔之統系，列聖代興，諸賢輩出。窮三才奥窔，闡千古秘扃，發明已無餘藴，未聞有天主之説，如夷人利瑪竇、艾儒略所云者也。夫天主一説，誕謬不通，朝野諸先生名士，擯之詳矣，但未有詳其夷種原繇者。余今謹將其夷種夷奸，一一説破可也。按此種出於東北隅，為佛狼機，亦為猫兒眼，其國係干絲蠟；而米索果，其鎮頭也。原距吕宋不遠，所謂數萬里者偽耳。其祖名仙士習，其祖母仙礁麻里耶，未嫁而孕生一子，名為寮氏[二]，年十五，頗有邪術，周流他國，誘占各處地方。其間復有豪傑起而擒之，釘以十字刑架，而寮氏竟為罪鬼矣。後承其術者，緣此就假一說，謂寮氏之死也，蓋為萬民贖罪，瘞三日復生，說法三十三日，飛昇天上。又謂凡能為寮氏死難者，寮氏昇之最上天。於是諸國崇奉十字刑架，輕生敢死，雖赴湯蹈火，亦所甘心。更殺諸國主而襲其國，遂設五院。一曰仙多羅明；一曰仙巴難絲索果；一曰仙阿牛實丁；一曰仙弊里氏；一曰仙但耶。此五院等番，俱名巴禮，分五項備用，如遇鬭争，則以仙弊里氏往，遇施與，則以仙巴難絲索果往，遇講和解紛，則以仙但耶往。至若教人文字，則〔仙〕阿牛實丁司之。而在仙多羅明則專持其邪說邪術，誘惑鄰國，即今艾利等所稱天主教是也。

嘉靖初年，此番潛入呂宋，與酋長阿牛勝，詭借一地，託名貿易，漸誘呂宋土番，各從其教，遂吞呂宋，皆以天主之說摇惑而併之也。說既謬而又佐以邪術。凡國内之死者，皆埋巴禮院内，候五十年取其骨化火，加以妖術，製為油水，分五院收貯。有入其院者，將油抹其額，人遂癡癡然順之。今我華人不悟，而以為聖油聖水乎？且不特其術之邪也，謀甚淫而又濟以酷法。凡呂宋土番之男女，巴禮給之曰：汝等有隱罪，寮氏弗宥，當日夜對寮氏解罪。不論已嫁未嫁，擇其有姿色者，或罰在院內，灑掃挑水，或罰在院內奉侍寮氏，則任巴禮淫之矣。至若騙男人解罪，則用白布長衣，自頭面罩至脚下，用小索五六條，其索尾繫以鐵釘，勒令人自打於背上，血出滿地，押遍五院乃止。蓋借虐男人之法，以嚇婦人也，其淫酷蓋如此哉。然使不從其教，何至彼吞占，何至彼荼毒耶？繇是觀之，彼所謂天主者，即寮氏也。寮氏乃其祖，而敢紿我中國曰天主，是欲加我無禮如吕宋也。術險機深，漸不可長。神宗聖上，弘柔遠之量，命撫按驅之歸國，不意只歸我廣畨，或藏匿諸奸細家中，旋即夤緣而起，或掌星曆，或進鉅銃。假此使得復開教於各省郡。今其黨據鷄籠、淡水等處，其意何叵測也。柰之何尚有被其所餌，被其所惑者，豈部科諸公之疏參，海內紳士之辨駁，無有耳而目之者乎？孟夫子曰：「吾聞用夏變夷，未聞變於夷者也。」謹揭之以防猾夏之漸。

崇禎戊寅孟夏撰

校記

〔一〕仙士習，聖若瑟，仙礁麻裏耶，聖瑪利亞，寮氏，天主（Deus），即耶穌。此處係以閩南音，譯西班牙名詞，出自西班牙多明我會士高母羨撰《無極天主正教真傳實録》。

邪毒實據

霞漳蘇及寓著（號恬夫，戊寅撰。）

艾儒略等，夷人也，自萬曆間入我中國。有識者窺其立心詭異，行事變詐，已疏其不軌而驅之矣。今也胡為乎復來哉，其故可思矣。復來而天下不惟莫能詳察其奸，並且前驅諸疏，亦幾不得見。夷輩喜而相告曰：「我西士有四眼，日本人有三眼，（兩到日本開教，被其兩殺，故云。）中國人有兩眼，呂宋人無一眼，於是多藉技藝，希投我聖天子之器使，胡公卿士大夫，相率詩詠之，文讚之，疏薦之？至於禮樂兵刑錢穀營建諸大權，皆讓能於夷。欲夷司其事，豯是夷勢夷毒，日釀於其中而不可言。夫復來而若此之久也，天下竟無一人憂之而維其變，將柰何？夫中邦而若此，又安得謂有兩眼耶？所賴志士端人，聞之心傷，見之痛哭，設破闢之計，起豪傑之章。賢士大夫有與之闢焉。嗟嗟中邦人士，今也亦可以有兩眼矣。然愚細玩之，道學先生，只辯真偽，文人才士，猶工典雅。而狡番之所以為毒，未昭其備也。政恐讀者未便傷心痛哭而痞痳不寧也，又將奈何。野人無知，天曆之說，未暇置辨。蓋但患人之不華，華之為夷；不患曆之不修，修之無人也。今姑舉邪毒異慘一二親見聞者，實而據之。

一此夷詐言九萬里。夫詐遠者，令人信其無異志，而不虞彼之我吞耳。不知此番機深謀巧，到一國必壞一國，皆即其國以攻其國，歷吞已有三十餘。有薦疏云：「彼西洋鄰近三十餘國，奉行此教是也。」遠者難稽其蹤，最近而呂宋，而米索果，而三寶顏，而鷄籠、淡水，俱皆殺其主奪其民。只須數人，便壓一國。此其實實可據者歟。

一此夷藏奸為市忠。助銃令人喜其有微功，祈雨令人疑其有神術。自鳴鐘、自鳴琴、遠鏡等物，令人眩其有奇巧。且也金多善結，禮深善誘。惑一人，轉得數人；惑數人，轉轉數萬。今也難計幾千億萬。夫邪之淺者，難以舉盡，最慘而毀聖斬像，破主滅祀，皆以藐我君師，絕我祖父，舉我綱常學脈而掃盡者也。此又其實實可據者歟，猶未也。

天主之教，創書駕說以惑王臣士子，華人喪心輩與之唱和矣。而彼則早慮天下賢愚不一，出入參半，邪毒之流行，為未遍未速，所以必後先陰標諸教曰無為，曰奶奶，曰天母，曰圓頓，多方籠罩以為羽翼。而無為之慘更甚，蓋所以鴆天下之亡命無賴，而煽惑夫一切愚夫愚婦也。然嘗自排者何意？吁噫！難言之矣。古有一計害三賢者，此所謂一邪滅三聖者也。於是咒壓之，使合家持齋素；愚弄之，使各處起干戈。蓋所以陽敗國家，陰壞道釋，明與天主反，暗與天主通也。教中默置淫藥，以婦女入教為取信，以點乳按秘為皈依，以互相換淫為了姻緣。示之邪術以信其心，使死而不悔，要之發誓以緘其口，使密而不露。至於擦孩童之口藥，皆能制其必從，令其見怪。自萬曆初年，此夷入中邦，中邦即有吳公吳婆變亂，特世人未知之也。今日試觀父不父子不子，夫不夫婦不婦，孩童難保其孩童，戕殺生靈，傷風敗俗，莫此為甚。我且計今之惑於邪也，不惟民而兼士，不惟愚而兼智。我且計邪之行於今也，不特顯而且陰，不特遍而且速，聞夷輩蓋嘗喜謂中邦之大器可窺矣。其妄擬官民之毒法也，數十里為一保，保外不許相通。人授里票為準，票誌姓名形貌，有越保而行者，有行無里票者，皆斬無赦。里中設邪寺，妻女驅入淫，又嘗抽子以別母，抽夫以離妻，或抽本鄉倏居別國，或抽此土倏往他邦。東西變換，南北移易，蓋皆所以令熟者生，强者弱，勇者不得相通，智者不得相謀。是奸夷所以御呂宋、三寶顏、米索果等之毒法也。此又其實實可據者歟。

夫既有實實三可據，吾不知幾時後，如何增毒，如何愚弄，嘗聞之友人曰：「彼夷凡所吞之國，所統之人，皆欲斷滅其智慧，不許其學習，必使人人為木偶，然後快於心。彼種則學習機巧，無所不至，此奸夷不易世而王之毒計也。故嘗歎胡元無智術，不百年而亡。今入中華實欲滅儒道釋，而焚盡文字典籍，以木偶萬世，特其謀未遂耳。何時而無是念乎？」聞此令人心寒，今日滿朝俱荷君王恩，遍野皆習孔孟書，蠢爾狡番，敢誑天子，拜耶穌為天主，敢毁孔孟入地獄為話柄，朝廷無人憂憒之。且也學脈教化，兵刑禮樂錢穀營建，堂堂中國大權，交相口揚筆舉，欲委狡番秉令。是中邦人士，不惟無兩眼，而深愧日本也。實且喪寸心而漸同呂宋歟。念及此能不傷心痛哭；鳴鼓合攻，尚且高枕而卧，是耶非耶，哀哉！

利説荒唐惑世

建溪魏濬著

近利瑪竇，以其邪説惑衆，士大夫翕然信之。竇既死，其徒倡為天主之教，呼群聚黨，所至譸張。南宗伯參論驅逐始散去，然惑於其説者，堅而不可破，人情之好異如此。所著《輿地全圖》及洸洋窅渺，直欺人以其目之所不能見，足之所不能至，無可按驗耳。真所謂畫工之畫鬼魅也。毋論其他，且如中國於全圖之中，居稍偏西而近於北。試於夜分仰觀，北極樞星乃在子分，則中國當居正中。而圖置稍西，全屬無謂。古以陽城為天地之中，若專論地中，則應在崑崙高處。第偏東，地少海多；偏西，地多海少。崑崙乃地中，而非通地與海之中也。通地與海之中，宜在陽城耳。故陽城八尺之表，夏至午景在表北一尺六寸，而冬至午景在表北一丈三尺。偏東者，早景疾晚景遲；偏西者，早景遲晚景疾。則陽城為中，得之測驗而定，非懸談也。嘗見金幼孜《北征録》載：永樂間從駕親征北虜。三月八日，次鳴鑾；戍夜見北斗，正直頭上，其所親見如此。余且舉一常事，人人皆知者。春秋二分，日躔行至黄赤道之交，正居南北之中。如鄉會兩試，時值二分前後，吾閩場日映止於足膚，而會場日映席上。閩去京師，不能五千里，相去已爭如許矣。又交趾以南，北户見日，謂之日南。交趾距中國未遠也。元人陳孚，以至元間使交趾。二月初三日，宿温丘驛，未昏見新月乃在天心，皆其較然可據者也。又陽城仰觀北極出地三十六度，南極入地三十六度。若北至朔方，則出入之度五十，南至交廣，則出入之度二十而已。嗚鑾、交趾，所見相遠，以至於此，焉得謂中國如此蕞爾，而居於圖之近北。其肆談無忌若此，信之者乃謂其國人好遠遊，斯非遠遊者耶。談天，衍謂中國居天下八分之一，分為九州，而中國為赤縣神州，此其誕妄，又甚於衍矣。至於九天之説，總以星體之大小，揣臆言其遠近。日反在土火之下，杜撰可笑。蓋五星之體，太白最大，歲星次之，辰星、熒惑又次之，惟填星最小。測驗家謂太白徑百里，歲星徑九十，以次漸殺，至填星徑止五十里。星體大小，即一座之間，亦各異狀。如心及河鼓三星，皆中星大，左右二星俱小。織女三星，上星大而下二星小，北極五星，大小更異。是豈大者必近，而小者必遠耶？全圖只因月中魄影，如世所謂婆羅樹及玉兔者，昔人以為大地山河之影，因杜撰以欺世人耳。試取圖與月影質之，即見瑪竇所製測驗之器，謂之自鳴鐘者，極其精巧。此自是人力所能，如古鷄鳴枕之類耳。予嘗細析而觀之，大要在兩大輪卷鐵暗匿輪中，而貫之以軸。鐵不受卷必展，則設機以製之，使不得展，而轉極微細。又設數輪相承，以次漸小漸密，鐵輪微轉，亦以次相促，而漸催漸急，數盈則觸機而機脱，迅疾如風，輪上設杵十二如乳，杵至則刮其挺以擊鐘，疎密皆有次第。然鐵既受卷，久之則性亦稍緩，不能與時合，又須再卷使急。大約每日定須一整，整時須藉日影為准。儻連日陰晦，則無從取定矣，但其法簡於壺漏耳。

明朝破邪集卷第四

鹽官居士徐昌治覲周甫訂
德清後學許大受著

聖朝佐闢自叙

闢者何？闢近年私入夷人利瑪竇之邪說也；何言佐？草茅凉德，不敢主闢。而目擊乎東省白蓮之禍，與吾西吳赤子之危，念此邪徒，禍危實甚。而竊儒滅儒，人所叵測，日熾一日，靡有底歸。今且夜授婦女，不闢幃簿之嫌；揮鏹聚民，將有要領之懼，甚至舉三五君師之諸大聖人，受抑千古，將我二祖列宗之華夷內外，忽倒一時，即欲不佐一臂，而又有所不忍也。或曰汝既懼要領，奈何犯夷鋒，應之曰等懼也。懼法為正，且夷之言曰：為夷死難者，昇最上天。夫堂堂中國，豈讓四夷，祖宗養士，又非一日，如能為聖人為天子吐氣，即死奚辭。或又曰然則子闢言中，何不直崇儒，而乃兼祖佛乎？曰夷言人有後世非貫通儒釋，不足以折妖邪故也。況夷之狡計，陽闢佛而陰貶儒。更借闢佛之名，以使不深於儒者之樂於趨。故區區之心，必欲令天下曉然知夷說鄙陋，尚遠遜於佛及老，何況吾儒？然後知三教決不容四；治統道統，各不容奸。而聖人之道自常尊於萬世矣。竊料我邦士民，聰明正直，豈難熄此一燐。第好奇者，務採謬言為新理；見小者，思藉淫巧為用資。最下則眩其輦璧燒茅為貪泉金穴，而未究其無君無父，傷俗斁倫之情狀，故致爾爾。儻肯全披是册，一旦翻然，譬之晛見犀然，立見雪消妖露，則尤小子佐闢之雅志，而世道人心之大幸云。其説之荒蕪刺謬不勝闢，今撮其大要，凡十篇。

一闢誑世

彼詭言有大西洋國，彼從彼來，涉九萬里而後達此。按漢張騫使西域，或傳窮河源抵月宫，況是人間有不到者。《山海經》《搜神記》《咸賓録》《西域志》《太平廣記》等書，何無一字紀及彼國者。又詭言彼天主，名耶穌，生漢哀帝中。按吾夫子及老聃並生彼前。大《易》稱冒天下之道，如斯而已。及彌綸範圍等贊，豈更有剩理，反超諸聖之上者。詭言耶穌，為人甘罪，釘死於十字枷上。所謂聖人無死地，其生也榮，又何取焉？釋迦生周昭時，故《家語》載「西方聖人」一條，其果是孔子語否，且不必論。彼乃詭言孔子所指之佛，正是彼徒，特僧輩竊之以行其教耳。則豈有周之至聖，而先譽漢之戮夷者。又詭言耶穌前，已有費略、罷德勒之天主，堯時洪水係彼怒噴。且無論上世淳龐，至德不怒，縱使有怒，豈有不怒於蚩霧桀風，而怒於堯天禹洛者？嘗閱小說中，有龍名錢塘君，與他龍戰，一怒而堯世懷襄。彼特竊此諸殘，以譸張為幻而已，萬萬無大西等說，豈待智者而後知哉。

吾鄉有余生士恢，負四方之志，親履其地，歸而刻書，名《藜藿亟言》。云彼特廣東界外香山嶴人，極陳其凶逆孔棘狀。若是，則先恭簡撫閩時，《議處倭酋疏》中，有云至於香山嶴交通一節，委屬有因。乞勅兩廣總督軍門，設法禁處。其浙江、福建、廣東三省住居倭國之人，不論歲月久近，有罪無罪，但有歸志，詔令跟附差，去使客船隻回還，則順逆之分明，華夷之防定等語，灼有先見。今考萬曆二十八年，彼夷始潛入長安，貢獻方物，乞留中華，候旨多年。神皇聖明，以若輩未經該國差遣，不聽散布，而豢之京師。其豢之者仁之也，而不聽散布者，恐其倡邪，而欲以輦下威靈，坐治其族類也。至三十八年，瑪竇死，龐迪峨等疏乞給地瘞骸，其辭絶楚，故姑聽之。

此聖朝柔遠之法，自應如是。初未嘗一念作興，而崇奉之也。瑪竇既死，當事者尚恐不測，上疏促歸。又奉明詔，盡行遣回該國，夷輩又乞止留一人守視夷塚，上必不許。及夫秩宗疏逐，復奉旨詔獄考掠矣。今更橫行，豈知國法！夫不召而來，不遣而入，是謂私通。詔逐不遵，屢除潛蔓，是謂蔑旨。且以收瑪竇為尊瑪竇，而號於人曰嘗為聖天子所尊禮，擇地祭葬。則文王之澤枯骨，亦尊枯骨乎？欺天罔俗，至此極矣。且孔子之稱聖學，乃帝王聖之，孔子不自聖也。獨此邪徒，不但稱聖，而直稱天；又不但稱天，且稱天主。至於一切愚世之物，並以聖名。伏思漢光武中興令主也，尚勅祝史不得稱聖稱天。彼何夷斯，而敢自天自聖。又據其駢述詞云：天子之議禮制度，無過人為。惟有彼國教化皇，是為真主。又云生也不逢其主，語焉誰得其真。所慨中邦尤嗟末代等語。既蔑歷朝天子，且敢指斥乘輿，此其心何等無將，而為士大夫者或左袒之，又何其全不知利害耶！

伏讀皇明祖訓於諸夷之曾通貢者，稍有叵測，尚嚴絶之。何況祖訓所不載，而可使逼處。若我中國士民，有非聖侮君者，法尚必屏四夷，何況夷民而可容之中國。嘗聞黨夷者之説曰：若輩初欲服我之服，以便化我而不敢擅也。必走九萬里，奏彼之教化皇而後行，其信義如此。余則曰：一往一返，是十八萬里，何人諳之，而何從覈之耶？此不根之論，而以是為信義，不愚甚哉。就令果爾，彼一衣冠之細，尚不擅更，豈我天朝主臣內外之防，移風易俗之鉅，而偏不凛天威於咫尺，曾夷狄之弗若矣，真可浩歎。

二闢誣天

董子曰：「道之大原出於天。」子思子曰：「天命之謂性。」聖學何嘗不言天，然實非夷之所謂天也。彼籍曰：善皆天主使為，惡皆爾之自為。若是則人性皆惡，為天主者，何從得此惡種以蔓之人人；而人之為善，反成妖妄。彼天主者，又何苦自為而自賞之哉？且從古有敬天無媚天，夷不用敬而用媚。跡其晝夜翹勤，似乎苦行。然其種子無非欲得妖妄之歡心，全不肯依素位之正願。所謂尊天，實褻天耳。若以上帝臨汝、維皇降衷之典為藉口，此又帝王誥辭，宗子家法。天止一子，恐不可以盡人而僭為天子也。且彼籍又曰：天之與地，及與天神，皆彼天主以六日六夜內自虛空中造成。

如是則不如乾元多矣。乾以不疾而速，彼勞六日六夜，優劣何如也。又
曰：今之玉皇上帝，特是天主初造三十六神內之一神，以其知諂天主，故不
次而擢居此職，是上帝又不足尊矣。《書》曰：「矯誣上天。」正此之謂。又
按天尊之說，道家專稱，吾儒何嘗覓天於徵應。桓文挾天子，儒者猶非之。
茲且捏天主以制天，挾天以制天子矣。於情於理，不知安否？宋儒亦曰：
「天堂無則已，有則君子登；地獄無則已，有則小人入。」古之聖賢，寧其捨
修德之外，別有修福之法哉？況夷所指之善不善，與聖賢所指正相反。如
宋君有人君之言三，熒惑退舍，何嘗為其諂天。又如虞公饗祀修潔，無救危
亡，何嘗為其不諂。而夷籍乃曰：若爾畢世為善，而不媚天主，為善無益；
若終身為惡，而一息媚天，惡即全消。若是則為天主者之着我着情，自私自
利也，且百千萬倍於常人矣，又何以生天生地以為天之主哉？而謬欲以此
為邀福免禍之陋計也。夷又曰：如《易》稱範圍，《中庸》稱參配，猶非至當
之語。惟孔子所謂知我其天，及獲罪於天之天，即彼天主之明證。嗟乎！
彼認性外有天，故譏範圍參配，其淺陋固不必辨。若使知我其天之天，果屬

夷所妄立之天主，是不勝其畔援歆羡，其為怨尤特甚，寧成不怨不尤。審如是，只宜曰但奉天，不宜曰不怨天，又不宜以天人平論矣。又使折賈之天，不指得天統之人君，而別推執我見之天主。是夫子教賈之精於媚，而豈尊君之本意哉？通文理者，請於語脈思之。

三闢裂性

文皇帝頒性理於學宫，其於天地之間亦備矣。獨於生前死後，略而不言。孔子曰：「性相近也，習相遠也。」曰：「未知生，焉知死。」是以不言言。至繫《易》之辭曰：「精氣為物，遊魂為變。」是故知鬼神之情狀，已言其不言矣。而朱晦翁又以氣化詮之，秘其實義。若是者何也？吾儒手眼，只使人體認目前，絶不許人想前想後。所以前世後世，總不拈起，以絶人徼福免禍之私萌，而專精倫物。若精研儒理，自信得及，不言佛道亦可也。佛典既明後世，必追前世，先言三際，後極一乘，以絶人自他有無之横計，而不濫外邪。即彼道家者流，雖似狥生滯有，然張平叔叙悟真云：「黄老悲其貪着，故以長生之術漸次誘之，是其極軌，亦未嘗與吾儒之性理相背。故我高皇帝謂佛老，為陰扶聖教，暗助皇綱，大哉王言，允為定論。乃利瑪竇及艾龍諸夷之稱性，獨不然。言諸性不同禽獸之性，無前世亦無後世，何也？天主剏生殺則頓滅也。吾人之性亦無前世，永有後世，何也？人魂亦係天主剏造，一造以後，苦樂之報皆無盡也。惟天主之性，生於極前，貫於極後，而無始無終，何也？能造一切，更無一物能造彼也。又言上能包下，所以禽獸魂，混有草木魂；人魂混有禽獸魂，天主魂又混有人禽木石諸魂等。其種種割裂，萬萬不通之論一至此。審如彼云異類之魂頓空，而人魂獨苦者，則夷人未入以前，吾人之魂昇者絶無，墜者無量，反不如禽獸之一殺永絶。是天主之愛禽獸，甚於愛吾人矣。天主魂混有禽獸等魂，又物物而雕之，人人而怒之，怒之而又永不肯脱之。則彼天主必不能愛人，并不能自愛矣。今為之詰曰：不識未造種種以前，為天主者將諸魂藏向何處？物類貪生怖死，與人無異，又將滅向何處？又人物等承此魂時，為别有二體，如以手接物耶，為直一體耶？所造人魂幻耶真耶？天主之魂獨無始終者，無始之始必有一始，無終之終必有一終，此義竟何歸耶？若所造之人魂是幻，則既從幻生，還從幻滅，豈有始偏有而終獨無者。若言是真，則天人兩魂，苦樂同受。彼天主者何法以獨令人苦耶？至若無始無終，尤竊佛典不生不滅之吻，而成其大妄耳。夫佛言不生不滅，以一切諸法，當體純真，故曰生滅無自性。不生不滅亦無自性，若執一死煞妄我，是無始無終而不容法界圓具者。不知此無始無終屬理乎？屬智乎？抑屬識情乎？若屬理者，則非道弘人，何為突生天主？縱許突生，已有前際。若其屬智，即人人虛靈本體，不應彼所獨私。若屬識情，則有能所；有能所則有時代，何無始終？又若彼是生成者，一切總是生成。若從修得者，一切總可修得。其於獨具全性之義，又何居焉？彼又遁之以一性三位，非同非異之說。未讀佛書者，以為精微，殊不知此特竊法報化三身之意，而橫成惡解，有何精微之有。又彼言混有諸魂等，夫渾沌之渾，尚非極則，何況混雜之混，成何話言。總之，彼欲令人殺生以恣口，則硬曰無輪迴，曾不知如佛典所稱。想不斷則輪不休，安能硬無，彼欲以無窮極之威福，眩嚇愚民。又曰：有天堂地獄，而決無昇沉之中變，曾不知如佛典所稱善惡既盡，則昇沉自更，安能硬有？

余嘗問艾夷曰：「爾教謂人之靈魂，善昇天堂，惡墮地獄，二俱不返，而禽獸之覺魂，又斷滅不輪，則中界人類應空，我爾復自何出？」艾曰：「子以人魂為舊有乎？皆天主新造耳。造者生生不已，所以雖不輪轉，不礙多人，實無佛家前世之說。」余曰：「若無前世，為何有貧富貴賤壽夭及種種天淵之別？」艾曰：「如儒家言，氣化之偶不齊耳。」余曰：「儒言聖人有所不能，天地有憾，故可屬之氣化。若爾教言天主無所不能，天地皆繇彼造，而氣化復能為隔，是天主無全能矣。」艾乃歎曰：「子問甚深，不得不言其實。天主始生一男曰亞當，一女曰厄襪，為一切人類之始祖。舉天地間之物恣其受用，而獨留一果樹，勅二人不得垂涎。厄襪聽一魔鬼，與亞當私嘗之。天主怒甚，乃著令曰：『自今以後，凡從二人所生人類，皆有原罪。』以有原罪，故勅後世子孫，男必曝日裂背粒食乃成；女必拆腹剺腸生育乃就。」余曰：「《易》稱一陰一陽之謂道，故乾成男而坤成女。即竺典小教中，稱劫初光音天為造世主，猶吾儒稱盤古為三才首君之意，並言肇人之形，不言造人之性也。今彼既言造性，而以孑然之陽為性原，則厥子所稟之性，當肖乃父。而一味以偏陽幻術，化生人類足矣，何苦妄造一性為女流，以滋飲食男女之禍，謬一；世之生而富厚者，多不耕而食之人，無告之婺，不育之婦，皆不受娩身之苦，豈獨無原罪耶？謬二；原罪是一，而今報萬殊，謬三；其人之先得輕罪而使盡未來際之苗裔，皆罹重刑，與罪人不孥之意不同，謬四；祖累子孫，遠不如佛氏所稱六道輪迴、自作自受之平明公恕，謬五；徙木之法，欲立信於通國耳。彼亞當夫婦，鶆鶆兩人，乃以盜果深罰，不大無謂乎？謬六；凡人之智慧有限，所以不奈鬼何。以彼天主之威，魔鬼誘其血胤而勿能禁，謬七；凡小賢小善之人，其子不肖則諉之，曰其所不能者天也。以神聖如天主，篤生兩人為最初繼禮，即誨盜而為戎首，何神聖之為，謬八；神叢倚木，所以藉則神枯。彼既尊為天主矣，乃不怒耳。意雲仍之萬愆，而獨怒家子家婦之一果，何其舛歟。且後人不肖曰亞當作俑，若更追亞當之不肖，作俑其誰？吾不知為天主者何辭以對，則又謬九而謬十矣。」又問艾曰：「所謂魔鬼安昉耶？」艾曰：「天主初成世界，隨造三十六神。第一鉅神曰輅齊弗兒，是為佛氏之祖。自謂其智與天主等，天主怒而貶入地獄，亦即是今之閻羅王。然輅齊雖入地獄受苦，而一半魂神，作魔鬼遊行世間，退人善念，即天主亦付之誰何？」詰曰：「人類未生，阿誰繫獄，而以佛主獄耶？」夷曰：「從貶之天神，其數無量，繫獄者何慮無人？」曰：「以渠魁作王，而以脅從受罪，豈律也哉？且正使佛所作之閻羅王，遊行世界，為天主者，但付誰何？可見其威靈超過天主，又天主有無窮之怒，為所怒者，亦有無窮之壽，可見其力量與天主同。且所謂魔鬼者，非天主親手製造耶？何為至於此？前云亞當、厄襪之不肖，尚是人也。或與天主稍隔，猶可言也。若輅齊是彼天主第一化生之神，而先見告焉。可見天主是萬惡之源，還罪天主為是。豈不可為捧腹而噴飯乎？至於性超形聲，不受生滅，魂無色相，豈可造成。而彼乃言刱生各造如前所駁者，余亦不必另生辨端。」或曰：「然則造化之說非乎？」曰：「造化以不造造，邪說以造不造。不造造者，公造也，自造也。造不造者，私造也，他造也。此性命之金針，而正邪之秦鏡也。」

按彼《天主實義》云：竊聞古先君子，敬恭天主，未聞有尊太極者。如太極為萬物之祖，古聖何隱其說，太極之說甚難合理。斥擊《周易》，累若干言。嗟嗟甚矣，夷人之敢於非聖，而刻其書者之敢背先師也。蓋《易》有太極，是生兩儀，兩儀生四象，四象生八卦，然後化生萬物，此乃畫前原《易》。夷輩此言，如生盲人，寧見天日。彼又曰：「物類有二，人物禽獸等，自立類也，為貴為先；仁義五常，依賴類也，為賤為後。」嗚呼！此又謬拾老潘而肆無忌憚者也。夫天地之性人為貴，人禽之異教為先。寧有人禽同貴而仁義不先之理。即欲治老氏之圃，如所云失道而後德，失德而後仁等。但謂仁義不如道德，未嘗言不如禽獸也。彼敢貴禽獸而賤仁義，並賤太極，即比之仁內義外之說，更覺彼猖。豈不謂之喪心歟？然尚謂理非跡象，人有愚迷，無目與心，猶可原也。若我仲尼祖述憲章，上律下襲，凡有血氣莫不尊親，彼乃謂其與羲皇堯舜諸聖同在地獄。

據《藜藿亟言》所載：彼處夷人直名孔聖為魔鬼，豈具人貌者之所宜出口耶？時余面聆此語，不覺痛心而作色焉。艾龍輩乃曰：「此一種鍊清地獄，無甚苦事。凡從彼教而未造其極者，亦入此獄。蓋天堂之流亞云。」余曰：「天主一人，吾不得而知之矣。其諸天堂，亦是人登者否？」彼曰：「從吾教則登，不然則否。」余曰：「然則民之登天堂者，每每有之，而孔子反墮地獄。則自有生民以來，未有盛於孔子之讚揚，亦當拔舌矣。汝判孔子在地獄，視孔子何卑，判汝輩同在此中，自視又何倨歟？且既信孔子入地獄，則有子若孫者，萬萬不當令其與孔子作緣，而必教其習《四書》《五經》以取世資，業取世資。偃然華裾鼎食，或繫籍聖賢，乃尊穢賤夷人於壇坫之上，甚者簧鼓小才，好事之豎儒，大膽舞文之老宿，盡棄其學以學彼。且群父兄出妻子以北面之，而令吾孔子曾不分半席焉。真如破鏡鳥子，成而即食其父矣，豈不痛哉。」或曰：「彼極斥佛，恐未斥儒也。」余曰：「貶太極仁義，是貶其理；貶孔子堯舜，是貶其人，猶謂其不斥歟？其所以未敢痛斥如佛者，徒以我中國户尊孔子，家慕堯舜，而不得不權傍其籬闐耳。若如胡元時所列十等，以僧居第三，儒與娼丐同居八九十者，則彼之斥儒必更甚於佛矣。

今彼徒又言孔夫子豈能及我艾先生之萬一。興言及此，無論智愚，無論窮達，凡存髮齒具頂踵者，皆當號泣聲振大千，而尚容默默乎？」余嘗以此質之江濬如丈，旁友笑云：「此亦無害，譬如地藏菩薩，亦常現身地獄中。」濬如佛然曰：「説到此際，豈容滑稽。」使余汗下，故若濬如丈者，此真佛子，亦真孔子弟子也。

五闢反倫

君臣，父子，夫婦，昆弟，朋友，雖是總屬人倫，而主敬，主恩，主別，主序，主信，其間各有取義，非可以夷天等地，推親作疎，陽反從陰，手顧奉足，背公以植黨，去野而於宗也。夷輩乃曰：彼國之君臣，皆以友道處之。又曰：彼國至今傳賢而不傳子。審從其説，幸則為楚人之並耕，不幸則為子噲子之覆轍，忍言乎？不忍言乎？《記》曰：「孝弟之德，通於神明。」《孟子》曰：「堯舜之道，孝弟而已矣。」夷輩乃曰：「父母不必各父母，子孫不必各子孫。」且對地之天亦不足父而同父天主。其於父子大親，但目為彼男彼女，生此男此女而已。夷亦屬毛，乃忍捐本。且於父母之已歿，而生前未聞邪教者，即甚賢哲，必冤以鍊清地獄。稍稍常流，即誣入鍊罪永苦，其言以為縱有孝子，媚我天主，得昇天堂。然天怒最嚇，萬難解免。雖存孝志，無益親靈云云。嗟乎！舜大孝，禹致孝，假使舜、禹陟位，而瞽鯀不得配天，吾知舜、禹之必蹙然而不南面矣。大《易》家人一卦，極重閑家，恒之六五曰恒其德貞，婦人吉，夫子凶。《書》曰：「牝鷄之晨，維家之索。」則婦當從夫，夫決不當從婦，審矣。《禮》曰：「男女不同巾櫛椸枷。」不通名聘問，則彼男與此婦不容混雜又審矣。夷輩乃曰：夫亦以婦為主，婦死夫亦為未亡人，雖無子而續娶者，不齒人類。甚而曰彼所經諸國，皆從其教，從教後，則雖帝王之貴，只許一夫一婦。然則舜文先為不齒之人，即所謂在鍊清地獄者，亦不得已而未減之矣，有是理哉？余友周國祥，老貧無子，幸買一妾，舉一子，才二歲。夷教之曰：「吾國以不妾為賢，不以無後為大。」周聽而逐其子之母，今不知此子活否。又其設戒於丈夫子戒淫之外，復立一戒曰：「不視他妻。」至若從夷者之妻女，悉令其群居而受夷之密教。為之灌聖水，滴聖油，授聖櫝，噁聖鹽，燃聖燭，分聖麵，揮聖扇，蔽絳帳，披異服，而昏夜混雜又何歟？《禮》曰：「男女無辨則亂昇。」吾不知其亂於何底也。昔陳軫悦少婦，而娶詈人者。雖策士且修帷簿，今若此為陰陽倒置忍言乎？不忍言乎？若乃昆弟以天合，朋友以人合，固當敦恤，無取比私。夷輩乃告編氓曰：汝但從教，即某某大老，某某中貴，亦稱曰教兄，禮為上客。雖酷貧者可驟富，功名可掇，患難必援。雖其説十九不實。然余親見某某本業刀筆，今徙業歸夷，不數月而屋潤，徒之聚食者日益數十人。夷又為令曰：「能勸百人從者，賞自鳴鐘、自鳴琴各一，金帛稱是。若得一青衿，准十人；得一縉紳，准百人。凡從之者，楣有鼈形標記，其徒之晉見者必開三代貫籍，繳歸夷落，與白蓮等何異？且其以金買民，動輒蠱人曰：彼徒錢糧不可計量，民之走者如鶩焉。則較白蓮之攫金録用者，其衆又易集，而其心又叵測矣。嘗思其金從何來？或謂其谿於黃白。彼甚諱言，云是彼國急於度人，輦金來助。嗟嗟為道從師，尚恐陰為利藪。夫子所以罕言，今為利往，豈有義徒，且誠輦也。彼云若曹之分教中國者，且百餘人，一人輦三萬餘金，則歲得三百萬金以外，何不以此實右北平，殺□□□，豈非一段必昇天堂之大功勞，而僅為此洴澼絖以殁世也。然彼於佛教不殺戒下，增一人字，有以知其決不殺人，因有以知其決不殺□□□也。則火器一試，帑命兩糜，又不知其於不殺人之戒何如，而於友道又何如也？此可為賈生之痛哭者也。

六闢廢祀

木本水源，惟夷不念。以故夷之初入實教人，皆不祀先。厥後被劾，又變其說，而今民間父祖，得與天主並廟。彼若諱言前非，而云宜祀先者，何稱彼之親死，皆不卜宅兆，見形家言，則非笑之，舉而委之荒丘乎？又何為彼在我中國多年，曾不携其先夷之一主乎？彼若言宜與天主並廟者，則不王不禘，從古有一定之大分。況彼所稱之天主，又在圜丘方澤以上，從來主神器者所未曾埒，而輒敢以庶人躋祀，奚取於三家之堂。至若經傳所定五祀，方社田祖等位，祀典所載，捍大災，恤大患，死勤事勞奉國等，諸靈爽以上，及吾夫子之聖神。凡從夷者，概指為魔鬼，唾而不顧，以為諂天主之妙訣，必督令棄之厠中。其有龕室者，令舁至本邑，戎首之家，所私設天主堂內雜燒之。嗟嗟以大聖大賢精忠仗義之神明，或受人彘之刑，或遭秦火之烈，何慘也。舉歷代我朝所褒崇之聖哲，即關公為神皇近年所新加帝號之英靈，而恣意私戕，又何逆也。且私剏庵院，律有明禁，不知彼所令民間人設一天主堂，户供一十字枷，奉何勅旨？因耶剏耶？私耶公耶？且旦則聚其徒於斯，講膚淺之笑柄，夜則挾其尤，混諸婦女，披髮摀胸於斯，授秘密之真詮。《傳》記披髮而祭於野者，以為不祥。今無故而人人户户若此，祥耶否耶？夫小民之愚，有何底止。儻有人言媚百神可獲百福，則淫祀立興。今彼言毀百神以媚天主，可獲一莫大之福，則百神又立廢，其於舉廢又何當焉？若忠臣志士福國祐民，而詆同淫祀。彼天主者，古未聞今未見，上不命而矯舉以祭，非淫祠而何？

七闢竊佛訶佛種種罪過

夷竊佛典世尊之稱，而不得其義。輒告人曰：「一切帝王，一切賢聖，不如天主之獨尊。」又曰：「譬如天下統於帝，子統於親，臧獲統於家督，方是正理。」若儒言羲農以至孔子，並是大聖。釋言十方三世佛，悉皆平等，不無統乎？又言一切有佛性，如此現成不令人放恣乎？余曰：此正夷説不通之病根，而不容以不辨者也。夫有形之類必有欲，有欲而相聚必争，故有帝王以主天下，有親以主家，有家督以主臧獲。今夷不識此義，而反欲以友之一字强平之。若夫超形而入氣，超氣而入神，又超情識魂神而反諸未生以前之真性，則原非聲臭，何從主宰。夷又不識此義，而反欲立天主一説以强制之。曾不知有形而無主則亂，此主之决不可無者。無形而有主反粗，此主之决不能有者，何也？帝王但論膺圖，父母均為離裏，掺家者之是非，但辨奴郎，不衡老少也。故佛有法身以上之事，如吾儒所謂統體一太極，至尊無對者也。然本覩體全真，平等如如，而非亢之以成尊，亦有報化應機之身，如吾儒所謂物物一太極，各各皆尊者也。然如來説有我者，即非有我，而未嘗判誰獨卑。學道之人，若果盡理，謂之獨尊可也，謂之平等亦可也。稍有不盡，則其所挾以自雄，正如緑林黄屋，號彌尊，逆彌大耳。今按彼天主之分能分所，宛是外道；恣喜恣怒，宛是邪魔。又且讚殺誣天，儕君偶父，尚賂誨淫，謗經毁聖，又宛是凡夫之有重過者。奚其尊如彼《天主經》所載：在天我等父云云，今日也求天主賜糧，明日也求天主免債。昏夜祝頌，揑怪疲神，則無論我之魂神，日放於索糧免厄之間，而不能收拾，恐天主為肆恣之戎首，而卑卑不足道矣。故按佛有惟吾獨尊之唱，此善表性體者也。雲門有一棒打殺之機，此又真報佛恩者也，豈邪流所可窺乎？彼又云天主之來獨久，此即長於上古而不為老之殘頰也。

余嘗問天主何人生，彼曰其母。余曰有母則又有久焉者矣。彼曰此降生之天主耳，又有所自生者實最久。又進而問其是理是人，不答。又問天主於世界未生時，為無為有，又不答。則何據而言獨久耶？但曰天主不可思議，若思議之，即獲大罰，曾不知釋典所稱不可思議，有二種義。一謂衆生界本不思議，二謂若人造到佛之境界，始稱妙不思議。何謂衆生界本不思議，如古之前又有古，今之後又有今，四方之外又有四方。蟭螟之睫，亦容國土，乃至黄粱爛柯，當此叵測，浮塵勝義，任舉無窮者是也。彼夷則謂天地只若干重，四方只幾何大。古今可以死法拴牢，一切性殊，別無生活一線，譬如太虛中而强設一斷垣圮壁以柴障之，太虛寧受耶？何謂佛境界妙不思議。言佛浩劫勤修，功德剎那，圓極性光，以及一切三昧，一切無作神通，絶非凡外邪魔三乘十地所及，言語道斷，心思路絶也。然此妙不思議處，人所本足。佛祖出世一場，正要人殫盡思惟，雲興答問以至於不可思議之極。如孟子所謂思則得之，《中庸》所謂弗得弗措，何嘗以禁人思議為不可思議乎？乃彼於世出世法，凡有理礙詞窮處，便謂我天主不曾説此道理，最惡人思，甚謂此世界亘古至今只闢得七千年，前此更無世界等謬説。夫謂着我者可以造天，是七情在一性之先矣，謂七千年前無世界，是有今不許有昨矣。天主亦但有七千年壽，是禁人莫思而實可思，禁人莫議而實可議矣。而但嚇愚流曰不可思議，此又譬之向黄口小兒説暗室有鬼，不可窺瞯，瞯則禍人。稍有智者照之立破耳。又言一切大聖及佛之知能，皆不如天主之全知全能。曰如余前篇所駁輅齊、當、襪之不肖，足見其於情世間無能矣；須六日夜造作之勞，與虛空判成兩橛，足見其於器世間無能矣。不特此也，佛言一切衆生，本來成佛，止因妄想執着而不證得。惟其本來是佛，故妄想執着之業力與佛力等。業力既等佛力，正使千佛出世，不能强度一生，非佛不能。是故悟本體之皆同，則雖有所不能，而真實全能，孔子、釋迦是也。冤一真之或異，則雖以全能私據而無一能，彼之邪人邪說是也。至其所論《十二信》之極，果曰：「我信常生。」甚哉其不知生義也。

夫儒曰生生，此據吾性之流行徧滿，如環無端者言之也。佛曰無生，此據吾性之離過絶非，如空無跡者言之也。老氏明知天地不能長且久，而於深根固蒂下，着有長生二字。正借長生以見不如常無常之有妙竅，而欲人悟入耳。今彼邪說乃改長生為常生。夫生者起也，起可常乎？問之則曰人之墮地獄者，魂雖不滅，與死一般，不知行屍走肉之喻是儆詞，非實語也。既云不滅，何可謂死；既本不死，何求常生。嗚呼！此正是彼徒於無主中强作主，而千邪萬過之所自開矣。至其教法，第妄希他日之魂常生，而今日之形莫急於求死。云彼國之遇生子者，親友共至其門，哭而吊之；父母死則共作樂而賀之。又曰此世界是禽獸之世界，故以死為天恩，非獨不避而且樂之。人有失其二目者，謂是天主大恩，去其二怨賊等語。

夫儒言不敢毁傷，固非離形而覓性。即佛言忘身為法，豈其欣果以厭因。而彼且言為天主死難者，昇最上天。以致日夜鼓舞愚民，人人敢死，不知其意果安在乎？按禪師言，悟道之人，終日喫飯，不曾咬着一粒米。設其未悟，如海中有一業畜，名壓油殃，死幾千番未能捨殼，則生何礙道，死又何益於昇天。而彼邪人乃教人求死乎？彼又謂地獄無多所，只有鍊清孩童，鍊罪永苦等四重。鍊清以處我中國之聖帝明王，聖師豪傑，孩童以厚諸凶短折，鍊罪永苦以驅天下之不從彼説者。問彼孩童獄之義何居？答曰：天主以孩童之無知為可取，故以此薄鍊其原罪，罪畢出世，身量永不長大，而自在快樂，靡有窮期。若孩童生前，曾遇彼徒灌聖水者，其樂更倍。於是簧鼓蚩氓，幸其子之夭亡，而悼其不曾灌聖水也。余恨其簧鼓，詰曰：所謂孩童以幾歲限。彼曰視黠癡，黠者既孩准長，癡者稍長准孩。若是則人家生子，祝夭又祝癡，而耆頤明哲，反不如殤悼蔽蒙矣，有是理乎？且按《藜藿亟言》中，言彼夷殘甚，數掠十歲以下小兒烹食之。率一口金錢百文，惡少緣以為市，廣人咸惴惴莫必其命。御史丘道隆、何鰲，皆疏其殘逆異狀等語。此固其誘嬰孩以速死之本意，而可令其易種於我仁壽之域乎？又曰地獄中，無佛氏火塗之説，但苦極暗極濕極窄。余曰：「暗與濕即不問，若窄安容無量罪人？」彼曰：「性靈與形骸不同，如千燈互照，雖窄如針鋒，無憂不容。」余曰：「汝輩謂佛理誑虛，汝獨課實。若是則與坐微塵裏，現一毫端之旨合矣。何成課實？」彼乃良久又遁其說曰：「雖云極窄，亦頗大在。」答曰：「此更不通，若性同形骸者，自開闢來，積骸如大地高山，復多無筭，將欲容向何處。」彼語方塞，天堂之誑與此相類，則謂彼理最實宜尊，彼言不誑宜學者，何其全無涇渭耶？

彼又竊佛忍辱悲願之說，謂天主曾為衆生釘死於十字枷上。嗟嗟佛以佛性總圓，為何枉入生死，譬醒人之憐醉漢，以是悲生。而夷則謂諸性不同，悲從何發。佛以雖極惡人，若自轉念，究竟出頭，譬病瘧之有瘥期，以是願滿。而夷則謂一墜永錮，願自何圓。竊佛懺悔之說，而以謟邪當之。不知罪從心起，謟則心濁。所謂因地不真，果招紆曲，於懺法又何當焉。至其訶佛者，如曰漢明帝所夢金容，正是彼天主，魔鬼竊之以行佛教。夫天主威神無極，何物魔鬼而敢竊之。即暫竊之，亦當不旋踵誅之，而復以夢告，奈何瞌睡千餘年，今日方醒。又何為當日肉身不為帝現，而於戮屍久死之後，始倡此言。且彼最惡佛之神通，夢非神通耶？而天主乃甘為之耶？如裂性篇所指，彼既認佛是閻王，奈何又向人曰佛不過是小西洋一清修士，中國人文其說為三藏十二部耳，豈閻王是清修士耶？而彼夷更宣言：西國天書有七千部，即書目已有充棟之多，特未到此耳。夫據現在幾種書，譚理如此不通，譚事又如此不通，雖七千部何益。又謂佛之天竺國，其人最惡劣，中國人何苦願生西方。且無論其認西域是西方，懵然不知佛典，又不知生則定生，去實不去之義，大非彼所指若昇若沉、有來有去之邪言。即舉彼五天竺中極粗淺之名號事相，一詰問焉，而全不聞，又何為誑人曰彼大西人到此，從佛國經過，而反誣佛經之竊彼說乎？此又全不知佛法影響，亦無許多筆札以教誨癡人矣。或曰彼不求人布施，而肯施人，比沙門似勝一籌。余曰：布施本破慳貪，不肖沙門懷貪求施固非也。彼夷以財賄餌人，長人貪習，且教其慳不施僧，尤非之非也。且金者所以貿百物者也，故古來之民生國計，獨珍惜之。今彼乃不惜揮金以貿民，所貿者又皆駔獪之徒。儻非求所大欲，何為割所甚珍，而況可論施人施我之優劣哉？或又曰佛有四衆，將無為男女混雜之嚆矢耶。余曰要哉此問。余將詳言以折邪淫魔子之根抵。佛之設教，廣被群機，故四衆八部，及他世界無窮之品彙，有根熟者自然皆得聞法。初非群婦女至伽藍而私授受也。是故姨母出家，佛為之泣下，而歎正法之減，防微何甚。乃至律中所設尼戒五百，比僧倍增，與女人受戒儀軌，必以朔望清旦，於大衆前誦戒訖，即散去，不得退語。僧乞食者，不與寡女少女見面。其男女之別，豈有異於吾聖人扶陽抑陰之義哉。慨自羅祖、白蓮、聞香等妖輩出，而男女以混而混。今天主之邪說，陽教人謹邪淫，陰以己行貪慾，而男女名不混而實最混。如前所言，聖水聖油等，豈能以私憎而故入其罪哉？謹微君子，恪守儒規，以砥其波，兼明佛律，以防其濫，則王化之始端，而聖人之徒端有屬矣。

或又曰佛教禁殺，祇慮報復耶，抑另有精義耶？夷言克己正念二齋日，單食水族，是耶非耶？曰：因果感應，不但佛書詳之，史傳載之。惟黃魯直頌云：「我肉衆生肉，形殊性不殊；元同一種性，只是隔形軀。苦惱從他受，肥甘為我須。莫教閻老判，自揣看何如？」最得戒殺之意。今夷不知鮮食，是治世聖人之權，乃以殺為宜，而以齋為號，又別水族異於牲牷，宜充素食者，與回回之單不食豚，自殺自食之可笑，有何異哉？且夷謂殺生無罪，而但教人不殺人，人可殺乎？則戒又何必立乎？既曰不殺人，而盛譚兵學火學，又何為乎？將無所謂不殺人者，第不殺於公戰，而殺於私鬭，所伏殺機正無窮乎？彼本以財餌人，而又惡人布施，豈結黨則宜施，而行仁則不宜耶？本欲聚黨以殺人，而誑曰愛人，豈黨人則宜生，非黨人則宜殺耶？戒其徒勿視他妻，而夷則不妨近女，督其徒使出妾，而他高足之畜妾者至數人。從夷者宜法夷之輕利，而封爾家者又比比，惡佛崇虛，彼獨課實，則所謂天主天神與夫人魂之不消，獸魂之獨滅，及天主賦魂時之辱臨儀仗，草木生魂之瘁往榮來，皆應一一明見，而今然否？又云各國王之從彼者甚衆，則出妃屏嬪而退甘一夫一婦者，是龜茲王耶？于闐主耶？又告人曰：再過三年，盡天下人自然從彼。彼之天主自然凌駕孔廟之上。且曰若不蚤從而待三年後，則天主亦怒而不容之矣。其煽惑何甚歟？又於邪黨中不別男女，指而稱之曰天主甚愛念他。或謂此人極易昇天，有何考據？又教人求盍臘際。盍臘際者，莫大之福慧也。而經年重病，謂之天主愛我。福慧之謂何？詰之，則曰病正所以福之而報在後世。既曰後世誰人見來。往歲武林火災，從邪者偶不火，輒誑人曰：是夷寶辟火之力。夫只辟八口火，而不為萬竈禳，可謂愛人乎？及吾邑有嚴役者，首從彼教，而火其闔室，燼及三棺，夷寶之靈又安在，而謂其不欺哉？況古德謂，若人被邪師，熏一邪種於八識田中，如沖入麵，永不可出，其罪最重。不知何日出頭，而可言助揚佛法乎？有著闢佛書者，中有一則云：佛説西方，西是金位。金是殺氣，所以有五胡之擾。余曰：《易》《傳》曰：乾為天，為金，為寒，為冰，則乾亦殺氣耶？今彼夷因我大明而僭號大西。大西者，獨非大殺乎？竊謂五胡殺亂主，而彼直殺聖師及古聖帝；五胡偶亂華，而彼直舉從來之中華，以永遯於彼夷之下，其所殺有何窮已。而謗佛者，乃偏事夷，何悖甚也。

或曰：首楞嚴，陰魔有倒圓種，天主之説，或是彼否？曰：非也。觀自疑身心從彼流出句，亦酷似之。然彼禪定中人，粗欲盡遺，細惑未除，是利使一邊，此全不知身心是何物，日在好惡財色叛逆上作活計，虛捏一主，而勸人尊他則鈍甚矣。於倒圓種，何啻天淵。曰然則是何教耶？余曰：有宗始有教。嘗思彼因人之好異也，製為奇技；因人之好利也，誘以金帛；因人之好味也，寬以殺生；因人之懼內也，束男以不二色，而鼓女使歸夷；因人之求福免禍，而欲攬盡威福之柄也。則曰雖無輪回，而天堂地獄之昇沉者，永永不返。因人之好上擬，則儕君若父；因欲鼓人之好援而敢死，則獨重友；因欲令人之昏夜自便，則不許人尊厥師。故謂彼為聚欲倡亂之術則可，謂之教則不可。且佛之為教，但闡心光，弗干治統，務尋法器，弗濫庸流。是故宗門孤峻，固貴屏絶狐蹤。縱使蓮社慈悲，亦復不容靈運，豈有如邪流之薄帝侮卿，譚兵説劍。且貌怯怯，而心眈眈，不論智愚男女而一概蠱惑之者乎？是不持儒門之介狄，而亦佛氏之毒魔也。噫！

八闢夷所謂善之實非善

或曰領惡全好，儒之宗也。彼之為教，亦無非導人為善耳。人莫大於無君臣父子夫婦，故大處一不善，小處之善，總不蓋也。有意為善，雖善亦私。故皇天無親，惟善是親之善，正非計較邀求之可覬覦也。如彼籍《七克》，首貴克傲，只曲《禮》「傲不可長」一句，足以盡之，安事彼不文不了之義，而多言繁稱為？且傲之起也有先，則其克也亦有要。即曲《禮》一篇有曰：為人子者，在醜夷不爭，是因愛親之真而鋤其色於儕伍也。又曰為人子者，三賜不及車馬，而遐邇皆稱，是因尊父之至，而流其順於姻朋也。故曰：孝為百行之本。釋典心地戒品，全是以孝順心為五戒萬行之大根源。其捨親出家，雖割愛哉，其意蓋為塵中不能學道，學道正以報親。是門庭雖異，而本孝之心，與佛無異也。今夷之輕父母也，不但如前篇彼男彼女之說，徧覽其書，如所謂《七克》《實義》《畸人》《十二信》《西學凡》，若經若戒及《交友論》《幾何源本》等數十萬言中，曾不錯寫一孝字，而乃襲三教諸子中皮毛，曰克傲克驕，以文其陋。夫不愛吾親而愛他人，不敬吾親而敬他人者，未之前聞矣。且夷既謂天怒難回，親魂不度，而現世相值又等路人。勸未亡父母從夷，又復路人祖魄，吾不知其於罔極之心何時得展，而但欲以空桑身私非分福乎？其於親亡者不焚楮而焚帛。從來惟朝廷有神帛堂督以中貴，夷敢僭之，可謂祭之以禮乎？且親既是從墜之魂，而越五祀百神之上，與主同焚帛焉，天主不大怒乎？興言及此，而孝子順孫有不斷腸欲絶者乎？則善乎非乎？其致敬彼主之狀，則昏夜乞哀，或就無人處，跪而呼曰：「真主救我。」夷經首祝語曰：我願爾名成聖等。夫共主已真，求真何謂，未嘗被縛，須救何為。且彼既是至聖而無以加，又欲借吾人以聖之不知何故。

夫吾儒之教，君尊如天，故《春秋》書法稱君曰天王，《書》稱天命天討。佛道雖云出世，而梵宇中必設萬歲牌，翹勤祝禮。佛以經法付囑國王大臣，豈曰諂君，誠萬古莫逃之義也。夷乃不稱臣而稱友，且欲一切國王之皆從邪説，盡去其後宫妃嬪，而等於編氓。然其自處，又延無智女流，夜入猩紅帳中，闔户而點以聖油，授以聖水，及手按五處之秘媟狀，男女之亂，曷以加諸？又古有君道，必嚴師道。故曰師嚴然後道尊，即佛稱三界大師，必禮過去佛塔。而此夷獨不立師，以便其苟且行私之計。則古今之傲，孰大於是？又況引誘人家好男好女，無緣無因，見神見鬼，悉壞其本來之聰明，而倒置其萬古之倫理，其罪真不容誅矣。夫新莽謙恭，至赴闕而誦功德者，八十餘萬人。莽之為莽奚若，而明眼人可隨豎儒婦女，同善之乎？是故能讀

《四書》《五經》，是為善之據；能敦三綱五常，是為善之本。能不諂鬼，不愧衾，毫無所為而自潔精，毫無怯弱而嘗謹凜。寧冒天下不韙，而决不忍負吾君親。是又始於一善，而終於萬善之宗。若使捨華從夷，棄人暱鬼，空疎現在，而希冀未來，吾斷不敢以為善也。

九闢夷技不足尚，夷貨不足貪，夷占不足信

或曰彼理雖未必妙，人雖未必賢，而製器步天，可濟民用，子又何以闢之。余應之曰：子不聞夫輸攻墨守乎？輸巧矣，九攻九却而墨又巧焉，何嘗讓巧於夷狄？又不聞夫巧輗拙鳶，及楮葉棘猴之不足貴，與夫修渾沌氏之術者之見取於仲尼乎？縱巧亦何益於身心。今按彼自鳴鐘，不過定刻漏耳，費數十金為之，有何大益？桔槔之製，曰人力省耳，乃為之最難，成之易敗，不反耗金錢乎？火車等器，未能殲敵，先已火人，此又安足尚乎？嘗有從彼之人，以短視眼鏡示余。余罩眼試之，目力果加一倍。歸舟時但切念曰：罩此鏡，矚便遥，可見吾性無處不徧，隔遠近者特形耳。至若占候一節，古天官所統之，六大並掌天道，則何夷之分野不在目中，重譯迷歸。我中國聖王，作指南車以錫而歸之，又何夷之部落不掺掌內。若乃先天八卦之體，自具後天之用而五行禀職焉，即堯夫皇極經世一書，雖抒其所得，為水火土石四象。然第各存其是，羽翼五行而不敢非毁五行也。彼夷獨謂五行為非，而夷之氣火土水四行為是。舉《洪範》炎上潤下之理，而悉刺譏之，曾不知氣屬陰陽，包五行之統宗者也。木金則一生一殺之大用，而分五行之能事者也。夷之是彼非此，又何當焉？

且言星宫天，高於日月天。五星二十八宿之體，並大於日月，且無論王省惟歲，庶民惟星之聖經，斷乎不可改易。凡有目者，皆見日月之大，而彼偏小之；皆見三光共繫一天，而彼偏多之。小日是小王也，多天是多帝也，彼豈以是寓玩侮中國之識歟？夷又有僞書，曰《幾何源本》。幾何者，蓋笑天地間之無幾何耳。按堯夫十二萬年，不過加一倍法，初非荒唐，即釋典廣陳華藏，非别有隱怪之旨，不過表心性本量，包盡虚空。衆生埋没，佛始開敷耳。後之儒者，不察佛意，尚謂其幻妄天地。彼竊仰世界覆世界之佛書，而謂某處與某處足踵相對。今其書所列，其可知者，不過吾儒已陳之詮。

其不可知者，皆一無考據者耳。又謂十二重天如彈丸，嘗著天主膝上，不知天主之身又著在何處。又言人民所居之土，浮於水面，更屬最小。天主慈悲，為人僅留此不盡漂没之丸泥，以使人廬耳。又謂渠從日邊來，幾乎灼死，此其言無稽且無理，其為幻妄天地也。又豈僅如譚理之佛書哉？胡元耶律楚材，高皇帝但採其渾儀，不尊其性學。況彼所言之天文，又最荒唐悠謬乎？嘗考洪武二年夏四月，上徵回回曆官鄭阿里等十一人，至京師議曆法，占天象，給廩餼衣服有差，因設回回欽天監。至洪武三十一年夏四月，罷回回欽天監。伏讀之下，深有以識聖祖内華外夷之大經大法，確不可更也。夫當草昧初造，則兼集四夷之長，及治定功成，而知不可以訓後世，則直削夷官之號。且當時繇徵人，不繇潛人。今回回一種，自秘其法，而不敢以賺惑一人，則繇聖祖之制馭精，而照臨遠也。逮我神皇，初容瑪竇，後嚴逐之。家法相承，與高皇若合符節。為臣子者，寧不當遠稽近憲，世世稟之哉。奈何才見異類，聞異言，輒驚怖之。而聽熒心醉，復容其逼處耶。

十闢行私曆，攘瑞應，謀不軌，為千古未聞之大逆昔帝堯欽天，以閏月定四時成歲，敬授人時。後世儒者，雖有左旋右旋兩說，而要之置閏以成歲，則亘古不能易也，何則？有氣盈朔虚，必有歲差；有歲差，必須置閏；惟置閏，歲功乃成。而今歲某日與明歲某日，方無參錯不齊之患，而俾人人可以共守。夷則曰中國曆家，所言左旋右旋皆非也。七政經天，特繇一氣冲動，非左非右，而每月置為三十一日。曾不思左旋右旋，是運動之動，健也常也。若冲之為言，則震撼之，而為摇動之動，跢也擾也。乾元之體，不為健為常，而為躁為擾，有是理乎？嘗讀太史公《律》《曆》二書，因累黍然後有律吕；因律吕然後有推步，皆自然之法度，非可以己臆穿鑿之者也。今夷攃歲不成，則閏不必置，閏既不置，則節序自移，以此欺世，而謂夷曆獨精，真可笑之極矣。縱使果精，當繇上定，儻無詔旨，則不敢行，此不倍之定理。况夏殷周，雖更三正，不改四時，即建亥之朝，後世不以正統目之，而一時黔首，亦無敢違秦政之正朔。况我大明一統萬國，行夏之時，庶邦小君，罔不從化。而居内地為良民者，敢從私曆，不知當論何罪。乃彼欲尊夷輩，至以辛酉河清，壬戌鳳見，為彼邪人之瑞。夫今上亶聰神武，真天所啟，至德大治，難盡名言，則夫河清豈非海晏之開先，鳳見實是龍飛之響應。何物逆黨，敢指為夷瑞哉。況吾夫子之至聖，而鳳不至，圖不出，麟不為遊而為獲，則河清鳳見之不為師兆，而但為君兆又明矣。夷奈何而敢言此。且讀《藜藿亟言》云：愚以為黔中之續，則粵中之嚚門是也。嘉靖間，嚚門諸夷不過漸運木石駕屋，若聚落爾，久之獨為舶藪。今且高築城垣以為三窟，且分遣間諜，峨冠博帶，闖入各省直地方，互相交結，即中國之縉紳章縫，折節相從，數千里外，問候不絕，得其餽遺者甚夥，頻年結連呂宋、日本以為應援。凡我山川阨塞去處，靡不圖之於室。居恒指畫某地兵民强弱，帑藏多寡，洞如觀火。實陰有覬覦之心，時時鍊兵器，積火藥，適且鼓鑄大銃無虛日，意欲何為？此豈非窺伺中國，睥睨神器之顯狀耶？嗟嗟周之玁狁，漢之冒頓，唐之突厥，宋之女真，夷氛雖惡，天下尚知其為夷。蚩尤之霧，勝廣之狐，黃巾之占風，白蓮之詛社，妖禍雖煽，天下尚知其為妖。惟此一邪流者，直謂三五不足尊，宣尼不足法，鬼神不足畏，父母不足親，獨彼誑邪為至尊至親，可畏可諂，是以新莽天生之狡智，肆蠻夷魑魅之兩毒者也。況自開闢來，惟我高皇帝掃腥羶而還華夏。故尚論者，謂功高萬古，彼徒乃即以高皇帝之聖子神孫，金甌世界，而復欲沼華夏，而再腥羶，豈非千古未聞之大逆哉。

闢草既終，或謂余曰：「汝賤而弱，且無似焉，而敢爾爾，得無螳臂歟？」余曰：「然然。余雖無似，弒父與君必不從也。況君有世恩，父有世學，若余今日不言，一旦有事，則墳墓妻子及此首領，且不可保。何如今日言之而死之猶愈乎？」曰：「然則當道君子，宜窮治其徒耶。」曰：「非也。夷黨滋蔓，久成三窟，即當道奮然驅除，而崇夷之士大夫，力為解免，則羽翼更張，永清何日。伏願蒿目時艱之大人豪傑，憂深慮遠，密畫而斷行之，將省直夷種渠魁，如艾龍輩，或斃之杖下，或押出口外，而取津吏之回文，疏之朝廷，永永不許再入，入則戮其津吏及押夷者，其在某邑某村之祖其說而風靡者，先以保甲捕黨，後以勒石銘功，下令曰：有敢怙終者罪死，若矜子敢爾，察以師儒，又請悉毀其書。且將其書各一册印鈐貯庫，使民間咸知邪說謬書，止有此數，使此後之邪說不得如前篇所稱：彼國有七千部夷書未來中國之訛言，而別添紕說以貽將來不可窮詰之禍。其有衿紳氓庶，憬然改絃者，樂與更始，則亂庶遄已矣。

明朝破邪集卷第五

鹽官居士徐昌治覲周甫訂
三山陳侯光著

辨學蒭言自叙一辨凡五

近有大西國夷航海而來，以事天之學倡，其標號甚尊，其立言甚辨，其持躬甚潔。闢二氏而宗孔子，世或喜而信之，且曰聖人生矣。余詳讀其書則可異焉。孔子言事人而修庸行，彼則言事帝而存幻想；孔子言知生而行素位，彼則言如死而邀冥福；孔子揭太極作主宰，實至尊而至貴，彼則判太極屬依賴，謂最卑而最賤。其以時王之賞罰為輕也，則無君之罪甚於楊；其以親之鞠育為小也，則無父之罪甚於墨；其以理謂非性之本有也，則外義之罪甚於告子；獨託事天事上帝之名目，以行其謬説。嗚呼！大西借儒為援，而操戈入室，如螟特附苗，其傷必多，乃崇其學者，半為貴人為慧人，愚賤如小子，設起而昌言排之，則唾而罵者衆矣。雖然，孔子之道如日中天，大西何能為翳。惟夷教亂華，煽惑浸衆，恐閑先聖者，必憤而不能默也。偶有客與余辨，因臚列為五章。夫亦蒭蕘之言，願希聖者採而擇焉。

西學辨一

大西國有利瑪竇者，言航海數萬里而至中華，以天主之教倡，復引《詩》《書》所稱上帝為證。其友龐畢艾龍輩，相與闡繹焉。著書數十種，世之疑信者半。有客過東庠居士，東庠居士問客曰：「自古迄明，郊天饗帝，孰得而行之？」客曰：「天子也。」東庠居士曰：「諸侯祭封内山川，大夫祭宗廟，士庶人祭先祖，聖人祭禮，有定典矣。惟天至尊而無對，則燔柴昇中，非君不舉焉。凡經書所載，祀圓丘，類上帝者，孰非禹湯文武也。瑪竇令窮簷蔀屋，人人祀天，僭孰甚焉。且上帝不可形形，不可像像，瑪竇執彼土耶穌為天帝，散髮披枷，繪其幻相，瀆孰甚焉。夷書亦云道家所塑上帝俱人類耳。人惡得為天皇帝耶？在道家則譏之，在彼教則崇之，抑何相矛盾也。且彼謂耶穌即上帝，是禹湯文武周公孔子所昭事者。誣耶穌也，誣禹湯文武周公孔子也，適所以自誣也。」

西學辨二

客醉西教，踰夕復過而問曰：「子尊上帝而不敢僭不敢瀆則聞命矣。

然瑪竇謂天主化生天地萬物，乃大公之父也，又時主宰安養之，乃無上共君也。人凡愛敬不忘者，皆為建祠立像，豈以大父共君而不仰承拜禱之，則亦至無忠至無孝矣。」東庠居士曰：「此真道在邇而求諸遠者也。『父兮生我，母兮鞠我。』孝惟愛吾親已矣。『惟辟作福，惟辟作威。』忠惟敬吾君已矣。『愛親仁也，敬長義也。』天性所自現也，豈索之幽遠哉。今瑪竇獨尊天主為世人大父，宇宙公君，必朝夕慕戀之欽崇之，是以親為小而不足愛也，以君為私而不足敬也。率天下而為不忠不孝者，必此之言夫。且余覽瑪竇諸書，語之謬者非一，姑摘其略以相正。瑪竇之言曰：近愛所親，禽獸亦能之；近愛本國，庸人亦能之，獨至仁君子能施遠愛。是謂忠臣孝子與禽獸庸人無殊也，謬一；又曰：仁也者乃愛天主，則與孔子仁者人也，親親為大之旨異，謬二；又曰人之中雖親若父母，比於天主猶為外焉。是外孝而別求仁，未達一本之真性也，謬三；又曰：宇宙有三父，一謂天主，二謂國君，三謂家君，下父不順其上父，而私子以奉己。若為子者，聽其上命，雖犯其下者，不害其為孝也。嗟乎！斯言心亦忍矣。親雖虐，必諭之於道；君雖暴，猶勉之至仁。如拂親抗君，皆藉口於孝天主可乎？謬四；又曰：國主於我相為君臣，家君於我相為父子，若比天主之公父乎？以余觀之，至尊者莫若君親。今一事天主，遂以子比肩於父，臣比肩於君，則悖倫莫大焉。復云此倫之不可不明者，何倫也？謬五。就五謬而反覆玩味，謂余言苟耶非苟耶？吾人居堯舜之世，誦孔孟之書，乃欲舉忠孝綱常而紊之而廢之，以從於夷，恐有心者所大痛也。」

西學辨三

客曰：子言忠君愛親，皆善德耳。然賜我以作德之性者，非天主乎？中華第言修德，而不知瞻仰天帝，以祈慈父之佑，故成德者鮮。東庠居士曰：作德之性，未暇深言。即瑪竇所說天主者，先自矯亂，余豈無徵而譚。一云天主生是天地萬物，無非生之以為人用，如日月星辰，麗天以照我，五色悦我，五音娱我，諸味香以甘我，百端輕煖以逸我。故我當感天主尊恩，而時謹用之。又云：天主悲憫於人者，以人泥於今世卑事，而不知望天原鄉及身後高上事，是以增置荼毒於此世界，欲拯拔之。夫既造物以養人，復造物以戕人，則天主之生殺相左矣。一云天主始創製天地，化生萬物，人無病夭，常是陽和快樂。今鳥獸無敢侵害。又云自我輩元初祖，先忤逆天主，物始忤逆我，而萬苦生，是多苦非天主初意也。信如其言，則天主之愛憎至變矣。且瑪竇云：我自為我，子孫自為子孫，若我所親行善惡，天主必不捨其本身而子孫是報。何今以元初祖，先獲罪於天主，乃令千百世子孫，共受其苦。姑勿論天主之罰太酷，得無與前説戾耶？況瑪竇謂天主能造天地萬物，無一不中其節。則初造生人之祖，自當神聖超群，何男曰亞黨，女曰阨襪，即匪類若此，譬之匠人製器，器不適用，非器之罪也，必云拙匠。豈天主知能獨巧於造天地萬物，而拙於造人耶？我中華遡盤古氏開闢以來，如伏羲、神農、黄帝、堯、舜，世有哲王，以輔相天地，未聞不肖如亞黨、阨襪者也。且洪荒以漸而平，民始得所，亦未聞初極樂，而後反苦者也。立言先自矯亂，欲中華士昧心以相從，吾子過矣。

西學辨四

客曰：瑪竇以天地萬物皆天主所造，故人感深恩而愛敬之。如詆其誑說，則視天主為烏有矣。若子所云尊上帝者，又安屬也。東庠居士曰：以形體言則為天，以主宰之神言則為帝。人居覆載中自當敬畏，非若西士之幻說耳。客曰：凡物有作者有模者，有質者有為者，理甚明著，使無天主掌握其間，則天地萬物元初從何而成。東庠居士曰：陰陽絪緼，萬物化生，問孰主宰而隆施是，雖神聖不得而名也。故强名太極，瑪竇謂天主以七日創成世界，則已屬情識，著能所矣。造化樞機，當不其然。客啞而笑曰：太極虛理，泰西判為依賴之品，不能自立，何以創製天地，而化生萬物耶？東庠居士曰：瑪竇歷引上帝以證天主，皆屬附會影響，其實不知天，不知上帝，又安知太極。夫太極為理之宗，不得單言理；為氣之元，不得單言氣。推之無始而能始物，引之無終而能終物者也。瑪竇管窺蠡測，乃云虛空中理，不免於偃墮。又云始何不動而生物，後誰激之使動。又云今有車理何不生一乘車，種種淺陋智能嗤之，即以此還詰天主，瑪竇亦作何解。昔賢謂説天者，莫辨乎《易》，伏羲以天地、山澤、雷風、水火，羅宇宙之法象。孔子又遡其從出之原，特揭易有太極一句，故下面遂云生兩儀，生四象，生八卦，顯矣，亦玄矣。惟能認得太極為生天生地生人生物之主宰，便不落意識界中。而仁義禮智，觸處隨流。吾儒返本還源，秘密全在於此。何彼敢無忌憚，而曰太極之理卑也賤也。又曰仁義禮智在推理之後不得為人性。夫告子未嘗知義以其外之也，今瑪竇實祖其說而尤遁焉。至謂神魂、人魂、禽獸魂、草木魂，天主一一雕刻以付之。誣妄支離，則其見更在告子下矣。告子誤論性，孟子辯而闢之；瑪竇誤逾甚，而子信逾篤，豈孔孟猶不足法與？

西學辨五

客曰：儒認虛理為性原，則與佛老之談空無者何異？乃復立門以攻二氏，故瑪竇詆為燕伐燕，亂易亂耳。東庠居士曰：吾儒主於經世，則必宰事物，即說到虛無處，一切俱為實有。二氏主於出世，則必避事物，即說到實有處，一切俱歸虛無，抄忽千里端緒極微。泰西漫曰空者無者，是絕無所有於己也，胡能施有性形以為物體，非惟不知儒，併不知佛老矣。佛氏云性色真空，性空真色；老氏云有物混成，先天地生，豈性地毫無所窺哉。若瑪竇之天主教，則妄想成魔，叩以性學，真門外漢也。敢云燕伐燕，亂易亂，譬斥鷃而笑鳳凰，適彰其傲而已矣。客曰：子既堅守儒宗，今獨寬二氏，而嚴斥西學，不過止就人性上研求虛理，視虞夏商周所以事天事上帝之實功，終為有缺。恐西學未可盡非也。東庠居士曰：學不師古而能有獲者，未之前聞。余何敢憑臆而談哉。正惟經書之旨與彼夷戾，若附會其說以塗世耳目，余雖愚魯，弗能從矣。昔者三苗昏虐，惟聽於神。舜乃命重黎絕地通天。今瑪竇朝夕媚帝，猶三苗之故轍也，豈知事天事帝之真功。吾儒自有坦平塗徑，知我其天，孔子言之矣；而下學上達者何事？所以事天，孟子言之矣；而存心養性者何功？昭受上帝，《書》言之矣；而必曰安汝止。昭事上帝，《詩》言之矣；而必曰小心翼翼。學問精微，孰過於此。至下手樞機，更不求諸天而求諸己，故《易》云：「天行健，君子以自强不息。」《書》云：「天作孽，猶可違；自作孽，不可逭。」又云：「惟克天德，自作元命。」《詩》云：「永言配命，自求多福。」確然《大學》歸本之消息也。捨此不務，而就瑪竇所言釘死之耶穌，指為上帝，勤拜禱以祈祐，則惑矣。甚至入闇室，洗聖水，佩密咒，如巫祝邪術，考之經書，有是乎？彼瑪竇諸夷，真矯誣上帝，以布命於下，固當今聖天子，所必驅而逐也。耳食者，徇事天事上帝之名，而不察其實，遂相率以從之，悲夫。

天學剖疑

福唐戴起鳳著

客問天主教可從乎？愚曰可。或曰曷知其可？曰聖教大旨，在正心誠意毋自欺，惡惡務決去，好善求必得，修慝崇德必辨惑，令人體認真切，著己用功，世多苦而忽之。一聞天主教，視為善祛惡之訓，忻心嚮往，闇此而覺彼，是亦通明一路，何不可從。或曰：「天主降生然乎？」曰：「此事狡夷傳久，理未足信。天主者，主宰天地萬物，化工無一息停。既降生三十三年，則百神無主，化工不久輟乎？天地萬物不盡毀乎？甚不可解。」客曰：「天主仍在天，主宰造物，另一天主降生。」曰：「在天主宰一天主，降生復一天主，是二天主矣，又不可解。」客曰：「天主降生，不得已為救世，選十二宗徒敷教，時有掌教，原受正傳，只襲外禮心傲滿不奉敬天主，誣以謀圖本國主位訟於官，受木杖笞背，棘環籠首諸苦，至十字架釘死，入地獄，復生後昇天。天主受苦難，令受難者知甘心故得救世，超地獄昇天堂。」曰：「此理大不可解也，天主欲救世，詎不能生聖人行天道以救之，何必自受難釘死也。」客曰：「天主言在事前故意為之。」曰：「非也。天主固極誠無妄者，寧有無妄至誠之天，行故意之事乎？且天主至神靈，何悞用非人不知，被人誣陷莫解，冤極釘死罔脫，況謀國何事，無形無影，乃啞坐極刑之慘，何以為天主，何異從井救人，而泥其身也。在下天主既不能燭奸而罹禍，在上天主又不能居高而聽卑，又何見捉之地獄倏入，脫之地獄更生乎？按從古聖人皆無死地，矧天主乎？湯夏臺也而生，文羑里也而生，問官雖暴豈過桀紂，湯文雖聖能勝天主耶？昔舜父母頑嚚，弟象傲，多方死舜，如焚廩浚井等害，召之則來，殺之則脫，何置之死地而生，亡地而存耶？桓魋惡孔子，伐其木將要而殺，不知微服已過宋。」曰：「天生德於予，桓魋如予何？觀舜孔益知天主矣。再按秦皇鞭撻四夷，威震八方，億萬擁衛，千騎輔從，張良令力士擊博浪之椎，誤中副車，大索十日，匪唯不得良，併不得力士。謂天主不能得良且不可，更不能得力士也可乎？此萬萬無足疑也。」

天主實義殺生辨

武林德園居士虞淳熙著

利清泰瑪竇書來，欲與余辨，一月而闡《實義》不得。今其書具在，極口詆蔬食者，謂禽獸紅血，草木綠血白血，不當重禽獸而輕草木。夫肇公之白血，萇弘之碧血，寧獨草木不聞，草繫比丘及斷一樹，不以其時非孝之語乎，草木之妖斫之，血殷刀斧，非白非綠，寧不知痛。故禪枝之蔭覆，虞美人之和歌應拍，靈明涉入，豈容分別大小耶？又云禁殺牲，大有損於牧牲之道，牛馬等受終身之患，不如殺食，止一時之痛。然則負販負鋤之人，囹圄床笫之人，與奴隸卒伍諸牛馬走，多少苦患，皆當引頸乞刀下一死。而清泰哀憐行教，何不引國人入犯盡殺之，乃稱志齋乎？又云以牧養而用之，此類繁多，不見蟲多於蠶，蜂蠅蚊蚋多於魚蝦，野禽野獸多於家禽家獸耶？清泰齋志比於齋心，其義不大謬戾，第不識本源，不知萬物一體。雲棲師嘗言：「諸君若皆信受，我將著《破邪論》矣。」蓋憐之云。

聞之劫初，天生地肥以養人，地肥不生，乃生五穀，而啖果茹蔬，皆不傷其根。熟以枅石炭不啻足矣。近世戒僧，耕耘作務，念誦經行，其勞不減僕夫老病者，而精力反勝於肉食之子，何者樂而豐，憂而瘠，不待肥甘之足於口也。若曰天生肉食海物以養人。將曰天生人以養毒蟲猛獸乎？彼非人不飽，猶人非物不飽也，又將曰天生弱之肉以恣强之食，而使相吞噬乎？縱强暴而欺怯弱，天主之心，應不如是也。若夫豢養孳息，生而殺之，殺輪不絶，遂繁生類，家禽家獸，或有焉。然天主生毒蟲猛獸以警外人，何故不生肉食海味以安內人乎？吾國病人老人乳子人資丹石酥酪不傷物命者，皆延年保命。天主肯常生此物自絶殺機，儻必速殺耕野驂乘之牛馬，而脱其終身之患，則患歸僕夫人役，甘與牛馬同受一時之痛，委其勞於大人矣。大人又將誰委乎？勢將人人受刃，昇天堂者，皆斷首決頸之鬼，善吉界，變頭飛國，可畏哉？

又云身體為外人，魂神為內人；虎狼輩險外人而寧內人，卒有益於人。

虎狼原不為害，忤逆上帝者招之，不知虎狼何以知人之忤逆上帝耶？使生而知之則虎狼勝於人。天主力能使之警人，何故力不能使人不待警耶？虎狼易化而人難化，天堂為虎狼之魂神設耶？假令虎狼之險止於警人益人，不吞噬人，人亦何畏乎虎狼而戒懼，儻所謂外人者，終飽其腹，其内人將永墮地獄乎？抑驚魂知懼，徑昇天堂乎？墮地獄則警之無益，昇天堂則捨身喂虎，為昇天堂之捷徑，有是哉？況魂神為倀，倀導而噬人，人又為倀，如此不已。倀亦有益於人乎？抑使捨羊豕而專食人乎？如併食羊豕亦有益於羊豕乎？生弱肉以養虎狼毒蟲，天主當不爾也。吾非不知齋志之義，偶同原思告子第强制其心，佛氏所謂事天神我一外道而已，本之則無如之何？

為清泰之言者，必曰人之性，非牛之性，馬之性也。至理悦心，則忘勞而戀世，大嚼養力則饕味而貪生。然戀世貪生，肯復思天堂乎？且牛馬性善馳驅，同惜軀命，游牝舐犢，煦煦相樂，試令受一時之痛，免終身之患，不勝悲號觳觫奔走而避之，為牛馬計而拂其性，所謂無惻隱之心非人也。

第一篇　明天體以破利夷僭天罔世

夷人利瑪竇，為天主教以罔世。曰天主開闢時，能製作天地，安排萬物，如工匠之建樓閣，即生一男曰亞黨，一女曰阨襪，是為世人之祖。故命人莫親父母，而親天主之大父，莫尊國君，而尊天主之大君，人宜愛而户俱祀也。愛祀天主者，雖賤不肖，必昇天堂；不愛祀天主者，即君若聖，必墮地獄。天主立，而儒之太極，佛之慈悲，道之清凈，皆無是君矣。或從其教者，至毀棄宗廟以祀天主，而竟不知祀天之僭，罪在無將。罔世之夷，志將移國。抑且潛通利貨，以誘貪愚，誘一庶人入其教者賞，誘一庠士賞十倍，誘一縉紳賞百倍。手受其書，崇尚其説，而為之梓行，傳播於四方者，不少其人矣。度其漸久漸熖之勢，不至於移九廟辟雍而天主之不已也。生為聖人氓，寧忘世道人心之痛乎？黄河之决，潰於蟻穴。莫謂其理背，其教微，料螢光之不待朝也。白蓮、無為之教，未聞如是之傳誦，一熾而山東幾不可有，近鑒也蓋可忽乎？且天之當畏敬而昭事之也。先儒之訓戒素嚴，何待夷言而始覺。如欲窮天之界，極天之廣，詳載釋典，函之内藏，又豈小識之能量。何至誣天如工匠，生一男一女之無稽哉。故吾不諱言天，亦不諱言天主，而特破夷之僭天以罔世也。夷之教一日不息，夷之書一日不焚，吾輩猶枕戈也，敢惜軀命而不奮勇為前矛者，非天矣。

闢邪解

三山黃紫宸章甫著

夷教云：子思子曰率性之謂道。吾將曰克性之謂道。夫性體之未壞也，率之即已是道，乃今人之性也。亦盡非其故矣。不克之又何以成道哉？

闢曰：吾中國聖賢道脈，志之經傳，凡一句一字，皆從心性流溢，豈犬羊所可妄議者。雖不屑與較，第恐無見識者，為彼所愚，不得不以筆舌明焉。夫率性之道，子思子舉未雕未琢，與生俱來之性，順而行之，莫非天則，少容擬議，便落情識，遂非真性。故曰天命謂性，率性謂道。若曰克性之謂道，何以謂之性。孔子曰：性相近也，習相遠也。則性乃先天，習為後染。若云克習則可，而曰克性，則性非外來之物，又焉用克？性若克去，中藏何物？又曰不克之又何以成道，則道在中，而性反在外歟？不然，又何必克性以成道哉？此言荒謬之甚。吾子思子學宗曾氏，脈衍尼山，開中庸之教，闢隱怪之流，故標性之初曰天命，推道之原曰率性，立教之準曰修道。以慎獨戒懼為入性之功，以喜怒哀樂證性之體，以中和位育見性之用，而章章有法，井井有條。聖人復起，亦不能少加增減。何物狡夷，敢以袾禰管窺，妄談性命，此之謂不知量也。

闢邪解

三山釣龍黄問道著

客有自西洋來者，其人碧眼虬髯，艾其姓，儒略其名，蓋聰明智巧人也。客歲余自岳陽歸，有友從其教者，道儒略向同利瑪竇來，數十人自東粵香山澳，齎天主像，挾異物抵京師，謁神宗皇帝。惟時聖天子擴同人之量，示無外之恩，優容而未之遽絶也。無何而利瑪竇欲倡其所為天主之説，語言不相通，音韵不相叶，恐其旨與吾儒大相剌謬。於是延中國之文人學士，授五經而呫嗶焉。遺其肩，剽其廓，遂陽著其説，似與吾儒堯舜周孔之學無大差訛。實陰肆其教，排佛斥老抑儒，駕其説於堯舜周孔之上。嗚呼是何言耶！昔者孔子没，楊墨煽禍，子輿氏力而排之。六經之旨，皎如日星，火傳於漢唐宋以及吾明。楊墨之邪，終不得逞。今閲客之書，大率以天主為宗旨，以七克為條件，以悔過邀福為祈禱，以天堂地獄為究竟。夫《道德經》有言：有物混成，先天地生，吾不知其名，强名之曰道。儒者猶以為其説屬玄而不必道，惡至天之上，復加一主，有形有象，有謀有為，或隱於上清，或降於人世，或受罪而遭讒，或返魄而上昇。夫普天之下，共一世界；則普地之上，共一天君也。天主既降生於彼國，欲救彼國之殃，則遺漏於他國，坐安他國之虐，有是理乎？况百千億萬其國，則百千億萬其殃。天網恢恢，疎而不漏，豈若此耶？又何以昔不降生而今降生，今既降生而後復不降生？其降生也，天之權孰代之？既降生而復昇天也，地上之殃，又誰續救之耶？至以崇奉天主之故，指天地為不靈，日月星辰為頑物，山川社稷為邪魔，祖宗考妣為不必祭，有是理乎？《禮》曰：「天子祀天地，諸侯祀封内山川，大夫祀宗廟，士庶人祀祖禰。」以明天至尊不容僭也，祀有等不容越也。今欲人人奉一天主，塑一天像，日月禱其側而乞憐焉。不其邀天褻天僭天瀆天者乎？其所謂七克者，曰驕，曰吝，曰色，曰怒，曰饕，曰妬，曰惰。夫此數者，雖修身之條件，只克復之粗跡。夫子告顔子之旨，大不如是，以仁為宗，以禮為體。仁存則不仁自退，禮復則非禮自除，故曰顔氏之子其庶幾乎？不遠之復，以修身也。古者辰弗集於房，庶人走，嗇夫馳，天子公卿往救，示天人相係相關之重也。今《天問》之言曰：日月無食，食者其下蒙氣遮掩也，弗用救。至若分至啟閉之差，黄道黑道之異，南極北極之數，九州分土之殊，言雖影似，自有星官曆師董之。况天道遠人道邇，自不必深究者乎。其他種種悠謬，不容殫述。大抵或可行於彼土，斷不可行於中國；能惑於愚夫愚婦，不能惑於高明俊哲。所可訝者，吾中國之縉紳學士，揚其波而助之焰也。是何異捨汗血連錢而乘駑駘也？是何異捨夜光照乘而珍魚目也？是何異棄蒼璧黄琮而寶瓦礫也？

或者曰子亦閲其書也，酬應其人也，何攻之至是。余曰：不然。夫攻寇者，必入其穴，探其群，察其動静，覘其虚實。余向意其慕吾道而來，今乃知其竊吾道而叛。吾鄉崇相董先生，學正品端，不肖從遊門下。先生以天下為己任，防遼有疏，防海有議，持之數十年之前。談及夷教，慨然有崇正闢邪之思，不肖略撰一二説，以附先生之末矣。男子生世間，旋乾轉坤，排難解紛，作後人之鼻祖，為前聖之功臣，浸假委委靡靡，閃閃抑抑，媚奥媚竈，傍鬼傍神，是亦堯舜周孔之罪人也。有志之士，欲闢邪閑道，有先生在，執牛耳立壇坫，不肖左執鞭弭，右屬櫜鞬，以從事焉。

劈邪説

贍山子李璨著

余不才，後孔孟數千年，後周程朱數百年，以至我明，又後陽明先生百餘年而生，未面質於同堂，竊心痛乎如綫，忝居儒列，難諉斯文。況當邪説横流之際，敢辭佐正好辨之擔，如頃所見有教名天主者，其説出於西洋國利瑪竇幻人之言，竊其立意，大約期於中土正教之内，煽鼓雌黄，争立雄長。我中土不才小智之人，貪其燒茅揮鏹，助其惑浪狂波；陽為滅佛，陰實抑儒；利欲昏衷，群愚往向；揣其烈禍，十倍白蓮；即其迷蹤，奚殊左衽；不肖聞之，豎髪疾首。

竊念氓之蚩蚩，罔知國憲，徒為可憫。獨怪邇來士大夫亦翕然從之。相與採經書類上帝之語以實天義。又藉聖賢事親知天之論以闢佛經。扯曳敷辭，自語自背，欺天誑聖，喪盡良心。前者摇煽金陵，已蒙聖祖屏放，近復舉其伎倆一二，如星文律器，稱為中土之所未見未聞，竄圖訂用，包藏禍萌。不思此等技藝，原在吾儒覆載之中。上古結繩而治不曰缺文，中古禮樂代興不無因革。誠以治教之大源在人心，而不在此焉故也。是以諸子百家，雖間有及於性命，尚以立論不醇，學術偏雜，不能入吾夫子之門牆，而況外夷小技，竊淆正言，欲舉吾儒性命之權，倒首而聽其轉向，斯不亦妖孽召亂之極，而聖天子斧鉞之所必加者乎？吾且舉其略而言之。夫聖賢之學原本人心，故曰人者天地之心，未聞心外有天也。孟子不嘗云事天乎？曰：「存其心養其性，所以事天也。所以云者，見天於此心此性焉爾。存養外非別有天可事也，即云明王御極受命郊天。未聞堯舜兢業，只崇祀儀；桀紂幽厲，盡廢祈典也。乃至借朱子云帝者天之主宰，謂與天主之義相合，刪字牽文，深為可哂。朱子生平得力，不離誠意正心。宋儒性理一書，率明此事。苟明此事，自卓然見天之有人，如人之有心。卷之一掬，放之六合，蓋天蓋地之量，人人自具，不假外求。若云仰求之天，則情類血氣，悉乏本根，人物之空殼，痿痹亦已久矣，可哀孰甚。且不思所云天主者，渠且有心乎無心乎？若云無心則頑如木石，云有心則天主復有主矣。其説之立窮，可不勞辨也。先儒曰：東海有聖人，此心此理同也；西海有聖人，此心此理同也。是以佛弟子達磨西來，直指人心，見性成佛。此理正與孔子一日克己復禮，天下歸仁之旨，脗一無二。故自漢以及我明，道互發明，薪傳不絶。且我高皇帝深明此宗，煌煌御製，誠見夫啟聾振瞶。孔釋合符，榮賜聖僧，廣佐治化。夫高皇帝生知絶學，博洽群書，豈不知有韓愈毀佛之書，而故踵此弊哉。沿習至今，乃有亂臣賊子，敢藐國憲，澌滅本心，貪天逐臭，抑正昇邪，絶棄天理之極，亦至於此。夫凡為臣子，見無禮於君父者，如鷹鸇之逐鳥雀，況此禍言傷人穀種，慘於楊墨，不止洪水猛獸，懼何可言？憤何可言？且彼之陽剪佛，而陰傾儒也，其罪亦已昭著矣。其言釋迦背父不孝，至引孔子事親知天之語以實之，其説之謬止可愚弄淺見小兒，豈可與通人達士面折而角勝哉。昔孔子對哀公曰：故君子不可以不修身，思修身不可以不事親，思事親不可以不知人，思知人不可以不知天，非徑云事親不可以不知天也。其書之一篇大旨，歸重修身，吾身即親之身也。知人知天，皆修身中事。故孟子曰：事孰為大，事親為大；守孰為大，守身為大。事歸於守，親歸於身，身歸心性，修身以俟之，正是本於存養。釋迦棄國，亦止為心性事大，是吾親遺體之本來面目。故辭榮有所不顧，與《孝經》國有諍臣，家有諍子之極則永符。《論語》曰：「遊必有方。」此之謂矣。古今論孝，莫備於孔子。其言事死如事生，明乎生死皆不違親，況遠近乎？是以孔子周流十九年，非拘拘於閭墓也。若利瑪竇泛海數萬里至中土，曾携父母妻子來乎？彼利氏者，吾不罪其泛海遠來之不孝，而罪其離身言孝之為大不孝也。嗟乎！今之從天學者，依然儒服也。既舉心性之大權，聽命於彼，則孔孟之學，已去其綱領，徒存枝葉，何儒之足云，而猶靦顏人世與之効力與？故不才此言，非僅僅佐佛，適所以存儒也。俗云：東鄰失火，西鄰汲泉。非救彼也，自救而已矣。中流遇風，同舟之人如左右手，非相濟也，自濟而已矣。從邪者將有甘心於不才者乎？水火非所敢避矣。

闢邪摘要略議

張廣湉著

我太祖掃清邪氛，混一寰宇，開大明於中天，四方莫不賓服，威令行於天下矣。然國中敦秉倫彝，獨尊孔孟之學。凡在攝化之區，無不建立素王之廟，誠萬世不易之教道也。近有外夷自稱天主教者，言從歐邏巴來，已非向所臣屬之國，然其不奉召而至，潛入我國中，公然欲以彼國之邪教，移我華夏之民風，是敢以夷變夏者也。審察其教中有不可從者五。

據彼云國中君主有二，一稱治世皇帝，一稱教化皇帝。治世者攝一國之政，教化者統萬國之權。治世則相繼傳位於子孫，而所治之國，屬教化君統，有輸納貢獻之款。教化者傳位則舉國中之習天教之賢者而遜焉。是一天而二日，一國而二主也。無論堯舜禹湯文武周公孔子之政教紀綱，一旦變易其經常，即如我皇上可亦為其所統御，而輸貢獻耶？嗟夫何物妖夷，敢以彼國二主之夷風，亂我國一君之治統。

據彼云國中男女配偶，上自國君，下及黎元，止惟一夫一婦，無嬪妃姬妾之稱，不重無後為大之說。所以我國之聖人，如堯舜禹湯文武等，亦皆云不免於鍊清之獄也。無論民庶不得畜姬取妾，以犯彼二色之誡。即如《周禮》所載，國君之三宮九嬪，御妻夫人之屬，寧亦悉令遣而出之，若四民之單婦隻妻耶？嗟夫何物妖夷，敢以彼國一色之夷風，亂我國至尊之大典。

據彼云國中惟尊崇一天主，不祀他神，不設他廟。隨方建立天主堂，而供安其像。受其教者，皆得家延户祀；如别奉他廟他神，則犯天主之教誡，必先毁我宣尼之廟，以及山川保社之壇，併廢往古勅建忠孝節義之祠。一如夷説，取其像而投諸糞窖之中，然後檄令省郡州縣各建一天主堂，以奉安彼刑架之罪夫。嗟夫何物奸夷，敢以彼國獨祀之夷風，亂我國萬代之師表。

據彼云國中人父母死，不設祭祀，不立宗廟，惟認天主為我等之公父，薄所生之父母，而弟兄輩視之。不然則犯天主之教誡，將斬先王之血食，廢九廟之大饗，以詔民從之耶。嗟夫何物妖夷，敢以彼國忘親之夷風，亂我國如生之孝源。

據彼云國中首重天教，推筭曆數之學，為優為最，不同中國明經取士之科，否則非天主之教誡矣。不知私習天文，僞造曆日，是我太祖成令之所禁，而併嚴剞劂其書者也。假令我國中崇尚其教，勢必斥毀孔孟之經傳，斷滅堯舜之道統，廢經濟而尚觀占，壞祖宗之憲章可耶？嗟夫何物妖夷，敢以彼國末技之夷風，亂我國天府之禁令。

略而摘之，先此五端，餘則悉難盡舉。邇緣我國之縉紳，已有喪心者，踵習其非聖，而景慕其夷風。陰壞我素王之正學，冥毀我列聖之真宗，非儒非釋非道，為怪為孽為妖，豈現前之冠儒冠，服儒服，受君命，餐君禄者。耳目面顏之已往乎？嗚呼痛哉。目今流賊豕突，郡州縣查異地奸細之人，嚴各家共坐之禁，即鄰縣隔郡，如越人之來住吴地者，僅爾一衣帶水之間，尚根究其行蹤，而各門盤詰，猶嚴面生可疑之輩。至於茫茫海外，孰知其鄉之夷，遁形省郡，來莫之從，去莫之住，聽其雜入四民之中。鄰里利其多金，保甲貪其重賄，而竟不疑其跡。煌煌《大明會典》，罔顧華夷疆界之功令，不知果何相知相信之確若是乎？世道至此，人心已死，真堪痛哭流涕長太息之時，吾恐其不止披髮左衽而已也。

明朝破邪集卷第六

鹽官居士徐昌治覲周甫訂
武安林啓陸履夫甫著

誅夷論略

竊聞聖代以原道正教為根宗，以防邪闢異為藩垣。鄉有塾，國有學，冑子翼以典樂之官，庶人嚴於庠序之教，斯所以世代有昌隆之勢，外夷有向化之風，禮樂日興，民心歸正焉。然其間有萬不獲已者，則佐之以律令，或從而誅滅之，或從而要荒之。雖上古至治亦所不廢也。帝曰皋陶蠻夷猾夏，寇賊姦宄，汝作士五刑有服。五服三就，五流有宅，五宅三居，惟明克允。所以嚴華夷也。又曰：龍朕即讒說殄行震驚朕師，命汝作納言。夙夜出納，朕命惟允。所以謹忠讒也，遠夷去讒，國之福也。乃利瑪竇何物，直外國之一狡夷耳。詐稱大西洋，航海而來，間關八萬里。自萬曆年間，因奸細引入我大明，倡天主之教，欺誑君民，毀裂學術。

細查天主之義，謂天主生天地人禽獸草木之魂。禽獸草木死則隨滅，獨人雖死，其魂不滅，所作善惡俱聽天主審判。而善惡無他分判，只是從天主教者為善；雖侮天地，慢鬼神，悖君親，亦受天主庇而登天堂。不從天主教者為惡，雖敬天地，欽鬼神，愛君親，竟為天主怒而入地獄。夫庸愚者既溺於徼倖，隱怪者又便於放恣，繇是縉紳相率而薦揚之，士民相率而從事之。嗟乎！上古帝王，未嘗不以欽若天命，簡在帝心者為致治垂世之宗。即歷代師儒亦各以畏天命之語，諄諄然相告誡也。且曰天者理也，帝者以主宰而言也。夫天之生民，有物必有則。人能順天理協帝則，自可以主宰萬物，統制乾坤，補宇宙之缺陷，正世代之學術，此吾儒之所謂天主也。而天下民物各具一天主也，堂堂正大，典籍昭彰，何我輩盡棄弗顧，而反聽於魑魅魍魎之教？削越祖宗，丢拋神主，排禮法，毀典籍，滴聖水，擦聖油，崇祀十字刑枷，而以碧眼高鼻者為天主乎？其書譯入華地不能徧閱。適逢崇禎八年，利妖之遺毒艾儒略輩，入丹霞，送余有《天主實義》《聖水紀言》《辨學遺牘》《鸞鵠不並鳴說》《代疑續篇》諸妖書等，其言極膚淺、極虛誕，陽斥二氏之邪妄，陰排儒教之歧途。然其闢儒處，未敢十分啟口者。竊欲藉儒冠儒服者達其教於朝廷，使得以肆其奸毒也。彼夫斥二氏以成佛作祖之言，杳不可查；因果輪回之說，茫無可據。何獨以祀天主者，定登天堂為天主之忠臣；背天主者定入地獄，為天主之叛民之可查可據乎？嘗觀二氏之言，特謂一念善，即是成佛成仙種子；一念惡，即是畜生地獄種子。斯不過儆惕人心，使之遷善以棄惡也。老氏《道德經》，佛氏因果經，亦曾教人忠以事君，孝以事親；陰以敬神，陽以愛人；是亦有以補助乎儒教也。未有若天主之說，使帝王廢郊社禘嘗之典，士民棄祖宗祭奠之禮，正大神明，目為魔鬼；不敬天主，視為罪人，至教人燬關聖、觀音之像，斬文昌帝君之首，丟棄祖宗神主於糞穢，人心始覺驚怖。稍稍有追先敬聖之思，而貪利其財者，竟堅不可破也。且以文王之翼翼昭事，以孔子之丘之禱久，若肯悔過，以皈天主，纔為天主所賞而登天堂。苟不悔過而叛天主，遂為天主所罰而入地獄，我輩未及文王、孔子之萬一。若不悔過，盡燬文、孔之典籍，悉歸天主之大教。不惟天堂無路，而且不知置我於何獄矣。今世儼然儒冠者，寧從文、孔入地獄乎？抑隨耶穌登天堂乎？雖黃口嬰兒，亦當識所從違也。奈何入教者，俱是名公巨卿。或進表章薦於聖上，或作文章為之序跋，或偏地吹噓，或隨方擁護。為之持維靡所不周，此何意哉？抑利其貨乎？吾未見不接夷利者之別無可致富也。抑奇其才之不數出，且謂其學之近正教乎？吾未見置文武周孔於地獄，俟其悔過，乃許登天堂，具髮齒頂踵者，所當仰天大哭者此也，而反以是為正乎？其徒有曰：「為我正度數，鑄貢銃，此二事大有功於朝。」不知此輩之論天文地理，日月星辰，儘有四大妄誕。謂星一天，日月一天，不相躔次，誕一；又謂地形如鷄旦黃精，上下四旁，人可居住，足踵相對，人可旋轉而走，遂以本天親上，本地親下，此二語謬會其理以欺愚頑，誕二；又云彼嘗從日邊來，利瑪竇嘗旋轉一週，誕三；《書》曰：「王省惟歲，卿士惟月，師尹惟日，庶民惟星。」是所以別上下，定尊卑，天道無乖，則人事順應，使凡有血氣者，得尊尊而親親也。彼又謂星高於日月，五星二十八宿，形體大於日月。彼曆中月置三十一日，未嘗置閏。日月之蝕，不須有司扶救。夫不救晦蝕，則有先後時殺無赦之戒。不置閏則有時漸不定，歲漸不成之虞。若從彼曆，是使歲時失序，上下倒置，庶民得以凌駕乎卿士師尹之上；卿士師尹得以凌駕乎主君之上也明矣。夫堯治世必以治曆明時，為國家之首務。而此輩之擅入我大明，即欲改移曆法，此其變亂治統，覬圖神器，極古今之大妄，誕四也。有此四誕，誣上誣民，罪可勝誅哉？況我朝威聲可以奪夷，外國向化來貢者數十餘邦。縱有奸夷亦不肆其兵戈，區區一銃，能為國家萬年計乎？從未見三代唐宋以來，治曆明時，防夷禦寇者，俱用此碧眼高鼻之狡番為哉。吾且謂國家之大僇辱者此也，而反以此為榮，不亦醜乎？當今主上，雖極明哲，然深居九重之中，閱彼表章所薦，謂此心此理，若合符節，況為君人者，德合柔遠，得不曰在我則有變夷之權，在彼更有來王之誼，是何虞慮之有？不知此輩奸佞之甚，實亂人國。來王者彼反而王我，變夷者我反而變於夷矣。若有宰輔諫臣以及四方官府，陳彼利害，伸我律令，此輩自當迸跡絕域，在內則無奸讒震師之患，在外則無狡夷猾夏之虞。唐虞景色，不煥然宇宙間哉？嘗思上古之世，洪水虎豹之災，害民居者未盡害人命，戕人命者未必盡戕人性。然而櫛沐兼驅者，伊何人哉？及至戎狄之猾夏，異端之亂道，亂賊因而無懼，諸侯因而放恣，處士因而橫議，彼當時誰不付之没可奈何。然而或操膺懲之權，或僭筆削之罪，或冒好辨之譏，車不停轍，席不暇煖者，伊何心哉？自我聖祖高皇帝開治統以來，以六經明世，以賢良治國，繼堯舜之道，宗周孔之學，其所以教澤士民，禄養簪纓者，可謂厚且至矣。雖粉身碎骨，寧足以報其萬一乎？奈何妖夷之教，倡亂是非，陷溺人心，遂默然不動，國運學脈，付之誰人乎？陸以草野書生，極知蕘言不足以斥奸邪。但古有云梟搏鷄雛，其毋奮翅，知不能庇，愛弗已也。陸在血性中，寧捨君親之愛乎？繇是食不安，寢不寧，覩典籍而增愁，向君親而揮淚，輾轉一夜，竊述是篇。庶有觀感而興者，俱出一語以闢此輩，不惟上可以正教防邪，佐聖主之盛治；下可以典樂明倫，維生民之學脈，亦使此輩不至笑我大明之聾啞，一一聽其簸弄耳。

闢邪管見録

豫章大司馬鄒維璉德輝甫著

海外極西之國，有夷人利瑪竇，號西泰者，萬曆初年，偕徒四五人流入中國。著《天學實義》等書，自標天主教，梓以傳世。其詞意險怪，首尾矛盾，似深而實淺，似文而實陋，徒以利口喋喋妄自尊大，已蹈荊楚僭王之罪。

而其伎倆善盜，肺肝如見，大似呂不韋穿窬之雄。彼方思以易天下，孰知天下明眼有人，寧能一手盡掩哉？謬以天主合經書之上帝。夫既明知上帝屢見於《六經》，郊社所以祀上帝，則至尊在上帝可見矣。昔者大儒釋帝為天之主宰，蓋帝即天，天即帝，故尊天即尊帝也。何云上天未可為尊，並諱上帝之號而改為天主之號乎？始曰天主是理，繼曰天主是神，終托漢時西國之凶夫耶穌，為天主應運設教。是其標大題，僭大號，不惟呵佛罵老，且凌駕於五帝三王周孔之上，從來大變未有甚於此者。至於孔子太極之訓，《春秋》之作，孟氏仁義之對，無後不孝之言，皆見指摘。但云我以天主為父，萬民為子，而仁孝轉大，世間君父同為兄弟，何足事哉？噫！逆亦甚矣。且天生素王以教萬世，生民以來所未有也。然其至誠無息，大道若愚，辭仁聖而不敢當。謝生知而云好古，豈故為是謙辭哉。聖不自聖，故為至聖。而利妖敢以邪說比《六經》乎？昔人有言：莊周道家之儀秦，王通孔門之王莽。若夫利妖電光之舌，波濤之辨，真一儀秦；拔佛家之幟，登素王之壇，真一王莽，侮聖欺天，譸張為幻，左道之誅，豈可容於堯舜之世哉！璉以管見而談，終覺惶汗。惟望憂時憂道大君子，極力剪除，勿使蔓延惑世以害天下，而為中國將來憂，實區區之鄙衷也已。

上翰林院左春坊蔣公德璟攘夷報國公揭 時公奉差復命，路經三山。

福州左右中三衛千百户掌印効用等官李維垣等，福州府閩侯二縣儒學生員陳圻等謹揭，為共剖丹衷事：

竊思華夷界限甚嚴，邪正勢不兩立，胡有天主之夷，群入内地，上欺聖主，中結朝士，下惑愚民。萬曆四十四年奉神宗皇帝驅除出境，天啟初，藐旨復入，布滿天下，煽惑交結，甚於萬曆之時，似不普中國而變夷狄不已也。且吞我屬國吕宋及咬嚁巴、三寶顔、窟頭朗等處，復據我香山澳、台灣、鷄籠、淡水，以破閩粤之門户。一旦外犯内應，將何以禦？愛國之士，已詳言之。垣等或受國恩，或叨聖養，覩兹景象，深抱心腹之患，愧卑秩貧儒力棉，未能除此朝食。恭逢台臺學素格於天人，任佇隆乎舟楫，此正太史今日之事，勿貽國家他年之憂。

伏乞入告朝廷，盡除以清華夷，生靈幸甚，道脈幸甚，天下後世幸甚。垣等臨揭曷勝激切籲呼之至，須至揭者。

崇禎十一年十一月　日

福州左右中三衛千百户掌印効用等官千户李維垣、趙學淵、朱繩文、牛伯挺、王秉忠、戴壎，百户李鏘、唐國輔、林挺棟、蔡士玉、朱繼宗、劉文華、韓堯道、吕調陽、羅萬象、侍元卿，撫院標下効用原都司僉書管守備事陳邦政，撫院標下効用原欽依青村把總以都指揮體統行事署指揮僉事百户王繼武，撫院標下贊畫守備葉樞，撫院標下効用守備功加二級鄭邦卿，撫院標下効用守備功加都司僉書林深，原任欽依銅山寨把總以都指揮體統行事署指揮僉事何養魁，原協理戎政軍門贊畫加銜都司僉書楊憲禄，總鎮標下効用把總陳周官，原任揚州府照磨陸國熜，纂修貢生辦事候題中書周士義，候任邵武府倉大使鄭德閶，福州府閩侯二縣儒學生員陳圻、林浩、王德峻、陳周祚、蔡在新、陸之珍、李朝宗，布衣田正登、劉國祁、涂維琜、高登相、李銓。

十二深慨序

孟夫子謂心之官則思，思則得之。貞竊以人之神智必歷而始得焉。信生王君感時著《十二深慨》，即普天鏡也。普天鏡者何，普天下之大照，其情其病，備寫於中，數毫髮而莫逃者也。然苟不深心為道為世而日維持履歷於其間，烏能知之，是其思誠微矣。嗚呼！奸夷覬中華，亂學脈，出神没鬼，為開闢未有之變。痛舉世鮮能知其詳，何以故？則亦舉世鮮有心人而未之思也，故其官之不靈如此。予焉能不望有心人而一睹斯鏡。敬為序。

崇禎戊寅歲孟秋金浦天香黄貞書

十二深慨

清漳王忠信生甫著

于絲蠟夷人，入我中華，倡天主教，予為之深憂而切計者，誠痛我中華之自疢夷害，凡有幾種，試略言之。

一有聞及布金，輒生垂涎，見其謙恭，歎為有禮，不知此夷政借金寶以濟其奸，設為矜莊以飾其偽。及聞其邪說信為至教，謂三教之所不及，此則讀聖賢之書，背聖賢之教，貌華而心夷也，可慨也；

一有知其悖亂，頗存鋤奸之意，狡輩知情，遂賂以財物，眩以僞書，迷其心箝其口，令袖手坐視，任彼奸謀，殊不思後來身家難免荼毒，則所賂者安歸乎？可慨也；

一有忽彼小醜，以為無能，取其珍寶以為無害，應其書札為之吹噓，使中國之士大夫共相傳説，稱揚其美，因亦以書札為之往來，不知狡夷正欲假此網盡中華，此雖非夷人之外護，而夷已實得其護也，可慨也；

一有陋其説不為同流，但姑與之交接，聊示優容，而不堅拒以明絶之，使彼得為夤緣要結之竇，此則繞夷之波，開人以入夷之端也，可慨也；

一有頗明書史，自恃靈明，謂我神理廓然，本體自在，何至為小醜滅没。見夫闢邪者，謂之杞人之憂，迂闊無當，不知邪教日興，正教日混，君父生靈之急，孰有切於斯者，奈何昧復隍衣衲之戒，而漸成棟撓滅頂之凶乎？可慨也；

一有見夷輩之毀佛仙及神祇等像，輒謂神靈自有冥誅，姑待其自斃，人安所用力乎？不知天地精英悉畀之人，惟有忠誠義激者出，而後正氣之神因相默護。人司陽，神司陰，陰陽合力而後魔祟可滅。安可坐視而悉聽之神乎？此則亦無關疼癢之言也，可慨也；

一有聞此猖獗，恬不為怪，浸無可否，從此亦此，從彼亦彼。但眈利賓，只顧身家，不知利賓之竟成禍端，身家之終為胥溺，所謂燕雀處堂者也。可慨也；

一有聞及草野之士，力鋤夷奸，輒訕笑之曰：此事必屬之有力者，區區韋布，將奈彼何？不知正緣有力者，未知任其事，故必到處疾呼告揭。夫既治之，則予何言哉。此則不知覆楚存楚之機之在絕孝純忠一人也，又安得自委於韋布，而日墮彼夷之奸計乎？可慨也；

一謂剥復循環，各有定數，運會未變，必有擔當；運會將變，非人所為，不知君子急天下也如其家。譬如父母有疾，雖灼知其必不可為，寧忍不投以藥石而坐聽其亡，此情理所不忍者也。況從來豪傑任世，茍時事有一毫可為，猶必盡全人之力，故能轉禍為福，以成回天之功，又安得徒委之大數哉？此則所謂悠悠任運，置世道於不問也，可慨也；

一有矢志鋤奸之人，為之日久，或緣寡助而中棄，或緣懼禍而中危，此則不克有終困於懦弱之無能為也，可慨也；

一素稱明理之人，洞見邪正之分，但燕安高堂之中，而無吐握之意。草野或有所陳說，欲叩無門，故奸邪猖獗，總莫之知，遂使庭無義士之跡，門過九閽之遠也，可慨也；

一草野告變，幸而有階，初心接見，頗能感發，而左右朝夕旁撓，以為無甚迫切，遂不殫心竭慮以弭禍亂，此則旋起旋沒，無意天下事，有負海岱之高望矣，可慨也。

是故憂危慮遠之士，抱忠君愛國之心，深知此輩出神沒鬼，多一月增一月之蠹，寬一日滋一日之毒。於是苦心冒死以維持，不啻疾痛之在身。其切切偲偲，遍暴天下，將使豪傑端人，共起而應之耳。嗚呼！孟夫子當年周流列國間，至蒙好辨傳食之譏，伊何人哉？伊何事哉？伊何心哉？苟曲突少，待斃多，天下將奈何當道大人。英邁君子，幸毋蹈種種之愆，毋忽草草之言，共芟邪夷之黨，以閑先聖之道，疏其淫謀，聞之當寧，使夷氛永絕，海宇廓清，上安邦國，下扶綱常，則僕之深慨有賴矣。

崇禎丙子孟春撰。

品級説

黃　虞著

中國天子以下，公卿百官各有品級，以一至九，顯然定分，無容紊也。彼天主教之師徒，亦僭定品級。中國以一品為尊，彼則以九品為至尊，中國以九品為卑，彼則以一品為至卑。有七品主祭，六品副祭之説，餘不得祭。又有宗教分教，必夷人以主之，祭制冠裳，皆用夷服。吾恐目習其所見，耳變其所聞，將羲皇以來之道統治統，與聖祖高皇帝，驅胡定鼎，萬世金甌之天下，禮樂制度，人心風俗，一旦變於夷狄，莫此為甚。孟子曰：「吾聞用夏變夷，未聞變於夷者也。」嗟乎！今將變夷矣。夫以管仲霸佐，而有尊攘之功；孔子猶然仁之。華夷之防，邪正之辨，自古聖賢，甚峻甚嚴。今之士庶，奈何從夷教而反為同聲之吠耶？余觀品級一節，益見其冠裳倒置，幾不成世界矣，可慨也夫。

誅邪顯據録

西甌李王庭猶龍甫著

六合之内，有存而不議，議而不論者，恐其亂人觀聽也。若夫不得不論，不得不議者，凡列衛聖，皆不可少一口誅之力。如今日之天主教是已。第辯之而不得其顯有可據者，則其心不服，辯之而不得其事之真屬矯誣者，則其心尤不服。是以余於心性天堂地獄等説外，獨舉其彰明較著言之，令賢智之士，固賞此語有同心，而識苟非污下，亦得以隨事察奸也。試即彼所張掛中堂墨刻云，稱天主哀憫衆生，乃於四川裂山石，獻經文篆字，始知天主降生之本。噫，何舛也！四川列在中華，固非無人不到之所，且石崩獻文，亦非西夷獨有之經。試問四川之人，果於何年月何日時何州縣何村落，有石崩之跡，有篆字之文？四川之人，茫然不知也。川人不知，而西夷之人獨知之乎？此不過借河圖地不愛寶之説，以神鬼其教，而謬謂藏之石室耳。烏知石文可暗刊，而此石迄今川中竟付烏有，將何説以愚人。更可異者，

《水法》一節，必於邊外石田用之。夫石田可用，則中都旱田亦可用也，並中都山田亦無不可用也，乃必試於邊，豈水生於石乎？此又不過以難能之事，荒惑今人，料今士大夫所日悸者，漕運之艱，故倡為此說，以傾動世耳。曾思真真經濟，無地不効其實用，豈待託之遐荒以文其拙耶？至如《記函》一件，其鄙夷不屑我輩，更莫此為大。夫天生聰明，將自我作古，即一目十行，一覽無遺，何代無之，乃託名倒記背誦，既使下愚之夫希其捷，即中材之士認為真，孰知此萬萬無有之理，實實以聾瞶待人，勿論不得。縱使一旦得之，而章句誦說之學，何益於心解力行，矧其不然也。如前三事，夫非彰明較著不辯自知者哉？〔第異端竊我以實而不售，幸奸謀之自破，而竊我以名而可虞，尤天朝之隱憂，余更不能不有後言矣，何也？

我太祖高皇帝定鼎胡元，從古得天下之正，未有匹之者也。故建號大明，名稱實也。何物么麽輒命名大西，抑思域中有兩大否？此以下犯上，罪坐不赦。旋於大字下，以西字續之，隱寄西為金方兵戈之象，則其思逞不軌潛謀之素矣。抱忠君愛國之心者，可不寒心哉？頃見中國名流輩，出力斥其妄，稍自知非易以泰西，說者謂其與佛老為難也，有功於吾儒，殊不知三教並行，鼎峙兩間，原不甚左。獨此輩今日，詭事天知天之解而入者，將來併莫為而為者，以天為主，究且何有於儒哉？抑余昔年與艾子會晤黃華山房及新創天主堂，識面有日，拜酬相頻，何忍於彼不恕也。但道脈關心，似是而非，害人不淺。一閱所送之書，及開口便稱天主。自漢哀帝降生不幾，盤古以後無天乎？此其淺近不根，應難騙人易知也。獨是無稽之輩，心覬其金，無識之士智昏於利，圖鋪餟計，且樂大齋小齋，以水族魚鱗為無妨，而恣其口腹也。其於孔聖不茹葷之齋，不顯悖耶？然獨曰飲食細事也。何一邂逅之後，久與周旋；周旋不已，浸假詞色；詞色不已，遂成意氣；意氣不已，漸引徒衆，恐日後愈不可測矣。噫！始恃飲食燕笑之微，終成昵狎奸邪之失。借小人以口實，敗大道之門牆。曾堂堂大明，堪令小醜亂華乎？願我輩思古之至人，高致妙用，如殷箕子陳範而居朝鮮，吳泰伯端委而行周禮於荆蠻。所謂用夏變夷，實在吾徒，甚勿為異端所惑。」〔二〕

校記

[一]［　］內文字，據日本文久年翻刻本《闢邪集》之《誅邪顯據録》補。

曆法論 闢西曆棄閏邪説

閩芝城謝宮花个臣甫著

今西夷所以聳動中國，驕語公卿者，惟是曆法。然中國之曆法，自有一定之論，不待西夷言之也。我太祖詔劉國師，上觀天文，下察地理，鑄量天尺，制定天球，星宿分野，銅壺滴漏，晝夜時刻，消息度數，分毫若天。現在京都，衆目可觀。至於曆法，考諸前代國史，如漢武帝太初元年，鄧平所造《太初曆》，後劉歆衍之為《三統曆》；東漢章帝元和二年，造《四分曆》；獻帝建安十一年，劉洪造《乾象曆》；魏明帝景初元年，楊偉造《景初曆》；東晉孝武帝太元九年，姜岌造《太元曆》；劉宋文帝元嘉二十年，何承天造《元嘉曆》；孝武帝大明七年，祖冲之造《大明曆》；魏孝明正光二年，李業興造《正光曆》；東魏孝静帝興和二年，李業興造《興和曆》；北齊文宣帝天保元年，宋景業造《天保曆》；後周武帝天和元年，甄鸞造《天和曆》；静帝大象元年，馮顯造《大象曆》，隋高祖開皇四年，張賓造《開皇曆》；仁壽四年，劉焯造《皇極曆》；煬帝大業四年，張胄元造《大業曆》；唐高祖武德九年，道士傅仁均以元起戊寅，造《戊寅曆》；高宗麟德元年，李淳風以元起甲子，造《麟德曆》；中宗神龍元年，南宫説造《乙巳曆》；玄宗開元十二年，僧一行造《大衍曆》；肅宗寶應元年，郭獻之造《五統曆》；德宗建中五年，徐承嗣造《正元曆》；穆宗長慶二年，徐昂造《宣明曆》；昭宗景福元年，邊岡造《崇玄曆》；五代周世宗顯德三年，王朴造《欽天曆》；宋祖建隆三年，王處訥造《應天曆》；太宗太平興國六年，吴昭素造《乾元曆》；真宗咸平四年，史序造《儀天曆》；仁宗天聖二年，宋行古造《崇天曆》；英宗治平元年，周琮造《明天曆》；神宗熙寧七年，衛朴造《奉天曆》；哲宗元祐七年，皇居卿造《觀天曆》；元符三年，姚舜甫造《統元曆》；徽宗崇寧二年，姚舜輔又造《占天曆》；金太宗天會五年，楊級造《太明曆》；南宋高宗紹興五年，陳德一造《統元曆》；孝宗乾道三年，劉孝榮造《乾道曆》；淳熙三年，劉孝榮造《淳熙曆》；金世宗大定二十年，趙知微修《大明曆》；宋光宗紹熙二年，劉孝榮造《會元曆》；五年楊忠輔又造《統天曆》；元太祖十五年，耶律楚材造《庚午曆》；宋寧宗開禧三年，鮑澣之造《開禧曆》；理宗淳祐十年，李德卿造《淳祐曆》；寶祐元年，譚玉造《會天曆》；度宗咸熙七年，陳昇造《成天曆》；元始祖至元十八〔年〕，郭守敬等定《授時曆》。我朝《大統》曆法，莫不參證斟酌無移，再考《授時》，測定閏應，頒《大統曆》行於天下，萬世遵法，復徵回回曆官鄭阿里等十一人，至京議曆給廩有差。後因夷言天文，皆宗耶律，荒唐悠謬。洪武三十一年夏四月，罷回回欽天監，削夷官之號。即《大明一統志》有載，上遣使往西域，經天竺至天方國。其國人止知崇奉一天，凡有災福，望天祈禱，依然如中國之敬天也，亦未聞有天主釘死十字架上，設教行世，令其從之者。先拜右手之傷求勇德，拜左手之傷求忍德，右足之傷求勤德，左足之傷求畏德，又拜脅旁之傷求愛德。夫既以為天主之德，且不能保全一體之傷，又烏有德以及人乎？夫既以為天主之尊，天神為之擁護，尚被蓋法氏釘死，是天主天神皆不靈無用之物也，焉能主宰萬物乎？況曰服咒水、盡咒油，食酒為食天主之血，食麵為食天主之肉，有一石置於案頭，謂是天主之骨，人能服聖水聖油者，雖平生為惡，天主恤其一念皈依，前惡全赦。

夫天主耶穌，因妖言惑衆，且被〔蓋〕法氏釘死，不能自赦，焉能為人赦乎？此皆誕妄之極，而謂可信乎？然天方國亦有《回回曆》，其地近邊，與中國氣數差三度，固知《回回曆》，中國存而不用也。即中國之曆法，自《太初》以至《授時》，莫不遵古置閏。如西夷之邪説，謂閏可棄，是唐之欽天，《易》之《繫辭》，中國千古之帝王卿相、神聖賢哲、大識大見，皆在醜類下也，是耶非耶？夫我明《大統曆》，兼參諸曆之長，行之萬世無弊。我太祖立欽天監内臺，分科各習一藝，專精象占，無得差移。至今而曰推筭有失，不能如劉國師之準，則當治欽天監内臺糜禄之罪也。

四宿引證

夫天主教之七日，朝夕持咒，稽首房星昴虛四宿，而又拜彗星者何説也？考之天文，昴宿有七星，水星也，昴為天耳目，又為白衣聚會，七星中有旄頭者，胡星也。昴星欲明，明則獄訟平，國無佞臣天下安；不明則刑必濫，佞臣得志天下凶。其六星不欲明，明則邊兵多死，動則大臣下獄，信讒害忠，為白衣聚會，明而數動，則胡兵大起；其大星跳躍，而他皆不動，則胡兵侵邊，六星明與大星等，則天下大水，七星皆明而黄，胡虜大兵起，虚宿有二星，亦水星也。其星明静則天下安，不明則天下旱，動摇則有更朝廷舊制者。房宿有四星，木星也，房星均明，則天下太平；其星暗則大臣亂政；明而大則胡兵起。星動外則財寶出，動内則財寶入。月行而星動，則亂臣謀害，殃及萬里。星宿亦有七星，均明大則王道大行；小則賢良不用，而天下虚空，遁藏摇動則胡兵起，而又拜彗星者何也？天文占謂彗星入掃紫宫，布新除舊，天下革命，此西夷之朝夕祝願昴宿明黄，虚星二宿動摇，房星明大彗星入紫也。若不明言之，恐愚夫愚婦，不察狡夷奸猾之意也，故録是以為世人鑒。

續正氣歌

昔有文山兮正氣昂昂，成仁取義兮日月斯煌。惟我中原兮人比鳳凰，嗟彼西夷兮類聚犬羊。陰蓄異謀兮天主教張，熒惑士女兮横水湯湯。世聾瞶而不悟兮舉國若狂，一桴衆鼓兮竟不知當今有聖王。邪説充塞兮顛倒冠裳，人心既喪兮夫誰與匡。我今作歌兮續《正氣》之剛方，願言闢邪兮與日月而爭光。

明朝破邪集卷第七

鹽官居士徐昌治覲周甫訂

古杭雲棲寺沙門袾宏著

天說一

一老宿言，有異域人為天主教者，子何不辨？予以為教人敬天，善事也，奚辨焉？老宿曰：彼欲以此移風易俗，而兼之毀佛謗法。賢士良友多信奉故也。因出其書示予，乃略辯一二。彼雖崇事天主，而天之說實所未諳。按經以證，彼所稱天主者，忉利天王，一四天下三十三天之主也。此一四天下，從一數之而至於千，名小千世界，則有千天主矣；又從一小千數之而復至於千，名中千世界，則有百萬天主矣；又從一中千數之而復至於千，名大千世界，則有萬億天主矣。統此三千大千世界者，大梵天王是也。彼所稱最尊無上之天主，梵天視之，略似周天子視千八百諸侯也。彼所知者，萬億天主中之一耳。餘欲界諸天皆所未知也。又上而色界諸天，又上而無色界諸天，皆所未知也。又言天主者，無形無色無聲，則所謂天者，理而已矣。何以御臣民，施政令，行賞罰乎？彼雖聰慧，未讀佛經，何怪乎立言之舛也。現前信奉士友，皆正人君子，表表一時，衆所仰瞻以為向背者。予安得避逆耳之嫌，而不一罄其忠告乎？惟高明下擇芻蕘而電察焉。

天説二

又問：彼云梵網經言一切有生皆宿生父母，殺而食之，即殺吾父母。如是則人亦不得行婚娶，是妻妾吾父母也；人亦不得置婢僕，是役使吾父母也；人亦不得乘騾馬，是陵跨吾父母也。士人僧人不能答，如之何？予曰：梵網止是深戒殺生，故發此論。意謂恒沙劫來，生生受生，生生必有父母。安知彼非宿世父母乎？蓋恐其或己父母，非決其必己父母也。若以辭害意，舉一例百，則儒亦有之。禮禁同姓為婚，故買妾不知其姓則卜之。彼將曰：卜而非同姓也，則婚之固無害。此亦曰：娶妻不知其為父母為非父母則卜之，卜而非己父母也，則娶之亦無害矣。《禮》云：「倍年以長，則父事之。」今年少居官者何限，其舁轎引車，張蓋執戟，必兒童而後可，有長者在焉。是以父母為隸卒也，如其可通行而不礙，佛言獨不可通行乎？夫男女之嫁娶，以至車馬僮僕，皆人世之常法，非殺生之慘毒比也。故經止云一切有命者不得殺，未嘗云一切有命者不得嫁娶，不得使令也。如斯設難，是謂騁小巧之迂談，而欲破大道之明訓也，胡可得也？復次彼書杜撰不根之語，未易悉舉。如謂人死，其魂常在，無輪迴者，既魂常在。禹湯文武何不一誡訓於桀紂幽厲乎？先秦兩漢唐宋諸君，何不一致罰於斯高莽操李楊秦蔡之流乎？既無輪迴，叔子何能記前生為某家子，明道何能憶宿世之藏母釵乎？羊哀化虎，鄧艾為牛，如斯之類，班班載於儒書，不一而足。彼皆未知，何怪其言之舛也。

天說三

復次南郊以祀上帝，王制也。曰欽若昊天，曰欽崇天道，曰昭祀上帝，曰上帝臨汝，二帝三王所以憲天而立極者也。曰知天，曰畏天，曰則天，曰富貴在天，曰知我其天，曰天生德於予，曰獲罪於天無所禱也，是遵王制集千聖之大成者夫子也。曰畏天，曰樂天，曰知天，曰事天，亞夫子而聖者孟子也，天之說何所不足，而俟彼之創為新說也。以上所陳，儻謂不然，乞告聞天主，儻予懷妒忌心，立詭異說，故沮壞彼主教，則天主威靈洞照，當使猛烈天神下治之，以飭天討。

天說餘

予頃為天說矣。有客復從而難曰：卜娶婦而非己父母也既可娶，獨不曰卜殺生而非己父母也，亦可殺乎？不娶而生人之類絕，獨不曰去殺而祭祀之禮廢乎？被難者默然以告予。予曰：古人有言，卜以決疑，不疑何卜？同姓不婚，天下古今之大經大法也，故疑而卜之。殺生，天下古今之大過大惡也，斷不可為，何疑而待卜也。不娶而人類絕，理則然矣；不殺生而祀典廢，獨不聞二簋可用享，殺牛之不如禴祭乎？則祀典固安然不廢也。嗟乎！卜之云者，姑借目前事以權為比例，蓋因明通蔽云爾。子使作實法會，真可謂杯酒助歡笑之迂談，排場供戲謔之諢語。然使愚夫愚婦入乎耳而存乎心，害非細也。言不可不慎也。客又難殺生止斷色身，行淫直斷慧命，意謂殺生猶輕，不知所殺者彼之色身，而行殺者一念慘毒之心，自己之慧命斷矣，可不悲夫！

不忍不言序

《不忍不言》者，霞漳黄天香社兄之所作也。而作以《不忍不言》者，妖夷天主之説，惑世誣民，滅儒滅佛滅道，痛當世之沙門坐視含結莫可誰何也。夫天香，儒者也，胡不寓書於天下之名公巨卿、道學先生，而必瀝血剖心於沙門，豈天香不忍於釋，獨忍於儒乎？此其故難言哉！且天香尚著《尊儒亟鏡録》七篇，精辨儒教，羽翼正宗，可謂至矣。嗣《不忍不言》之作，獨無言及儒，是未可為盡言也。予亦何忍於不忍不言，而未盡言者聽之不言耶？天下一統也，三教一源也，可使妖夷闌入，倡教中國，詆誹三聖，羅織四方乎？天下之大儒縉紳，未見有明經辨析，且有為之闡揚，誠不知其何解也。抑謂其教與儒合乎？則《天學實義》一書，已議孔聖太極之説為非，子思率性之言未妥，孟氏不孝有三之語為迂，朱子郊社之註不通，程子形體主宰性情之解為妄。凡此數則，可謂其合儒乎？矧他書猶未及閱，其抑儒蔑儒，難枚舉也哉。夫蔑佛則天香《不忍不言》之請懇切而周詳，誠足檄沙門而交攻。至蔑儒而世之儒冠儒服，出入聖人之門者，可各踞絳帳，譚《六經》而不知顧乎？吾不知忍隱不言者，果未聞其教乎？抑未閱其書乎？抑孔孟既死而學其學者，隔膜無關乎？抑畏難苟安，明知其非而不敢指乎？抑身家念重而偷生乎？抑自知其距而不以天下赤子為心乎？抑天學精微，果足駕夫堯舜禹湯文武周孔之上乎？不然毁我儒宗，亂我中國，害不少也。萬曆以來五十餘年不為暫也，曾未聞有朝野大儒闢其非者，此何心哉？草莽無權則心惟一旨，可以著不朽，而誅異端。朝廷冠冕則守簡書而申律令，左道之誅，疆界之禁，誠何難哉？果何故而不言耶？嗚呼！今日不言，他日不言；此也不言，彼也不言，處處天主之堂，人人耶穌之教，請觀域中誰之天下，不將載胥及溺哉？昔有唯上人之《緣起誅左集》，今有天香之《不忍不言》，有心世道者，可以出而言矣。或曰子為天香序，而何言之長？噫！此正小子之不忍不言也。子曰：「是可忍也，孰不可忍也。」其庶幾以不忍動當世也。苟有鑒天香之不忍，而共發不忍，口誅筆伐，疏聞當今，人其人，火其書，廬其居，則聖人幸甚，今古幸甚，亦天香小子之幸甚也。知我罪我，斯係之矣，序云乎哉。

崇禎乙亥長至夜三山社弟曾時薰沐拜題

不忍不言

霞漳黄貞著

白衣弟子黄貞，頓首百拜於天下大沙門座下：蓋聞佛制比丘，不得見大僧過。況貞白衣人，何敢出粗獷語，唐突天下之名師碩德。唯是災近剥膚，恬不知慮，故以歌謡行國之思，號呼於天下名師碩德之前，庶幾愍其志而加察之耳。夫今天下禪宗教律之師之在在宣揚也，豈不各各自謂上報佛恩哉。貞誠不知報恩之果止於儼臨廣衆導利群品耶？抑有在於扞衛法城，降伏魔外者耶？使果止於是，則古今師德唯期人天皈向化無留難足矣。何以或為法忘軀，或雲興論辨，遠則如龍猛無着，近則如知玄明教輩之照映古今耶？抑使有在於是，則目今狡夷大倡天主之教，首自利妖發難以來，迄今五十餘年，曾不聞一圓顱方服之人，起而匡救其間，豈普天之下名師碩德，盡皆塞耳無聞與？抑或聞之而漠然不在意與？抑或雖在意中，而勢無可奈何與？夫不能出死力於智盡能索之秋，謂之偷生之士。況法王之營壘尚在，先聖之紀律猶存乎？彼夫泣血於秦庭，終還生君之國，苦心於吳室，卒報死父之讐者，伊何人哉？孔子曰：「自吾有繇，而惡言不入於耳。」言能禦其侮也。今魔鬼我慈父，謬妄我經常，侮孰甚焉，而猶恬然不干於懷，則土木而偶矣，而況其著書排擊也，則汗牛充棟焉，其肆意摧殘也。則所過之處，佛顱粉碎，貝典灰飛焉。其分植徒侶也，則自廣之閩以至江淮河漢之地，幽燕薊遼之鄉，蕃衍盈昇焉。允哉逢此百凶，亦何能尚寐無聰，其安之也，意者畏威懼禍以故莫敢誰何與？則四大本空，五蘊非有，此皆師德日取四衆登曲録而告之，而惟恐其不信受者。乃於己則氂牛愛重，首鼠為懷，是何為蚳蠹則善，而自為則吾不知也。意者魔説無根，久將自敗，姑静以俟之與？周《詩》有曰：「莫予荓蜂，自求辛螫；肇允彼桃蟲，拚飛維鳥。」言微毒當防，小而忽之，則大將不可制。彼《北斗化胡》等經，偽造於張道陵、杜光庭之輩，始終晉宋，至元而熾之，則邪説之難除也。況妖夷陽攻釋以款儒，陰抑儒以尊己。其説矯誣，視化胡而更巧；其心叵測，較張杜而為尤。種訛言於聖代，豈理也哉？遺邪説於方來，誰之咎矣！意者其説雖張，愚夫信之，不可入於君子之耳，以故不與之較與？孟氏曰：「思天下之民，匹夫匹婦，有不被堯舜之澤者，若己推而納之溝中。」彼身任天下之責者，猶設心若是，而況明燈照夜，為世導師，何有親操慧炬，而坐視愚夫之入於邪見稠林，而莫之止也。無論安忍棄衆大闕慈悲，抑出世本懷之謂何，得無規名剎以邀名，託利生以近利者乎？子曰：「歲寒，然後知松柏之後凋也。」意天下之名師碩德，率皆凋之類與？不然覩茲魔亂縱横，當有恐祖生先我以着鞭者矣。寧有心目其人而燕雀其思也耶？且夷之言曰：不佛者置之不辨，亦非度盡衆生，我方成佛之本願也。故其著於書，則雲棲被駁而理屈，三槐受難而詞窮。夫雲棲、三槐何人哉？彼豈不知二老皆僧中所謂博大真人者。而其門下子孫之賢，能握麈尾而譚四十九年大小乘教者，布北斗以南之天下，乃不悔過之延，公然顯揭。蓋有以窺其虚實故耳。嗟嗟二老，名播當世。

凡緇流欲藉之以揚聲者，莫不曰我雲棲師翁、雪浪大師，至於重泉抱屈，大義未申，而子兮孫兮，反褎如充耳者何哉？豈所謂親者未必親，而所謂賢者未必賢也。蓋邀其名而不邀其禍，近其利而不近其害者耳。雖然四海之廣，神州之大，安知無相時觀變，如契嵩大師之伏首東山三十年，卒使慧天朗耀，大道廓如者哉。然天下之人，智者寡而愚者衆。計利妖之來不一世，海濱之民惑其説而從之，洗聖水擦聖油，而樂為之死者，蓋數十萬户。彼中州之士，縉紳之家未問焉。若更假之以歲月，必有載胥及溺之禍。

伏願大師大德，大發智悲，亟以西土列祖攝九十六種外道之法以攝受之。或躬摧，或量破，俾之罄然心折，自立赤幡之下。然後疏表上聞，收其惑世誣民之説，投之水火之中，著為令申，以示後世之臣庶，毋貪夷貨；毋縱詭隨；毋罔誣上帝以凶囚；毋作慝於汝神明，而媚所不可知之夷，民罪死者以消愆；毋以十字刑枷置於祖宗神祇之上；信自心之作佛，遵王路以躋蹌，如是則貞雖死之日，猶生之年。如前訕謗之罪，抑粉骨其奚辭哉。臨書涕泣，不勝蒼黃。

辨天初說

寓天童釋密雲圓悟著

天香黄居士擬辨天主教，持其書以示予。予觀其立天主之義以闢佛，則知彼不識佛者果何為佛，又何足與之辨哉？但彼云不佛者置之不辨，亦非度盡衆生，我方成佛之本願者，則不惟不識佛，亦且不識衆生，何故我佛覩明星悟云：奇哉一切衆生，皆有如來智慧德相，但以妄想執著，不能證得。惟彼不能自證得，故執天主為天主，佛為佛，衆生為衆生，遂成迷倒。故有人我、彼此、是非之相，此乃彼之病根。所以我佛云不能度無緣者，正以彼自執為天主故也。苟彼不自執為天主，則自然不執佛為佛，不執一切衆生為衆生，方始識我佛之旨，亦識度盡衆生之義。今彼以妄想執著而欲闢佛，是則自暴自棄，自闢自矣。經云外道聰明無智慧。余固知其聰明，故聊示鞭影，儻彼尚執情不化，然後徐申其說以與之辨。

崇禎八年八月五日

辨天二說

余《初說》既出，恐彼教中人不聞不知，特遣潤禪遍榜武林，索其辨論，得二旬餘日不報。後八月念一日有夢宅張君湉者，毅然直持天教之堂以告曰：「湉嘗遊二氏之門，第未入其閫奧。向聞大教倡乎敝邦，欲領教而未得也。」頃有自四明來者，持《辨天初說》一紙。湉讀之乃與大教辨學之說也，且聞大教中屢徵詰辨，故敢將以請教，以決所疑，以定所趨。彼主教傅姓汎際者對曰：「妙妙！向來原有這個意思。」遽接讀之，沉吟再三，似不甚解。適我存李先生公子以引人入教在座，乃為之解說，不覺愕然面赤，率爾問曰：「黄天香是何處人？」曰：「不知。」曰：「何從得此？」曰：「得之於友人處。」曰：「何不教這僧來這裏面辨？」曰：「此人乃一方知識，現在寧波，何得來此？乞先生出書為辨可也。」曰：「善。」且曰：「吾將治行江右，亦留一篇於此。然吾尚有伏先生等在焉，亦足以與之辨明也。」既而張君告辭曰：「儻先生稿就，湉當過領。」曰：「諾！」隨以《辨學遺牘》一册贈之。後三日往問曰：「書成否？湉特來領。」司閽者拒之不復使入，乃曰：「此僧去歲曾來會中，與辨不勝，發性而去，今又何必來辨？且《初說》中都是他家說話，有何憑據。況自亦有許多我相執著不平之氣，實非欲與我辨者，不過恐其徒歸依我教，故作是說以遮之耳。若與之辨則成是非，故不與之辨也。」曰：「既不與辨，讀買其書得乎？」曰：「我教中書不賣錢者。唯真歸向天主，然後與之一二，不然縱欲求之不可得也。」

據張君親述如此，則見汝非不辨也，不能辨也。不能辨者，蓋義墮而莫可救也。唯義墮而莫救，故詞窮色沮，遁形露矣。然汝不能辨，而余復置之而不辨，則曲直終不分矣。故汝不辨而我必辨之。夫辨者曷憑乎？憑理也；曷據乎？據理也。故以理為憑，以理為據，則以我辨他可也，以他辨他亦可也。今汝但謂都是他家說話，有何憑據？然則我說無憑，汝說應有憑，何不以汝說而辨我乎？汝不能辨，則汝說必無憑，而我說有憑矣。我之所憑者，何也？至理也。至理也者，天下萬世不易之道也。故余《初說》謂汝妄想執著者，以汝不達大道之元，但逐名相，故執天主為天主，佛為佛，衆生為衆生，而不知佛者覺也，覺者悟也，人人覺悟則人人皆佛矣，又何間於天人群生之類哉。故佛無定形，在天而天，處人而人，不可以色相見，不可以音聲求，以其即汝我人人從本以來具足者也。以汝我從來具足者，不自覺悟而乃闢之，非自暴自棄與？今汝反謂余亦自有許多我相執著不平之氣，然則總不必以理論量，唯汝教是從，隨汝迷倒而後謂之無我相與，是大不然矣。夫理直氣壯，理屈詞窮，此必然之勢也。孟氏不云乎：「自反而不縮，雖褐寬博吾不惴焉；自反而縮，雖千萬人吾往矣。」故余謂汝我相執着者據理而斷也，自反而縮者也；汝之謂余我相執着者唐塞之言也，自反而不縮者也。既而則曰：「吾將治行江右，亦留一篇於此，然吾尚有伏先生等在焉，亦足以與之辨明也。」洎其卒也，則謂若與之辨，則成是非，故不與之辨也。噫！俄爾之頃，貌言情態，何變幻錯出之若此也。且汝輩之來倡教於此土也，必確有一定之見，更無二三之説，而後可以約天下之歸趨。如鐘不考不聲，石不擊不光，共相悵恤，深相諍論孰是孰非者，非汝利氏《辨學遺牘》之言乎？今汝又謂辨則成是非，抑何前後彼此互相矛盾者耶？夫天下之理同於大通，大通而後是非泯，是非泯而後諍論息。故我大聖人之嘆一切衆生皆具如來智慧德相者，蓋親證大通之道也。汝既恐辨則成是非，則何不反諸己躬而自證其大通之道乎？自證大通之道，則不見有人我、彼此、勝劣之相，一道平等，浩然大均矣。見不出此，徒詭譎其情形，遮護其短陋，何庸也。且汝有大誡十，其八曰勿妄證。注曰：儻人本無是事，而故誣陷之，如此者妄。

夫余住天童，不踰甬東者五載。其去歲不過武林，江南北之人塗知矣，豈來汝會中，與辨不勝，發性而去者乎？故誣陷人以本末常有之事，妄耶不妄耶？夫余其彰明較著者也，若夫渺茫之地，恍惚之間，其為妄證又安可勝計耶？故余謂汝所立之誡，所述之言，所勸之書皆妄也。汝若不妄，則應與聖賢經常之道互相表裏，何妨與天下之人共知共見，而必欲真歸向天主者而後與之一二也。夫聖賢立言所以載道也，聖賢之言之所載之道者，非一己之道也，天下共相率繇之道也。故《六經》孔氏不以私其家，五千四十八部釋氏不以私其黨己之徒，藏之名山大川，散之通都國邑，聖天子頒之辟雍庠序，與天下之臣民世守之。太祖高皇帝、成祖文皇帝，定為南北二藏，任天下之自信者，請焉弗禁也。唯聞香、白蓮等教，其說妖妄，非人其教者不得預聞。今余又不知汝書果何書，汝教果何教，而謂外人縱欲求之不可得也耶？

崇禎八年九月望日

辨天三說

季秋之望，余《二說》復出，如前致榜武林。而孟冬九日，夢宅張君仍持告天教之堂，坐移時始有范姓者出，乃中國人，蓋遊淇園楊公之門而篤信天教者也。張君具言前事，以《二說》示之。范君接得竟不目，即内諸袖，乃曰：「凡有書出來無不收，然必不答，實告於公，此是教中大主意。」張君曰：「此非釋氏生事，蓋因貴教中言，理無二是，必須歸一，索辨之言，不一而足。且曰辨者吾所甚願也，故天童和尚爰出《初說》，欲與辨論，以决是非。而貴教傅先生又面許辨答，後竟食言。於是復有《二說》，今又曰不答，且曰百說千說，一總不答，何先後矛盾之甚耶？」范君曰：「教中雖有欲歸一之說，然而佛教與天教原是不同，必不可合者。蓋佛教雖重性靈而偏虛不實。唯我天教明言人之靈魂出自天主，則有着落，方是大全真實之教。雖然佛教以天堂地獄教化衆生，而我天教亦以天堂地獄教化衆生。如兩醫者，爾我如病人，隨服其醫之藥，唯期療病而已，何必是此非彼，況又欲合衆醫為一耶？如病不瘥，則更醫可也。」張君曰：「此是病者分上事，夫醫者之理，豈有二哉？」范君曰：「理雖不二，亦未有見病人請二醫於家，使其争論而合為一者。」張君曰：「若是則並行而不悖，胡為貴教著書排佛、毁佛形像，何也？」范君曰：「教門不同，自然要如此闢。」張君曰：「此即以是加彼，彼或以是報此，則終無歸一矣。」范君曰：「然。敝教皈依者，必先與講明天主大義，至再至三，然後受教。其進若此之難，故其出教亦不易。不似學佛之徒，倐爾進倐爾退。故彼欲化我，雖是好心，而我輩斷斷無捨天教而復皈依佛者，不必空費許多氣力。況雲棲嘗著《天説》四條，欲辨天教，尚且不勝，豈今天童更有過於雲棲者乎？」

據張君親持《二説》往告，西人不自面言，而假見我國之范君，且以必不答為教中大主意，藏其貌，愎其詞，凛乎截乎？若示我嚴城堅兵無自而入者，蓋欲以含沙之計，陰肆其鬼蜮之懷。如去歲曾來會中，與辨不勝之説，或矯誣於異日，或捏造於他方，窮其心志，不過以之惑世行奸耳，豈明教辨學之意哉。抑當事者之有憂，余身林下老且死，何必與之計論。第據范君之言，則余又不可以不辨也。范君謂佛教雖重性靈，然偏虚不實。唯我天教明言人之靈魂出自天主，則有着落，方是大全真實之教。靈魂出自天主，且存後論。佛教偏虚不實，余言不足重，則我皇祖《禦製心經序》，蓋論之詳矣，試為范君陳之，皇祖之訓曰：

二儀久判，萬物備周。子民者君，君育民者法，其法也三綱五常以示天下，亦以五形輔弼之。有等凶頑不循教者，往往有趨火赴淵之爲，終不自省。是凶頑者，非特中國有之，盡天下莫不亦然。俄西域生佛號曰釋迦，其爲佛也，行深願重，始終不二，於是出世間，脱苦趣；其爲教也，仁慈忍辱，務明心以立命。執此道而爲之，意在人皆若此利濟群生。今時之人，罔知佛之所以，每云法空虚而不實，何以導君子訓小人，以朕言之則不然。佛之教實而不虚，正欲去愚迷之虛，立本性之實。特挺身苦行，外其教而異其名，脱苦有情。昔佛在時，侍從聽從者皆聰明之士，演説者乃三綱五常之性理也。既聞之後，人各獲福。自佛入滅，其法流入中國，間有聰明者，動演人天小果，猶能化凶頑爲善，何況聰明者知大乘而識宗旨者乎？如《心經》每言空不言實。所言之空，乃相空耳。除空之外，所存者本性也。所謂相空有六，謂口空説相、眼空色相、耳空聽相、鼻空嗅相、舌空味相、身空樂相，其六空之相又非真相之空，乃妄想之相爲之空。相是空相，愚及世人，禍及今古，往往愈墮彌深，不知其幾斯空相。前代帝王被所惑而幾喪天下者。周之穆王，漢之武帝，唐之玄宗，蕭梁武帝，元魏主燾，李後主，宋徽宗，此數帝廢國怠政。惟蕭梁武帝、宋之徽宗以及殺身，皆繇妄想飛昇及入佛天之地，其佛天之地，未嘗渺茫，此等快樂，世嘗有之。爲人性貪而不覺，而又取其樂人世有之者何？且佛天之地，如爲國君及王侯者，若不作非爲，善能保守此境，非佛天者何？如不能保守而僞爲，用妄想之心，即入空虛之境，故有如是斯空相。富者被纏則淫欲並生，喪富矣；

貧者被纏則諸惡並作，殞身矣。其將賢未賢之人被纏則非仁人君子也，其僧道被纏則不能立本性而見宗旨者也。所以本經題云：《心經》者，正欲去心之邪念以歸正道，豈佛教之妄耶？朕特述此，使聰明者觀二儀之覆載，日月之循環，虛實之孰取保命者何如？若取有道保有方，豈不佛法之良哉。色空之妙乎，於戲！

皇祖蓋聰明睿智、開物成務之大聖人也。使先佛之道，無當於理，皇祖豈肯偏黨不公，而獨謂其教實而不虛耶？

夫聖人之道，必折衷於聖人方始歸一而可行可遠，豈聖人之所然，而我反不以之為然乎？不然聖人之所然者，則與聖人之見左矣。與聖人之見左，抑豈聖人之徒哉。范君殆將賢未賢之人，則亦聖人之徒也。聖人之徒必以聖人為師，周公不曰「文王我師」也。若以道論皇祖，則亦范君之師矣。范君不師皇祖之言，而師夫皇祖所未折衷之人，而其人又其心行大有叵測者，蓋亦異於周公矣。況謂人之靈魂，出自天主則有着落，方是大全真實之教，無論其愚迷横計，即一出言之表，立教之端，且不可為訓，而況其拯世而化人耶？何也？靈魂者，蓋生死之大兆也。即我先聖呵為識神者。是亦即世間俗人罪夫見事不清，詆為魂靈者是也。以此為端，以此為表，教可知矣。然則范君與西人蓋全不知靈魂何起，性靈何歸，又烏怪其業識忙忙而作此外道魔説耶？夫唯性始無變易，魂則有動摇，既有動摇則有遊逸，既有遊逸則有起滅，則惑斷惑常，禍且彌運，詎不亦生死之大兆乎哉？納民於生死大兆之中，反尊之為教主，可乎不可乎？故靈魂出自天主，斷然必無之事。今且問范君天主亦有靈魂耶？其無靈魂耶？若無靈魂，天主且屬烏有，何以靈魂出自天主，若有則天主之魂，渾然至善之體，出者既然，則為所出者莫不皆然。今一家之内，一鄉一邑之間，何以智者愚者、仁者暴者，萬有不齊。至於莫可窮詰，而况殊方之外，異俗之人哉。然則天主何不一體同觀，平等化育，乃使其覬有餘、矜不足者之自古至今，相陵相奪而長此厲階耶？偏小虚妄，君當自擇，而真實大全之説，余不知其於義何居矣。若我先聖人之教則不然，明號於人曰：奇哉一切衆生，皆具如來智慧德相。但以妄想執著，故不能證得。據其皆之意，豈非大者乎？據其具之意，豈非全者乎？據其人人皆具本有之性靈而告之，則盡虛空徧法界之類，無乎不合，無乎不同，豈非謂之至大、至全、至真、至實、至公之大道者哉。昔者我大聖人之既證此道也，復大觀乎群生生死往復之元，廣而導之，誨而不倦。故上極成其聖道，下極諸趣苦樂之相，莫不示其所以然。如良醫之治疾，明其證候，示其寒熱，投之以劑，無不霍然者也。

夫天堂地獄，蓋衆生業力所召，非夫病者所受之症候，所感之寒熱乎？而天教唱言，皈依者昇天堂，不則地獄而已。簧鼓愚民，欣上厭下，捨此趣彼，則已以病而加諸人矣。反以兩醫為喻，抑何其自昧而昧人耶？故范君謂佛教以天堂地獄，教化衆生者亦妄也。佛蓋知夫天堂地獄之所繇來，故立戒定慧之教，引而出於昭曠之原耳。何也？一切衆生所以輪轉三界，流浪四生者，蓋業感為其累也。業感之累，始於妄想之所因。妄想之因，始於不達本性之故。以其不達本性，著於前境，緣境為識，循識為業，繇業得報，故有六道種種差別之異果。果識為因，熏發現行，而輪迴於是乎不息矣。然此如如正體，無始無終，不自天來，匪從人得，故曰無所從來，亦無所去，故名如來。但迷之則生死始，悟之則輪迴息，使天主苟不自悟，則亦浮沉三界之人耳，烏能以靈魂與人哉。使三界之人而苟自悟，則不妨隨處作主，遇緣即宗，在天而導夫天，處人而導夫人，非夫天人而命夫天人。命夫天人者，而天人無以命之。然則所謂天主者，蓋名也虛也；而名乎天主者，非虛也，本性之實也。本性之實，則無物不同，無物不然。然自得其然，非有所以使之然；同自得其同，非有所以使之同。無使而同，是之謂大同；無使而然是之謂大然。窺之不見其際，探之莫測其源，包乎天地，貫乎古今。精日精月，靈鬼靈神，出入乎死生，主張乎天人者，而天人烏得而主張之哉。出入乎死生者，而死生烏得而出入之哉？至哉妙乎，本性之實也。范君不務本實，徒羡虛名，執妄想之空相，而甘心於天主天堂之樂，非皇祖所謂為人性貪而不覺，而又取其樂者乎？愚及世人，禍及今古，洋洋聖訓，臨爾有赫，奈何其不懷明畏，乃有所隕越耶？無論三界無安，猶如火宅。范君不宜俾晝作夜，畏日趨冥。然天堂亦非倖至之鄉，未有身行十不善道之業，而能高距六欲之境，而況其四禪八定者乎？故曰五戒不持，人天路絶。夫身有不善業者三：曰殺，曰盜，曰淫；意亦有三：曰貪，曰嗔，曰痴；口則有四：曰妄言，曰綺語，曰兩舌，曰惡口，皆絶人天之路之業者也。而殺盜淫為首，殺尤首矣。貪嗔痴則其所自起者也。范君既謂天教亦以天堂地獄教化衆生，而反恣情縱欲，謂一切衆生固當食噉。蓋天生以養人者，天何頗耶？害性命以育性命，天道至仁豈然乎哉？唱如是説者，不過以口腹者，乃生人之大欲存焉。投其所欲以要人耳，行地獄之因，希天堂之果，豈非天堂未就，地獄先成者乎？據是則身行明示，尚乃如此。如謂必先講明天主大義，至再至三，然後受教，其進若此之難者，則余又豈能測其講明何義，而非私傳暗授不可知之説者乎？

夫教者導也，所以導人而證道者也。故非道莫導，非千歧而一致、萬類而一得之道，不可以為道。性命之道，千歧而一致，萬類而一得者也。何人無性，何人無命，聖人無性命以與人者也。導之使各證其本有皆具之性命而已。以性命為教導，則亦以迷悟為進退。悟者為進，迷者為退。然悟亦無所得、迷亦無所失，故進亦無方隅，退亦無處所，總天下萬類之含靈、唯日進退出入於性命之中，聖人慮其昧而不覺也。故多方而啟迪之，於是乎有權教焉。有實教焉。實之所以示頓也，機之所以示漸也。漸者，漸見此道也；頓者，頓悟此理也。頓漸之示，機之所繇別也。權也者，有顯權，有冥權。聖人顯權之則為淺教為小道，與其信者為其小息之所也；聖人冥權之則為異道為他教，為與善惡同其事，與夫不信者廣為其方便得道之緣也。是以道妙天人，而天人莫能測者也。然則聖人之道之教，固已彌綸三際，磅礴萬有者矣，豈以從己者為私人，而徬徨於進退得失之間哉？

夫余所以與天教辨者，非求勝之而使人之從我也，畏夫人之不知道而昧己也。昧夫己則逐夫物矣，逐夫物則妄念生焉。未有妄念動於中得為仁人君子，而不罹夫殞身喪富之禍者也，何也？覬夫人，矜夫己，而不悟平等之理也。不悟平等之理者，不達本性之實也。達夫本性，則無欠亦無餘，無智亦無得矣。以無所得故無所求，非無求也，求自本心而已；非無得也，得自本性而已。所以先德云不著佛求，不著法求，不著僧求，嘗禮如是事，則皈依之義蓋可知矣。故范君謂余彼欲化我，雖是好心，夫子之說君子也，余豈敢當哉。謂我輩斷斷無捨天教皈依佛者，無乃駟不及舌歟？

夫佛者覺也，覺盡本性而無餘覺者也，故名大覺，亦名正覺。其覺也非一己之覺也，與萬靈同禀是覺，而特先證其覺者也。人不禀是覺，則無是人矣。物不禀是覺，則無是物矣。范君不禀是覺，則無是范君矣。無人無佛無范君，則天地世界且空荒絶滅矣，誰為名天名物名教化名歸依者哉。夫范君即今能藏竄范君乎？范君能回避范君乎？如不能藏竄，不能回避也，則范君行皈依佛矣，范君住皈依佛矣，范君坐卧皈依佛矣。自有范君以來，固無劫無生無時無處而不皈依佛者也。乃至謂斷斷無捨天教而復皈依佛者，亦皈依佛矣。魚龍死生在水而不知水，衆生終日在覺而不知覺，可不謂大哀耶？惟人有覺而不自證其覺。有大聖人者，先證我所同然之覺，復不敢自私其覺而欺夫人之不覺。實而示之，權而教之，多方淘汰而啟牖之，必使其超然契證，直趨乎真際而後已，聖人何如心哉？聖人何如人哉？我與聖人同禀是覺，而不自知其覺，則我之負於人多矣。復不欲夫聖人之我覺而狎之侮之排之毀之，則是欺夫聖人矣。聖人與我同覺者也，欺夫聖則欺夫自矣。自不可欺而聖人固可欺乎？今閭巷之人，欲以言而辱人，必亦思曰：彼福德人也，不可辱也，辱則折吾福矣。

夫佛者聖人之聖人也，以非死生而示死示生，以非天人而示現天人，與物同然而莫知其所以然，豈古神靈睿智博大盛備之聖人乎？視閭巷福德之人為何如哉？然則毀者之不特折福也明矣。余蓋重有憂焉，故不敢以不辨。若夫范君謂余豈今天童更有過於雲棲乎者，則斯言也殆庶幾夫其近之矣，何也？一切衆生皆具如來智慧德相者也，豈余有過於雲棲，即極古之聖者神者，謂之盡其性則可，謂之過夫人則不可也，范君不聞乎？孟子曰：「何以異於人哉，堯舜與人同耳。」故余盡觀大地，無人不同，無人不合，所以不敢欺夫西人卒惓惓與辨者，豈有他哉？正欲共明此無過夫人之一事耳。西人惟求過人，遂忘當世有不可欺之賢哲，自心有不可昧之寸靈，一味誣人以顯己，飾詐以驚愚。如范君謂雲棲嘗著《天説》四條，欲辨天教尚且不勝，至謂余亦不必空費許多氣力之類是也。夫印土被難，奘師救義，況利集馳遍計之説，雲棲無義墮之詞乎？所不滿余意者，第未折衷於群生皆具之性本耳。然亦就機而談，即事而論者也，豈能盡雲棲之萬一而遂謂之不勝耶？且問范君，利氏曾與雲棲面質乎？曾與雲棲往復難問乎？概夫未之聞也。及按二人卒化之年，則利氏先雲棲五載矣。雲棲以是春出《說》，即以是秋入滅。說未出而預辨，何物鬼魑得能譸張為幻耶？子曰：「視其所以，觀其所繇，察其所安，人焉廋哉。使范君與天下之人之從之者之皆審此意也。詎不勝於余之辨之也夫。余蓋終以是意望夫范君與天下之人之從之者。

崇禎八年十二月八日

證妄說

雲棲弟子張廣湉筆證

天教中刻有《辨學遺牘》一書，乃辨吾雲棲《天說》四則而作也。考雲棲出《天說》時，西人利氏已歿五載，不知此作出自何人之筆，而偽云利氏所辨，讀之不勝驚嘆。今據事直證其誣，緣彼文繁不能盡録，僅將偽跋刻列於首，願相與共證之。

予視沈僧《天説》，予甚憐之，不意未及數月竟作長逝耶。聞其臨終自悔云：「我錯路矣，更誤人多矣。」有是哉此誠意所發，生平之肝膽畢露，毫不容僞也。今之君子所以信奉高僧者，以其來生必生西方净樂土也。西方錯路乎？彼既認爲非，高明者宜捨非以從是，否則不爲後日之蓮池乎？噫！予讀此書，津津有味乎其辨之明，亦惟恐衆生墮此危池耳，又豈得已而述耶。彌格子識

乙亥秋月，有禪客從四明來，出天童和尚《辨天初説》見示。予因持往天教堂中索其答辨。時彼堂中稱傅先生者出會，贈予《辨學遺牘》一帙，内載利先生復虞銓部書，及利先生復蓮池大和尚竹牕《天説》四端，後有凉庵居士《跋》。予正駭且疑，適禪客復持閩中所刻《遺牘》，又增有彌格子一《跋》，更誣先師錯路誤人之僞語。予益歎其荒誕怪妄，不得不即其所説之誣，而一一直證其奸也。按先師《天説》三則、《天説餘》一則，皆《竹牕三筆》篇末之語。篇首先師自序，識其歲月乃萬曆四十三年乙卯之春，刻成未印。而先師以是年七月初四日圓寂，以後方漸流行。閱彼教中所刻《利子行

實》，蓋瑪竇先於萬曆三十八年庚戌四月已没，而同侶龐迪峨等《乞收葬骸骨疏》文，亦稱瑪竇於萬曆三十八年閏三月十九日，年老患病身故。準二説去先師著《竹牕三筆》之時，相隔五載。安有未見其説，而先為立辨之理？先師序文紀歲，《瑪竇行實》亡期，昭然顯著，有目共見者，猶乃公然欺妄，況且他乎？

彌格子《跋》云：「予視沈僧《天説》，予甚憐之，不意未及數月竟作長逝耶。」據此數句，彼亦自供《三筆》為先師臨歿之書矣。夫乙卯前既無竹牕之《三筆》，而庚戌後何有鬼籙之瑪竇哉？此其脱空之謊一也。彌格子《跋》又云：「聞其臨終自悔云：我錯路矣，更誤人多矣。」嗟嗟！先師無此語，莫謗先師好。先師臨終一段光明，預期告滅，示寂之日，縉紳雲集，僧俗環繞，遠近奔赴者肩摩踵接，室内外滿逾千衆。予時亦在室中，共聆囑累之言，静聽末後之訓，念佛面西而逝。彌格子於親見親聞者之前，造此無根妄語，不知其欺心幾許。況此跋刻於閩中，而浙板無之。蓋謂可以欺千里外之閩人，而浙中之耳目難掩耳。先師西逝至今二十餘年，而此《辨牘》始出，其不敢出於當年而出於近日者，彼將謂親炙者物故必稀，吠聲者隨波易惑耳。因知答虞德園先生之書，亦屬烏有先生之作矣。此其脱空之謊二也。彼僞答《竹牕天説》中云：「不佛者置之不辨，亦非度盡衆生，我方成佛之本願。」又云辨者吾所甚願也，鐘不考不聲，石不擊不光，又云相與商求，是正其索辨之語，層出疊見。予因是持天童密雲和尚《辨説》，至彼堂中示之。彼傳姓者出見，面許立論相答。三日後往，乃以不可答見覆。明是理屈詞窮，而託言唯喜面談，不欲筆戰。蓋以筆戰則徵實而難遮其醜，面談則駕虚而易飾其奸，黔驢之技止此矣。且云密雲曾來會中辨論，負墮拂衣而去。夫密雲和尚，當今尊宿，與人談話，聽者如雲，一有語言，即時抄録傳誦。何嘗有私相論議不為人所見聞之時也耶？今有辨不答，自語相違，此其脱空之謊三也。即此三節，而其他無稽欺世處俱可得其大概矣。

予雖不慧，不忍目擊訕謗之語，貽誤後世，重獲罪於先師，故以俚言發其虚罔，使人知其可笑不可信如此。若其教之鄙猥淺陋，侮聖惑民，自有明眼大手筆起而闢之，非予之所敢任也。

天童密雲和尚復書

讀來教知門下願力生然，真法門牆塹者也。《證妄說》尤深切著明。何物奸回復能伸其喙哉？若貧道寥寥數言，不過略提大概耳。

唯一普潤禪師跋

天教之徒，為書與跋以誣雲棲二十有餘年矣，卒無與證者，故人多惑其說。而居士乃立言以證之，人皆曰白雲棲之誣者，居士之說之力也。嗚呼居士之說，將為天下後世之人耳，豈直為夫雲棲而已哉。不然雲棲之德純如也，不可誣也。尚奚取白於二十餘年之後哉。為說於二十餘年之後者，政慮夫天下後世之人猶惑其說而莫之返也。

證妄後說

西人誣罔先師，余作《證妄說》辨之。《說》甫出而議者謂雲棲弘濟利生之德，昭如日麗中天，人孰得而掩之。彼誣謗者徒自污耳，何足以損其光明哉？矧於無德無名，人既不重，言奚見信，胡不聞古德云一切是非莫辨之說耶？子烏用是喋喋也。余從容應之曰：子言誠是，但知其一不知其二，所謂鬬諍是非不可有，邪正是非不可無，況有關於法門者乎？子豈不見先師《竹牕隨筆》中禪餘空諦之辨乎？請為子誦之。先師謂吳郡刻一書號禪餘空諦，下着不肖名曰雲棲某著。刻此者本為殖利，原無惡心，似不必辨。然恐新學僧信謂不肖所作，因而流蕩，則為害非細，不得不辨。今天教之徒，偽刻辨跋，暗布遠方，貽訛後世，使見理不真者，誤信其說，陷入邪見網中，其為害何止流蕩而已也。鄉愚不具信根，那同新學之僧，況其設奸捏誣，又非本為殖利而無惡心者比，則余證妄之說豈得已之述哉。子更不見夫先師《答虞銓部書》云：「儻其說日熾，以至名公皆為所惑，廢朽當不惜病軀，不避口業，起而救之。」又《三筆》中云：「現前信奉士友，皆正人君子，表表一時，衆所仰瞻以為向背者。余安得避逆耳之言而不一罄忠告乎？」又云：「儻余懷妬忌心，立詭異說，故沮壞彼主教，則天主威靈洞照，當使猛烈天神下治之以飭天討。然則先師居恒未嘗不以此切切焉者。」德園先生著《天主實義殺生辨》，末亦云：「雲棲師嘗言諸君若皆信受，我將著《破邪論》矣。」緣先師在日，彼倡教立説，尚無如此之熾；而趨從之者，亦無如此之盛。今其説日熾，而其徒日昌，且公然妄言僞揑以誣罔我大師矣。嗚呼師今已往，邪信日多，余安得起大師於嘗寂光而復作之也。傷哉！昔明教謂韓子譏沮佛教聖人太酷，吾嘗不平。比欲從聖賢之大公者，辨而裁之，以正夫天下之苟毀者而志未果。然今吾年已五十者，且鄰於死矣，是終不能爾也。吾之徒或萬一有賢者，異日必提吾書貢而辨之，其亦不忝爾從事於吾道也矣。今之從遊於吾雲棲門下稱賢者多矣，寧無念師恩繼師志者起而辨之乎？

夫一夫不獲，若予陷之，儒言也，我佛稱天人師，具大慈大悲等視衆生猶如一子。所以阿贊楞嚴會上贊世尊云，若一衆生未成佛，終不於此取泥洹。是則學佛者當心契佛心，行合佛行，以承佛志，以紹佛願，何乃高視空談而謂一切是非莫辨耶？今子是莫辨而非有辨，當下分别宛然。是非蜂起，一切莫辨之説將誰欺乎？《梵網經》云：「聞一謗佛音，聲如三百矛刺心。」今稱大僧者，誰不秉梵綱之戒。若知佛即我師，師即佛等，寧忍聞其謗而恬然無動於中乎？子既安忍無動，而又議予之喋喋也，何哉？或者曰西人蓄謀叵測，子發其奸，寧不畏其禍。余應之曰：彼守邪因之教，且聞其能循教以死天。余奉正真之道，獨不能抱道以死佛乎？況禍福關於前因，生死繇乎定業，余籌之熟矣，西人何能吉凶我。然余於天教之人，亦何有仇讐嫉忌之心哉？念彼離國遠來，鍊形攝養，欲人去惡為善，以敬天帝，亦無不可者。而無奈執性顛倒，妄計邪因，不得佛意，即據所立之規誡尚不及舊醫十善乳藥之正木，又何知客醫八種破舊之遠方術。舊醫乳藥大經，猶呵為其實是毒，矧兹非乳之邪。彼徒知為善昇天，而更不知昇天必修十善。十善者，首不殺生，謂凡有生命者不得殺。彼十誡之五曰毋殺人。夫殺人者死，我國中已有著令，何藉彼今日遠來指出也。智愚莫不知上帝好生，而我國中歷代聖人亦莫不好生。或解網或畜池，或釣不網不射宿，或遠庖厨不忍食聞聲肉，或戒折方長，種種仁慈，悉難盡舉。而彼教謂禁殺牲大有損牧牲之道，牛馬等受終身之患，不如殺食止一時之痛。噫！是何忍心害理之說，一極此也。種地獄因，希天堂果，斷斷必無之理。即此一誠以見大端，餘何暇盡摘其疵，縱彼倒執超情，何能出一切智神通韋馱等六師三種外道之見，況萬不及一乎？教中謂寧願如提婆達多之永墮阿鼻地獄，不願同鬱頭藍弗之生非非想天，以懼邪見故耳。雖然在法華開顯之時，三乘五乘、七方便九法界，均得會歸於圓乘一實之諦，何棄乎彼教之不我類也。獨怪夫僞造污言，誣謗三寶，自執一主之尊，以惑世殃民耳。然三寶乃人人自心本有者也，其可謗乎？謗之適足以自損，於三寶何傷也。苟達三界惟心萬法唯識，不自執其膠固以欺其心。則余將虛其中而聽其教焉，又烏用是喋喋也。今無奈彼執情不化，止可與結毒鼓緣以遠益之耳。悲夫。

附緇素共證

先大師示寂，緇素駢集數萬餘指，諄諄以專修凈土莫改題目為訓。當時在會入耳銘心者，非止賢一人也。至於《竹牕三筆·四天說》，係大師臨滅之年始出，而西人利氏已先卒化五載，安有說未出而預辨？何物鬼魎捏此虚誑妄語，欺世誣民，即鄉愚稍樸茂者尚不忍為，況欲移風易俗以行其教乎？夢宅居士《證妄説》直發其奸詭，真法門功臣，雲棲掙子也。

雲棲後學釋大賢題

聖朝破邪集卷第八

鹽官居士徐昌治覲周甫訂

統正序

憶予曩謁霞城大座師許於華亭，知有天主教來矣。時邑之縉紳士庶，口自操刃，攻之若寇，日訟於郡公縣公者，人不啻萬億計，狀不只千萬張。緣以暴銀金多，攀接貴介，不肖利其有者亦稍稍作寬活套子，聽其自去。此予目擊其事也。今夏月謁瑪石王父母師，轉任閩之建安，并仝詹月如年兄任甌寧，復聞有天主教之寓於建寧也有年矣。建邑之士其高期聳拔者，莫不以鄒魯之邦自任，豈小醜能亂哉？且屬名儒梓里，儀型不遠，然其中不無仁智。百姓受其狂惑，毋怪乎小道可觀也。以況雲間之訟之者則未之有矣。蓋其俗天性惇厚，不欲以非理繩人，誠先賢過化之區，而詩書源長，即此輩亦不能生事耳。雖然學必以正為宗，一切吊詭皆可坐在左道之誅。況以夷人亂華，《春秋》首嚴，而儒不儒、釋不釋、道不道，獨標名曰天主教，則更為左道之尤乎？此閑先之力，予所以與雲間許老師諸人有同心自不甘没没也。偶因訪盟社李猶龍兄，暨楚桃源上官法護先生，得拜費隱禪師大和尚《性命正解》，并諸公闢邪諸説。因知三教聖人尚存人間，此正其轉身説法時耳。凡切吾徒衛之不可不力，聊以一言辨之於首，非好辨也，以待後之學者大肆斧鉞，吾道幸孔。

崇禎九年夏月臨川劉文龍雲子甫著

原道闢邪説

寓黄檗釋費隱通容著

揭邪見根源

按利瑪竇邪見，妄著《天主實義》一書，列為八篇。而首篇論天地萬物布置安排，皆繇天主所生。論至天主，則曰天主之稱，謂物之原；如謂有所生則非天主也。物之有始有終者，鳥獸草木是也。有始無終者，天地鬼神及人之靈魂是也。天主則無始無終，而為萬物始焉。據此便是利瑪竇妄執無始無終，為天主之邪見根源矣。殊不知此無始無終，正是吾大道之元，亦是吾全真之旨。且此全真之旨，人人具足，大道之元，個個不無，在聖無增，處凡不減，抑亦在天而天，在人而人，至於物物如是，法法亦然，固無二一，無二分，無別無斷，故悟此謂之聖人，迷此謂之凡夫，要且凡夫之與聖人初無二致。如是則聖凡靡間而物我匪虧，顯見大道之元無彼無此，全真之體，無始無終，一道平等而浩然大均矣。蓋瑪竇不悟此意，專用心意識，向天地萬物上妄自推窮計度，以心意識向天地萬物上推窮計度到虛玄深邈處。自家體貼不來，便妄執有個天主，具無始無終之量，能育天地，健生萬物，而萬物則有始有終，謂鳥獸草木是也。有始無終則天地鬼神及人之靈魂是也。惟天主無始無終，能制造斡旋，且指物比類，要人欽奉遵守，而矯為過高之論，卑劣今古聖賢，指人都無有主，而引誘多方，黨於邪見，假詞擊難，辨駁繁端，不啻枝上生枝而蔓上生蔓，興如此煩碎之辨，正眼觀之，何益於事。所謂毫釐之差，有千里之謬，信不誣焉？或云人物鳥獸與天地鬼神，如何見得是無始無終之旨耶？曰前已聰明，今又復問，姑分二說。一者因人契證，以顯人物天地及其鬼神，俱是無始無終底意耳。就當人心念上，返照窮元，則過去心念無有，而未來心念無起。現在心念無住，三際既無，則心念全無始而亦全無終矣。如心念既無始而又無終，則身體脱然無繫，亦無前後三際，了無生死去來，直下披露無始無終，即色身五藴，完全解脱，而大道全真，備在我矣。既人人返照窮元，契無始終，則草木鳥獸、天地鬼神，當前廓爾，邈無形跡。便是草木等類，全無始終而顯大同之旨也。且草木自不云草木，鳥獸自不云鳥獸，天地自不云天地，鬼神自不云鬼神，皆是當人識心分別，見有差殊；若無識心分別則頭頭是道，物物全真。故《楞嚴經》佛對阿難云：「汝今諦觀，法法何狀？」正此之謂也。又馬祖云：「凡所見色，皆是見心。」亦不外此意。又玄沙禪師，一日於斫柴次，見一老虎面前，傍僧云：「和尚虎。」玄沙云：「是汝虎。」玄沙歸院，傍僧問：「適來見虎云是汝，未審尊意如何？」玄沙云：「娑婆世界有四種極重事，若人透得，不妨出得陰界。」可見無識心分別，則物物契同，縱猛虎當前，亦無可懼矣。又天何言哉？四時行焉，百物生焉，則天亦無識心分別，故能行四時生百物，而與四時百物，冥相溥洽，更無缺悖者矣。又鬼神之為德，其盛矣乎？視之而弗見，聽之而弗聞，體物而不可遺。夫鬼神既非視聽可及，又能體物不遺，則鬼神亦無識心分別，而其德固為盛也。且孔子推鬼神之德如此之盛，而瑪竇謂有始無終，豈其宜乎？然則鬼神天地鳥獸草木，雖因人契證，顯其無始無終，要且自性如是，而亦自離意言境。故經云諸法不自生，亦不從他生，不共不無因。是故説無生，無生之體渾然一致，默識心通而與契合，無容妄想執着擬議，分別於其間矣。二者以明天地人物及其鬼神，不因人證，本來是無始無終，全無間隔之差，且據實約多廣而論，則虛空無盡，而所包世界亦無盡，以所居衆生亦無盡，乃至天地鬼神、草木鳥獸悉皆無盡，不得而數量之，以虛空無有邊際，則凡所有物悉無邊際。法爾如是，非是强為使之然也。又據實約久常而論，則虛空無終始，而世界亦無終始，衆生亦無終始，并及天地鬼神、草木鳥獸悉無終始，覓其終始起伏，了不可得，以顯虛空世界，一切衆生及天地鬼神、草木鳥獸，同時同際，無分前後，永久常存，熾生不息。蓋亦不期然而然，非使之然也。然我土傳説，謂盤古之時，始有天地人物等類。而盤古之前，無有天地人物一切等類者。此據理推之，係一切衆生情分召感，以成生息始終之道。正我佛説隨一切衆生差別之性。故有成住壞空之劫不同。至於纖悉之物，皆具此劫。劫數因緣，載《藏經》「惡」字函起。世因本經内住世品備悉。又據理推之，世界有多多無盡，則此世界成而彼世界壞，彼世界住而此世界空。空而復成，成而復住，住而復壞，亦不期然而然，勢之必然。非此世界壞而彼一切世界悉皆壞之也。如是則盤古之前，無有世界人物。據我娑婆世界之説，非極空際所有世界悉無之也，理亦明矣。譬如一州城市，自有方隅。據方隅中，俱有屋宅，毋論一隅。屋遭回禄，一回禄後則屋又仍依襲始造。據始造中又有最初第一始造之者。就最初第一始造之者，比一物之始生而後依襲多生。一物如是，衆物亦然。此便是喻利瑪竇妄執天地人物及草木鳥獸有最初始生之謂也。然各方隅中，所有屋宇，有遭回禄及不遭者，喻之劫數有住有壞，此約别分，以明天地萬物有始有終也。一州縣中城市屋宇，望之儼然，無有燬者及不燬者，喻之極空。所有世界終古象立，無有壞者及不壞者。此約同分，以明天地萬物無始無終也。以同分言而該多廣衆博故，以别分言而就約略窄狹故，總以同分明之。虚空無盡，衆生無盡，世界無盡，乃至天地萬物悉皆無盡；既皆無盡，則無始無終；既無始終，則天地萬物皆無始終，而衆生世界，亦無始終，乃至極虛空際凡所有物悉無始終。如是則縱目所觀，縱手所指，物物頭頭，事事法法，本來無始而本來無終，自具大道之元，全真之旨，又會而歸之。總備當人自心顯為一體焉。今略比明，蓋當人有心思及一物，則一物可知可見，并及可聞，一物不思則不可見，亦不可聞，并不可知。類而推之，一物如是，衆物亦然，乃至一世界如是，多世界亦然。既爾則一人有心一世界現，多人有心多世界現。無多人心無多世現，一人無心無一世現，如是則世界之廣多，事物之彌盛，總在一心包羅該博，無一法而不具攝者。故孟子曰：「萬物皆備於我。」子思曰：「致中和天地位焉，萬物育焉。」程子曰：「放之則彌六合，卷之則退藏於密。」《經》亦曰：「心生，則種種法生；心滅，則種種法滅。」又云：「心也者，總持之大本。」萬法之洪源，不可以知知，不可以識識。知莫能知，識莫能識，默契其旨，存乎其人也。又於此當立三支比量，以防外道毀法之謬。

蓋西域菩薩與外道論義，要顯三支齊備則義勝許立。若宗因喻三支不齊，或宗與因相違，而因與宗相違，而喻與宗因相違等，皆不能立，自墮赤幡之下，甘倒著衣而出。或自斬首立誓，以見法有輸勝故也。今初立量以先明天地萬物，皆是無始無終，為道原全真，故此當先立量云。大道全真為有法，天地萬物具該為宗，一於無始無終為因。同喻如虛空，以虛空亦綿亘不斷，無有邊際。而具該萬象，故異喻如龜毛兔角，以龜毛兔角本無所有，異於無始無終，不能與萬象具該也。次當立量，以萬法會歸唯心，則立量云唯心為有法，萬物具備為宗，亦以無始無終為因。同異二喻，一如前例，茲不煩贅。且瑪竇妄執有天主獨具無始無終，而生萬物為有始有終，理甚乖舛，誠不足信，試以辨明。蓋萬物既有最初始生之時，則最初始生之前，無有萬物。既無有萬物，則必彼時天主能生之功，亦必有滅有終，以因天主能生之功，有滅有終，故顯萬物最初始生之前無有。既彼時無有能生之功，又無所生之物，則顯無有天主，唯一混沌空晦而已。照如前論，衆生召感混沌空劫是也。而瑪竇不悟，錯認妄計為天主，以具無始無終，寧不邪謬之甚乎？且伊既謂天主具無始無終，則應智能體用，悉無始終，方顯為全智全能，有健生不息之道。若有間隔空缺於其中，則非是健生不息之道，亦非全智全能之理，而亦愈顯非具無始無終之體量也。譬如虛空該羅萬象，無時間離，而亦無可逃遁。直與萬象無始無終，方稱全功。豈有天主具無始無終為全智全能，而獨生物有間有缺，有滅有終乎？然則據伊妄計天主，錯認雖多，不用盡究，就此最初生物一端，反復辨論。理窮於是，顯見無有天主，明而且著，誰有智者受伊外道之所惑哉。又縱伊謂天主則無始無終，而生物謂有始有終。今以三支比量照破，宗因相違，誠外道法，固不能立，理無可信也。於此當立量云，天主為有法，能生有始有終鳥獸草木為宗。自以無始無終，非所繇生為因，同喻如龜毛生物，以龜毛非所繇生。本無所有，則無生物之理。既無生物之理，則因與宗相違，而亦宗與因相違。既宗因相違，則伊所立天主之義不極成矣。唯是自法相違，矯亂不一者，異喻如人生。人以人同人類，故異於無始無終，非所繇生之天主，生出有始有終之鳥獸草木也。智者於此推而鑒之，則知伊之妄計天主，固為無根之談也。然瑪竇全不省天地萬物備於自己，而自己與天地萬物具足無始無終，本來者一着子，向天地萬物之外，妄執有一天主獨具無始無終，誠為邪見外道也。蓋不信大道本來具足，向外別立有法。名為外道，不見大道本來自具，妄見別有一法為之企慕，名為邪見，故命名曰《揭邪見根源》。然則其書聰明是邪見，而稱《天主實義》者，正是妄執有天主為邪見之實義，則其書當叱為邪見書云。

揭邪見以空無謗佛

邪書第二篇，假以中士謂吾中國有三教，各立門户。老子謂物生於無，以無為道。佛氏謂色繇空出，以空為務，此亦見瑪竇外道，不識我佛單闡無始無終，全真大道為究竟，妄以空無生物謗我佛矣。殊不知我佛以無始無終、全真大道，演為一乘實相了義之法，為之開示，令人悟入。且一乘者何？乃實相常住之法也。此實相常住之法在於何處？就現前天地萬物，縱目所觀，縱手所指，頭頭就位，物物天真，從本以來是實相常住之法。物既如是，人亦復然。故《法華經》云：「是法住法位世間相常住，以事事法法住於本位，則天住天位，地住地位，日住日位，月住月位，人住人位，物住物位，既各相住於本位，則本位即是無始無終實相常住之體，既是實相常住之體，則顯天相常住而地相亦常住，日相常住而月相亦常住，人相常住而物相亦常住。既都是常住，則天地萬物、古今物理，皆一乘實相常住之法也。且此一乘實相常住之法，從本以來，非空非有，非因非緣，非自然性，四句既離，百非並遣，口欲言而詞喪，心欲緣而慮忘，直得出乎心思言議之表，默契於斯者，可謂悟入實相常住之法矣。夫如是則目前色色物物，豈從空出耶？若從空出則終歸於空，豈得謂之實相常住乎？既非空出，則是汝妄言謗佛，謂色從空出，義固墮也，以空為務，義亦墮也。空能生物，義亦墮也。汝義既墮，則汝此篇說話辨論窮詰皆妄言也。汝謂二氏之徒，並天主大父所生，則吾兄弟矣。譬吾弟病狂顛倒怪誕，吾為兄之道，恤乎恨乎？在以理諭之而已。觀汝不達全真道元，妄執有天主，則汝是邪見外道，豈我佛為汝兄弟乎？汝既邪見外道，正病狂顛倒怪誕，至無窮劫，未有返日，我今且不恤汝，亦不恨汝，但以全真元道之至理喻汝耳。汝之夷輩，其亦知返乎？汝又謂堅繩可繫牛角，理語能服人心。觀汝不達全真道元，妄執邪見，則如野牛妄奔妄觸，無有休日。我但以元道正理為堅繩，亦可繫汝邪見之牛角。且不計汝服不服矣。汝又以虛無為賤，以天主為貴，是汝既不達實相常住之理，妄謂佛教是虛是無。如謂之虛，汝自妄虛也；謂之無，汝自妄無也；謂之賤，汝自妄賤也。又何能浼瀆於我佛乎？汝又謂試以物之所以然觀之，既謂之空無，則不能為物之作者模者，質者為者。我教既非空無，是汝妄計為空為無，誠如所言，不能為物作者模者，質者為者，此是迷空情現，蓋見汝自敗露矣。然汝既不達大道之體，人人本具，物物全真，妄以空無作此反復辨論，欲取勝於佛，吾知汝不能取勝，特自取敗，抑亦自無自空自虛，汝若是誠是有是真是實，決不自甘作此無主孤魂，計心外有一天主，百年之後，往彼依附，使一切人都作無主孤魂，悉如汝者，真所謂業識茫茫，無本可據也。或云色繇空出，以空為務，瑪竇亦有所憑，未必臆說。曰縱有所憑，亦不過我家小乘偏計色空之謂，非是我佛一乘實相之談。然瑪竇未曾備覽佛經，唯跡朱子《大學》之序，謂異端虛無寂滅之教，其高過於《大學》而無實。且朱子亦不曾備究佛經大乘實相之旨，不過涉獵見聞，影響附會於其間，便以為然矣。然朱子一言之錯，而瑪竇據以為憑，醜婦效顰，轉見其陋，邪蔓引蔓，不可勝長，凡我金湯固當剪除云。

揭邪見不循本分以三魂惑世

邪書第三篇內，假以中士謂誰有安本分而不求外者，雖與之四海之廣，兆民之衆，不止足也，愚矣。此亦見瑪竇自昧全不知悟。蓋伊既妄計心外有天主可慕可修，可剏業於彼，便是不循自已本分而向外馳求，終竟無有了日，反説他人誰有安本分而不求外者。見倒惑生，理固然也。始不知人人所固有者，曰本心，曰本性，曰大道，并形所繇來者，今古聖賢莫不於此盡心性焉。故以斯道以覺斯民，百姓安而君王治，故君王富有四海不以為多，兆民之衆不以為盛，不謂不止足，抑亦非愚，蓋分所固有也。匹夫之窮，一簞食，一瓢飲，雖居陋巷，不改其樂，終不外慕，蓋亦自安其分也。使人人各安其分，則上下和睦而四海晏然，天下於是太平矣。如是則君安君位，臣安臣分，而百姓庶民悉皆安分。既皆安分，則道流德化於其間，固不外乎當人自心與自性也。然則瑪竇迷於本心，失於本性，理必悖常逆倫，致君為愚，使臣不忠，而上下不和。凡天下之事，悉皆倒置，必自利瑪竇輩向外多事，不循本分之故也。伊又謂然則人之道人猶未曉，況於他道。而或從釋氏，或繇老氏，或師孔氏，而折斷天下之心於三道也乎？夫明其心，盡其性，不假於外，則人道備而釋氏同，老氏契而孔氏貫。且此三者，一猶三，三猶一，如寶鼎之三足，摩醯之三目，不期然而自然，能復天下之心無有遺逸，何斷折之有？瑪竇誠異於此，昧却本心，妄求於外，則人道固未曉，抑尤迷於釋氏，而老氏孔子全未夢見。故謂折斷天下之心於三道也，不亦宜乎？於此亦顯見瑪竇將儒教與釋道並棄，不在伊目，豈孔子為萬世師，一旦被此邪見所蔑，而明鑒君子，當與排擊歸於正理，是急務也。又以三魂作多方辨論，惑世誣民，其害不一，試以聖言量破之。孟子曰：「形色天性也，唯聖人然後可以踐形。」夫踐形者，就其本體當然之理，全真默踐，合乎天性為一體，直是心身一如，身外無餘，色心不二，神形靡間。而身前弗慮，死後不計，聖人於是了生死，通神明，亘古今而不磨，誠為大道之根本也。而瑪竇不達聖人之道，妄以遊揚魂慮為實法繫人，望於大道已甚不可。何況更於一人計有三魂：曰靈魂，曰覺魂，曰生魂。謂生魂之與覺魂，百年都滅，而獨靈魂百年不滅。夫有滅有不滅，則不能踐形為一體，亦非合乎天性之道。唯是欣厭取捨生滅邊事，而當人本命元辰大全之旨，全無實踐，可知伊是無主孤魂，隨處棲泊。不馳天堂，便入地獄，一憑天主賞罰，自無立地之處矣。又裂禽獸不具靈魂，應供口腹，致人恣殺，全無不忍之德，將吾聖賢盡人盡物之性，一時迷沒。且人分上計有三魂，已是迷妄，何況更裂禽獸不具靈魂，致人恣殺，寧非迷中又生迷，妄中復增妄乎？據此誠為穿鑿邪見，業識紛飛，害己害人，其謬固不可勝言也。豈知我聖人能踐乎形，天性一體而心身一如，身外無餘，色心不二，形神靡間，故生前過去弗計，而死後未來不慮，[illegible]體了然，無容毫髮於其間。所以神明燭古今，直與天地伍焉。此又理學君子，固宜燭破其外道之邪見，惑世誤民之太甚也。

揭邪見迷萬物不能爲一體

邪書第四篇，以萬物不能為一體，又以自執天主不與萬物為一體，亦以萬物不可與天主為一體，識情計度，勢固然也。蓋伊捨乎心，離乎性，向天地萬物之外，執有天主。誠虛妄法，如龜毛兔角，無可與萬物諧，而無物又豈可與虛妄該乎?無怪伊謂物物各一類,彼此各一軀,尊自尊而卑自卑,大小相背,巨細相凌,不能一歸於大本,親薦其覿體也。夫大本也者,乃天地萬物本於無始,而亦本於無終也。若萬物究竟有終盡之時,則試問伊邪輩,即此天地萬物從今日去至於未來,何時何日何月何年何世何劫是終盡之驗乎?若萬物亦有始生之時,則亦試問伊邪輩,即此天地萬物從今日始,推至過去盤古之前,離汝妄執天主能生之外,而此萬物亦是何時何日何月何年何世何劫是始生之兆乎?吾知離汝妄執天主能生之外推之,萬物固無始也,而亦無終也。既無始而亦無終,則即此無始無終,是天地萬物之大本也。悉其名則曰本心、曰本性、曰至理、曰大義、曰一氣,名目雖多,而旨固無外,此無始無終之大本。融其大本則曰亘古今,通物我,包萬有,齊群象,無所不該而無所不貫。故此大本與萬有、群象、古今、物我為一體。蓋名相雖殊,而所禀之道體一也。然則物物頭頭,道體不昧,則名無其名而相無其相,名相不立,而全體覿露,超乎誠心妄想,出於思議之表矣。苟涉思議,形於妄想,則名相殊而町畦現,大小別而尊卑異,欲合為一體,不止如人欲到東京而行向西，日劫相背，終無到目矣。此正合利瑪竇用識心妄想，分別萬物不能為一體之實驗也。然既迷一體之旨，亦背一心之道，故捨乎心，離乎性，向天地萬物之外，妄執有一天主將我三教聖人心性之道，竊合其量謂天主無始也無終也。具有無量之能，包乎天地萬物而不與天地萬物為一體。故賤天賤地賤人賤物賤古今聖賢，反謗我佛說心量之法為誑，經為傲慢。將聖賢闡天地同根萬物一體，矯揉悉盡，幾為伊識神所迷矣。嗚呼！捨乎心性終古經常之法，妄執天主為過高，竊於聖而反毀乎聖，噴此腥唾，如口含糞橛，自臭一時。比我聖賢終古常道，豈可同年而語乎？或云天地萬物本於無始無終為今古常法，有義乎？曰凡天地萬物在乎當人善契不善契，止於幾微之間。若認以為有，是妄執常見；若認以為無，是妄執斷見，默契於其間，則出乎妄執有無斷常之見，而合於無始無終一實真常亘古亘今之道也。若利瑪竇則以天地萬物為有始有終，不契真常之體，計為斷見。且吾聖賢闡心性之外，更無餘法，縱執有之皆是虛妄不實。而瑪竇偏計心性與天地萬物之外，執有天主，另具無始無終，有無量能，誠以虛妄不常之法，計以為常。如是則常計無常，而無常計常，轉徧計度，疊成六十二種邪見，如我聖典所明，而瑪竇悉皆備足，望我一貫真常之道，何日而得染指乎？

誅左集緣起

武林後學釋普潤著

夫天主教者，實乃邪因外道反常異端，法所不容，理之必黜者矣。按其始，挾技以逢好事，揑徵以啟信邪，既而招來醜類，朋作偽書，今舉其尤，餘推以類。蓋彼不達唯心，全迷一體，故執心外有法，謂萬物皆生於天主，性體不徧，一靈唯局於吾身。且陽排釋道以疑儒，陰貶儒宗而探學，斥率性為非道，譏事親為不滅，怨禽獸以無靈，誣木石而有命。因以烹割為齋，蔑好生之盛德；悖逆猶孝，亂秉彝之大倫；抹殺輪迴，謂無終而有始；私頒律曆，示彼正而我偏。無後未為不孝，多妾誠為大愆，理欲混淆，華夷倒置。故凡入其教者，斬祖宗之祀，唯諂祭一天主；火神聖之像，但供十字刑枷。廢父母三年之喪，行渠魁七日之禮，大呼我主我罪，搥胸披髮而號，暗洗聖水聖油，彈指點額而詭，駕言却祟以行怪，假托授秘而誨淫，傷俗敗倫，靡所不至，甚則螻蟻佛祖，伯仲君親。謂《周易》多少不通，堪赴丙丁童子，誣禪宗自他俱悞，全然烏有先生。謗太極仁義為賤，虚三藏教乘為謬。妄指胡女産之耶穌呼為上帝，罷德變之魔鬼名曰釋迦，姦盜詐僞之徒，一造其室遂登永樂之天。堯舜周孔之聖，不得其門久錮鍊清之獄。行人之不敢行，道人之不忍道，欺天侮聖，無父無君，至此極矣。況復賂漁中貴，羶餌寒衿，貢獻縉紳，簧鼓黔首，教之以避吉趨凶，制彼甘心而赴難；吊生慶死，激其奮志以樂忘，加以製火車，鑄巨銃，城廣畧，築平和。叵測其所從，人不定其所止，鼠竊我土，業已五十餘年；蠶食我民，不知幾千萬户。察其不召而來，既逐不去，其視三尺為何如。外貌謙恭，内懷詭譎，實與五胡無軒輊。得民如寶，揮金若泥，逼處都郡要隘，意果欲何為哉？苟志於衛道籌邦、上弘下化者，應不啻賈生之痛哭，寧忍乎巢父之傍觀。是故子輿力排楊墨，良有以也；初祖躬摧六部，豈徒然哉？嗚呼！哲人往矣，景慕空殷，踵斯作者，予日望之。潤也匪似濫居禪窟，輒興斯舉，不獲已焉。每思聞一言而謗佛，如三百矛以刺心，後昆之罪首莫逃，先覺之功臣罔克。愧未及著全書而破邪，願先驅揭衆言以見志。於是蒐諸遐邇得若干篇，緇素兼收，拙工靡擇，意在廣集同然之理，公誅左道之心，庶道統治統咸明，君恩佛恩齊報云爾。

崇禎甲戌仲秋之望扶病書於閩漳南山潛雲堂。

闢天主教檄

武林釋成勇著

竊惟法本無諍，理難容僞，正邪元不兩立，佛魔久已攸分。爰有狡夷潛居都會，負固跳梁，乃法網之漏網。用夷變夏，誠王路之伏戎，害理喪心，殃民惑世；指周孔為罪人，欺天罔聖；訶佛祖作魔鬼，謗法蔑僧，弟父友君，吊生慶死，集怪誕以成書，其心叵測，布金錢而賈衆，立意何為？包蓄異謀，譸張詭行，斬祀滅倫，藐二祖列宗之成憲，斥《書》毁《易》，塞百世一統之治原，恃錢神如無盡燈，肆焉作亂。昧般若如大火聚，妄敢輕常，害豈六師，眇同一介。甚至誣污雲棲大師，誹辱天童和尚。災近剥膚，怪同見斗。然吾道乃涅槃天上之皎月，霾翳何虞，但此類亦大悲心中之赤子，寧無痛惜。某等既為佛子，幸際聖明。沈宗伯之諫疏猶新，許徵君之闢書尚在，凡我同仁，敬期共事，或口誅筆伐，齊吐徽音，或面折庭諍，各申妙辨，標赤幡於當道，鳴論鼓於王庭，掃殄妖氛，肅清狐兔，庶佛日永明，法燈徧熾，曷勝惶悚泣告。

崇禎十年春王正月　具

天學初闢

羅川釋如純著

天教云：天主者乃全能全智，造成天地萬物爲之主宰者也。厥初生亞當阨襪，此爲人類之祖。其靈性其形體，本極備美備福，後一犯違聖命，恩澤悉隳，病患隨至，情慾錯出，天路隔焉。此祖宗之罪污，又遞傳於人類，故人從受孕來，即皆體是污染，而凡後來罪惡，無不繇此根芽。

闢曰：然則天主賦命，唯善無惡，何不使亞當、阨襪，全其性善，絶其情慾，不為萬代子孫清净之源乎？且當初生之人，情慾未及滋蔓，少展神功，俾渠克肖，豈不易易。況全能全智，則必洞徹萬世之流弊，即盍去其方命者，并獲後來人人善始善終，絕為惡之根倪，何不利益，而乃恣其惡念，蔓延至今，以致污染不了，是何自遺惡本耶？蓋斬莠必除其根，療疾必攻其本，而此人工猶窮委防微，何天主全能而反養癰蓄蠹如此耶？若云天主彼時即欲滅之，但恐無傳人種。然天主有生人不已之機，何不再生一個好人以之傳耶？若謂其惡未甚，不忍遽絕，則稽天之浸，發於涓涓；燎原之焰，起於星星，天主忍坐視乎？若謂已知其有生必有過犯，而聽其自善自惡，以定賞罰，是罔民也。其所主謂何，其稱全智全能謂何？則知所謂天主者，非能為天地人物之大主宰章章矣，吾人又胡彼之惑為？

天教云：仁者以天地萬物爲一體，乃至以之爲體。則此亦一體，彼亦一體，不可強而同明矣。

闢曰：蓋體有性體之體，有形體之體，形則妄而異，性則真而同，不可不辨也。故論性體則智愚靈蠢，飛潛動植，小至塵芒，大至不可禦，無少不同也。如論形體則萬品流形而自異，然非萬物一體之旨之所取。胡可執相難性，而疑萬物一體之本性乎？今子若能了相無自性，并無自相，則相相一相也，性性一性也，而疑釋矣。余故知渠錯認本源，故輒云人物不同性，人與天主性尤迥别。是為天主一性，人一性，物一性，而一貫之道碎裂無餘。嗚呼！以此論性而教斯民，實三教聖人之罪首矣。

天教云：上達以下學爲基，天下以實有爲貴，以虚無爲賤。二氏之謂曰無曰空，於天主理大相刺謬，不可崇尚明矣。

闢曰：循名起執，罪惡之端，得意忘言，聖賢所與。蓋不知妙無者不無，真空者不空，乃妙有真空，真空妙有之義耳。況佛氏微旨，離四句絶百非，口欲言而詞喪，心欲緣而慮忘。老氏亦云吾不知其名，强名之曰道。遽可以空無盡之哉。蓋耳食之徒，承虚接響，謂無為絶無所有之斷無；謂空為毫無所存之頑空。不明其旨，妄加訿訾。如人未到寶山，疑皆瓦礫，封於自見，非謗則誣矣，彼豈受爾之誣哉。況無極而太極，不以無為貴乎？吾有知乎哉，無知也，不以空空為貴乎？太極即具衆理，空空原涵兩端，濂溪得嫡其傳，尼父道統心脈，業承衆聖，師表萬世。抑將非上達之基，敢不崇尚而賤之耶。噫！大矣哉！空無之不可輕議矣，明也。而況不滯於是者，固可借此以非乎？

天教云：自古及今，萬國聖賢，咸殺生食葷，而不以爲悔，亦不以此爲違戒。又孟軻示世主，以數罟不可入污地，斧斤以時入山林，非不用也。

闢曰：噫！是不知聖人有莫大慈悲，甚深妙義，轉旋五濁生機之微，君子之所為，衆人固所不識也。伏羲氏始設網罟以警異類，詳其意，總防民土處木棲之囏，而非以生厥我供恣其殺也。嗣是禹治洪水，益焚山澤，亦不過驅龍蛇虎豹於淵菹，使各安其所，殆非為殺生者作俑也。是以成湯解網，子產縱鱗，與夫釣而不網，弋不射宿，君賜生必畜之。至於不折生草，不履生蟲者，孔子仁之。然徵仁術於觳觫之牛，驗良心於惻隱之緒。故曰見其生不忍見其死，聞其聲不忍食其肉，其垂戒也，孰嚴於是。前聖後聖，雖設施不齊，要之好生不忍之心，未始有不同者矣。苟天生禽獸，我殺我食，胡為聖賢襲此姑息之不忍耶？抑不知生而我給，反節罟之數入山以時耶？又胡為必齋戒於禘常，禁屠沽於旱潦，無故不殺牛羊，七十政開食肉，其殺之之罪，孰明於是？不幸而習行成性，莫覺其非。今子遽曰戒殺生者為不經，實天生而為我用，如食河鲀者曰必不至死。噫！於我何預哉？苟子親聞天主禽獸我生食爾也。禽獸死而靈亦滅也，恣爾殺不爾罪也則可，否則率天下後世之人，逆聖賢不忍之心，而為忍行者，必此之言。嗚呼！子之罪上通於天矣。至以菜中紅液為血，種種謬妄鄙俚之談不足斥。

天教云：輪迴之説，乃閉他卧刺之語，佛竊爲然，藉此以駭人者。自佛教入中國，始聞其説，誠不足信。

闢曰：性真常中，求於去來、生死、迷悟、聖凡，了不可得。但清净心中，不達外境唯心，倏然而動，名之曰妄。以妄為因，作種種事業。業有善惡輕重之殊，故感報亦苦樂昇沉之別。蓋果非業不足以召，業非惑無從而興。惑業苦三，更相繇藉，如汲井輪，自成輪轉。若揭日月於中天，誠無得而疑者。苟果不繇業，則均為天主之所生。無論禽獸之卑，蜎蠕之眇，即人類中富貴貧賤壽夭窮通，不啻天淵倍蓰，而天主之至公安在哉？其輪迴之理如是，豈待竊閉他卧刺之語耶？雖然果不自果，因業而果；業不自業，繇惑而業；惑不自惑，緣妄而惑；妄不自妄，從真起妄；真不自真，對妄名真，故曰應觀法界性一切唯心造。是則心生則種種法生，心滅則種種法滅。所謂「夢裏明明有六趣，覺後空空無大千。」佛不云乎一切衆生具有如來智慧德相，但以妄想執着而不證得，從迷積迷，莫知底止。世尊説為可憐憫者，又豈藉輪迴之説而駭人哉？若曰佛教入中國始聞其説，是大不然。雖無其言，業有其事。如鯀化為熊，望帝為龍，羊哀為虎，彭生為豕，如意為犬，黄母為黿，宣武為鼈，鄧艾為牛，徐伯為魚，鈴卞為鳥，書生為蛇，李微為虎等。此種種皆儒書記載，盡釋教未入中國以前昭昭有之，特未揭出輪迴兩言耳。蓋有其言而無其事者，或有之矣；未有有其事而無其言，并不信其實有之事者亦惑矣。若曰盡信書則不如無書，則《六經》可焚棄，是非通論也。程子嘗曰，親見村民化為虎，自引虎入其家，食其猪羊。聖人亦曰：「精氣為物，游魂為變，甚有深意。」蓋生而曰心，死而曰魂，非二物也。聖人曰變，吾佛曰輪，理則一也，此非又一證乎？何遽謂無輪迴耶？則知此身既不可以常保，儻背善而趣惡，固不免為異類。故玄宗直指云：「人用禽獸心，死必為禽獸。生用人天心，死必為人天。」此唯心之旨不易之理也。若謂無能記前世之事以證無輪迴者，不見羊祐識環，鮑靚記井，向靖女亡而再育，問父母以求刀，文澹幻質以還生，説香囊而驗父，龜齡賦橋碑之宿寫，子瞻指殿陛以曾揩。事匪無徵，孰敢不信？且吾人壯而不記襁褓，耄矣頓忘壯年。一身所歷之事，尚然罔憶，而況隔生乎？至於終年染翰，累舉筆而忘字，薄暮移榻，夜起而莫辨東西，豈遂謂不繇昔而突然自有於今耶？縱殁彼而即胎此，尚有臨終倉卒之怖，母腹局促之昏，顛倒而下，莫知所措，改頭換面，習業懸殊。迨識人事來，竟不知相去幾歲月矣。欲責以憶前世之事，不亦甚乎？故曰菩薩有隔陰之昏，羅漢有出胎之障。苟非智通宿命，惑淺業輕，未易記往事也，故憶者少而忘者多也。若云記者少不足以徵輪迴，余亦將曰以此少記者，足徵子教非無輪迴，何則記之云者。存往事於心也，子教謂凡人之生時，天主即造靈魂畀之。然則斯身也，固父母遺體也；斯靈也，亦天主之始造也。其所能記前事者，何也？佛經固不足信也，書史亦不足信耶？學佛者固不足信也，夫學儒者豈亦不足信耶？欲盡信固不可也，寧無可信也耶？苟有一可信，則子將欺天乎？欺人乎？適足以自欺也。且輪迴者，往返之謂也。轉展不息，固輪迴也。即從此遷彼，亦輪迴之分也，必一定不移而後，始可言無輪迴矣。子教謂生則存斯世也，死則隨其善惡而昇降焉，永永無盡也。然則自天降靈乎人，又自人或復登乎天，是迴也輪亦過半矣。況又曰人稍有惡未盡，必入鍊獄，伺其罪凈而後昇天。又曰耶穌自天而生於人，自人而墜地獄，又自獄而復生為人，又自人而登於天，其輪迴亦既多矣。縱曰以不變禽獸為不輪迴者，吾教固未嘗單以人獸而論輪迴。且余亦未敢為子保也。心境交加，疾如風火，從朝至暮，一息不停，俯仰之間，變態萬狀，前念未滅，後念繼生，道心人心禽心獸心，不知其幾週匝乎其間，其為輪迴不已甚乎？又何伺帶角披毛而後為異類哉。此心實輪迴之本也。循業受報，輪迴之理也。前所引者，輪迴之事也。游魂為變，輪迴之證也；記述往事，輪迴之徵也。昭著若此，雖欲不信不可得也夫。

天教云：性異同，繇魂異同；類異同，繇性異同焉。

闢曰：夫血氣之屬必有知，凡有知者必同體。蓋目均視焉，耳均聽焉，身均覺焉，鼻均嗅焉，舌均味焉，心均思焉，順則樂而逆則悲，生則安而死則危。其不學而知曰良知，不學而能曰良能，豈惟人有哉？即至微如蚊蚋蚤虱，莫不知趣利避害，慾食行藏，其所以不能推論道理者，黑業使之然也，非知之體有異乎人者也。若必以推理別其類，豈惟禽獸哉，而人亦有之。且多有之亦可謂非類耶？既不能推理，未可以遽分類，是以形而類，非以性類也。況人之行猶有甚於禽獸者，又將何以類之哉？故人畜異類并異其性者，非也。孔子曰：「性相近，習相遠。」斯言得矣。

天教云：佛氏之國，陋而且鄙。世人誤讀佛書，信其爲净，甚有願蚤死以復生彼國者，良可笑也。

闢曰：此係謬妄無據，誠不足斥。但彼不情造過惑世誣民，大都類此。且此謬所易明，引教證虛以例餘者。按《彌陀經》云：「從是西方過十萬億佛土，有世界名曰極樂，即所謂净土也。」蓋三千大千世界為一佛土，謂一佛之報土也。正言從此娑婆世界之西去，過一佛土二佛土，乃至十萬億之佛土，其遠亦不可思議矣。故曰生則決定生，去則實不去，乃唯心净土之旨耳。今子指印土國以當經中所詮之極樂，其净穢苦樂竟不啻霄壤矣。且西人遠於印土，尚可航海而來。如以彼為净土，則吾人亦可往矣，又何必願早死以生乎？且曰世人誤讀佛書，不知自誤也。曰良可笑，適足以自笑也。不思之甚也，其無根謗佛皆若此，悲夫。

天教云：中國緣帝王託夢，宰相貢諛，差去使臣，奉君相意旨，何所不可崇飾。取至番文，誰人識之？以意翻演，誰人證之？蓋自蔡諳、秦景，用白馬馱回，虛恢譎詐，而百端僞妄以潛伏不可究詰矣。

闢曰：此亦前章之類，妄誣尤甚，一無所據。既云不可究詰，則真信詐諛均之無考，虛恢譎詐等又何從而知之？苟以筆舌抑揚，固無所不至，舉世無知則倖，脱有識者，其吹毛求疵故人人罪，灼見子之心術，則何益矣。夢而曰託，似乎有心，必未夢之先，懸知西竺元自有佛，恐人未信，特假夢以求其符則可。然明帝實未嘗知西方有大聖之説，乃太史傅毅述古語以對明帝之卜夢者。故曰：「臣聞西方有大聖人，名之曰佛。不治而不亂，無為而成，陛下所夢，其必是乎？」是乎也者，未决之詞也。蓋毅亦未嘗親見，故只曰聞，何遽曰帝王託夢宰相貢諛耶？下承上命，不能必其無崇飾，然亦有不可崇飾在焉。其釋迦之畫像似崇飾矣，然而舍利流光，旋環如蓋，暎蔽日輪，非蔡諳等可崇飾者矣；取來之經四十二章而已矣，用白馬以馱，似崇飾矣。然經中若文若旨，非佛不足以言，豈諳等能之乎？偕迦葉、摩竺法蘭二尊者來，似崇飾矣；然其放光説法，飛行自在，而諳等能之乎？凡民易惑，四衆雲臻，似崇飾矣；然天雨寶花及奏衆樂，諳等能之乎？是時欽釋慢道，似崇飾矣；然而築壇焚經以辨真僞，而道教燼而釋教存，故唐太宗《焚經臺詩》有「春風也解嫌狼籍，吹盡當年道教灰」之句，豈諳等能之乎？縱能崇飾於一時，寧能使天下後世皆崇飾乎？邦畿内外，創梵刹以居僧，似崇飾矣；於時後宮陰夫人王婕妤等一百九十人，司空楊城侯劉善峻等二百六十人，四岳道士呂慧通等六百二十人，同時剃染。帝親與群臣給供浹旬，諳等能之乎？且安榮寵，忌寂寞，莫宮宦之若也。妻孥之愛，孤獨之悲，士庶咸若也；封己見，疾新端，莫羽流之若也。然其脱鶴氅而披袈裟，捨名位而歸蘭若，若惟諳等之不能，即極威以臨之，重勢以迫之，導之以親友，驅之以虎狼，苟無實感於心，遂肯捐棄恩愛，毀容易服，一旦皈誠未之有也。又按鑒斷明帝，天資明敏，尊賢下士，幾成聖治。儻昧於恢詭譎詐，尚得稱明敏乎？當時師傅鯁正循良，如張佚、張衍、桓榮、宋均輩，皆宿德純儒，犯顏直諫，豈復貢諛而釀非理者乎？如云崇佛即諛也，則自漢歷今，其間帝王卿相崇佛者不一而足，謂裴、房、楊、李等為貢諛之臣且不可，敢以唐宋諸君，迨我有明太祖、成祖至於神宗，皆為納諛之帝，又安可乎？曰取至番文，誰人識之，斯言不情之甚，胡能損至教哉？蓋國必設掌理四方之職，以司鄰國之詞令，故譯場經館，列十位以該羆，預從事者有八備十條之約。其所以鄭重若此，正緣華梵相翻，恐諸文義者爾。十位維何？所謂主譯者、筆受者、度語者、證梵文者、證梵義者、證禪義者、潤文者、證譯義者、梵唄者、校勘者。非精通《三藏》，明練顯密，無以為譯主；非言通華梵，學綜有空，無以克筆授。度語者，變梵成華，傳度令生解也。證文然後梵本真，證義則其所詮正，定慧等持，方稱證禪之職。辭章藻雅，始宜潤色之充。證義酌既翻之旨，校勘讎已譯之文。自始至終，能事畢矣。然有恒位而無恒人，唯推能者當之。故聶承遠父子、房融等，嘗筆受焉；李嶠韋、盧藏用等，嘗潤色焉。至於監護簡校，則有周平高公、侯壽房梁公、楊慎交、杜行顗等，監掌翻譯之事，詮定宗旨者也。觀其條理詳密，考證再三，無以加矣。敢云取至番文誰人識之，以意翻演誰人證之，不思之甚也，妄誣之甚也。

天教云：按《朱子語錄》：佛經皆中國文士自相撰集，如晉宋間自立講師，孰爲釋迦，孰爲阿難，孰爲迦葉，各相問答，筆之於書。

闢曰：斯尤謬妄，誠不屑辨。第恐無知，傳為口實，今即以朱子之事，反證其非。

考晦翁蚤從學於李延平先生，久之恨不能發明。及詢長者，咸指之禪學，已而徧謁禪老，與李東萊、張南軒，同問道於大慧禪師。先是從劉屏山遊，屏山意其必留心舉業，遂搜其篋，唯有《大慧禪師語録》一帙。及登科致書於開善謙禪師曰：「熹向蒙大慧禪師開示狗子佛性話頭，未有悟入，願受一言，警所不逮。」謙答書云：「把這一念提撕狗子話頭，不要商量，勇猛直前，一刀兩段。」晦庵覽之有省。噫！勃哉！既知佛法皆出中國文人，何不自撰幾卷，而反看他人之語何也？況又問道於學佛之徒又何也？自學佛，教人勿學佛；自用佛語，又怪周程明露佛語又何也？陳忠肅公謂性理之學，東林總禪師授之濂溪，其言已徧於天下矣。故周程張謝游楊晦庵等著書立言，凡説道理處，皆用佛經禪語之意，故反有指内典曰：「這一篇與宋儒相合，這幾句亦與相合。」嗚呼！曾不知宋儒盡是禪宗流將出去者，詳晦庵意，不過自護門户耳，豈三藏五乘之教，果出於文士哉，固無庸置喙者矣。

且晉宋以來之人物，賢而且明，歷歷可數：才德之望，經綸之美，如謝安石；量識高古，才思逸群，如王羲之；情性之正，去住之高，如劉遺民；風規瀟灑，文章精遒，如謝靈運；曠懷雅韻，閑靜自樂，孰如陶靖節；《詩》《書》法程，節義嚴峻，孰如顔魯公；衡陽龐蘊，識見之高，禪髓之邃；相國裴休，文章之古，道學之至，孰能加焉；刺史李翱，侍郎居易，卓識宏度，文明典雅，孰能加焉；二蘇子、黄山谷，天資明哲，深入禪窟；楊大年、李遵勗，不離塵俗，悟徹心源，孰能加焉。學士王公日休、秉政李公商老，皆博學知識，高明正大，有人所未易及者。是諸名賢篤志事佛，或入匡山之蓮社，或親宗匠之爐鎚。子云晉宋間文人，此其大概者矣，為我一一指陳，令我疑惑。《三藏》五千四十八卷，某經某人問答，某人獨說某經，昭晰以示天下。破千古之重昏，亦使佛氏心伏，何不可乎？今既不能指出則子之妄言明矣，將引他人不根之談，欲沮佛祖真實至教，如吹螢火以涸蒼溟，徒喪子之心力，惜哉。且曰文人作過多端，偏畏死後，故其佞佛獨在人先。噫！心立不中，發言矯亂，於茲可驗。據子先言佛經文人所自說，則實無佛，何佞之有？輪迴亦自所說，何畏之有？況佞佛者未始有不忠乎其君，不孝乎其親，不成乎其仁者。大本既基，內省不疚，何畏佞偏先人耶？苟當仁不讓而先人，則所趨之道正矣。朝聞夕死而豫行，則所信之言至矣。就有道正而忘己，則經非我說明矣。誣人之罪，以罪加之，子之業深矣。

闢邪集

（清）鍾始聲等撰　周駬方點校

闢邪集目録

翻刻闢邪集跋

杞憂道人

闢邪集前言

《靈峰蕅益大師宗論》卷首有大師書目，著録「《闢邪集》二卷」。蕅益大師俗姓鍾，名始聲，字振之，蘇州人。生於明萬曆二十七年五月。《宗論》卷首收大師自傳，名《八不道人傳》。大師自叙早年曾「誓滅釋老」，「作論數十篇，闢異端」。「十七歲閲《自知録序》及《竹牕隨筆》，乃不謗佛，取所著闢邪論焚之」。二十四歲後晤憨山大師，「哭恨緣慳，相見太晚」。後憨山大師往曹谿，「不能遠從，乃從雪嶺師剃度，命名智旭」。《自傳》成於清順治九年，順治十二年元月大師入滅。傳後三年事蹟，由弟子釋成時補。

釋大郎《刻闢邪集序》説：「邇來利艾實繁有徒，邪風日熾。鍾振之居士於是乎懼，著《初徵》、《再徵》。」此爲《闢邪集》撰述之緣起。

鍾氏《天學初徵》《再徵》是針對天主教傳教士的著述如《聖像略説》《西來意》《三山論學紀》《聖教約言》等，所做的辯駁，其中《再徵》引一段教士言論，有一段駁議，宗旨在閑翼孔孟，救護佛法。

鍾氏所引述的天主教文獻，《聖像略説》，又名《天主聖像略説》，耶穌會士羅如望撰；《三山論學紀》，艾儒略撰，本編已收；《聖教約言》，又名《天主聖教約言》，耶穌會士蘇如望撰，現存。所説《西來意》一種，既已不傳，又未見教史所載。《西來意》爲今人所知，全賴鍾氏之《徵》語也。

《闢邪集》原刻大陸地區未見，但台灣地區某圖書館藏有明崇禎十六年刻本，弟子釋通瑞募貲校刻，釋通玄助刻，綫裝，二十點二乘十五公分。然謹據書目，余未見。

《闢邪集》不僅在中國很有影響，數十年後，也引起了日本人的注意。享保二年（清康熙五十六年，一七一七），《禦國禁耶穌書目》登録禁書三十八種，《闢邪集》便是其中之一。至明和八年（清乾隆三十六年，一七七一），日本京師書林行司刊本《南京船持渡唐本國禁耶穌書》，依然列《闢邪集》爲「禁書」。其時日本禁教甚嚴，不僅天主教書不得入，凡言及天主教、西學之書，一概不准入。因此，鎖國時代日本人之海外知識非常有限。既使像新井白石這樣的大學者，在據詢問西洋人所護知識而著成之《采覽異言》中，也接受了鍾氏《闢邪集》之觀點，認定利瑪竇「非西方之人」。他説：「適得金閒鍾始振《闢邪論》於新增《大藏》函中，因知竇本生於廣東旁近海島間，北學於中國者，實非西方之人。」

至安政、萬延年間，日本海禁漸開，西人西學已漸得其勢。此時之《闢邪集》又有其本初之用，即闢西人之學。這一點在《闢邪集》日本翻刻者的序跋中，都説得很清楚。翻刻人爲養鸕徹定，號杞憂道人；翻刻時間據《跋》，爲文久元年（清咸豐十一年）。

需要説明的是，日本翻刻本《闢邪集》，不僅將鍾氏《闢邪集》全部收入，還將釋如純的《天學初闢》九章、費隱通容的《原道闢邪説》等文章一併輯入。這樣，日本翻刻本《闢邪集》，就成爲江南福建地區士大夫僧人的反天主教文集，只是名目未改。

翻刻本《闢邪集》和《破邪集》有四篇文章是重復的。它們是《天學初闢》、《統正序》、《原道闢邪説》、《誅邪顯據録》。《闢邪集》收入本編時，這四篇文章止存目，正文在《破邪集》有關卷目中。

翻刻本《闢邪集》，因有日文訓點，所以在中國也有人稱爲文久元年訓刻本。本次整理《闢邪集》，以北京大學圖書館藏日本翻刻本爲底本。這部書上有日本佛眼山人的批跋。因爲有關教史，一併録下，繫於相應篇目之末。

二〇〇〇年元月二日北京周駬方謹序

翻刻闢邪集序

蓋西洋之學，長於機智而短於心理，故至其説道理之變通，與心性之妙用，則支離夸誕，殆不可究詰焉，徒以衒奇競新為究理，僞妄亂真，縱立詭説。若夫玩物天地，魔鬼聖賢，毁祖先之祀，廢父母之喪；以磔刑像為神，以恣烹割為齋。凡天下之事悉顛倒，誠理不可解者矣。然而彼以長於機智，故為天地之事，皆可以機巧測知，昧者為之眩惑焉。余謂彼夷輩，創造奇器以駭服蠢民，假托耶教而欺誣諸邦。慾以赤手併吞宇内，其奸計不啻封豕長蛇矣[一]。我大雄氏有言云：劫末之世，天魔競興，以邪為正，以僞為真。方今果知懸記之不誣也。頃者夷輩闖都鄙，欲託言於通商，而私開妖教。余只懼通商一辦，妖教禁漸弛也。適閲明鍾振之居士《天學初徵》、《再徵》，暨羅川[二]〔釋如〕純禪師《天學初闢》，儒釋二論，至理快暢，聯璧合璋，可謂照妖膽之秦鏡矣。爰附訓點，合刻之以公於世。夫妖教之禁，昭代最嚴矣。雖然俗隨世移，事遂時變，吾徒則壹奉寬永之大令，以防微杜漸為務。語云：「涓涓不塞，終成江河。」可不畏焉哉？可不戒焉哉？是爲序。

萬延紀元庚申桂月題於緣嶠南涇古經堂中杞憂道人撰[三]

校記

[一]原批：「《左傳》云：有仍氏女生伯封，貪婪無厭，謂之封豕。《博物志》云：常山之蛇有兩頭，觸一頭一頭至，觸其中兩頭俱至。」

[二]原誤羅川純。據題「羅川釋如純」補。

[三]萬延紀元，即日本萬延元年（一八六〇，清咸豐十年）。萬延紀年僅一年。

刻闢邪集序

法無邪正，邪正在人。迦葉佛滅度後，正法像法俱盡，而常樂我净之語，變為九十五種外道。釋迦出世，遂以無常苦無我不净破之。情計既蕩，聖諦現前，逮雙林示寂，重唱真常，所謂但除其病，不除法也，流至今日，佛法又幾成外道矣。於是有利馬竇、艾儒略等，託言從大西來，借儒術為名，攻釋教為妄，自稱為天主教，亦稱天學。諸釋子群起而訴之，然適足以致其謗耳。獨《聖朝佐闢》一書[一]，頗足令邪黨結舌，惜乎流通不廣。邇來利艾實繁有徒，邪風益熾，鍾振之居士於是乎懼，著《初徵》、《再徵》，以致際明禪師。禪師笑曰：「釋迦如來，得外道六師之毁，而教道大行。肇公《物不遷論》，得空印之駁，而舉世方知討究。吾安知利艾二人，非不思議菩薩，乘大願力，特來激揚佛法者耶？是故釋子不必忿，忿亦不必辨也。唯居士主張理學，綱維世道，則其闢之也甚宜。近可閑孔孟之道，遠亦可助明佛法。」乃屬夢士評付梓人，而問序於杲庵和尚。杲庵讀竟，兼讀居士禪師往來二札，為之評曰：善夫利艾二公，能佯作不通之説，以扣擊真乘；善夫振之居士，能以佛理作儒理辯；善夫際明禪師，能以不辨辨，而寄辨於夢士之評也。利艾不可思議，振之不可思議，夢士不可思議，際明尤不可思議。不思議邪，不思議正；不思議語，不思議默。公案具在，以邪相入正相，以正相入邪相；知語即默，知默即語；是在具眼者矣。

癸未秋日越溪天姆峰杲庵釋大朗書[二]

校記

[一]原批：「見《破邪集》四卷《儒佛合論》《斥邪徒》，凡有十篇。」

[二]原批：「明崇禎十六年當我寬永廿年，時蕅益大師年四十五歲。大師生萬曆廿七年己亥五月亥時。」葉末批：「蕅益《宗論》曰：八不道人，汴梁人，母夢白衣大士送子而生。所著有四十七種中，有《闢邪集》乃是也。廿二而剃染，五十七而化，大明一代之大家也。」

天學初徵

金閶逸史鍾始聲振之甫著
新安夢士程智用用九甫評

鍾子讀《易》於震澤之濱，有客扣廬而問曰：「吾聞子年十二三時，便以千古學脈為己任，闢釋老，閑聖道，今三十餘載矣。足不窺户外，不與名公大人交，亦不思致身以事君，將安補於世道哉？且子不聞近世有天主教乎？其人從大西來，一見我中國之書，悉能通達，彼亦闢佛而尊儒，與子意甚相符也，曷一共討究焉？」鍾子欣而作曰：「有是哉？彼既從大西來，乃不祖釋而祖儒，意者吾聖道晦而復明之機乎？願聞其旨。」客迺出《聖像略説》一册以示之。鍾子讀甫竟，遂詬曰：「嘻！此妖胡耳！陽排佛而陰竊其粃糠，偽尊儒而實亂其道脈。〔二語遂為定案。〕請即以彼説攻之。彼云：天主，即當初生天生地生神生人生物的一大主宰。且問：彼大主宰，有形質耶？無形質耶？若有形質，復從何生？且未有天地時，住止何處？若無形質，則吾儒所謂太極也。太極本無極，云何有愛惡？云何要人奉事聽候使令？云何能為福罰，其不通者，一也；且太極只是本具陰陽之理。是故動而為陽，静而為陰，陰陽各有善惡之致，故裁成輔相之任，獨歸於人。〔千古聖學，要在於此。〕孔子曰：「人能弘道。」又曰：「為仁由己。」子思曰：「致中和，天地位焉，萬物育焉。」《易》曰：「先天而天弗違。」若如彼説，則造作之權，全歸天主。天主既能造作神人，何不單造善神善人，而又兼造惡神惡人，以貽累於萬世乎？其不通者，二也；且天主所造露際弗爾，何故獨賜之以大力量大才能。若不知其要起驕傲而賜之，是不智也；若知其要起驕傲而賜之，是不仁也。不仁不智，猶稱天主，其不通者，三也；又露際弗爾，既罰下地獄矣。天主又容他在此世界陰誘世人，曾不如舜之誅四凶，封傲象也，其不通者，四也；且天地萬物，既皆天主所造，即應擇其有益者而造之，擇其有損者而弗造。或雖造而即除之，何故造此肉身，造此風俗，造此魔鬼，以為三仇，而不能除耶？世間良工，造器必美，或偶不美必棄之。以至大至尊至靈至聖之真主，曾良工之不如，其不通者，五也；孔子曰：「天何言哉？」孟子曰：「天不言，以行與事示之而已矣。」今言古時天主降下十戒，則與漢宋之封禪天書何異？惑世誣民，莫此為甚。其不通者，六也；又天主降生為人，傳受大道，未降生前，居在何處？若在天堂，則是天主依天堂住，如何可說天主造成天堂？若言既造天堂，依天堂住，如人造屋，還即住屋。則未造天堂時，又依何住？若無所依，則同太極。不應太極依天堂住，福罰人間；亦不應太極降生為人，其不通者，七也；又天主既降生後，彼天堂上，為有本身，為無本身。若無本身，則天上無主；若有本身，則濫佛氏真應二身之說，而又不及千百億化身之奇幻，[佛氏奇幻，却有至理；妖胡妄談，進退無據。]其不通者，八也；又謂天主以自身贖天下萬世罪過，尤為不通。夫天主既其至尊無比，慈威無量，何不直赦人罪，而須以身贖罪，未審向誰贖之，[妙！]其不通者，九也；又既能以身贖人罪過，何以不能使勿造罪，其不通者，十也；又既云贖天下萬世人罪，而今猶有造罪墮地獄者，仍贖不盡，其不通者，十一也；吾儒謂堯舜之聖，不能掩其子之惡；孝子慈孫，不能改幽厲之過。所以自天子至於庶人，壹是皆以修身為本。而今天主既可贖人罪過，則人便可恣意為惡，總待天主慈悲贖人，其不通者，十二也；遺下教規，謂只有一造物真主，至大至尊，要人奉事拜祭，而盡抹殺天地日月諸星，則與佛氏所稱唯吾獨尊何異？陰倣其説而陽排之，其不通者，十三也；佛氏雖曰唯吾獨尊，尚謂天地日月諸星，覆照世間，有大功德，護世鬼神，保祐人間，宜思報効。今乃曰不當拜祭，則專擅名利之惡，甚於佛氏，［佛氏視名利如涕唾，豈彼同倫。］其不通者，十四也；既不許輪迴之説，又云人之靈魂，常在不滅，有始無終，則轉積轉多，安置何所？其不通者，十五也；若謂天堂地獄皆大，可以並容，何異佛氏之説，［佛氏天堂地獄，有出有入，所以為通；彼云惟人不出，尤為不通。］其不通者，十六也；又彼謂佛氏所稱三千大千華藏世界，人所不見，便是荒唐；今彼所稱天堂地獄，又誰見之？其不通者，十七也；又謂天堂地獄，雖然未見，却是實理。則安知三千華藏，非實理乎，而苦破之，［平心公論。］其不通者，十八也；又謂臨終一刻，聽從天主教法，也還翻悔得轉，則與佛氏臨終十念相濫。汝説要真，佛氏亦説要真；汝説要依十戒，佛氏亦説要依十戒；汝説從自己身心上實實做出來，佛氏亦説從自己身心上實實做出來；汝説要真心實意痛悔力除，從來不敢再犯；佛氏亦説要真心實意痛悔力除，後來不敢再犯。全偷佛氏之説而又非之，［也是公論。］其不通者，十九也；又佛氏專明萬法惟心，［大似知佛理者。］故凡事只靠一心。汝既專明萬法惟天主，則凡事只靠一天主足矣，又何用從自己身心做出耶？〔破得的確！〕若仍要從身心做出，則權不獨在天主明矣，而妄立天主，其不通者，二十也；汝既要攻釋道兩家，須搜其病根，彼方心服。若謂要人施捨些錢財，備辦些齋飯，燒化些紙張，便是功果，恐彼二氏亦未必心服。而汝又仍教人奉事拜祭天主聖像，與彼何異？其不通者，二十一也；吾儒謂物物一太極，天命之謂性，故人人可以成位於中。〔事理兩盡。〕至於尊卑名位，則森然不亂。故天子事上帝，諸侯祭山川社稷，大夫五祀，士祭其先。今既謂天主至大至尊，又令家事而戶奉之，與佛老二像何異？而妄自表彰以為不同，〔佛老二像，如奉師長，却與天主不同。〕其不通者，二十二也。吾故曰：陽闢佛而陰竊之，偽尊儒而實壞之者也。〔結成定案，萬世不易。〕逐其人，燬其書，禁天下不得存其像，庶不為中國之賊耳。聞彼妖徒聰明能辯，必有以解吾徵者，吾將再徵之」。〔二〕

校記

〔二〕書末原批：「佛眼師評曰：文章純妙，議論快暢，若駿馬走平原，讀之自令身心爽然。」

天學再徵

金閶逸史鍾始聲振之甫著
新安夢士程智用用九甫評

鍾子作《天學初徵》，客閱而笑曰：「甚矣子之鹵莽也！乍聞天說，曾未深究，遽謂不通而徵之。子且再閱《西來意》《三山論學紀》及《聖教約言》，則不通者，乃在子而不在彼矣。」鍾子取而細讀之，復為之徵如左。

其言曰：「上天自東運行，而日月星辰之天，自西循逆之度數，各依其則；次舍各安其位，儻無尊主斡旋主宰其間，寧免無悖。譬如舟渡江海，上下風濤而無傾蕩之虞，雖未見人，亦知一舟之中，必有掌舵智工」等。徵曰：舟之渡江海也，舟必各一舵工，未聞一舵工而徧操衆舟之上下者也。〔妙！〕又操舟者，必非造舟人也，〔尤妙！〕謂天惟一主并造之，并運行之，可乎？

其言曰：「凡物不能自成，必須外為者以成之。樓臺房屋，不能自成，成於工匠之手。天地不能自成，成於天主」等。徵曰：工匠之成房屋也，必有命之成者。天主之成天地，孰命之耶？〔妙！〕工匠成房屋，不能為房屋

主；彼成天地者，又烏能為天地主乎？〔尤妙！〕

其言曰：「天下之物極多極盛，苟無一尊維持調護，不免散壞。是故一家止有一長；一國止有一君；一人止有一身；一身止有一首」等。徽曰：謂一家無二長，可也；謂一家一長之外，別無他家他長，不可也。謂一國無二君，可也；謂一國一君之外，更無他國他君，不可也。謂一天無二主，亦可也；謂一天一主之外，獨無他天他主，可乎？〔妙！〕又一身雖惟一首，首必與四肢百骸俱生，非首生四肢百骸也；一家雖惟一長，長必與眷屬僮僕並生，非長生眷屬僮僕也；一國雖惟一君，君必與臣佐吏民俱生，非君生臣佐吏民也；則一天雖惟一主，主亦必與神鬼人物並生，謂主生神鬼人物，可乎？

其言曰：「天主非天也，非地也，而高明博厚，較天地尤甚；非鬼神也而神靈，鬼神不啻非人也，而遐邁聖睿，乃至無始無終，無處可以容載，而無所不盈充」等。徽曰：既無所不盈充，則不但在天堂，亦偏在地獄也；不但偏天地，亦偏在神鬼人獸草木雜穢等處也。若謂高居天堂，至尊無上，則盈充之義不成。若謂徧一切處，則至尊之體不立。或救之曰：天主之尊，如日在天，光徧一切，雖徧而不失其尊，雖尊而光原自徧。今再徵曰：是仍有處所，有方隅，有形像也。日有形像，彼謂天主造之，天主亦有形像，又誰之所造耶？［妙！妙！］

其言曰：「吾天主乃經所謂上帝也。」遂引《頌》《雅》《易傳》《中庸》等以證成之。徵曰：甚矣其不知儒理也。吾儒所謂天者，有三焉：［清楚明白，遠超漢宋諸儒。］一者，望而蒼蒼之天，所謂昭昭之多，及其無窮者是也。二者，統御世間主善罰惡之天，即《詩》《易》《中庸》所稱上帝是也，彼惟知此而已。此之天帝，但治世而非生世。譬如帝王，但治民而非生民也。乃謬計為生人生物之主，則大繆矣。三者，本有靈明之性，無始無終，不生不滅，名之為天。此乃天地萬物本原，名之為命。故《中庸》云：「天命之謂性。」天非蒼蒼之天，亦非上帝之天也，［必如此看方是。］命非諄諄之命，亦非賦畀之解也。孔子曰：「五十而知天命。」正深證此本性耳。亦謂之中，［和盤托出。］故曰：「喜怒哀樂之未發謂之中。」中也者，天下之大本也。亦謂之易，故曰：「易，無思也，無為也，寂然不動，感而遂通，天下之故。」亦謂之良知，故曰：「知至而後意誠。」亦謂之不睹不聞。亦謂之獨，故曰：「戒慎乎其所不睹，恐懼乎其所不聞，君子必慎其獨。」即孔子所言畏天命也。亦謂之心，故曰：「學問之道無他，求其放心而已矣。」亦謂之己，故曰：「君子求諸己，為仁由己而由人乎哉。」亦謂之我，故曰：「萬物皆備於我矣。」亦謂之誠，故曰：「自誠明謂之性。」誠者，天之道也。此真天地萬物本原而實無喜怒，無造作，無賞罰，無聲臭，但此天然性德之中洪爾。具足理氣體用，故曰易有太極，是生兩極等。然雖云易有太極，而太極即全是易。如濕性為水，水全是濕；雖云太極生兩儀，而兩儀即全太極；雖云兩儀生四象，四象亦即全是兩儀；雖云四象生八卦，八卦亦即全是四象；〔易學之妙，徹底掀翻；不知此者，未許讀《易》。〕乃至八相盪而為六十四；六十四互變而為四千九十六，於彼四千九十六卦之中，隨舉一卦，隨舉一爻，亦無不全是八卦，全是四象，全是兩儀，全是太極，全是易理者。譬如觸大海一波，無不全體是水，全是濕性者。又如撒水銀珠，顆顆皆圓，故凡天神鬼人，苟能於一事一物之中，克見太極易理之全者，〔千古不刊之論。〕在天則為上帝；在鬼神則為靈明；在人則為聖人，而統治化導之權歸焉。儻天地未分之先，先有一最靈最聖者為大主，則便可有治而無亂，有善而無惡，又何俟後之神靈聖哲，為之裁成輔相，而人亦更無與天地合德。先天而天，弗違者矣。彼烏知吾儒繼天立極之真學脈哉。〔莫謂儒門無人。〕

其言曰：「魂有三品：下名生魂，草木之魂是也；中名覺魂，禽獸之魂是也；此二皆滅，亦云有始有終；上名靈魂，即人魂也，此魂不滅，亦云有始無終。」徵曰：「靈與覺異，則有始而無終；覺與生異，何皆有始而有終也。且謂禽獸有覺而無靈，惟人為有靈者。現見世之愚人，但念飲食淫慾，他無所知，與禽獸何異？現見世有義犬義猴，捨身殉主，訴官理究，與人何異？故孟子亦云：『人之所以異於禽獸者幾希，庶民去之，君子存之。』豈可妄分一有終一無終耶？」〔正理正論。〕

其言曰：「周公仲尼之論，孰有狎后帝而與之一者。設匹夫自稱與天子同尊，其能免乎？地上民不可妄比肩地上君，而可同天上帝乎？」徵曰：庶民不敢擬帝王者，名位也；〔見得透，說得明。〕不敢讓帝王者，德性也。故曰：

「朝廷莫如爵，輔世長民莫如德。」又曰：「當仁不讓於師。」又曰：「自天子以至於庶人，壹是皆以修身為本。」故文王，人君也，而純亦不已，可以配天；仲尼，匹夫也，而祖述憲章，不名僭竊。且父之生子也，誰不欲子之克肖者。天主既為大父，實生於人，乃不欲人之肖之何哉？〔真足令妖人結舌。〕

其言曰：「知者之心，含天地，具萬物，非真天地萬物之體也。若止水明鏡，影諸萬物，乃謂明鏡止水，均有天地。即能造作之，豈可乎？天主，萬物之原，能生萬物。若人即與之同，當亦能生之。」徵曰：止水明鏡之影萬物也，鏡水在此，萬物在彼，有分劑，有方隅，故知是影而非體也。心之含天地，具萬物也，汝可指心之方隅分劑，猶如彼鏡與水乎？〔透明禪理，實徹儒宗。〕若心無形朕，不能生萬物者；天主亦無形朕，胡能生萬物也？〔妙！〕若天主無形，而能形形，心獨不可無形，而形形乎？〔尤妙！〕

其言曰：「有在物之內分，如陰陽是也；有在物之外分，如作者之類是也。天主作物，則在物之外分矣。」徵曰：天主作天地萬物，必在天地萬物之外。如匠作器皿，必在器皿之外，是固然矣。然則天主有方隅也，〔破的之箭。〕

有分劑也，原非偏一切也；則必有分段也，有變遷也，何以無始無終，能為萬世主乎？

其言曰：「形者在所，故能充乎所神無形，則何以滿其所乎？一粒之大，萬神宅焉；豈惟往者，將來靈魂並容不礙也。」徹曰：神之無形善乎其言之矣。然無形則無往來，亦無數目，亦無生滅，而曰靈魂天主所生，其可乎哉？

其言曰：「化生天地萬物，乃大公之父也。又時主宰而安養之，乃無上共君也。世人弗仰弗奉，則無父無君，至無孝至無忠也。」徹曰：「夫世間之法，決無全能，故天地能覆載而不能照明，日月能照明而不能生育；父母能生育而不能教誨，師友能教誨而不能賞罰；君主能賞罰而不能無漏網，鬼神賞罰無漏網而又不能覆載照明等。若天主果有全能也，［明白痛快！］則直以天主覆載、照臨、生育、教誨、賞罰之而可矣。又何用天地日月、君親鬼神，為若猶待天覆地載，乃至親生君治之也，則天主全能安在？今現見人之生也，天覆之，地載之，日月照臨之，父生之，母育之，國君統治之，鬼神昭鑒保護之，顧不知感其恩德，獨推恩於漠無見聞之天主，謂之大父大君。「春秋之筆。」既謂之大父大君，則必以吾父吾君為小父小君矣。豈不至無孝，至無忠哉？又設謂天主全能，「轉破尤快！」即寄於天地日月、君親鬼神，如國主寄全用於公卿牧長。則庶民有善，官宰賞之可矣；庶民有罪，官宰罰之可矣，豈事事必經國主哉？又庶民之所承事，亦但承事官宰無違，即為承事國主矣。豈必獨事一主，而禁其承事官宰哉？今謂仙佛僭竊，禁不承事，猶之可也。天地日月鬼神，固天主所造，以覆載照護人者，而亦禁其拜祭，不亦異乎？

其言曰：「人心性命，原天主所賦也。」徵曰：天命之謂性，紫陽之解甚謬。吾已釋大意於前矣。夫可賦者，必其有形者也。「妙甚！」心性有何形像而可賦乎？若無形像而仍可賦，則天主靈明，亦必有賦之者矣。「尤妙！」又可賦則可奪，「亦妙！」云何有始而無終乎？

其言曰：「必先有物，而後有理。」引《詩》云：「有物有則。」徵曰：夫理者，貫於物之終始而能成物者也。「見理之談。」故曰：「誠者物之終始，不誠無物。」《詩》所謂「有物有則」，正繇從理成物，故即物是理。如金作器，器全是金也。若言先有物而後有理，〔妙！〕則未有物時，便無理耶？既無物，即無理。則無天地時，尤必無理。而天主在天地先，乃無理之尤甚者也。〔尤妙！邪人當自失笑。〕

其言曰：「必有無始而後有有始，有無形而後能形形。吾身之先，必有父母生我，必有天主降衷於我。」徵曰：無始無形，快哉論也。若天主無始，則父母亦無始乎？天主無形，則父母亦無形乎？或解之曰：父母有形，故有始；天主無形，故無始也。徵曰：吾身有形，故有始；吾心性無形，何為不無始乎？〔妙甚。〕

其言曰：「天地猶一宮室也。宮室樓臺，必待有主製造而後成。曾是天地之大，無有主之者，竟能自造自成乎？」徵曰：宮室未成時，主及工匠，依地依廠；天地未成時，天主何依耶？〔句句塞他咽喉。〕又宮室則用土木瓦石成之，天地用何物成之耶？又未有天地，先有成天地之料耶？此料為本有之？為天主生之耶？且安置何所耶？為在天主身內？為在外耶？若在身外，則天主不徧一切？若在身內，不幾戕賊其身，而以為天地萬物耶？

其言曰：「太極之説，不過理氣二字。未嘗言其有靈知覺明也。既無靈覺，何以主宰萬化？」徵曰：孔子不言《易》有太極是生兩儀乎？夫易即靈明知覺之本性也。[透徹之理。]故無思無為，寂然不動，感而遂通，然正不必以此主宰萬化。[的確之談。]若萬化定有主宰，則但化善而不化惡；但化樂而不化苦，聖人修道之教，反為無用矣。

其言曰：「儒云物物各具一太極，則太極與物同體，囿於物而不得為天地主。」徵曰：太極妙理，無分劑，無方隅，故物物各得其全。全體在物，而不囿於物也。孔子曰：「範圍天地之化而不過，曲成萬物而不遺，通乎晝夜之道而知，此之謂也。」汝謂獨一天主，不與物同體，則必高居物表，有分劑，有方隅矣。何謂無所不在？

其言曰：「人為天主所生，悉啟翼於善，或乃為惡，則固人所自造。」徵曰：天主既有全能，何以好善而人不善？惡惡而人反惡？或救之曰：如父母生子，但欲其善，不欲其惡。子偏作惡，父母何辜？徵曰：父母生子身，不生子心性，故不得自在也。天主既生其心性，何不但生善心性耶？[快暢！]

其言曰：「天主生物欲以養人，生人欲以事主。」徵曰：天主既無始，無始何人事之，[亦可一笑。]而忽起生人事己之想？又父母生子，為防老死。天主既無終，生人何用？

其言曰：「人之生從何來，死從何去。」徵曰：此佛氏常談也，亦吾儒秘旨也，而用之則大異矣。孔子曰：原始反終，故知死生之說。精氣為物，遊魂為變。是故知鬼神之情狀。逮季路問事鬼神，則曰：「未能事人，焉能事鬼？」敢問死，則曰：「未知生，焉知死？」繇此觀之，生死無二理，人鬼無二致，明矣。[至理。]朝聞道而夕死可者，謂其死而有不死者存也。[至理。]既死而不死，則生必不生，[非俗儒所知。]而謂天主賦之，始生可乎？

其言曰：「天主降生之時，第以本性之原體，結合於吾人之性體，譬之以梨接桃，梨藉桃以生，桃何嘗損其本體。」徵曰：彼謂人之性靈，皆天主造，而今以桃梨譬之，將謂世間之梨，皆桃所生乎？[妙破！]梨本桃生，何須待接。待接方生，則桃本不能生梨矣。

其言曰：「天主未降生千百年前，已豫示必降之兆。及其將降，又有天神來報，乃至種種奇功異端，其書充棟，特未傳譯」等。徵曰：此與釋氏所述佛生瑞應何異也？〔佛生瑞應，實與妖説不侔。今且借彼矛攻彼盾，展轉對破，直令妖人結舌，快哉辯也。〕若謂釋迦為摩耶所生，不過是人；則天主為聖女所生，獨非人乎？若謂耶穌定是天主降生，則安知釋迦非天主降生乎？若謂佛氏經書荒偽，則汝書安知不荒偽乎？若謂汝書歷歷有據，則佛經不亦自謂歷歷有據乎？若謂佛出西域，此間無人見聞，便稱為謬；則汝出大西，此間尤無人見，不尤謬乎？佛書從天竺來，汝則以為悞取；汝謂九萬里來，誰知其非説謊乎？汝既孤身至此，去家已遠，歷年已久，何繇與汝交者，猶有本國異物贈之？豈汝賫力甚大，當日所携之物如此其多耶？〔老吏斷獄。〕抑有神通，朝取而夕至耶？抑有奇術，隨意能變造耶？吾亦聞汝之根底矣。〔搜盡奸情。〕生於近香山嶴之小國，聰明奸宄，意在覬覦中原神器。故泛海潛至嶺南，先學此方聲字，然後竊讀三教群書，牽佛附儒，〔不易之斷。〕杜撰扭捏，創此邪教，以為惑世誣民，蠱壞國運之本。自謂絶淫不娶，而以領聖水之妄説，誘彼愚夫愚婦，私行穢鄙。然閩粵民庶，每年必與呂宋等國商賈往來。汝之羽翼，每年附舟賫送寶物以相資給。是故與汝交者，汝不希彼一毫供養，更以異物而贈惠之。人遂謂汝廉潔無求，勝彼釋老之勸人布施。乃至縉紳達士，亦被汝惑，以為恭愨廉退，儼然大儒風格。嗚呼！安知王莽謙恭，乃漢室之賊；介甫新學，實宋世之蠹哉？汝之心術，亦太惡矣。

其言曰：「物或有始終，如草木鳥獸；或有始而無終，如天地神鬼及人之靈魂。惟天主無始無終，而能始終萬物，無天主則無物矣。」徵曰：吾儒謂誠者物之終始，不誠無物，〔錯綜引來，愈見血脈。〕其次致曲，曲能有誠；誠則形，乃至惟天下至誠為能化，至誠之道，可以前知；至誠如神，至誠能盡其性，能盡人物之性，贊化育而參天地。故先以二語定其宗趣，〔確！〕所謂自誠明謂之性，自明誠謂之教，而又結示性修不二天人合一之旨。〔確！〕故曰：誠則明矣，明則誠矣。此真物化根源，非所謂天主也。〔破的！〕若必立一天主，至靈至聖，無所不能，威權不二，則化育決無勞贊，〔妙甚！〕而天地決不可參，豈理也哉？〔邪說明倍儒宗，舉世奈何不覺。得此快辯，孔門生色。〕又彼所立「有始有終」、「有始無終」，「無始無終」三句，尤為不通。《易》曰：「形而上者謂之道，形而下者謂之器。」器則有始必有終，〔立極之論。〕道則無終必無始。既許「有始無終」一句，何不并立「無始有終」一句耶？且草木與鳥獸，其不同甚矣。猶皆有始有終，人之所以異於禽獸者幾希耳，獨有始而無終，何耶？又世間之法，父子必相類，因果必相同。現見人決生人，鳥決生鳥，瓜不生豆，豆不生瓜，天主既生人也，人有始無終，天主亦必有始而無終矣。〔妙！〕若天主靈妙故無始，則人心亦靈妙，何謂獨有始乎？〔尤妙！〕若人心靈妙，天主賦之；則天主靈妙；安知不亦有賦之者乎？〔又妙！〕又天主生人，則謂人之大父也；生鳥獸，不為鳥獸父乎？生草木，不為草木父乎？鳥獸草木之父，亦何足為尊主乎？

其言曰：「譬如樹之花果枝葉及幹，皆繇根生。無根則皆無，乃樹之根固無他根所繇生也。天主是萬物根底，何所繇生？」徵曰：樹根必依地者也，天主獨能無所依乎？〔妙！〕

其言曰：「天主當初欲生萬物以為人用，先開闢天地，化生萬物之諸宗，然後化生一男一女」等。徵曰：天地未闢，尚未有人，云何欲生萬物以為人用乎？〔亦可一笑。〕

其言曰：「生前為善為惡，其魂各以死後赴天主審判。」徵曰：若天主無形聲處所，則死者將何所赴？若可赴聽審判，殆如世間士師，亦如釋氏所稱閻羅。然設如士師，則士師亦父母所生，不免老死者也；設如閻羅，則閻羅亦衆生數目，不免輪迴者也。猶可稱無始無終，造物之真宰耶？［妙！］

其言曰：「天堂地獄之報，決不可免。所以定有後世；無有一人能憶前世事者，所以定無前世。」徵曰：執途之人而問以初生時事，亦無一人能憶之者。可謂并無初生事乎？初生雖不憶，不可謂無初生，前世雖不憶，又安知無前世也？［妙！妙！］

其言曰：「仙佛菩薩，令人奉敬自己，而抗天主之權。」徵曰：仙佛菩薩，雖非吾儒所宗，［宗亦不妨。］然必説有諸仙諸佛諸菩薩等，以為世人所敬。又説天地、日月、星辰、鬼神，皆應奉事，則非專奉自己也。耶穌乃令人專奉一主，不得拜祭天地日月等，其專利嫉妬，不尤甚乎？［誅心之論。］［一］

校記

［一］原批云：「佛眼師評：破邪確論，無出於此書之右者。」

附

鍾振之居士寄初徵與際明禪師柬

憶吾兩人，生同一日，學同一師，幼同一志，不謂尊者至廿四歲，逃儒入禪。二十年來，所趨各别，音問遂疎。兹者病卧湖濱，忽聞天主邪説，借彼矛，攻彼盾，略為《初徵》。知尊者久事禪學，必有破敵餘才，且彼既專攻佛教，尊者似亦不容默默。拙稿呈政，惟進而教之。

際明禪師復柬

方外雲蹤，久失聞問，而髫年千古之志，則未敢或忘也。接手教，兼讀《初徵》，快甚。居士擔當聖學，正應出此手眼。山衲既棄世法，不必更為辯論。若謂彼攻佛教，佛教實非彼所能破。〔千古卓見。〕且今時釋子，有名無義者多，藉此外難以警悚之，未必非佛法之幸也。刀不磨不利，鐘不擊不鳴。三武滅僧而佛法益盛，山衲且拭目俟之矣。草復不既。

鍾振之寄再徵柬

曩寄《天學初徵》呈政，意尊者必出手眼，共闡聖道，而竟袖手旁觀，豈髫年千古之志，與世法俱棄耶？何謂未敢，或忘也？邇來邪說益熾，不得已再為之徵，必祈為我斟酌，毋曰爾既不歸投佛法，吾亦不預聞儒宗也。

際明禪師復柬

儒釋二家，同而復異，異而復同。惟智人能深究之，非邪說可混淆也。惟真儒方能知佛，[至言！]亦惟學佛始能知儒。讀居士《再徵》，其揭理處，如日輪中天；其破邪處，如基箭射柳。[評得確當。]孔顏一脈，可謂不墜地矣。山衲豈能更贊一辭。惟冀居士以此慧性，更復深究西竺心傳，則世出世道，均為有賴。形跡雖疎，神交匪隔，當不以我為狂言也。

闢邪集跋語

余嘗讀《觀所緣緣論》，先展轉縱奪以破外人，然後中立正義。儻外計未破，不應先立自宗。譬如良將用兵，先以威伏，後以慈撫也。近日天主之教，淺陋殆不足言。彼翕然信向者，達士不過為利所惑；庸人不過望風趨影，皆無足怪。獨怪夫破之者，不能借矛攻盾，往往先自立宗，反未免竇盜糧而借寇兵耳。惟兹《三徵》，絕不自執一法，惟乘其釁而攻之，大似尉遲敬德裸身赤手入陣，而奪矛取勝，其得臨濟白拒賊之作略者耶？是集一出，可以破邪，可以匡世，可以閑聖道，可以護國運，利亦偉矣。爰不揣庸劣，評而梓之。

新安夢士程智用謹跋

尊正説

古蒲釋行璣

原夫至正之理，天人之命脈寓焉，故謂之大同，亦謂之大公。大公也者，神聖不得私其有，天地不能秘其權；大同也者，人稟之而為聖為凡，為貴為賤；物稟之或有知覺，或無知覺，萬彙千種，各安其位，一道坦然，不壞其相，此古今不易之定旨也。惟大聖人出興於時，推明公同之正理，指歸天人之命脈，是則以先知覺後知，以先覺覺後覺者矣。故我釋迦本師，離兜率，降皇宮，捨王位，入雪山，静思六年，於臘八子夜，覩明星忽然大悟，乃歎曰：「奇哉！一切衆生具有如來智慧德相，良繇妄想執著，不能證得。」至法華會上曰：「諸佛世尊為一大事因緣故，出現於世，欲令衆生開佛之知見故，欲示衆生佛之知見故，欲令衆生悟入佛之知見故，繼而達磨西來，稟教外單傳之旨，直指人心，見性成佛。嗣後禪宗競挺，覿面提持奮大機用，雖方便多端，特揭元本之正見。儻能回光返照，立證元初正體，則卓然無依，至真獨露。此無他，蓋從本以來各各具足成佛故也。孔子曰：「大學之道在明明德，在親民，在至於至善。」曰：「參乎吾道一以貫之。」子思子曰：「天命之謂性，率性之謂道。」曰：「自誠明謂之性。」孟子曰：「萬物皆備於我。」蓋聖賢繼天立極，闡當人性命之緒。蓋明具體之圓，而發其本然之妙也。而老氏亦曰：「有物混成，先天地生，寂兮寥兮，獨立而不改，周行而不殆，可以為天下母，吾不知其名，字之曰道。」曰：「聖人抱一為天下式。」曰：「昔之得一者，天得一以清，地得一以寧，神得一以靈，人得一以盈，萬物得一以生，侯王得一以為天下貞。」蓋天地人物總原於一，而不假外成者，渾然固有之理也。於是乎三教鼎立，今古並行而不相悖。自天子以至於諸人，踐其道造其極者，史典昭然不可枚舉，固無論中夏夷狄之精鄙，富貴貧賤之崇卑，唯正是宗，存乎其人而已。所以在朝在野，人人得而尊之，人人得而主之，人人得而正之，人人得而弘之。至於邪説異端，如水火之不同器，曲直之不相侔，毋容毫髮混乎其間者，明且著矣。何物西洋利瑪竇之夥者，肆布邪書，簧鼓當世，蔑至正本具之理，析裂心性，多般臆説，謂太極不能生物，天地萬物不能同根一體。噫！誠不足與語大道之原矣。豈知山河大地明暗色空，咸是妙明真心中物，及人人法法各具太極之理。瑪竇既不悟法法唯心，心心本具，而務外計度，故别執有天主可尊可附，能生能造，以至趨妄逐物，起種種差殊之見。正是業識茫茫，無本可據，欲望三教之宫牆，何啻數仞之崇高也。而敢恣意輕擬太極與夫同根一體之非是，則知瑪竇以己局見，比量義文之太極，以識心分别天地萬物，而方古人無同根一體之理，何狂誕之若是乎？

莊子曰：「井蛙不可以語於海，夏蟲不可以語於冰。」瑪竇之謂與，奈之何？聖世紳衿不察其言之可否，而甘醉心於怪妄，群然煽其和風，熾其邪説，自釀肺肝之大患，漸引膚毒以互攻，獨不思道統命脈垂茲於萬世，皎如月星。一旦戕賊投之夷手，是可忍乎，孰不可忍乎？余山林拙朽，匪敢僭越。第公同之道，天人命脈，朝野均關，所以云人人得而尊之，人人得而主之。緣剖三教之根源，證當人之具體，俾正眼者一燭洞然，知無稽之言，弗足採信。則未陷者毋至覆轍之虞，已陷者庶幾寒心痛悔，咸發公同之憤，誅公同之讐，還公同之元，尊公同之正，則不惟理學幸甚，而先聖幸甚；不惟先聖幸甚，而生靈亦幸甚，是故著《尊正說》云。

拆利偶言

有客問曰：利瑪竇既排佛氏，謂竊伊西國善民輪迴之説，以天堂地獄嚇人。奈何渠教中亦有天堂地獄之説，得非自己倒置乎？余曰即吾教謂天堂地獄，亦異乎瑪竇之所說也。據瑪竇云：有人罪惡如山，但一歸天主，罪即消滅，天主卑之天堂之樂；其或不知信向者，雖聖賢猶入鍊清之獄。若天主如是主權，可謂公乎？可謂天主乎？吾知瑪竇止竊吾教之天堂地獄，以誑惑愚民，又恐難逃至鑒，遂反誣佛氏嚇人，此所以見瑪竇之狡也。然狡雖深，其如我正大之教，萬世不磨，何哉？試為子陳之。

我世尊説法五時，因機設教，隨機隨解，初無定義。雖言天堂地獄，實一時方便，以人有造善惡之業，故説業有輕重，感報不同。善者隨善業，感天堂之報，福盡還墮；惡者隨惡業墮地獄，餓鬼畜生之報，乃至從迷入迷，輪轉不息。蓋天堂等報，因人造業而有，非有定所也。若智者悟明，業果本無自性，則當下解脱，覓罪福之原，了不可得，安有善惡業之可隨耶？古佛偈云：「身從無相中受生，猶如幻出諸形象，幻人心識本來無，罪福皆空無所住。」《華嚴經》云：「應觀法界性，一切唯心造。」古云：「了即業障本來空，未了應須還夙債。」如是則吾教本以明心見性，導人為懷，豈有天堂地獄之實法繫綴於人乎？又豈若瑪竇梗執有天堂地獄，天主畀之上下乎？足見瑪竇不能明吾教之根源，而徒滯跡狂吠，何異韓獹捨人而逐塊哉？

客曰：承教深領唯心之旨，可知一切業果皆是當人分上召感，無心外之天堂地獄明矣。又彼謂孔子曰：「西方有大聖人。」乃兆耶穌，而佛氏竊之，并願聞説以悉諸疑。余曰：噫！事固有理存焉。可妄争乎？佛之道如日月麗天，古今獨輝。佛之德如天地覆育，塵刹無遺。余為佛氏之徒，匪曰加辭自讚，道本如是故也。自漢明帝時吾教始入中華，所尊崇敬奉降心歸信者，皆有道君相也。蓋尊佛之神明，尊佛之道大也，道大而又合儒，故其化通乎天下。天下宗佛大道，無智愚貴賤男女，知有無生之常理，廓明本具之真心，相承於茲，無方不被佛之博施濟衆，至矣極矣。是以後世正人推而崇之，曰西方大聖人，實符孔聖之贊襄，良有以也。瑪竇輩迷本逐末，捨自己莫尊莫太之貴，而向外妄立一天主司攝，是心外有法，乃邪見外道耳。豈有萬世師聖而預稱邪見之外道乎？且《列·禦寇》載：「孔子曰：『西方有大聖人焉，不治而不亂，不言而自信，不行而自化，蕩蕩乎民無能名焉。』」如是則全一淳龐世界，上下渾然，可謂太平無象矣。以無象之真風，雖有刑名，將安用哉？瑪竇自言，耶穌為救兆民，甘心臨刑於十字架，以贖其罪。然耶穌既為天主化生，符孔聖之微，處其國必君聖臣賢，民良時泰，而有億兆之刑民，謂之不治而不亂，可乎？又耶穌無取信於人，不能釋民之罪，而致以身贖之，謂之不言而自信可乎？又耶穌以度人自勝，稱為教化皇，則必澤及遐邇。至為民贖罪，彼國殊無敬畏之心，直以十字架之刑刑之。既刑矣，謂之不行而自化，可乎？孔子曰：「片言可以折獄者，其由也與。」夫由，賢者也，特有翼教之志，其行剛其言直，平日信足以取人。孔子歎其片言而獄可折，矧耶穌有主宰天地人物之權，并全仁全智之德，而不能主宰一形軀，則全能之術又安在哉？豈有天主而不逭我土一賢者耶？瑪竇妄竊聖言以嘉耶穌，余恐罪鬼反不能安於地下定矣。

客謝曰：誠哉是言也，以子之言質諸吾儒，當自了然燭邪正，如指掌間矣。

昭奸

福唐釋寂基

按利瑪竇立「天主」兩字，雖是望空扭捏，然其機關狡猾，將儒佛兩家互竊互排，抵死穿鑿，隨時變幻，無怪吾人被其惑也。蓋揣知吾人莫不敬天畏天順天，故譸張其說，以誑嚇天下，料天下莫敢膺懲，此其狡猾者，一也。又克作奇珍，趨世貢獻以求容，我土致夏夷之防，上不嚴於朝廷，下不禁於關律，此其狡猾者，二也。又漁獵儒言，以三皇之時用化，五帝之時用教，遂誕其妖妄之術為教化皇。蓋以教化神於儒，皇優於帝，舉三皇五帝之功德，盡剽竊之以標名，致令淺識之夫樂其誕也。凡六經言天言上帝處，頻引為證。於《易》中太極生兩儀，共範圍彌綸，及《中庸》參配之微言，皆斥為不當。若是者何也？彼將以天主抹煞儒佛，儻不遮範圍參配等微言，則難抗儒宗，而天主之創立難圖矣。此其狡猾者，三也。彼輩開口便斥佛為魔鬼，所刱天主之義反全然竊佛。蓋佛典謂無始無終不增不減，充滿法界而不可測量者，皆發明古人理性之實旨。彼盡竊之以獨歸天主，又以佛從兜率天降生於西域，遂詭言天主，亦從天降生於西洋。又以漢明帝夢佛遺使求佛，即詭言天主生於漢哀帝時。蓋以哀帝在明帝之前，遂硬竊明帝所夢之佛為天主，此其狡猾者，四也。彼嘗排佛以福利誘人，又竊佛天堂地獄之說，云奉天主者死後昇天堂，不奉天主者死後入地獄。甚有紿愚民曰：為天主死難者，昇最上天，斯不特以福利許人，且以天堂誘人致命，此其狡猾直令人不忍言矣。故昔萬曆年間，夷人王豐肅等簧鼓南都，被當事者參奏擒拏，即有愚民執小黄旗，自云願為天主死者，則其煽惑深入，勢實艱危，固為忠君愛國者所隱憂。而語言矯誣日益浸淫，最為衛道輔世者所遠慮也。詎意縉紳君子懵懵然，而與之相附會哉。說者謂祀天為正學，謂天有主亦似有理，況吾人天命、天道、天德之語又甚可據。何獨於彼而疑之，不知夷得售其奸者，正依附此語也。吾人所以被其惑者，實未究此義也。何者？以形體而言，謂之天；以主宰而言，謂之帝。曰天，曰帝，名殊而體一也。若夫天命天道等微言，總不出乎自性誠明之外，故云天命之謂性，誠者天之道，何曾謂性外有天，天外有主，以製造萬物，并造魂靈之怪誕哉。頻以六經所稱上帝，為天主明證。而製造萬物之誕，何六經無一言，可影響乎？

夫上帝儒言也，太極儒宗也。若排斥其宗，則不宜附會其言，既附會其言，則不宜排斥其宗，奈何排太極云。若太極者只解之以所謂理，則不能為萬物之原。又云理亦依賴之類自不能立，曷立他物？按此何等橫恣，將開闢以來之學脈最關係者，敢變亂之，夷罪不容誅矣。夫太極焉可解，原不容解也。即先儒解之，所謂理者，以太極無思、無為、無方、無體，而具有生天地萬物之理也。惟具有生天地萬物之理，先儒解之，所謂理不亦宜乎？而利氏妄排云，解之所謂理則不得為萬物之原。又云理亦依賴之類，以太極只解所謂理，固不知太極以理為依賴，且不識理矣。何則萬法唯心，心外無法。心也者無形相，有靈覺。唯有靈覺，而天下物理具矣。所謂虛靈不昧具衆理，而應萬事者也。今利氏妄以人為自立，理為依賴，豈知萬法唯心，心外無法之微旨哉。即儒佛兩家並説體用，蓋以心具衆理為體，而應萬事為用。然説雖分體用，實則體用一源，究竟即一源亦不可得，惟一靈任運而已。今利氏妄分兩端，豈識理哉？又曰：所謂理者，只有二端，或在人心，或在事物。事物之理合乎人心，則事物方謂真實；人心能窮彼在物之理，則謂之格物。據此兩端，則理固依賴矣，奚得為物原云，此又錯認情識為格物也。夫格物原在明德，德既明而物自格，利氏此言乃目前情識耳。以目前情識，執難先天發育之理，豈不可嗤。夫先天發育之理，統於乾元，自强不息。乾元之自强不息，即吾心之本覺常明。吾心之本覺常明，於先天後天，無二無分，無別無斷也。如是則合之，物物為一體，散之各具一太極。

此乃窮深極微之見，光明正大之道，豈容邪說所泯沒哉。嗟乎利氏業識茫茫，無本可據。橫計天地之大萬物之多，最初必有生成之者，遂創立一天主焉。專欲立天主，遂硬排太極。蓋恐士君子以太極為宗，則與天主不兩立，而邪說自遁矣。故橫意排斥，揑妄衒怪，計將搖惑吾聖明之世也。

或曰：吾子學佛者也，何不直闡佛，尚言儒乎？曰：儒宗太極，佛說無生。無生、太極，名殊體同。惟其體同，故相安而不相悖。今邪說無宗，斷滅理性與儒佛並相反。吾所以言儒者，正明儒與佛同。蓋欲士君子繇知儒以知佛，會儒佛一貫，令邪說不得作也。所最可駭者，彼輩以一時突出之妖邪，敢亂吾國開闢以來之學脈。吾輩衍開闢以來之學脈者，反不能懲一時突出之妖邪，則為三教後昆者能不慚惶乎？

或曰：彼只欲蔑佛，儒猶不敢毀也。吾以為太極儒家也，既反其宗，安謂不毀其教乎？且毋論舜文周孔入地獄等語，在文林尤可切齒。只見《實義》第二篇有云：敝國之鄰方上古不止三教，纍纍數千百枝後，為西儒以正理辨喻，以善行嘿化。今惟天主一教，是從審此語，灼見夷心橫恣，目中豈直無佛老，抑亦無周孔矣。未幾果有周孔入地獄等語，察夷言之浸潤如此，則夷心之包藏誠叵測耳。而蔓延惑世，多種譸張，不止於是。其《實義》首篇幾千言，竊三教理性無始無終，六合不能為邊際等語。誕為天主嘵嘵萋非並無一性三身之義。至終篇亦只言天主生於漢哀帝時，名為耶穌，亦無一性三身之義。厥後利氏既死，其黨與猖獗於兩京，爾時憂世者皆惡其左道惑衆，累疏劾駁，如沈宗伯三參中有云：其術之邪鄙不足言也。據其所稱天主，乃是彼國一罪人，誠不足辨也。又有云：豈有上帝化為胡人，胡人釘死之後復返為上帝乎？又有云：以天主降生為胡人，豈降生以後天遂無主乎？夫夫也可謂有識矣，彼夷自知情偽敗露，難以欺人，遂著《遺詮》一册，竊佛典一性具三身之義，謂天主有三位。一位名罷德肋，二位名費略，三位名須彼利多三多。第二位費略，雖降生為耶穌，而罷德肋猶在天，將以遁逃上帝化為胡人，胡人返為上帝。天主降生以後，天遂無主之詰。

夫《天主實義》，正著明天主之義也。豈天主有三身，利瑪竇不著明於前，尚待其黨與《遺詮》於後耶？則其隨時變幻遁逃，情偽斷可見矣。不然天主之説果真，則自降生以後當親口宣揚，及彼輩之來我土，惟繙譯親口所宣之經，以示吾人，是其急務。何最初無一字將來，待二十年漁獵我土經書，東剽西竊，然後杜撰。而降生之謬，又被人東貶西駁，然後以三身為躲竄，此何為哉？如是則扭捏穿鑿，不特《遺詮》《實義》，雖汗牛充棟可類推矣。聞人樂其譚實，吾以為過譽。所謂實者，莫尚佛典。佛典説三身之義，只明當人自性，非如彼夷之扭捏穿鑿也。夫三身者，清净法身性也。以性清虚無物，故謂之清净法身，圓滿報身行也。以性虚靈具足一切，故謂之圓滿報身，千百億化身用也。以性虚靈能感通萬事，故謂之千百億化身，是皆不離自性靈通而已。然詳言之三身，約言之體用。蓋性即體，行即用也，即質之《中庸》云：「君子之道費而隱。」費用之廣，非千百億化身而何？隱體之微，非清净法身而何？周道如砥，百姓共繇。第此日用不知，故聖人先覺就其自性，而提醒之云：自性具三身，君子之道費而隱，苟悟自性即了然矣。今夷黨竊之以護天主降生之駁，謂天主有三位，一位名罷德肋，謂罷德肋照己而生費略。既生費略，與費略互相愛慕，共發須彼利多三多。又因須彼利多三多之功，以血體造成耶穌之身，即降生於西漢末年。如此妖妄怪誕，所謂惑世誣民，莫此為甚。

試以自性體用之道詰之，果孰是而孰非，孰邪而孰正乎？且就邪書以問彼云：罷德肋既是第一位天主，照己而生費略之賢可也。至於生亞當、厄襪為人類之始祖，何不更推一性一能以與之共，而乃賦以頑梗之性，父命不遵不靈之魂被魔作擾耶？夫費略與亞當、厄襪，均是罷德肋所生，則均是罷德肋一子也。安有一子之中，不惟有親疎，而有憎愛，豈全能大公之天主尚且有憎愛之情僻乎？不特此乎，彼夷不悟萬物一體，故揣摩有天主以生萬物，遂以天主之性不同人性，人性不同禽獸性，謂禽獸之性本冥頑不靈。然饑知求食，渴知求飲，畏矰繳而薄青冥，警罟網而潛深澤，或反哺跪乳，俱以保身孳子，防害就利，與夫靈者無異，此必有尊主者默教之纔能如此也。此荒唐之説，諒有目者莫之或欺。試觀大地禽獸，何其綦多，饑餐渴飲，防害就利，何其綦紊。若一一必經嘿教，吾恐為尊主者縱有全能全智，亦未免萬方照顧，終歲翹勤，又何其數數不憚煩耶？此不能盡自性以盡人物之性，故不知人物同靈原為一體，至錯謬乃爾。且禽獸之靈，不止反哺跪乳保身孳子而已。如巢者莫不知風，穴者莫不知雨，知風知雨不可謂無知也。有知不可謂無靈也。儻云必有尊主嘿教之，則往往大川深澤之際被暴雨漂流，横屍遍野，誠可憫矣。或舟過江湖被狂風覆逝，或葬魚腹，或暴沙礫，何其慘也？尊主何不默教之以預防乎？苦捨諸人而教禽獸，則天主似愛禽獸而不愛諸人耳，豈理世哉？且彼籍嘗云：天主生禽獸無非以為人用。然既生禽獸以為人用，則矰繳之徒不必教其薄青冥，網罟之人不必教其潛深澤，天主並教之如此，則又不愛人而愛禽獸耳，何諸天主之顛倒錯亂竟若此乎？噫！彼夷之誣天誑世，罪莫大焉。其種種妖妄，種種變幻，令人不深恨，不痛絶不能已也。

爲翼邪者言[一]

霞漳釋行元

蓋嘗思之，吾人以魁然七尺之軀，峨而冠華而裾，推尚義文。誦習周孔，卓乎宇宙之中，藹焉民物之上，其自任也，品格亦既崇且貴矣。而所以葆夫崇且貴者，本性極為靈明，絲毫燗然不染，故當其世而有邪學偽造之徒，鼓煽於天下，則必立昌言以熄之，不大灰其焰不止也。宗正教以排之，不盡遏其源不願也。凡此皆以行大道為公之心，擴萬物一體之量。夫然後續之先德而有光，綿之後禩而無弊也。夷人利瑪竇自稱航數萬里而東，倡天主教於我中國，所述《實義》八篇，大都皆支離孟浪不經之說，决裂心性，傾越典墳，熒擾黔黎，凌欺佛祖，謗儒家之太極，蔑三教之綱彝，其蠹害固不可勝言，其為詞亦不屑齒論。然而恒情樂玩，邪見易薰，徒安厝火空泣亡羊，殆非我中國君子防邪衛道之苦心，民饑民溺之素志，惟是朝乾夕惕，悉抱蟻穴鼷社之憂。憂之愈深，言之彌切，牽林總之群而共踐景行，激節操之英而合佐公議。則彼腥羶小蠢輩，敢洶洶亂我大邦者，勢不久而自絕，而人心道統國脈，亦庶乎免狂瀾矣。獨奈何夷族之講求瞻禮者，我中國之章絶也。夷書之撰文輯序者，我中國之翰墨也。夷類之設為景教堂者，我中國之畫軒華棟也，遷喬入幽，用夷變夏，噫嘻嗟哉！是尚可忍言乎？今試執三尺之童，而紿之曰：汝盍拜犬豕？童子猶耻不受。而況以堂堂鬚眉，覥瀆夷祀；亭亭壓骨，屈折夷徒，生平佩服之謂，何一旦而淪胥乃爾？賈生若在，吾不知其涕哭幾多！且又為之飾辭設喻，竊取外史儒謨一二仿佛者，代為券曰：是皆明天主者也。實有天主在，而可信可畏可格可斂者也。夫苟實有天主在，則開闢已後諸聖億萬言，何獨言天而不言天主，豈諸聖不知抑果知而反秘之乎？而苟謂天主降生於漢哀之時，則莫大靈奇，閭巷歌之，簡册誥之，歷五代唐宋以來，須聞有天主之名可矣。何古昔無傳，而今反創見之乎？抑又謂天主受十字刑架以死，請代兆民贖罪，則天主死矣，縱爾靈魂不滅，只一橫架厲祟，何能超百神而獨為民物主，更以不能修德，徒然委置其身，恃此教化大體安在。斯其理至明，其說甚舛，凡百君子所宜察焉，而不可輕信者也。即使盜我佛家三身之說，而謂天主能化生還其本位，亦置之勿問。但根源有差，多與中國正教相背戾。設或身遭其毒，便自焦胃潰腸，又凡百君子所宜嚴閑焉，如火之燃，如川之沸，如狼魅之暴者也。而反左袒彼夷者胡為？此余所以不咎天教之行於中國，而深咎中國之人行乎天教也。余固深咎中國之人行乎天教，而尤痛咎行天德之人叛乎正教也。正教叛而天教行，禮義文物之邦何異侏㒧左衽之俗。吾恐邪黨盈途，蠶食日衆，將乘虛以逞不軌之謀，較若覆掌之易。

語云：「聚蚊成靁，積毀銷骨。」《詩》曰：「肇允桃蟲，拚飛維鳥。」古來人一言半句，所以懲戒我人，謹始毖終者，實有取於兹焉。迄今聖明馭世，合國朝宗，梧鳳萋雝，弓櫜矢戢，是願一切上中下士，勿利言是聽，勿利輩是從，排之熄之以維不死之人心。紹未墜之道統，培長存之國脈，固其宜也。否則晛見雪消，自貽伊戚，一污青史，萬古凄凉，悔奚及哉，悔奚及哉，幸藉此毋忘長慮。

校　記

［一］原標注：「指謝肇淛、楊彌格之類，又有馮應京、徐光啟，皆翼邪者也。」又批云：「以下五篇，共行元所述也，蓋元帥黄天香居士同鄉友也。」

代疑序略記

武林楊彌格襲瑪竇之唾餘，恢耶穌之誕蹟，刊著《代疑篇》始末二十四條，而涼庵子者復為序云。涼庵子不知何許人，想亦彌格之流也。其行過當，其言甚詭，其心實欲反《中庸》至正之道。而暨挽天下以鈎奇索隱之術，日道之近人者非其至也。及其至，聖人有不知不能焉。一翻新解必一翻討論；一翻異同必一翻疑辨，然後真義理從此出矣。余以為道之近人者，乃其至也，不偏不倚，易知簡能。凡日用飲食之間，鳶魚上下之察，無適而非道，無在而非真也。是故目擊而道存，指掌而道喻，子曰：「道不遠人。」人之為道，而遠人不可以為道，蓋明吾人具足之理觸處如如，而非鶩遠之之謂耳。即我佛於法華會上亦曰：是法住法位，世間相常住。蓋直指天地萬物各住其位，而世間現前之相，即出世間常住之法耳。悟此常住之法，便知道不遠人，信手隨拈全真獨露，髑體迥然，超聲越色，無新無舊，無異無同，無悟無疑，無真無偽，即欲覓其纖毫差別之相。究竟無有，然則聖人有所不知，知之至也。知至而不著於知，聖人有所不能，能之至也。能至而不假於能，豈如彼云不知不能，聖人必以求知求能乎？并如彼之求知求能，將離易簡外以求之乎？至於正疑妄疑，譬我詰我等語，是又不自坐其非，而異喙橫言，以掩夫疑者之不必疑也。緣略之而不復贅辨。

誣經證略

《天學證符》一書，儒而名者所作也。余始聞之而未敢遽信也。蓋習儒之學者，精儒之理，是非舉動斷不苟焉已也。或者狡醜夷徒浮藉名色，以誘惑愚民，未可知乎？迨親閱其書稽其實，而信作之果出於真者，迺不覺掩卷拊心，而深為長歎息也。

夫以吾中國孔孟之道，中正為幹，仁愛為根，繼往開來，致君澤物，巍巍朗朗如兩曜之環霄，毀不得護莫及，此經傳所以流宣乎古今，而為萬世法也。然其中之言帝言道言學言命者，種種不一，總不外據其理之所。是心之所主，而歸之天已矣。未嘗於理外別措一詞，於心與天外更尋一主天者也，彼狡夷毋論已。惟此中國車書倫物之區，高巾而博帶者，儼然聖賢之遺風在焉。是焉可以聖賢之什，取為夷教撰解：曰帝者天主也，道者天主之道也，學者天主之學也，命者天主之命也；至格天亦即格此天主也，事天亦即事此天主也，敬天畏天亦即敬畏此天主也，獲罪於天亦即獲罪此天主也。嗟乎斯言若當，孔孟宜推尊而先言之矣。抑豈吾人之聰明，吾人之睿智，有過於孔孟者乎？故觀彼之證時習章也。曰東海有聖人焉，共此天學也；西方有聖人焉，共此天學也。樂遠方之朋來，樂天而已，非樂與我同也。誠如所言，則東西聖人無不學天主之學，而尼山樂意，只是樂天主之樂也。此為誣聖之説也。又觀彼之證異端章也，曰普天下惟天教至真至正至大至公，故遠近同遵無異也。外此諸端雖持論操術，極靈極變皆異也。誠如所言，則三教鼎立，奕世昭垂。諸聖君賢相名公哲士所欽崇所隆守者，悉異端之徒。而獨彼之奉天主者為正也。此則蔑教自驕之説也。又觀其證言善章，曰歷看不奉天主者死候，都發狂哀號；而虔奉者之死候，言語色貌都安善也。幾曾見世間人死者，盡發狂哀號乎？儻以為不奉天主而致之使然，則從來生民幾多不聞有天主，而死候安善，又何如也？此乃嚇頑民之説也。甚且證天主為人中一大父母，其惡薄者必受讉於大父母也。吾人始祖所自出之帝，謂之天主。昧天主教者，即昧禘之理也。聖學之有矩，即天教之有誡規。志立者，志立此誡；不惑者，不惑此誡。至知天命則直洞夫天之主宰，而惟命是從也。更證云：夫子之禱久，是以天地為不必禱而自有嘿禱焉，非蒼蒼之天也。曾子之啟手足，正欲門弟子知其安穩不忙亂？而免墮地獄也。顏淵喟然之歎，必有允可瞻仰，至賢無瑕者為最上之主，而非歎道歎夫子也。孟氏之萬物皆備，以為非遵天主之命，不能罄物我同歸於仁也。如斯判合乖亂，不可勝數。揣其意蓋真視天主為實，有不難降心以相從，而益恐天下後世疑其學於儒者學於天主。不得已借聖賢之什以明其相符，謂學天主即學儒也。又恐天下後世背於天主者學於儒，而剛然以聖賢之什證天教之相同。謂學儒者不若學天主也。名教干矛刺胸可畏，率獸食人莫此為甚。非惟儒家當之而怒目切齒，即我釋氏計之，亦為痛膽傷心者矣。余於是不列其姓氏，而特揭之曰《天學證符》一書，儒而名者所作也，亦以見世間儒者果有如是人也。

非楊篇

凡從教者必先具乎真正之眼，而擇其不二之宗以為因。論教者必先究乎本然同歸之理，而不可泥其辭以啟將來之謬。如我佛世尊降生於毘藍園中，指天指地，周行七步，目顧四方，曰：「天上天下，唯我獨尊。」此蓋當陽指示吾人之本體，各稟夫惟我獨尊之旨。乃至一切物彙，萬種千差，莫不皆然。所謂今古常如物我靡間心佛及衆生三無差别也。彌格子不悟中意，躍入利氏之圈，妄執我佛之唯我獨尊，謗我佛為抑人尊己，迷錯淆訛，病根全伏於是。繇是推之，而知彼所謂造化萬物一歸主者之作用，唯我獨尊之義未透也；生死賞罰偏係一主，百神不得參其權，唯我獨尊之義未證也；物性不同人性，人性不同天主性，唯我獨尊之義未徹也；西教不斷腥味，更無禽獸輪迴，唯我獨尊之義未貫也。其餘膚見臆説，紛然雜出於其間，總於唯我獨尊之義，了無交涉也。是奚足與論我佛之道哉？若夫裝潢七千餘部，書篋見頓香山澳云云，此益見若輩之狡，欲邀天朝群輔之心一旦相應，而以白馬駝經之故事，迎取而翻譯之，然後遂其謀以放恣，使海内貴賤賢愚不信唯我獨尊之旨，相率共祀一天主焉。而我佛四十九年之真詮，必至於集焚經臺而始快也。噫！我佛以正法眼藏囑付國王大臣，肆今琳宮，永飭貝葉流輝。彼縱毀磨，何傷何害，徒自作闡提之逆種鑊炭之辠魁耳。蕭瑀有言，佛聖人也，非聖人者，無法彌格有焉。

緣問陳心

或告曰：天教之行非諸人咎也，禍端有繇來矣。夫善戰必俘其首，斬草務芟其根。今觀吾子之言似於夷略怒於我輩甚刻者，得不過激而招惡與？余瞿然曰：君盍知夫立言者苦心乎？情切者聲哀，理直者氣壯，此《離騷》《孤憤》諸篇古人所以發也。雖然吾正恐其不知惡也，試知惡則必積久生疑。思夫己之被駁者何事，我之駁彼者何意？痛而悔，悔而返，返而復初心以還大道，料亦勢之不可必者也。即或未能如是，而吾樂受惡之懷，猶可白於人世，間有人焉。起而代為推窮思，夫我之駁彼者何意？彼之被駁者何事，諒有知子懷之大不忍者，則即此已相期大道而不為若輩所撓，是又惡之不可無者也。曰方今夷黨滋蔓，人心鼎沸，巨厦非獨木之支，輿薪非杯水之濟，豈子一言能肅清群惑哉？余曰：從來邪教難可久居，理語易以服衆，縱貿貿不顧吾言，獨不有天下公論在耶？公論一日在天下，夷輩不可一日在中國；夷輩不可一日在中國，當事者不可一日無吾言也。所以《誅左集》許先生末篇云：「伏願蒿目時艱之大人豪傑，憂深慮遠，如艾龍等，或斃之杖下，或押出口外，疏之朝廷，永不許再入。復悉毀其書，使民間咸知邪説之謬。」只此數語，實愜予心，然則余言固得已哉。相彼飛蟲時亦弋獲，安敢以未必肅清之念，箝其口而首鼠作活計也？

曰天教之行也，賢智凡愚各居其半。子似恕凡愚而刻賢智，將謂凡愚者不足為世病耶？余曰：非謂凡愚者不足為世病也，對賢智而若輕耳。夫凡愚昧理者也，昧理而媚之，畢竟是貪賂所使；賢智明理者也；明理而趨之，雖罄竹決波何能以窮其罪。大抵捌天下非常之事，駭人世不有之奇，定非一二庸駑者所能希圖萬一也。

曰聞子之言而識子之意，切且盡矣。第子等為佛徒，而察察以譚世之汶汶，毋乃不循本分而執人我見乎？余曰：人我見空吾人平居固爾。然當法城被敵之秋，自不得不仗義勇以前驅為折衝營壘地也。譬如君父有難，而臣子能恬然無所慮者，此必無之理矣。故我漳天香黄居士，託以歌謡行國之思，籲控於天下名師碩德之前。蓋深冀天下之名師碩德躬推而量破之，俾若輩望風旗靡，群立赤幡之下也。余不揣敢以螳臂纖纖，聊効輿輪一擊，亦欲冀天下之名師碩德，及縉紳君子相與躬摧而量破之云者。則佛恩報而帝治隆，聖教尊而人心正。曾謂不循本分而專察察為月旦之評哉？子言過矣。或曰吾過也，願協鳴鼓以從事。

燃犀

莆陽釋性潛

武林楊彌格附西夷天主教，著《代疑篇》，内有《答佛繇西來歐邏巴既在極西，必所親歷獨昌言無佛條》云：「始緣帝王託夢，宰相貢諛，差去使臣，奉君相意旨，何事不可崇飾。取至番文，誰人識之？以意翻演，誰人證之？蓋自蔡愔、秦景用白馬馱回，虚恢譎詐而百端僞妄，已潛伏不可究詰矣。後此途徑漸熟，知術漸工，又襲老列清談之餘，五胡雲擾，六朝偏安，無明王聖主擔持世教，處士横議，邪説浸淫，助其瀾者便立取卿相，遂爾轉相效尤云者。」夷黨此言直令人指髮裂眦，必須磔撲而後甘心者也。蓋所憤者非憤其言無佛也，佛之有無不須與辨，以佛非小兒之輩所能毁謗而遏滅之者焉。所深憤者，辱我君相耳。夫自佛教入中國，佐化導慈，廣德濟物，雖幾經沙汰益見顯著。而列朝帝王親悟至教，卿相親徹宗猷，傳燈所載，非止一二。迨我皇朝聖祖高皇帝，更加寵錫，以及神廟聖母，迄今上皇帝，下之公侯卿相，皆欽祖訓，尊崇像教，頒賜名山以翼至治，何物醜夷乃敢謂自古及今，無明王聖主，而公卿大夫相與奸佞。此其肆言無忌藐視我大邦，貶斥我王公，而中國狡徒復敢為助揚簧惑，正孟氏所謂不待教而誅者也。且彼言佛經為番文而無人識，翻演而無人證，殊不知漢明帝乃太平英睿之主，而蔡愔、秦景亦非諂佞宵小之臣。白馬馱來，高僧翻譯，公卿贊襄，歷歷可據。而夷黨謬指為昏君佞臣，惑偽而不足信，其誣謗為何如哉？即如所言天主之教亦係番文，不過利瑪竇影響我國之文字，私為翻譯；我國之人亦只依瑪竇而信之爾。況其意義不通，陰竊附而陽貶剥，是豈出於朝廷公府士大夫所共演者，光明正大之書，以為偽而不足信乎？出於瑪竇一人之私，理致乖舛，詞章鄙匿反為足信乎？噫！附夷矯夏，法所不赦，以邪亂正，理所不容，尚可與列衣冠者伍，俾之得肆以逞也耶。

代疑篇内答十字架威力甚大，萬魔當之立見消隕條者

嗚呼！此輩情甚狡猾，反成若此之愚者，何也？夫耶穌受十字架之重刑以死，想不過一斃獄之厲鬼。或其强魂不散，如阿修羅者流，亦能作威福於一方。一遇正直者，自然匿迹，復指誰為魔，而令之消隕哉？乃駕言十字架為極苦之刑，耶穌為人贖罪，甘心當之為至德，故圖其形以祀之。夫苟至德則圖其未受刑之容貌衣冠，儼然儀形，令人瞻仰有何不可，何必作刑囚之狀以招物議乎？且與其以身受罪而贖罪為至德，孰若以德化人無罪為至德乎？無其德以化處其身於刑，非仁也，以十字架立表彰君之惡，非義也。披髮裸體，狀成鬼蜮，非禮也。斃身贖罪，何異從井救人，非智也。無仁義禮智之實，假竊仁義禮智之言，欺罔人民，非信也。五常不具，犬豕為心，豺狼

為性，則犬豕之邦事之以犬豕，而事犬豕者宜也。乃欲倡之以欺中國耶？且言逆耶穌者，必罹橫禍之災，此是恐嚇愚人，不敢不事之術耳。使果災禍立至，則萬曆四十四年，被臺臣奉旨拏禁，毀其廬，逐其人，滅其神，何嘗有分毫禍患於其間耶？邪不勝正，間或邪魔得逞，皆以人心自信其邪，而邪從內發，豈真刑囚能禍福我乎？

拔邪略引

蘭谿釋行聞

按天學邪黨《代疑篇》首謂：氣無知覺，理非靈材。若任氣所為，不過氤氳磅礴有時而盈，有時而竭，有時而逆，有時而順，焉能吹萬不齊，且有律有信也。即謂之理，理本在物不能生物等語。嗚呼！此皆識心測度認邪作正，執斷滅因自矜為智，而恣其不本之說也。殊不知氣乃萬靈本具之元，彌乎混沌之始，純是一真之體。靈通不息，遂有動靜二相，以動靜相生，剛柔相濟，分輕清為天，重濁為地。曰乾成陽，曰坤成陰，而二氣交徹融攝，名曰法界，是無相無名之本元，全成有相有名之天地。所以《易經》備載，六爻變動，有陰有陽，有剛有柔，合乎人心，明乎德化。故曰：「元亨利貞，乾之德也。」始於一氣，常樂我净佛之德也。本乎一心，專一氣而致柔，修一心而成道。庶幾順性命通幽明，別邪正辨是非，盡事盡理而顯其開物成務之道也。孔子得其本，曰：「吾道一以貫之。」孟子得其本，曰：「吾善養吾浩然之氣，塞乎天地之間。」而邪黨不明本元一氣之理，以氤氳磅礴逆順盈虧等相，取量於氣而謂氣無知覺，理非靈材。余故斷彼執生滅識心測度理性，誠邪見外道也，而反謬説理本在物，不能生物。然理既不能生物，除汝識心分別之外，何者為物，何者為理。且夫物之未成也，必良工巧匠以理推之始成一物。所謂得之於心，應之於手，因理而成物也。物成而理顯，理若不推物亦不成。理成物，物顯理，理物渾融，不二之道，曉然明矣。邪黨迷元背理，必欲歸功於天主，漸至易俗敗倫，滅絶正見。嗟夫！文物之邦，堂皇之士，讀孔孟之微言，一旦欺聖明而佐狡猾者，必自楊彌格始。吾知自取誅戮，淹没有日耳。[一]

校記

〔一〕佛眼山人有《跋》，曰："此卷原本寫誤甚多，文理難通，姑存舊以待異日校訂。頃者閱《海國圖志》中有楊光先著《闢邪論》，持議正大，聳動人心，余欲翻刻之，未果也。戊辰晚秋。佛眼山人識。"

原刻跋

此書因外道天主教，排三教聖人之至理，而獨排佛更尤甚。至於焚經滅像，非僧毁廬，靡所不至。凡為釋子當念父母之讐，不共戴天。況佛祖恩德逾於父母，縱無錢鈔賣其衣，單請去流通不為分外。或勸人刊刻，或置各處庵院，或於村落廟宇，與天下人共見以知其邪謬，據理而驅逐之，則報佛祖之大恩，維持三教之道統，固為賢行衲子，在於名教永遠可稱道也。砥柱正法，功莫大焉。

翻刻闢邪集跋

嚮余輯《闢邪管見録》，以問於世。適有同盟見示《原道闢邪説》一卷，受而閲之，則明費隱禪師所著，而議論正確，辨難痛快，可謂妖徒頂門一針矣。余謂甚矣妖徒之覬覦諸邦也，以利啗人，以術誘人，千態萬狀，眩奇逞奸，黠智狡猾，靡所不至。一經禪師喝破，真如照妖鏡之射物怪。古昔有外道，或斷滅忠孝之道，或撥無因果之理，怪誕不經，鬼辨誑人。於是乎我大雄氏崛起西天，而翻狂瀾，澍法雨，不啻雷霆之啟蟄。今也人心喜新，世將趨澆漓，於是魔風益熾，寒灰再燃。我仁慈之道殆將為外道所侵辱，悲夫！是余之所以翻刻此書，而仲禦侮之一臂力也。

辛酉仲春。

杞憂道人題

澤德基書

不得已

（清）楊光先撰　周駬方點校

不得已目録

五叩閽辭疏

跋一　錢大昕

跋二　黄丕烈

跋三　錢綺

跋四　錢綺

跋五　顧大昌

跋六　柳詒徵

故前欽天監監正楊公光先別傳　蕭穆

故前欽天監監正歙縣楊公神道表　蕭穆

不得已前言

彭孫貽《客舍偶聞》内有《定曆頒行條》，述楊光先與吴明煊關係云：「歙人楊光先好高論大言，稍通曆法，與同郡吴明煊善。明煊自謂知曆，每言若望曆長短，光先聞之大喜，用其言疏攻若望。」順治十四年（一六五七），欽天監官吴明煊劾湯若望，獲罪。順治十七年（一六六〇），楊光先入京抗疏湯若望非中國聖人之教，所造《時憲曆》面上，用上傳「依西洋新法」五字。疏上，禮科未准。光先退而撰《闢邪論》上中下三論，詆天主教及西洋曆法。

康熙三年（一六六四）七月，光先再疏湯若望。四年四月，欽天監正湯若望及要員杜如預等奉旨罷職；欽天監附教官員李祖白等五人，俱處斬，湯氏旋以病死。爲教會著作序跋者及捐銀鳩堂者如佟國器、許之漸、許纘曾等罷黜。境内教士三十餘人拘傳北京，一時興獄，史稱「欽天監教案」。光先因疏言湯若望曆法，授欽天監右監副，旋授監正。光先上疏抗辭，上不准。

是年，楊光先將歷年所撰書狀論疏，合爲二卷，名《不得已》行世。收：闢天主教書，如《請誅邪教狀》《與許青嶼侍御書》《闢邪論》（上中下）《臨湯若望進呈圖像説》；闢西洋曆法及西學書，如《正國體呈稿》《選擇議》《摘謬十論》《孽鏡》等；及叩閽五疏。

康熙四年，耶穌會士利類思著《不得已辯》。序曰：「毀聖訕道，悖謬拂經，以是爲非，以非爲是，一憑其寸舌尺管，摭拾天學之餘緒影響，而又援引外謬，以欺當世，莫如《不得已》一書」，故著書以辯之。數年後，南懷仁亦著《不得已辯》。南氏專言曆法，駁楊光先指摘湯若望曆法之謬，所以世稱《曆法不得已辯》。

康熙八年八月，欽天監教案平反。湯若望復「通玄教師」之名，照原品賜恤。李祖白等照原官恩恤，流徙子弟取回。得旨楊光先理應論死，念其年老，姑從寬免，妻子亦免流徙。光先獲恩免，是月放歸，卒於途。

《不得已》雖爲反天主教著作，但也記录下了一些重要的中西交通史料。其一，《與許青嶼侍御書》内，明末清初天主教傳行中國所建之三十所教堂，悉數列舉，清初傳教形勢大致勾勒，實爲珍貴史料；二，康熙三年光先疏參若望，八月受審，十月再審，論若望死。至康熙四年四月初二、初三、初四、初五，京師連續地震，城中恐慌，朝廷遂開釋湯若望。光先疏稱：「今民間訛傳，稱若望是真聖人，其教是真天主。」此話出光先之口，當可信。其三，《不得已》摹《進呈書像》之繪圖，可證清初西洋美術之入華。

《不得已》傳世極希，今原刻止見下卷，北京大學圖書館善本部藏。清康熙飼雀山房刻本，九行二十字，四周單邊。至於原刻上卷，民國范行准《明本名理探跋》曾說，上海徐家匯藏書樓有藏。其文曰：「余所得者爲原刻本，惜僅存上卷，幸耶穌受罪圖未失」云云。如果是真，《不得已》上下卷尚全於世。只是徐家匯藏書樓現不開放，無法證實。

據説當年西洋人曾以重金求購《不得已》，然後悉數燔毁。王士禎《池北偶談》初刻本記有此事，西洋人便以計削去此條，再改爲詆毁之詞。當年黄丕烈得一册《不得已》，因友人有謂：「錢竹汀先生嘗以未見此書爲言，則此誠罕覯之本矣」，「因付裝潢，求竹汀一言」。錢大昕《跋》中遂有「今始於吴門黄氏學耕堂見之」之語。可見在嘉慶初年，《不得已》即已罕見。這本有錢大昕手跋的《不得已》，到了道光年間存於吴壽雲處，錢綺因「價昂不能購，倩友人胡子安影抄一本」。

當年錢綺抄《不得已》時，知《不得已》曾「傳抄數本」。錢綺斷言：「此書傳抄數本，不至泯滅。他日論闢異端之功，首列儒林，從祀文廟，未必不賴是書之存也。」事實上，

《不得已》長期以來確以抄本傳世。今據所知，南京有四種，北京大學有二種，台灣有二種。

南京圖書館善本部藏《不得已》四種。第一種爲清道光年間抄本，今存南京圖書館善本部。民國十八年柳詒徵據此影印行世。第二種爲清同治八年顧氏抄本。顧大昌託友人借得《不得已》，「亟屬江鹿門手抄」，跋曰：手抄「數日而畢，汲汲遑遑，予心亦有所不得已也」。書中《天主耶穌返都像》《耶穌方釘開幕刑架像》《天主耶穌立架像》三幀，細心描摹，頗具功力。顧大昌的跋文也很有特色，跋文共四節，一節一色，凡四色。需要説明的是：顧抄本錢綺跋，作於道光二十三年癸卯三月；而道光抄本（後柳氏影印）錢綺跋，作於道光二十六年丙午六月，二者不是一篇。

南京圖書館還有兩種民國抄本的《不得已》，因圖書館正在編目，未見。

北京大學圖書館除藏有《不得已》原刻一册外，也有兩種清抄本：一爲咸豐八年吴門華師璞抄本，二册，爲李氏舊藏。此抄本首抄錢綺跋；再録正文；後録錢大昕、黄丕烈跋。書中臨耶穌三像頗潦草。抄者僅於錢綺跋文後，書「戊午六月吴門華珂韵鈔」。華氏未題跋文。另一抄本，對面題「不得已秘本」，僅存一册，爲《不得已》卷下。行書，不録圖，遇皇帝及聖旨等空格示敬。後附黄丕烈跋、阮元《疇人傳·楊光先傳》和錢綺跋。以上二抄本之錢跋同於道光抄本。

台灣地區兩種。一種爲舊抄本，二册，有黄丕烈、錢綺跋；另一種抄本，有李文田手批，存卷上。未見。

乾隆末年，阮元撰《疇人傳》時，曾採用《不得已》中的《日食天象辨》，並推許楊氏《摘謬十論》中譏西洋曆法一月有三節氣之新、移寅宫箕三度入丑宫之新，並説楊光先「固明於推步者」。

道光二十一年，魏源編撰《海國圖志》卷十五，收《不得已》中的《闢邪論》上中下三論。魏源有案語曰：「福音書耶穌自稱爲上帝之子，而稱上帝爲神父，未嘗謂耶穌即上帝也。此所論稍未中肯，其餘大概得之。」

《不得已》重刊是在晚清，距原刊已近二百餘年，且西人已進中國。重刊時更名爲《不得已輯要》，署「荆楚挽狂子題」，北京大學圖書館有藏。荆楚挽狂子序云：「今其書鮮有存者，因節録其上卷書五篇，並附以李敏達公記及日本論，以相互發明，題之曰《不得已輯要》，見之者共黜諸。」此書録《不得已》之《請誅邪教狀》《與許青嶼侍御書》《闢邪論》上中下三論（即序中「上卷書五篇」）；後附李衛《改天主堂爲天後宮記》（即「李敏達公記」）和日本世弘著《論邪教攻心》（即「日本論」）而成。是書刊刻不精，紙墨俱劣，文中尚避清諱，蓋晚清人私刻。《不得已輯要》又有重輯本，名《重輯不得已輯要》。光緒刻本，書板寬大，上諭朱印。

民國十八年，柳詒徵先生手録蕭穆《敬孚類稿》卷十之《故前欽天監監正楊公光先別傳》及卷十一之《故前欽天監監正歙縣楊公神道表》並附跋文，交南京中社影印，這就是現在較通行的《不得已》影印本。但此影印本，書中有不少字模糊難辨，對檢原抄本，知漏影一頁。孫星衍《五松園文稿》有《楊光先傳》，内有「光先文不甚雅馴」的評語。故柳詒徵在影印本跋中辯稱：「此書爲宗教史中明清之際一重公案，不必斤斤於文之工拙也。」

學術界對楊光先及《不得已》研究中一個重要問題，是欽天監副吴明炫，與有關史書所載之「吴明烜」、「吴明煊」，是否一人。

檢順治年間曆務奏疏中，僅見「吴明炫」。順治十四年五月初十日湯若望具題《就吴明炫疏剖明回奏疏》。《疏》云：「頃閲邸報，有吴明炫爲詳述設科等事一疏，内列交食合朔之是非。除已經本監具折辯明送部外，至所奏三款，盡皆以無爲有，以是爲非，言大而夸，不知而作。因貴部奉旨察明具奏，謹就三款，逐一辯明於後。」湯氏「三款」爲：《一辯遺漏紫氣》；《一辯顛倒參觜》；《一辯顛倒羅計》。到了康熙年間，南懷仁作《不得已辨》，在第六辨《更調觜參二宿之謬》、第七辨《删除紫氣之謬》、第八辨《顛倒羅計之謬》三則辨論中，南懷仁皆以《湯若望辨吴明烜原刻附後》爲題，引用了湯氏三則曆法原刻。對照湯氏原刻，内容未變，只是吴明炫改爲「吴明烜」。這當然是因避清聖祖玄燁諱而改，只是改又未統一。王氏《東華録》，作「吴明烜」；而蔣氏《東華録》，則作「吴明煊」。由此知吴明烜、吴明煊，皆爲吴明炫所改，實一人而已。

本次點校整理《不得已》以民國南京中社柳氏影印本爲底本，與清同治顧氏抄本（簡稱顧本）、咸豐華氏抄本（簡稱華本），下卷又以北大藏原刻及清抄一種，匯校而成。所得之異，在校記中一一説明。

二〇〇〇年八月七日北京周駬方謹序

小引

世間事有不可已而已者，計利計害之鄙夫也；有可已而不已者，暴虎馮河之勇夫也。暴虎馮河，固為聖人之所不與，而計利計害，亦非君子之所樂為。顧其事之何如爾，事當其正，雖九死其如飴；事或匪正，即萬鍾所不屑。斯可已不可已之辨，而鄙勇二者之失，皆可置之不問矣。唯於不可已之事，而不計利害生死，堅其不可已之志以行之，迹雖似乎徒搏徒涉，而心終為先聖後聖之所亮，此不可已之大中至正，當不可已者也。世道之不替，賴士大夫以維之。士大夫者，主持世道者也。正三綱，守四維，主持世道者之事。士大夫既不主持世道，反從而波靡之，導萬國為正法邪教之苗裔，而滅我亘古以來之君親師，其事至不可已也。舉世學人，不敢一加糾政，邪教之力，如此重哉。三光晦，五倫絕矣。將盡天下之人，胥淪於無父無君也，是尚可以已乎？此而可已，孰不可已？斯光先之所以不得已也。較子輿氏之辯，其心傷，其情迫，何利害之足計，搏涉之云徒哉。故題其書曰《不得已》。

不得已上卷

請誅邪教狀

江南徽州府歙縣民揚光先年六十八歲告，為職官謀叛本國，造傳妖書惑衆，邪教布黨京省，邀結天下人心，逆形已成，厝火可慮，請乞蚤除，以消伏戎事：

竊惟一家有一家之父子，一國有一國之君臣。不父其父，而認他人之父以為父，是為賊子；不君其君，而認海外之君以為君，是為亂臣。亂臣賊子，人人得而誅之。況污辱君親，毁滅先聖，安可置之不討？西洋人湯若望，本如德亞國謀反正法賊首耶穌遺孽。明季不奉彼國朝貢，私渡來京。邪臣徐光啟，貪其奇巧器物，不以海律禁逐，反薦於朝，假以修曆為名，陰行邪教，延至今日。逆謀漸張，令曆官李祖白造《天學傳概》妖書。謂東西萬國，皆是邪教之子孫；來中夏者，為伏羲氏；《六經》《四書》盡是邪教之法語微言，豈非明背本國，明從他國乎？如此妖書，罪在不赦。主謀者湯若望，求序者利再可，作序者許之漸，傳用者南敦伯、安景明、潘進孝、許謙；又布邪黨於濟南、淮安、揚州、鎮江、江寧、蘇州、常熟、上海、杭州、金華、蘭谿、福州、建寧、延平、汀州、南昌、建昌、贛州、廣州、桂林、重慶、保寧、武昌、西安、太原、絳州、開封並京師，共三十堂。香山嶴盈萬人，踞為巢穴，接渡海上往來。若望借曆法以藏身金門，窺伺朝廷機密。若非內勾外連，謀為不軌，何故布黨立天主堂於京省要害之地，傳妖書以惑天下之人。且於《時憲曆》面，敢書「依西洋新法」五字，暗竊正朔之權以尊西洋，明白示天下，以大清奉西洋之正朔，毀滅我國聖教，惟有天教獨尊。目今僧道香會，奉旨嚴革。彼獨敢抗朝廷，每堂每年六十餘會，每會收徒二三十人，各給金牌繡袋以為憑驗。光先不敢信以為實，乃託血親江廣假投彼教，果給金牌一面，繡袋一枚，妖書一本，會期一張。證二十年來收徒百萬，散在天下，意欲何為？種種逆謀，非一朝夕，若不速行翦除，實為養虎貽患。雖大清之兵强馬壯，不足慮一小醜，苟至變作，然後剿平，生靈已遭塗炭。莫若除於未見，更免勞師費財。伏讀《大清律》謀叛、妖書二條，正與若望、祖白等所犯相合。

事關萬古綱常，憤無一人請討。布衣不惜齏粉，効忠歷代君親，謹將《天學傳概》妖書一本、邪教圖説三張、金牌一面，繡袋一枚、會期一張、順治十八年漢字黄曆一本，并光先《正國體呈稿》一本、《與許之漸書稿》一本，具告禮部，叩密題參，依律正法，告禮部正堂施行。

康熙三年七月二十六日告。本日具疏題參，堂司官親帶光先至左闕門引奏，隨令滿丁十二名，將光先看守在祠祭司土地祠。八月初五日，密旨下部會吏部同審。初六日會審湯若望等一日，初七日放楊光先寧家[一]。

校記

[一]華本此句後有注：「寧作寓。」

與許青嶼侍御書

新安布衣楊光先稽首頓首：上書侍御青翁許老先生大人臺下，士君子搦七寸管，自附於作者之林，即有立言之責，非可苟然而已也。毋論大文小文，一必祖堯舜，法周孔，合於聖人之道，始足樹幟文壇[二]，價高琬琰，方稱立言之職。苟不察其人之邪正，理之有無，言之真妄，而概以至德要道許之，在受者足為護身之符；而與者卒有比匪之禍。不特為立言之累，且並德與功而俱敗矣，斯立言者之不可以不慎也。吾家老，不曉事，豈不可以為鑒哉。茲天主教門人李祖白者，著《天學傳概》一卷，其言曰：天主上帝，開闢乾坤，而生初人，男女各一。初人子孫聚居如德亞國，此外東西南北，並無人居。依此說則東西萬國，盡是無人之空地。當是時，事一主，奉一教。紛歧邪說，無自而生。其後生齒日繁，散走遐逖，而大東大西，有人之始，其時略同。祖白此說，則天下萬國之君臣百姓，盡是邪教之子孫。祖白之膽，信可包天矣。考之史册，推以曆年，試問祖白，此史册是中夏之史册乎？是如德亞之史册乎？如謂是中夏之史册，則一部二十一史，無有「如德亞」「天主教」六字；如謂是如德亞之史册，祖白中夏人，何以得讀如德亞之史？必祖白臣事彼國，輸中國之情，尊如德亞為君，中夏為臣，故有史册歷年之論。不然我東彼西，相距九萬里，安有同文之史册哉？謀背本國，明從他國，應得何罪，請祖白自定。在中國為伏羲氏，謂我伏羲是天主教之子孫，豈非實君作子，以父事邪教，祖白之頭可斬也。即非伏羲，亦必先伏羲不遠，為中國有人之始。伏羲以前有盤古、三皇，天皇氏已有干支，自天皇甲子至明天啟癸亥，凡一千九百三十七萬九千四百六十年，為天官家中積分曆元。祖白曆官不知曆元之數，而謂伏羲以前中夏無人，豈止於惑世誣民已哉？欺天罔人之罪，祖白安所逃乎？此中國之初人，實如德亞之苗裔。伏羲是如德亞之苗裔，則五帝三王以至今日之聖君聖師聖臣，皆令其認邪教作祖，置盤古三皇親祖宗於何地？即寸斬祖白，豈足以盡其無君無父之辜？以中夏之人而認西洋之邪教作祖，真雜種也。上天何故而生此人妖哉？自西徂東，天學固其所懷來也，生長子孫，家傳户習，此時此學之在中夏，必倍昌明於今之世矣。伏羲時，天主教之學既在我中夏家傳户習，且倍昌明於今之世，必其書有存者，自有書契至今，絶無天主教之文。祖白無端倡此妖言，出自何典？不知祖白是何等心腸。國家有法，必剖祖白之胸，探其心以視之。延至唐虞，下迄三代，君臣告誡於朝，聖賢垂訓於後，往往呼天稱帝，以相警勵。夫有所受之也，豈偶然哉。以二典、三謨、六經、四書之天帝，為受之邪教之學，誣天非聖極已。即啖祖白之肉，寢祖白之皮，猶不足以泄斯言之恨。其見之《書》曰：「昭受上帝，天其申命用休。」引《書》九十五言。《詩》曰：「文王在上，於昭於天。」引《詩》一百一十言。《魯論》曰：「獲罪於天，無所禱也。」引《論語》二十六言。《中庸》曰：「郊社之禮，所以事上帝也。」引《中庸》二十言。《孟子》曰：「樂天者有保天下。」引《孟子》五十九言。凡此諸文，何莫非天學之微言法語乎？往時利瑪竇引用中夏之聖經賢傳，以文飾其邪教，今祖白徑謂中夏之聖經賢傳，是受邪教之法語微言。祖白之罪可勝誅乎？審是則中國之教，無先天學者。無先天學，則先聖先賢，皆邪教之後學矣。凡百君子讀至此，而不痛哭流涕與之共戴天者，必非人也。噫！小人而無忌憚，亦至此哉？不思我大清今日之天下，即三皇五帝之天下也，接三皇五帝之正統。大清之太祖、太宗、世祖、今上也，接周公孔子之道統，大清之輔相師儒也。祖白謂歷代之聖君聖臣，是邪教之苗裔，《六經》《四書》是邪教之微言，將何以分別我大清之君臣，而不為邪教之苗裔乎？祖白之膽何大也。世祖碑天主教之文有曰：「夫朕所服膺者，堯舜周孔之道；所講求者，精一執中之理。至於玄笈貝文、所稱《道德》《楞嚴》諸書，雖嘗涉獵，而旨趣茫然。況西洋之書，天主之教，朕素未覽閲，焉能知其説哉？」大哉聖謨，真千萬世道統之正脈，後雖有聖人弗能駕世祖斯文而上之也。蓋祖白之心，大不滿世祖之法堯舜，尊周孔，故著《天學傳概》，以闢我世祖而欲專顯天主之教也。以臣抗君，豈非明背本國，明從他國乎？而弁其端者，曰：「康熙三年歲在甲辰春王正月柱下史毘陵許之漸敬題。」噫吁戲！異乎哉許先生而為此耶？學士大夫如徐光啟、李之藻、李天經、馮應京、樊良樞者，若而人為天主教作序多矣。或序其曆法，或序其儀器，或序其算數，至《進呈圖像》一書，則罔有序之者，實湯若望自序之。可見徐李諸人，猶知不敢公然得罪名教也。若望之為書也，曰男女各一，以為人類之初祖。未敢斥言覆載之內，盡是其教之子孫，君子直以妄目之而已矣。祖白之為書也，盡我大清而如德亞之矣；盡我大清及古先聖帝聖師聖臣，而邪教苗裔之矣；盡我歷代先聖之聖經賢傳，而邪教緒餘之矣，豈止於妄而已哉？實欲挾大清之人，盡叛大清而從邪教，是率天下無君無父也。而先生序之曰：二氏「終其身於君臣父子，而莫識其所為。天即儒者，或不能無弊」。噫！是何言也。二氏供奉皇帝龍牌，是識君臣；經言齋千辟支佛，不如孝堂上二親，是識父子，況吾儒以五倫立教乎？唯天主耶穌謀反於其國，正法釘死，是莫識君臣；耶穌之母瑪利亞，有夫名若瑟，而曰耶穌不由父生，及皈依彼教人不得供奉祖父神主，是莫識父子，先生反以二氏之識君臣父子者，謂之為莫識君臣父子；以耶穌之莫識君臣父子者，謂之為識君臣父子，何刺謬也。儒者有弊，是先聖乎？先賢乎？後學乎？不妨明指其人，與衆攻之。如無其人，不宜作此非聖之文，自毀周孔之教也。楊墨之害道也，不過曰「為我」、「兼愛」，而孟子亟距之曰：「楊墨之道不息，孔子之道不著。」《傳概》之害道也，苗裔我君臣，學徒我周孔。祖白之意，若曰孔子之道不息，天主之教不著。孟子之距，恐人至於無父無君；祖白之著，恐人至於有父有君。而先生為祖白作序，是距孔孟矣，遵祖白矣。儒者不能無弊，先生自道之也。意者先生或非大清國之產乎？或非大清國之科目乎？胡為而為邪教序，此非聖之書，發此非聖之言也，先生過矣。尋復思之，是非先生之筆也，何以明之？先生讀書知字，發身庠序，為名進士，筮仕為名御史，其於聖人之道，幼學壯行熟矣。非先王之法，服不敢服；非先王之法，言不敢言。先王之所素定者也，肯屑為此非聖妖書之序哉！或者彼邪教人之謀，以先生乃朝廷執法近臣，又有文名，得先生之序，以標斯書，使天下人咸曰：「許侍御有序，則吾中夏人，信為天主教之苗裔，勿疑矣。」妖言惑衆，有魚腹天書之成效。故託先生之名為之序，既足以搖動天下人之心，更足為邪教之證據於將來也，必非先生之筆也。不然或先生之門人幕客，弗體先生敬慎名教之素心，假借先生之文，以射自鳴鐘等諸奇器，必非先生之筆也。再不然近世應酬詩文，習為故套，有求者率令牀頭捉刀人給之，主者絶弗經心，不必見其文，讀其書也。況先生戴星趨朝，出即入臺治事，退食又接見賢士大夫，論議致君澤民之術，奚暇讀其書哉？使先生誠得讀其書，見我伏羲氏以至今日之君臣士庶，盡辱為邪教之子孫，《六經》《四書》盡辱為邪教之餘論，當必髮豎眥裂，擲而抵其書於地之不蚤，尚肯為之序乎？此光先之所以始終為必非先生之筆也。光先之《闢邪論》，距西集殺青五六年矣，印行已五千餘部，朝野多謬許之。而先生獨若未之見，若未之聞，豈於非聖之書，反悦目乎？必不然矣。於此愈信必非先生之筆也。雖然光先能信必非先生之筆，有位君子能信必非先生之筆，天下學人能信必非先生之筆，但此序出未二月，業已傳徧長安。非先生之筆而先生不亟正之，恐後之人未必能如光先，能如今日之有位君子，能如今日之天下學人，能信必非先生之筆也。得罪名教，雖有孝子慈孫，豈能為先生諱哉？猶之[乎]光先今日之呼吾家老不曉事也[二]。先生當思所以處此矣。天主耶穌謀反於如德亞國，事露正法，同二盜釘死十字架上，是與衆棄之也，有若望之《進呈書像》可據。然則天主耶穌者，乃彼國之大賊首。其教必為彼國之所厲禁，與中夏之白蓮、聞香諸邪實同。在彼國則為大罪人，來我國則為大聖人。且謂我為彼教之苗裔，而弗知辱；謂我為彼教之後學，而弗知惡。使如德亞之主臣，聞之寧不嗤我中夏之士大夫無心知、無目識乎？先生雖未嘗為之序，而序實有先生之名，先生能晏然已乎？以謀反之遺孽，行謀反之邪教，開堂於京師宣武門之內、東華門之東、阜城門之西，山東之濟南，江南之淮安、揚州、鎮江、江寧、蘇州、常熟、上海，浙之杭州、金華、蘭谿，閩之福州[三]、建寧、延平、汀州，江右之南昌、建昌、贛州，東粵之廣州，西粵之桂林，蜀之重慶、保寧，楚之武昌，秦之西安，晉之太原、絳州，豫之開封，凡三十窟穴。而廣東之香山嶴，盈萬人盤踞其間，成一大都會，以暗地送往迎來。若望藉曆法以藏身金門，而棋布邪教之黨羽於大清京師十二省要害之地，其意欲何為乎？明綱之所以不紐者，以廢前王之法爾，律嚴通海洩漏。徐光啟以曆法薦利瑪竇等於朝，以數萬里不朝貢之人，來而弗識其所從來，去而弗究其所從去，行不監押之，止不關防之，十五直省之山川形勢，兵馬錢糧，靡不收歸圖籍而弗之禁，古今有此翫待外國人之政否。大清因明之待西洋如此，遂成習矣。不察伏戎於莽，萬一竊發，先生將用何術以謝此一序乎？《時憲曆》面書「依西洋新法」五字，光先謂其暗竊正朔之尊以予西洋，而明白示天下以大清奉西洋之正朔，具疏具呈爭之。今謂伏羲是彼教之苗裔，《六經》是彼教之微言，而「依西洋新法」五字，豈非奉彼教正朔之實據明驗乎？惑衆之妖書已明刊印傳播，策應之邪黨已分布各省咽喉，結交士夫以為羽翼，煽誘小人以為爪牙，收拾我天下之人心。從之者如水之就下，朝廷不知其故，群工畏勢不言，養虎卧内，識者以為深憂。而先生不效賈生之痛哭，尚反為其作序以諛之乎？光先抱杞憂者六年矣。懷書君門，抑不得通，惟付之筆伐口誅，以冀有位者之上聞。先生乃聖門賢達，天子諫臣，不比光先之無官守言責。執典章以聲罪致討，實先生學術之所當盡，職分之所當為者。況有身後之累之一序乎？光先與先生素未謀面，而輒敢以書唐突先生者，為天下古今萬國君臣士庶之祖禰衛，為古先聖人之聖經賢傳衛，為天下生靈將來之禍亂衛，匪得已也。請先生速鳴攻之之鼓，以保立言之令名，以消身後之隱禍，斯光先之所以為先生計，非誚讓先生也。幸先生亟圖之，知我罪我，惟先生所命，主臣主臣。

康熙甲辰三月二十五日光先再頓首面投。

校記

〔一〕「樹幟」，華本顧本俱作「幟樹」。

〔二〕「乎」，據華本補。

〔三〕「福州」，原作「福建」，據華本改。

闢邪論上

聖人之教平實無奇，一涉高奇即歸怪異。楊墨之所以為異端者，以其持理之偏，而不軌於中正，故為聖賢之所距。矧其人其學，不敢望楊墨之萬一，而怪僻妄誕，莫與比倫，群謀不軌，以死於法，乃妄自以為冒覆宇宙之聖人，而欲以其道，教化於天下萬國，不有所以迸之，愚民易惑於邪，則遺禍將來，定非渺小。此主持世道者，他日之憂也。故不憚繁冗，據其說以闢之。

明萬曆中，西洋人利瑪竇與其徒湯若望、羅雅谷，奉其所謂天主教以來中夏。其所事之像，名曰耶穌，手執一圓象，問為何物則曰天。問天何以持於耶穌之手，則曰天不能自成其為天，如萬有之不能自成其為萬有，必有造之者而後成。天主為萬有之初有，其有無元，而為萬有元。超形與聲，不落見聞，乃從實無，造成實有，不需材料、器具、時日。先造無量數天神無形之體，次及造人。其造人也，必先造天地品彙諸物，以為覆載安養之需。故先造天造地造飛走鱗介種植等類，乃始造人。男女各一，男名亞當，女名厄襪，以為人類之初祖。天為有始，天主為無始，有始生於無始，故稱天主焉。次造天堂，以福事天主者之靈魂；造地獄，以苦不事天主者之靈魂。人有罪應入地獄者，哀悔於耶穌之前，並祈耶穌之母以轉達於天主，即赦其人之罪，靈魂亦得昇於天堂。惟諸佛為魔鬼，在地獄中永不得出。問耶穌為誰，曰即天主。問天主主宰天地萬物者也，何為下生人世？曰天主憫亞當造罪，禍延世世胤裔，許躬自降生，救贖於五千年中，或遣天神下告，或託前知之口代傳。降生在世事蹟，預題其端，載之國史。降生期至，天神報童女瑪利亞胎孕天主，瑪利亞怡然允從，遂生子名曰耶穌。故瑪利亞為天主之母，童身尚猶未壞。問耶穌生於何代何時？曰生於漢哀帝元壽二年庚申。

嘻！荒唐怪誕，亦至此哉？

夫天二氣之所結撰而成，非有所造而成者也。子曰：「天何言哉，四時行焉，百物生焉。」時行而物生，二氣之良能也。天設為天主之所造，則天亦塊然無知之物矣，焉能生萬有哉？天主雖神，實二氣中之一氣，以二氣中之一氣，而謂能造生萬有之二氣，於理通乎？無始之名，竊吾儒無極而生太極之說。無極生太極，言理而不言事。苟以事言，則六合之外，聖人存而不論，論則涉於誕矣。夫子之不語怪力亂神，政為此也。而所謂無始者，無其始也。有無始，則必有生無始者之無無始；有生無始者之無無始，則必又有生無無始者之無無無始。遡而上之，曷有窮極？而無始亦不得名天主矣。誤以無始為天主，則天主屬無而不得言有。真以耶穌為天主，則天主亦人中之人，更不得名天主也。設天果有天主，則覆載之內，四海萬國，無一而非天主之所宰制，必無獨主如德亞一國之理。獨主一國，豈得稱天主哉？既稱天主，則天上地下，四海萬國，物類甚多，皆待天主宰制。天主下生三十三年[一]，誰代主宰其事？天地既無主宰，則天亦不運行，地亦不長養，人亦不生死，物亦不蕃茂，而萬類不幾息乎？天主欲救亞當，胡不下生於造天之初，乃生於漢之元壽庚申。元壽庚申距今上順治己亥，纔一千六百六十年爾，而開闢甲子至明天啟癸亥，以暨於今，合計一千九百三十七萬九千四百九十六年。此黄帝太乙所紀從來之曆元，匪無根據之説。太古洪荒，都不具論，而天皇氏有干支之名，伏羲紀元癸未，則伏羲以前，已有甲子明矣。孔子删《書》，斷自唐虞，而堯以甲辰紀元。堯甲辰距漢哀庚申，計二千三百五十七年。若耶穌即是天主，則漢哀以前，盡是無天之世界。第不知堯之欽若者何事，舜之察齊者何物也。若天主即是耶穌，孰抱持之而内於瑪利亞之腹中[二]。《齊諧》之志怪，未有若此之無稽也。男女媾精，萬物化生，人道之常經也。有父有母，人子不失之辱；有母無父，人子反失之榮。四生中[惟]濕生無父母[三]，胎卵化俱有父母。有母而無父，恐不可以為訓於彼國，況可聞之天下萬國乎？世間惟禽獸知母而不知父，想彼教盡不知父乎？不然何奉無父之鬼，如此其尊也？尊無父之子為聖人，實為無夫之女，開一方便法門矣。瑪利亞既生耶穌，更不當言童身未壞。而孕胎何事，豈童女怡然之所允從？且童身不童身，誰實驗之？《禮》內言不出公庭，不言婦女。所以明耻也。母之童身，即禽獸不忍出諸口，而號為聖人者，反忍出諸口，而其徒反忍嗚之天下萬國乎？耶穌之師弟，禽獸之不若矣。童身二字，本以飾無父之嫌，不知欲蓋而彌彰也。

天堂地獄，釋氏以神道設教，勸怵愚夫愚婦，非真有天堂地獄也。作善降之百祥，作不善降之百殃。百祥百殃，即現世之天堂地獄，而彼教則鑿然有天堂地獄，在於上下。奉之者昇之天堂，不奉之者墮之地獄。誠然則天主乃一邀人媚事之小人爾，奚堪主宰天地哉。使奉者皆善人，不奉者皆惡人，猶可言也。苟奉者皆惡人，不奉者皆善人，抑將顛倒善惡而不恤乎？釋氏之懺悔，即顏子不二過之學，未嘗言罪盡消也。而彼教則哀求耶穌之母子，即赦其罪，而昇之於天堂。是奸盜詐偽，皆可以為天人。而天堂實一大逋逃藪矣。拾釋氏之唾餘，而謂佛墮地獄中，永不得出，無非滿腔忌嫉，以騰妬婦之口。如真為世道計，則著至大至正之論，如吾夫子正心誠意之學，以修身齊家為體，治國平天下為用，不期人尊而人自尊之。奈何闢釋氏之非，而自樹妖邪之教也。其最不經者，未降生前，將降生事蹟豫載國史。夫史以傳信也，安有史而書天神下告未來之事者哉？從來妖人之惑衆，不有所藉託，不足以傾愚民之心，如社火狐鳴、魚腹天書、石人一眼之類。而曰史者，愚民不識真僞，咸曰信真天主也，非然何國史先載之耶？

觀蓋法氏之見耶穌頻行靈蹟，人心翕從，其忌益甚之語，則知耶穌之聚衆謀為不軌矣。官忌而民告發，非反而何？耶穌知不能免，恐城中信從者多盡被拘執，傍晚出城，入山囿中跪禱。被執之後，衆加耶穌以僭王之耻，取王者絳色敝衣披之，織剛刺為冕，以加其首，且重擊之。又納杖於耶穌之手，此之執權者焉，僞為跪拜，以恣戲侮。審判官比辣多計釋之而不可得，姑聽衆撻以洩其恨。全體傷剥[四]，卒釘死於十字架上。觀此則耶穌為謀反之渠魁，事露正法明矣。而其徒邪心未革，故為三日復生之説，以愚彼國之愚民。不謂中夏之人，竟不察其事之有無，理之邪正，而亦信之皈之，其愚抑更甚也。夫人心翕從，聚衆之蹟也；被人首告，機事之敗也；知難之至，無所逃罪也；恐衆被拘，多口之供也；傍晚出城，乘天之黑也；入山囿中，逃形之深也；跪禱於天，祈神之佑也；被以王者之衮冕，戲遂其平日之願也；偽為跪拜，戲其今日得為王也；衆撻洩恨，洩其惑人之恨也；釘死十字架上，正國法快人心也。其徒諱言謀反，而謀反之真贓實蹟，無一不自供招於《進呈書像説》中。十字架上之釘死，政現世之劍樹地獄。而云佛在地獄，何所據哉？且十字架何物也，以中夏之刑具考之，實凌遲重犯之木驢子爾。皈彼教者，令門上堂中，俱供十字架。是耶穌之弟子，無家不供數木驢子矣，其可乎？天主造人，當造盛德至善之人，以為人類之初祖，猶恐後人之不善繼述，何造一驕傲為惡之亞當，致子孫世世受禍。是造人之人，貽謀先不臧矣。天主下生救之，宜興禮樂行仁義，以登天下之人於春臺。其或庶幾，乃不識其大，而好行小惠。惟以瘳人之疾，生人之死，履海幻食，天堂地獄為事。不但不能救其雲礽，而身且陷於大戮。造天之主如是哉，及事敗之後，不安義命，跪禱於天，而妖人之真形，不覺畢露。夫跪禱，禱於天也。天上之神，孰有尊於天主者哉。孰敢受其跪，孰敢受其禱，以天主而跪禱，則必非天主明矣。

按耶穌之釘死，實壬辰歲三月二十二日，而云天地人物俱證其為天主。天則望日食既，下界大暗，地則萬國震動。夫天無二日，望日食既，下界大暗；則天下萬國宜無一國不共睹者。日有食之，春秋必書，況望日之食乎？考之漢史光武建武八年壬辰四月十五日，無日食之異，豈非天醜妖人之惡，使之自造一謊，以自證其謊乎？連篇累牘，辯駁其非，總弗若耶穌跪禱於天，則知耶穌之非天主。痛快斬截，真為照妖之神鏡也。一語允堪破的，而必俟數千言者。蓋其刊布之書，多竊中夏之語言文字，曲文其妖邪之說。無非彼教金多，不難招致中夏不得志之人，而代為之創潤。使後之人，第見其粉飾之諸書，不見其原來之邪；本茹其華而不知其實，誤落彼雲霧之中，而陷身於不義。故不得不反復辨論，以直擣其中堅。世有覯耶穌教書之君子，先覽其《進呈書像》及《蒙引》《日課》三書，後雖有千經萬論，必不屑一寓目矣。邪教之妖書妖言，君子自能辨之，而世有不及知之無狀，真有不與同中國者，試舉以告夫天下之學人焉。今日之天主堂，即當年之首善書院也。若望乘魏璫之焰，奪而有之，毀大成至聖先師孔子之木主，踐於糞穢之內，言之能不令人眦欲裂乎？此司馬馮元颺之所以切齒痛心，向人涕泣而不共戴天者也。讀孔氏書者，可毋一動念哉。邪說跛行，懼其日滋，不有聖人，何能止息？孟子之距楊墨，惡其充塞仁義也。天主之教豈特充塞仁義已哉[五]。禹平水土，功在萬世。先儒謂孟子之功，不在禹下，以其距楊墨也。茲欲距耶穌，息邪教，正人心，塞亂源，不能不仰望於主持世道之聖人云。韓愈有言：「人其人，火其書，廬其居。」吾於耶穌之教亦然。時

順治己亥仲夏望日新安布衣楊光先長公氏著

校記

[一]「三十三」，原為「二十三」。按《聖經·新約》，耶穌在世三十三年，故改。

[二]華本顧本俱無「中」字。

[三]「惟」字據華本顧本補。

[四]「全」，華本作「令」。

[五]「仁」，原本為「位」，據華本顧本改。

闢邪論中

聖人學問之極功，只一窮理以幾於道。不能於理之外，又穿鑿一理，以為高也。故其言中正平常，不為高達奇特之論，學人終世法之，終世不能及焉，此《中庸》之所以鮮能也。小人不恥不仁不畏不義，恃其給捷之口，便佞之才，不識推原事物之理，性情之正。惟以辯博為聖，瑰異為賢，罔恤悖理叛道，割裂墳典之文，而支離之。譬如猩猩鸚鵡，雖能人言，然實不免其為禽獸也。利瑪竇欲尊耶穌為天主，首出於萬國聖人之上而最尊之。歷引中夏六經之上帝，而斷章以證其為天主，曰天主乃古經書所稱之上帝。吾國天主，即華言上帝也。蒼蒼之天，乃上帝之所役使者。或東或西，無頭無腹，無手無足，未可為尊。況於下地，乃衆足之所踏踐污穢之所歸，安有可尊之勢，是天地皆不足尊矣。如斯立論，豈非能人言之禽獸哉？

夫天萬事萬物萬理之大宗也，理立而氣具焉，氣具而數生焉，數生而象形焉。天為有形之理，理為無形之天，形極而理見焉。此天之所以即理也。天函萬事萬物，理亦函萬事萬物。故推原太極者，惟言理焉。理之外更無所謂理，即天之外更無所謂天也。《易》之為書，言理之書也，理氣數象備焉。乾之《卦》：「乾：元亨利貞。」象曰：「大哉乾元，萬物資始，乃統天。」夫元者，理也。資始萬物，資理以為氣之始，資氣以為數之始，資數以為象之始，象形而理自見焉，故曰乃統天。《程傳》：乾天也，專言之則道也，分言之以形體謂之天，以主宰謂之帝，以功用謂之鬼神，以妙用謂之神，以性情謂之乾。此分合之説，未嘗主於分而不言合也。專者體也，分者用也，言分之用而專之體自在矣。天主教之論議行為，純乎功用，實程子之所謂：「鬼神何得擅言主宰？」朱子云：「乾元是天之性，如人之精神，豈可謂人自是人，精神自是精神耶？」觀此則天不可言自是天，帝不可言自是帝也。萬物所尊者惟天，人所尊者惟帝。人舉頭見天，故以上帝稱天焉，非天之上，又有一帝也。《書》曰：「欽若昊天。」「惟天降災祥在德。」與天叙天秩天命天討。《詩》云：「畏天之威，天鑒在兹。」皆言天也。「上帝是皇，昭事上帝。」言敬天也。「予畏上帝，不敢不正。」言不敢逆天也。「惟皇上帝，降衷下民。」衷者，理也，言天賦民以理也。《禮》云：「天子親耕，粢盛秬鬯，以事上帝。」言順天時，重農事也。凡此皆稱上帝以尊天也，非天自天，而上帝自上帝也。讀書者毋以辭害意焉。今謂天為上帝之役使，不識古先聖人何以稱人君為天子，而以役使之賤，比之為君之父哉。以父人君之天，為役使之賤，無怪乎令皈其教者，必毀天地君親師之牌位，而不供奉也。不尊天地，以其無頭腹、手足，踏踐污穢而賤之也；不尊君以其為役使者之子而輕之也；不尊親以耶穌之無父也。天地君親尚如此，又何有於師哉？此宣聖木主之所以遭其毀也。乾坤俱汩，五倫盡廢，非天主教之聖人學問，斷不至此，宜其誇詡？自西徂東，諸大邦國，咸習守之，而非一人一家一國之道也。吁嘻！異乎哉。自有天地以來，未聞聖人而率天下之人於無父無君者也。諸大邦國苟聞此道，則諸大邦國，皆禽獸矣，而況習守之哉。夫不尊天地而尊上帝，猶可言也；尊耶穌為上帝則不可言也。極而至於尊凡民為聖人、為上帝，猶可言也；胡遽至於尊正法之罪犯為聖人、為上帝，則不可言也。古今有聖人而正法者否？上帝而正法，吾未之前聞也。所謂天主者，主宰天地萬物者也。能主宰天地萬物，而不能主宰一身之考終，則天主之為上帝可知矣。彼教諸書，於耶穌之正法，不言其釘死者何事，第云救世功畢，復昇歸天。其於聖人易簀之大事，亦太草草矣。夫吾所謂功者，一言而澤被蒼生，一事而恩施萬世，若稷之播百穀，契之明人倫，大禹之平水土，周公之制禮樂，孔子之法堯、舜，孟子之距楊墨，斯救世之功也。耶穌有一於是乎？如以瘳人之病，生人之死為功，此大幻術者之事，非主宰天地萬物者之事也。苟以此為功，則何如不令人病，不令人死，其功不更大哉？夫既主宰人病人死，忽又主宰人瘳人生，其無主宰已甚，尚安敢言功乎？故只以「救世功畢，復昇歸天」八字結之，絕不言畢者何功，功者何救。蓋亦自知其辭之難措，而不覺其筆之難下也。以正法之釘死，而云救世功畢，復昇歸天，則凡世間凌遲斬絞之重犯，皆可援此八字為絕妙好辭之行狀矣。妖書妖言，悖理反道，豈可一日容於中夏哉。

闢邪論下

詳閱利瑪竇闡明天主教諸書之論議，實西域七十二種旁門之下，九十六種邪魔之一。其詆毀釋氏，欲駕而上之，此其恒情，原不足為輕重。利瑪竇之來中夏，並老氏而排之。士君子見其排斥二氏也，以為吾儒之流亞，故交讚之援引之，竟忘其議論之邪僻，而不覺其教之為邪魔也。且其書止載耶穌「救世功畢，復昇歸天」，而不言其死於法。故舉世縉紳皆為其欺蔽。此利瑪竇之所以為大奸也。其徒湯若望之知識，卑闇於利瑪竇，乃將耶穌之情事，於《進呈書像》中和盤托出。予始得即其書以闢之，豈有彼國正法之罪犯，而來中夏為造天之聖人，其孩孺我中夏人為何如也？耶穌得為聖人，則漢之黃巾，明之白蓮，皆可稱聖人矣。耶穌既釘死十字架上，則其教必為彼國之所禁，以彼國所禁之教，而欲行之中夏，是行其所犯之惡矣，其衷詎可測哉。若望之流開堂於江寧、錢塘、閩、粵，實繁有徒，呼朋引類，往來海上。天下之人，知愛其器具之精工，而忽其私越之干禁，是愛虎豹之文皮，而豢之卧榻之內，忘其能噬人矣。夫國之有封疆，關之有盤詰，所以防外伺，杜內洩也，無國不然。今禁令不立，而西洋人之集中夏者，行不知其遵水遵陸，止不知其所作所為。惟以精工奇巧之器，鼓動士大夫；天堂地獄之説，煽惑我愚民。凡皈之者，必令粘一十字架於門上，安知其非左道之暗號乎？世方以其器之精巧而愛之，吾政以其器之精巧而懼之也。輸之攻，墨之守，豈拙人之所能哉。非我族類，其心必殊，不謀為不軌於彼國，我亦不可弛其防範，況曾為不軌於彼國乎？兹滿漢一家，蒙古國戚出入關隘，猶憑符信以行。而西洋人之往來，反得自如而無譏察，吾不敢以為政體之是也。正人必不奉邪教，而奉邪教者必非正人。以不正之人，行不正之教，居於内地，為國顯官，國之情勢，保毋不外輸乎[二]？人無遠慮必有近憂。謀國君子毋以其親匿而翫視之也。彼教之大規，行教之人則不婚不宦。考湯若望之不婚，則比頑童矣。不宦則通政使食正一品服俸加二級掌欽天監印矣。行教而叛教，業已不守彼國之法，安能必其守大清之法哉？《詩》云：「相彼雨雪，先集維霰。」「依西洋新法」五字，不可謂非先集之霰也。陽和布氣，鷹化為鳩，識者猶惡其眼。予蓋惡其眼云，懷書君門，抑不得達。故著斯論，以表天主教之隱禍有如此。寧使今日詈予為妬婦，不可他日神予為前知也。論甫刻成，客有向予言：利瑪竇於萬曆時，陰召其徒，以貿易為名，舳艫銜尾，集廣東之香山澳中，建城一十六座。守臣懼請設香山參將，增兵以資彈壓。然彼衆日多，漸不可制。天啟中，臺省始以為言，降嚴旨，撫臣何士晉廉潔剛果，督全粵兵毀其城，驅其衆，二三十年之禍，一旦盡消。此往事之可鑒也。今若望請召彼教人來治曆，得毋借題為復踞澳之端乎？彼國距中夏十萬里，往返必須十年。而三月即至，是不在彼國，而在中國明矣。不知其人於何年，奉何旨，安插何地方也？如無旨安插，則私越之干禁，有官守言責之大，君子可無半語一詰之哉？兹海氛未靖，譏察當嚴，廟堂之上，宜周毖飭之畫，毋更揖盜，自詒後日之憂也。績因所聞，補贅論末，憂國大君子鑒之。

校記

［一］「毋」顧本作「無」。

臨湯若望進呈圖像説

上許先生書後，追悔著《闢邪論》時，未將湯若望刻印「國人擁戴耶穌」

及「國法釘死耶穌」之圖像，刊附論首，俾天下人盡見耶穌之死於典刑。不但士大夫不肯為其作序，即小人亦不屑歸其教矣。若望之《進呈書像》，共書六十四張，為圖四十有八。一圖系一説於左方。兹弗克具載，止摹「擁戴耶穌」及「釘架」「立架」三圖三説，與天下共見耶穌乃謀反正法之賊首，非安分守法之良民也。圖説附於左方。

湯若望曰：耶穌出，行教久，知難期之漸迫也，旋反都城就之。從來徒行，惟此入都則跨一驢。且都人望耶穌如渴，聞其至也，無貴賤大小，傾城出迎。[貴者縉紳，賤者百姓，擁戴之盛，取死之速，妖人從來如此。]有以衣覆地，弗使驢足沾塵者；有折枝擁導者，[如此擁戴耶穌，則如德亞國主與耶穌勢不能兩立矣。非國主殺耶穌，則耶穌必弑國主。]前後左右，群讚其為天主無間也。噫！是蓋有二意焉：一，少顯尊貴之相於受難之前，[妖人之情不覺自露，惟其尊貴所以取釘死。]以見受難實為天主；一，借此重責五日後有變心附惡者。[五日前奉迎者愚民受其惑；五日後變心者，懼王法悔前非也。]若曰爾所隨聲附惡，以相傾陷者，非即爾前日歡迎入城，讚為天主者乎？[自供！]（參閲圖第二十八）

楊子曰：此湯若望自招天主耶穌是謀反之口供。

天主耶穌返都像

第二十八圖

耶穌方釘刑架像

第四十二圖

天主耶穌立架像

第四十三圖

若望曰：其釘十字架也，左右手各一釘，二足共一釘。有二盜在獄未決者，今亦取出釘之，以等耶穌於盜，為大辱云。（參閱圖第四十二）

楊子曰：犯人畫招已畢，此真所謂不刑而招。

若望曰：釘畢則立其架，中耶穌，兩傍盜也。耶穌懸架，天地人物俱證其為天主。天證如太陽當望而食，法所不載。且全食下界大暗；且久食歷時十二刻也。地證全地皆震，驚動萬國。人證無數，死者離墓復活。物證如石塊自破，帷帳自裂等是也。尤足異者，既終之後，惡衆有眇一目者，舉鎗刺耶穌脅，以試其實死與否？刺血下注，點及惡目，隨與復明。（參閱圖第四十三）[邪教之意恐人議論耶穌是邪教，不是天主下生，故引天地人物作證，以見耶穌真是天主。必要説到理事之所無，使人不敢不信。細考耶穌釘死之日，依西曆乃三月之十六日，考之中曆為漢光武建武八年壬辰歲之三月二十二日。夫天既肯違常度，非朔日而食，以證耶穌為天主，何不食於廿二而食於十六。若望亦自知下弦之月不能全掩太陽之光，故於既望月圓之朝，疾行一百八十二度半以食日，下界大暗。精於曆法如若望，方知此食在羲和曆官，斷斷不能言，斷斷不敢言也。若望既敢妄言，吾亦姑以妄信。日有食之，春秋必書。但查建武八年三月四月無日食、地震之文，況望日日食乎？彼邪教人止知説燥脾之謊，以惑愚夫愚婦，不提防明眼學人，有史册可考，以鏡其失枝脱節也。獨怪向來士大夫，願為定交，願為援引，願為作序，豈真無目？不過利其數件奇巧器物，與之狎爾。殊不知一與親暱，即弗能守自己之正學，乃玩物以徇人。舉世尤而效之，遂遺天下後世無窮之禍。作俑無後，吾必以徐光啟為萬世大罪人之魁。」

楊子曰：右三圖三說，是聖人，是反賊？是崇奉，是正法，吾弗能知，請歷來作序先生辨之。

正國體呈稿

江南徽州府新安衛官生編歙縣民楊光先呈，為大國無奉小國正朔之理，一法無有閏有不閏之月，事關國體，義難緘默，請乞題參會勘改正，以尊大國名分，以光一代大典事：

竊惟正名定分，在隻字之間，成歲閏餘，有不易之法。顧法不可以紊亂，而名不可以假人。名以假人，將召不臣之侮，法而紊亂，定貽後世之譏。斯國體之攸關，匪尋常之得失也。皇上乘乾御宇，撫有萬國，從來幅員之廣，重譯之獻，未有如皇上之盛者。而正朔之頒，實萬國之所瞻聽，後世之所傚則，非一代因革損益之庶政比也。必名足以統萬國，而法足以憲萬世，始克稱一代之曆焉。茲欽天監監正湯若望之以新法，推《時憲曆》也。於名則有無將之誅，於法則有擾紀之罪。為皇上之臣民者，豈能晏然而已乎？夫《時憲曆》者，大清之曆，非西洋之曆也；欽若之官，大清之官，非西洋之官也。以大清之官，治大清之曆，其於曆面之上，宜書「奏准印造時憲曆日，頒行天下」，始為尊皇上而大一統。今書上傳「依西洋新法」五字，是暗竊正朔之權以予西洋，而明謂大清奉西洋之正朔也，其罪豈止無將已乎？《春秋》，魯記事之史也；仲尼，魯之老臣也。魯臣而修魯史，尚不敢自大其君，而必繫之以春王正月。蓋所以尊周天王而大一統，非藉周天王而張大夫魯也。今以大清之曆而大書「依西洋新法」，不知其欲天王誰乎？如天王皇上，則不當書「依西洋新法」；敢書「依西洋新法」，是藉大清之曆，以張大其西洋，而使天下萬國，曉然知大清奉西洋之正朔，實欲天王西洋而魯大清也，罪不容於誅矣。孔子惜繁纓，謂名與器不可以假人。今假以依西洋新法，此實見之行事，非託之空言者也，豈特繁纓已哉。若望必自五字出自上傳。夫上傳者，傳用其法，未嘗傳其特書五字於曆面也。皇上即傳其特書五字於曆面，若望亦當引分以辭曰：「冠履有定分，臣偏方小國之法，曷敢云大國依之，而特書於曆面，以示天下萬國，臣不敢也。」天威不違顏咫尺，小白敢貪天子之命，毋下拜，不可師以辭乎？如曰習矣而不察，小國命大國，非習而不察之事也。人臣見無禮於其君者，如鷹鸇之逐雀。光先於本年五月內，曾具疏糾政。疏雖不得上達，而大義已彰於天下。若望即當檢舉改正，以贖不臣之罪。何敢於十八年曆日，猶然大書五字，可謂怙終極矣。此盜竊名器之罪，一也。三歲一閏，氣盈朔虛之數也。無法以推之，何以知其某月當置閏，其月不當置閏乎？一月之內有一節氣、一中氣，此常月之法也。有一節氣而無中氣，則以上半月為前月之中氣，下半月為後月之節氣。此置閏之法，夫人而盡知也。《新法》於十八年閏七月十四日酉時正初刻交白露八月節。十四日以前作七月用，十四日以後作八月用。此有節氣而無中氣之為閏，此法之正也。忽又於十二月十五日申時正三刻交立春正月節，此月有節氣而無中氣，政與閏七月之法同，是一歲而有兩閏月之法矣。同一法也而有閏有不閏，何以杜天下後世之口乎？且順治十八年實閏十月，而《新法》謬閏七月，此不知其憑何理以推也。若望必曰西洋新法與羲和不同。夫用新法者，冀其精密於羲和之法也，而《新法》謬亂若此，不敢望羲和之萬一，尚可侈口言《新法》哉？匪特此也，一月有三節氣，則又更異於有閏、有不閏之法矣。至於冬至之刻，至立春之刻，應有四十五日八時弱，而《新法》止四十四日一時三刻，將立春之刻躦在前一日六時三刻，是不應立春之日而立春，應立春之日而不立春。凡此開闢至今所未聞之法也。夫春為一歲之首，《禮經・月令》：「立春之日，天子親帥三公九卿大夫，以迎春於東郊。」關於典禮，何等重大。乃以偏方之新法，淆亂上國之禮經，褻天帝而慢天子，莫此為甚焉！《政典》曰：「先時者殺無赦，不及時者殺無赦。」《新法》之干於《政典》多矣。此僭擾天紀之罪，二也。夫以堂堂之天朝，舉一代之大經大法，委之無將擾紀之人[二]，而聽其盜竊紊亂，何以垂之天下後世哉。總之西洋之學，左道之學也。其所著之書，所行之事，靡不悖理叛道。世盡以其為遠人也而忽之，又以其器具之精巧也而暱之。故若望得藉其《新法》，以隱於金門，以行邪教。久之黨與熾盛，或有如天主耶穌，謀為不軌於其本國；與利瑪竇謀襲日本之事，不幾養虎自貽患哉。二事一見於若望進呈之書，一聞於海船商人之口。如斯情事，君之與相不可不一聆於耳中，以知天主教人之狼子野心。謀奪人國，是其天性。今呼朋引類，外集廣澳，内官帝掖，不可無蜂蠆之防，此光先之所以著《摘謬十論》，以政其謬曆；《闢邪三論》，以破其左道也。謬曆正而左道祛，左道祛而禍本亡，斯有位者之事也。伏乞詳察，備呈事關國體，具疏題參，請勅滿漢内閣翰林六部九卿科道，公同勘議，請旨改正，並將邪教迸斥，以為無將擾紀之戒，庶名分定而上國尊，曆法正而大典光矣。字多逾格，仰祈鑒宥，為此具呈，須知呈者。

順治十七年十二月初三日具投，禮科未准。

校記

［一］「委」原為「垂」，依華本改。

中星説

古今掌故，無載籍可考，則紛如聚訟，終無足徵，可以逞其私智，肆其邪説，以簧鼓天下後世，而莫之所經。正夫既有載籍可考，又有一定掌故，乃盡以為不可據。是先王之法不足遵，而載籍不足憑也。載籍以羲畫為祖，然有畫而無文。《尚書》有文有事，典雅足徵。故孔子删《書》，斷自唐虞，誠文章政事之祖，而又經歷代大儒之所論註，則其為憲萬世不待言矣。《堯典》乃命羲和欽若昊天之後，即分命申命二氏，宅於四極，考正星房虚昴，四正之中星。此二氏必羲后之裔與？其司天之史，守其家學，故世其官。而掌故之淵源，必本之肇造干支之太古。學有師承，其來舊矣。定非創自胸臆，若今人之以新鳴也。考其四正之中星，咸以太陽之宿，居於四正宫之中。蓋太陽者，人君之象，中立而弗偏倚者也。人君宅中，以治天下，故以太陽宅於四正宫之中以象之，非無所取義而云然也。故星日馬宿，列於午宫之中，《典》曰日中星鳥。午宫正中之線，當星宿五度九十二分一十二秒三十七微五十纖。房日兔宿，列於卯宫之中，典曰日永星火。卯宫正中之線，當房宿初度三分五十六秒一十二微五十纖。虚日鼠宿，列於子宫之中，《典》曰宵中星虚。子宫正中之線，當虚宿五度九十九分九十九秒八十七微五十纖。昴日鷄宿，列於酉宫之中，《典》曰日短星昴。酉宫正中之線，當昴宿三度二十五分六十八秒六十二微五十纖。此《堯典》之所紀載，歷代遵守，四千餘年，莫之或議，可云不足法乎？今西洋人湯若望盡更羲和之掌故而廢黜之，將帝典真不足據，則世間載籍，當盡付之祖龍一火矣，奚必存此贅疣，以為撓亂《新法》之具哉？孔子之所以為聖人者，以其祖述堯舜也。考其祖述之績，實上律天時，下襲水土而已。聖而至於孔子，無以復加矣。而羲和訂正星房虚昴之中星，乃《堯典》之所紀載。孔子之所祖述，若望一旦革而易之，是堯舜載籍之謬，孔子祖述之非。若望是而孔子非，孔子將不得為聖人乎？試問舉世之先知後知、先覺後覺，堯舜應祖述乎？不應祖述乎？必有能辨之者。如應祖述，則羲和之法恐不可盡廢也。予不懼羲和之學絶而不傳，懼載籍之祖之掌故，不能取信於今日，使後之學者疑先聖先賢之典册，盡為欺世之文具，而學脈道脈從斯替矣。此予之所以大憂也。故於中星之辯，刺刺不休，以當賈生之痛哭，予豈好辯哉，予不得已也。《禮·王制》曰：「析言破律，亂名改作，執左道以亂政，殺。」不以聽作記者，其前知有今日乎？

選擇議

竊惟陰陽五行之理，惟視生剋制化之用。用得其理，則凶可化為吉；用違其理，則吉反變為凶。而斟酌權宜，非讀書明理之人不能也。今天文、地理、時令三家，多是不讀書之人，藉此以為衣食之資，其於陰陽五行之理，原未融會貫通，以訛傳訛，滿口妄誕，究至禍人之事恒多，而福人之事恒少。夫山有山之方位，命有命之五行，歲月有歲月之生死。詳載通書，待人隨理而變通之，故名其書曰通書。通者，有變通之義。今庸術不能明理而變通之，反將變通之書，以文其不通之術，鮮有不誤人也者。凡陰陽二宅，以其人之本命為主。山向歲月，俱要生扶本命，最忌剋命，選擇造命之理，要生扶之四柱，忌剋洩之四柱，或三方不利，用事難緩，則用制殺化殺之月令，以化凶為吉；若月令生殺黨殺，日時不良，則有凶而無吉。如榮親王之命，丁酉年生，納音屬火，以水為殺，宜選二木生旺之月以生火，令水不剋火而生木，此化難生恩之法也。忌水生旺之月以剋火，忌金生旺之月以生殺，此定理也。查戊戌年，寅午戌三合火局，以北方為三殺：亥為劫殺，壬為伏兵，子為災殺；癸為大禍，丑為歲殺。蓋亥壬子癸，為陰陽二水臨官帝旺之地，以水能滅火也。一説亥子丑，為陰陽二火墓絶之鄉，火至北方而無氣，其義與水剋火同。此北方所以為寅午戌三合年之三殺也。又查山家變運，子午二山，正五行屬水，水墓在辰，戊戌年遁得丙辰墓運，納音屬土，選用公月〔一〕，月建辛酉，為庚金帝旺之鄉，辛金臨官之地，用官旺之金，生水以剋火，加之墓運屬土，母顧子而不剋水，反助金以生水。查壬辰日，干頭透水，又納音屬水，衆殺黨聚〔二〕，以剋王命，何忌如之。且八月二十七日，實犯地空，通書忌理葬，豈湯若望未之見也。查甲辰時，奇門法犯伏吟，《經》云：「課中伏吟為最凶，天蓬加着地天蓬。天蓬若到天英生〔三〕，須知即是反吟宫。八門反伏皆如此，生在生兮死在死。」假令吉宿得奇門，萬事皆凶不堪，使榮親王之葬，年犯三殺，月犯生殺，日犯黨殺，時犯伏吟，四柱無一吉者，不知其憑何書何理而選之也。幸用之以葬數月之王，若用之宦庶之家，其凶禍不可言矣。

校記

[一]「公月」，華本作「八月」。

[二]「黨聚」，華本作「黨象」。

[三]「生」，華本及顧本皆作「上」。

摘謬十論

一謬不用諸科較正之新

從來治曆，以數推之，以象測之，以漏考之，以氣驗之。蓋推算者，主數而不主象，恐推算與天象不合。故用回回科之太陰，五星凌犯以較之。又恐推算凌犯二家與天象不合，故用天文科臺官之測驗以考之，三科之較政精矣，當矣。而猶曰：此數象之事，非氣候時刻分秒事也。故用漏刻科，考訂一日百刻之漏；布律管於候氣之室，驗葭灰飛之時刻分秒，以知推算之時刻分秒，與天地之節氣合與不合，此四科分設之意，從古已然。今惟憑一己之推算，竟廢古制之諸科，禁回回科之淩犯，而不許之進呈；進自著之淩犯，以掩其推算之失。置天文科之臺官，而不使之報象；廢漏刻科之律管，而不考其飛灰。縱氣候違於室中，行度舛於天上，誰則敢言？此若望所以能盡聾瞶一世之人，得成其為《新法》也。

二謬一月有三節氣之新

按曆法每月一節氣一中氣，此定法也，亦定理也。

順治三年十一月大癸卯（初一日癸卯，卯初一刻大雪十一月節。十五日丁巳，亥正初刻冬至十一月節。三十日壬申，未初一刻小雪十二月節。）

此是一月之內有兩月之節氣矣。自開天闢地至今，未聞有此法也。

三謬二至二分長短之新

按至分之數，時刻均齊，無長短不一之差。

冬至至夏至（古法一百八十二日七時半弱。新法一百八十二日二時。）

夏至至冬至（古法一百八十二日七時半弱。新法一百八十三日一時弱。）

是夏至至冬至，長十一時，而冬至至夏至，短十一時矣。

春分至秋分 古法一百八十二日七時半弱。新法一百八十六日九時二刻十分弱。

秋分至春分 古法一百八十二日七時半弱。新法一百七十八日五時五刻五分。

是春分至秋分多八日三時五刻五分，而秋分至春分少八日三時五刻五分矣。

四謬夏至太陽行遲之新

太陽之行，原無遲疾，一晝夜實行一度。夏至太陽躔申宮參八度，參八出寅宮入戌宮，晝行地上度二百一十九度弱，故晝長；夜行地下，度一百四十六度强，故夜短。苟因夏至之晝長，而謂太陽之行遲，則夏至之夜短，太陽應行疾矣，遲於晝而疾於夜，有是理乎？冬至太陽躔寅宮箕三度，箕三出辰宮入申宮，晝行地上度一百四十六度强，故晝短；夜行地下度二百一十九度弱，故夜長。苟因冬至之晝短，而謂太陽之行疾，則冬至之夜長，太陽應行遲矣；疾於晝而遲於夜，有是理乎？《新法》以夏至太陽之行遲，故將立秋壓在後一日三時；以冬至太陽之行疾，故將立春儹在前一日六時；立夏立冬，莫不皆差一日七八時，總因不明太陽之行誤之也。《禮經》：「立春之日，天子親率三公九卿諸侯大夫，以迎春於東郊。」關於典禮，何等重大。茲以偏邦之《新法》，淆亂上國之《禮經》，慢天帝而褻天子，莫此為甚焉。

五謬移寅宮箕三度入丑宮之新

查寅宮宿度，自尾二度入寅宮起，尾三四五六七八九十一二三四五六七。箕初一二三四五六七八五十九分。斗初一二三四度。始入丑宮，今冬至之太陽，實躔寅宮之箕三度。而新法則移箕三入丑宮，是將天體移動十一度矣。一宮移動，十二宮無不移動也。

六謬更調觜參二宿之新

四方七宿，俱以木金土日月火水為次序。

南方七宿：井木犴　鬼金羊　柳土獐　星日馬　張月鹿　翼火蛇　軫水蚓

東方七宿：角木蛟　亢金龍　氐土貉　房日兔　心月狐　尾火虎　箕水豹

北方七宿：斗木獬　牛金牛　女土蝠　虛日鼠　危月燕　室火豬　壁水㺄

西方七宿：奎木狼　婁金狗　胃土雉　昴日雞　畢月烏　觜火猴　參水猿

《新法》更調參水猿於前，觜火猴於後。古法火水之次序，四方顛倒，其一方矣。

七謬刪除紫氣之新

古無四餘，湯若望亦云四餘自隋唐始有。四餘者，紫氣、月孛、羅睺、計都也。如真見其為無，則四餘應當盡削。若以隋唐宋曆之為有，則四餘應當盡存。何故存羅、計、月孛，而獨刪一紫氣？苟以紫氣為無體，則羅、計、月孛，曷嘗有體耶？若望之言曰：「月孛是一片白氣，在月之上。」如果有白氣在月上，則月孛一日應同月行十三度，二日四時過一宮，何故九月始過一宮耶？況月上之白氣有誰見耶？

八謬顛倒羅計之新

羅計自隋唐始有，若望亦遵用羅計，是襲古法，而不可言新法也。其所謂新者，不過以羅為計，以計為羅爾。但不知若望何以知隋唐之羅是計，計是羅耶？羅屬火，計屬土，火土異用，生剋制化，各有不同。敬授人時，以前民用，顛倒五行，令民何所適從？

九謬黃道算節氣之新

按節氣當從赤道十二宮勻分，每一節氣該一十五日二時五刻一十七秒七十微八十三纖。今《新法》以黄道闊狹之宫算節氣，故有十六日、十五日、十四日一節氣之差。所以四立二分皆錯日，二至錯時。

十謬曆止二百年之新

臣子於君，必以萬壽為祝，願國祚之無疆。孟子云：「千歲之日至，可坐而致。」言千萬年之曆可前知也。太宗皇帝仁武而不嗜殺，天故篤生。皇上冲齡而為一代開闢之主，皇上又英明仁武而不好殺。天將篤祜皇家，享無疆之曆祚，而若望進二百年之曆，其罪曷可勝誅。

順治十六年五月　日

原論繁冗，反不達意；部審入招，節略如右，以便翻清入疏進呈。

始信録序

宇宙間奇峰峭壁，必有峽崥為之基，以成其峻拔之勢，未有無所憑藉，而能成其為崔巍者。惟新安黄山之始信峰，如攢萬片竹木，不著一寸土壤，拔地而起，矗立千仞，四面陡絶，莫可躋攀。欲登者由如來峰編木為梁，廣不盈尺，修不逾丈，架為飛虹。有松焉，名曰接引，橫出一枝，政與腰平，直達彼岸。人扶以渡，峰頂大可函丈；一廢團瓢，纔能容膝，以憩遊人。四面群峰如架上槊，如筒中筆，林立天外。登者莫不跳躍叫絶。以為不登此巔，不信人間有此奇峰，故以始信名焉。吾郡楊長公先生，身不列於宫牆，名不掛於仕版。雖有令先大宗伯世蔭，又遜職以為布衣，論其時地不過一齊民爾。一旦起而劾權要，其先後章疏，《與正陽忠告》諸刻，頓令長安紙貴。當其舁棺之日，贈詩者盈棺；廷杖之日，觀者萬人，靡不為先生稱佛名號。而先生之奇，始信於天下。癸未冬，烈皇御經筵，詢宇内文武材，廷臣以閩撫朱之馮對；襄城伯李國楨以先生對。帝曰：「是舁櫬之楊光先乎？」遂懸大將軍印，以待先生。襄城遣人迎，未至先生所，而宗社墟矣。編《明紀》者，數家咸書先生劾溫撰者、陳吏垣，獲譴杖戍事，而先生之奇，始信於後世。然予以為猶未足盡先生之真奇也。先生之真奇不在於劾權要，而在於尊聖學，緬維止至善之道，惟學力以致之，匪學脈則道脈不明。先生疏中，生民以來，聖聖相承，惟此道統歷千世而不墜，賴有聖學之六百三十四言，其有功於學脈道脈，至矣盡矣。誠古今來不再見之鴻文，真足與天地並垂不朽，較漢宋諸儒之羽翼聖經者，功高倍蓰，而編年家不知收此，而收劾權要之事，可謂拾其細而遺其大矣。《資治綱目》《凡例》，凡關道術者，必書先生之六百三十四言，可云不關道術乎哉？可以不大書特書乎哉？予未免有史才而無史識之嘆。後有正史必以予言為歸，從來理學經濟名臣，垂於竹帛者，率在身後，而先生以無位之布衣，標青史於生前，豈非古今之至奇者哉？不讀先生之六百三十四言，不信人間有楊先生；讀先生之六百三十四言，始信人間有楊先生也。先生一生精神事業，專致力於宫牆。近著《闢邪論》《中星説》，與六百三十四言相為表裏。合而觀之，功不在孟子下矣。峰之始信，人之始信，咸於吾郡見之，地靈人傑信矣哉。兹合先生之四文，題曰《始信》，另梓成帙，以與天下後世，共瞻先生之真奇。

順治庚子仲冬吉旦眷姪王泰徵頓首拜書於紫陽之講席。

邪教以此序内有「明史」二字，首告光先到部，冀脱彼罪。蒙部審取光先口供，猶記其大略，謹录於左。

朝廷誅莊逆之《明史》，誅其言語不倫，非誅「明史」二字。從來墟社之史，新朝修之，考其一代政令之得失，善者取以為法於後世，不善者取以垂戒於後世，此歷代修史之意。如周秦史漢修，漢史魏修，魏史晉修，晉史隋修，隋史唐修，唐史宋修，宋史元修，元史明修；明史應該清朝命文武大臣，總裁開局，令詞臣纂修。因明朝天啟、崇禎未有《實録》，加以朝報散失，無憑稽考，故未舉行。所以田間留心古今政事之士，著有《明紀史略》，謂之野史；朝廷開局纂修之史，謂之正史。野史適以備正史之採擇，無野史則正史無所考衷，正史出而野史自然不存。「明史」二字，不在叛逆之科。

尊聖學疏

王泰徵

恩廕新安衛官生今讓職楊光先，為臣疏裕國恤民等事，内云：吏科給事中陳啟新，假尊經以糾馬之驪之不尊經，而追論宋室變華為夷，皆學之罪，壞萬世人心道術，繇宋真宗《觀學之歌》。如此作孽，真不容於天地間矣。生民以來，聖聖相承。惟此道統歷千世而不墜，賴有聖學聖經一章，冠以《大學》之道。《論語》一書，首言「學而時習」。從來大聖大賢，孰非學力所致，學之在天地間，如日月之無終無古，有明晦而無消歇。世隆則從而隆，世汙則從而汙，求真黜偽，古道綦嚴，未聞學可罪也。即否塞如元末之世，天地亦幾息矣。而劉基、宋濂、陳遇、陶安、王禕、章溢之徒，不以時之左文而貶其學。洎高皇帝崛起滁陽，闢既昏之天地。而大明之諸儒，應運雲從，遂為昭代儒宗之首。繼而方孝孺、黄觀、鐵鉉、景清輩，又為萬世忠孝之冠。後此則錢塘之祖胸受箭，李時勉之脅折金瓜，于謙之旋乾轉坤，王守仁之武功文德，楊繼盛之批鱗觸姦，海瑞之剛直廉介，吴與弼、陳繼儒之道學文章，潔身高尚，是皆未絶之讀書種子，而倫常之事，賴以扶植。其他理學經濟，忠節清貞，不可勝數。而啟新至謂太祖竭盡心力，未見大有挽回，何其敢於誣先聖、誣祖宗、誣名臣之若是。皇上敬天法祖，尊經黜異，直接堯、舜、禹、湯、文、武、周、孔之脈，帝王之學，唯皇上獨得其宗。臣惟恐皇上學之不篤，好之不專，使偽君子假道學，布列朝宗，令讜言日疎，惠政日壅，致天下日趨於亂，是為深憂。今啟新以一時之鮮實行，而徑歸罪於宋宗之歌勸學，是欲皇上廢先聖之學矣；以尊經為名，而以廢學為實，古今有此尊經之體否。臣謂折棚破榜之妖風，丙子科榜出之日，妖風碎榜，吹倒榜棚。正應啟新厭學之一疏。此上天先聖所以提醒首善一榜之人，以轉告夫天下學者。啟新本意不過欲申前罷制科之論，故作此巧語以動皇上。臣觀啟新之意，未止於罷制科。啟新苟得大用，不至於焚書坑儒不已。噫！堯舜之世，不容四凶，而聖明在上，豈可儲一妖祟之李斯乎？此天地間無等之罪人，臣不知皇上何以待之也？

不得已下卷

引

孽鏡者，鏡《西洋新法》之妄也。人生世上，造種種罪孽，事發經官，備諸拷掠。而飯刑憲之徒[一]，獨强辯抵飾，以希徼倖。及至閻羅孽鏡之下，從前所作罪孽，畢見鏡中。然後欲辨不能，始俛首承伏，此予所以有孽鏡之著也。《新法》之妄，其病根起於彼教之輿圖，謂覆載之内，萬國之大地，總如一圓毬，上下四旁，布列國土，虚懸於太空之内。故有上國人之足心，與下國人足心相對之論。所以將大寰内之萬國，不盡居於地平之上，以映地上之天之一百八十度，而將萬國分一半於地平之上，以映地平上之天之一百八十度，分一半於地平之下，以映地平下之天之一百八十度。故云地廣二百五十里，在天差一度，自詡其測驗之精，不必較之葭管之灰，而得天上之真節氣。所以分朝鮮、盛京、江、浙、川、雲等省為十二區，區之節氣時刻、交食分秒，地各不同。此荒唐之説，不但不知曆者信之，即精於曆法曆理者，亦莫敢不信之。何也？天遠而人邇，邇者既不克問天，而遠者又弗肯人答，真與不真，安所辨驗。雖心知其妄，然無法以闢之。所以其教得行於中夏，予以曆法闢一代之大經，曆理闢聖賢之學問，不幸而被邪教所擯絶，而弗疾聲大呼為之救正，豈不大負聖門。故向以曆之法闢之，而學士大夫，邃於曆法者少。即有之，不過剽紙上之陳言，未必真知曆之法。故莫為羲和之援，所以《摘謬十論》，雖為前矛，然終以孤立，莫克靖其魔氛。既又以曆之理闢之，學士大夫，既不知曆之法，必反疑理之未必真能與法合。所以《呈稿》一書，竟作存疑之案，以俟後之君子，訂其是非。故若望愈敢肆其邪妄，而無所忌憚。噫！斯學士大夫之罪也。《典》重欽若察齊，不知學者何以弗潛心探討。明祖禁習天文，未嘗禁習曆法也。蓋天文觀星望氣，僭驗妖祥，足以惑亂人聽，動搖人心，故在所禁。若曆法乃聖帝明王敬天勤民之實政，豈亦所宜禁哉？使曆法而禁，則科場發策，不當下詢曆法於多士矣。朝廷既以曆法策多士，而多士又以曆法射榮名，今乃諉之弗知，而坐視《新法》之欺罔，羲和之廢絶，豈非學士大夫之罪哉？曆法近於術數，固不足動學士大夫之念。而二《典》為祖述堯舜之孔子所首存，豈亦不足動學士大夫之念乎？此予之所以日夜引領，而不可得者也。不得已而幸冀於羲和之舊官，而舊官者，若而人乃盡叛其家學，而拜瞽作父，反摇尾於賊蹠，以吠其生身之祖考，是欲求存羲和已絶之一綫，於羲和之後人者，又不可得矣。予為此懼，捨欽若之正法正理，都置不論。唯就若望所刻之輿圖，所訂之道理，照以孽鏡，與天下後世共見其二百五十里差一度，天上真節氣之不真，即愚夫愚婦，見之莫不曉然明白，盡識其從前之無所不妄。學士大夫繇其天上真節氣之妄，推而知其曆法曆理學問之妄，鳴共攻之鼓，不與同於中國，俾羲和之學，墜而復明，尊羲和以尊二《典》；尊二《典》以尊仲尼，端有望於主持世道之大君子。特懸孽鏡，以照其妄如左。

康熙改元仲夏端陽日新安布衣楊光先長公氏著

校記

[一]「飯」，原本及華本俱作「犯」，據原刻本改。

孽鏡

孽：若望刻印之輿地圖，宫分十二幅，幅界三十度[一]。

第一幅未宫：東極之盡，是伯西兒之西偏起三百六十度末；南亞墨泥加止三百三十一度初；

第二幅申宫：未亞納起三百三十度末；大東洋止三百一度初；

第三幅酉宫：加拿大國起三百度末；東紅海止一百七十一度初；

第四幅戌宫：小東洋起二百七十度末；黑地止二百四十一度初[二]；

第五幅亥宫：雪山起二百四十度末；沙臘門島止二百一十一度初；

第六幅子宫：亞泥俺國起二百一十度末；日本之中止一百八十一度初；

第七幅丑宫：日本之中起一百八十度末；朝鮮起一百七十四三二一度，中夏起一百七十度末；止一百五十一度初；

第八幅寅宫：星宿海起一百五十度末；印度止一百二十一度初；

第九幅卯宫：天竺回回起一百二十度末；小西洋魯蜜止九十一度

初；

第十幅辰宫：亞登起九十度末；利加亞止六十一度初；

第十一幅巳宫：厄勒祭起六十度末；闌得山止三十一度初；

第十二幅午宫：默理起三十度末；大西洋在十五度，伯西兒之東偏起五度止；一度初在西極之盡處，與東極第三百六十度之伯西兒相接。

校記

〔一〕此節域外地名，可參閱艾儒略《職方外紀》。

鏡：據圖東極未宫第三百六十度之伯西兒，即西極午宫第一度之伯西兒。如天之第三百六十度，與第一度相接，此環體也。若然則四大部洲，萬國之山河大地，總是一大圓毬矣。萬國錯布其上下四旁，毬之大小窪處，即是大小洋，水附之。所以毬上國土人之脚心，與毬下國土人之脚心相對。想其立論之意見，天之有渾儀，欲作一渾地之儀，以配天之宫度，竟不思在下之國土人之倒懸。斯論也如無心孔之人，只知一時高興，隨意謅謊，不顧失枝脱節。無識者聽之，不悟彼之為妄，反嘆己之聞見不廣；有識者以理推之，不覺噴飯滿案矣。夫人頂天立地，未聞有横立倒立之人也。惟蜾蟲能横立壁行，蠅能仰棲。人與飛走鱗介，咸皆不能。兹不必廣喻，請以樓為率，予順立於樓板之上，若望能倒立於樓板之下，則信有足心相對之國。如不能倒立，則東極未宫第三百六十度之伯西兒，必非西極午宫第一度之伯西兒也。且若望生於午宫之西洋，今處於丑宫之中夏。丑之與午，分上下之位。試問若望彼所見居之中夏，是順立乎，是倒立乎？如是順立，則彼所生之西洋，必成倒立矣。若西洋亦是順立，則東極未宫第三百六十度之伯西兒，不知何以得與西極午宫第一度之伯西兒接也。此可以見大地之非圓也。今夫水天下之至平者也，不平則流，平則止，滿則溢，水之性也。果大地如圓毬，則四旁與在下國土窪處之海水，不知何故得以不傾。試問若望彼教好奇，曾見有圓水壁立之水，浮於上而不下滴之水否？今試將滿盂之水，付之若望，能側其盂而水不瀉，覆其盂而水不傾，予則信大地有在四旁、在下之國土；如不能側而不瀉，覆而不傾，則大地以水為平，而無似毬之事。苟有在旁在下之國，居於平水之中，則西洋皆為魚鱉，而若望不得為人矣。總之西洋之學，庸鄙無奇，而欲以行於中夏，如持布鼓過雷門，其不聞於世也必矣。故設高奇不根之論，以聳中夏人之聽。如南極出地三十六度之說，中夏人心知其妄，而不與之爭者，以弗得躬履其地驗其謊，姑以不治治之。而彼自以為得計，遂至於滅羲和之學，撰不根之書，惑世誣民，以誤後世，不得不亟正之，以為世道之防。請正言天地之德，以破之天德圓而地德方，聖人言之詳矣。輕清者上浮而為天，浮則環運而不止；重濁者下凝而為地，凝則方止而不動。此二氣清濁、圓方、動靜之定體，豈有方而亦變為圓者哉？方而苟可以為圓，則是大寰之內，又有一小寰矣。請問若望，此小寰者，是浮於虛空乎？是有所安着乎？如以為浮於虛空，則此虛空之大地，必為氣之所鼓，運動不息，如天之行，一日一週，方成安立。既如天之環轉不息，則上下四旁之國土人物，隨地週流，晝在上而順，夜在下而倒，人之與物，亦不成其為安立矣。如以為有所安着，則在下之國土人物，盡為地所覆壓，為鬼為泥，亦不得成其為倒生倒長之安立矣。不知天之一氣，渾成如二碗之合，上虛空而下盛水，水之中置塊土焉。平者為大地，高者為山嶽，低者為百川，載土之水，即東西南北四大海。天包水外，地着水中，天體專而動直，故日月星辰繫焉；地靜翕而動闢，故百川之水輪焉。水輪東注，洩於尾閭，閭中有氣，機為水所冲射，故輪轉而不息。而天運以西行，此動闢之理也。尾閭即今之弱水，俗所謂漏土是也[二]。水洩於尾閭，氣翕之而輪轉為泉，以出於山谷，故星宿海、岷、嶓，百川之源，盈科而進，此靜翕之理也。苟非靜翕之氣，則山巔之流泉，何以不捨晝夜，東委而不竭？非動闢之機，則東海之涯涘，何以自亘古至來今而不盈？此可以見地水之相着，而大地之不浮於虛空也明矣。地居水中，則萬國之地面皆在地平之上，水浸大地，則萬國之地背皆在地平之下。地平即東西南北四大海水也。地平上之面，宜映地平上之天度；地平下之背，宜映地平下之天度，此事理之明白易見者也。不觀之日月乎，月無光，映日之光以為光。望之夕，日沒於西，而月昇於東。月與日，東西相望，故月全映日之光，而盈朔之日月，與日同度謂之合朔，朝同出於東方，日輪在上，月輪在下。月之背上與日映，故背全受日之光，月之面下映大地，故晦而無光焉。此即地面映地平上一百八十二度半之天度，地背映地平下一百八十二度半之天度之理也。若望此焉而弗知，而謂大地如毬，以映天三百六十之全度，則月亦如毬，亦當全映日之光，而無晦朔弦望之異矣。此大地如毬之所以為胡説亂道也。

孽：據若望之輿地圖，大西洋起午宫第十一度，東行歷巳辰卯寅至中夏止，丑宫第一百七十度。

鏡：詳觀此圖，中夏之人只知羨其分宫占度之精當，而弗察其自居居人之深意。中夏之人何太夢夢也，且高值求之，如獲拱璧，以居於聽事之上，豈不為湯賊所暗哂哉？請聲其罪。按午宫者，南方正陽之地，先天為乾。乾者，君之象也；陽者，君之位也。丑宫者，北方幽陰之地，先天為坤。坤者，婦道也；陰者，臣道也。若望之西洋在西方之極，其占天度也，宜以酉戌自居。中夏在天地之中，其占天度也，宜居正午之位。今乃不以正午居中夏，而以正午居西洋；不以酉戌居西洋，而以陰丑居中夏。是明以君位自居，而以中夏為臣妾，可謂無禮之極矣。人臣見無禮於其君者，如鷹鸇之逐雀，不知當日所稱宗伯平章者，果何所見而援引之也。因午丑上下之位推之，則大地如毬，足心相踏之説，益令人傷心焉。午陽在上，丑陰在下，明謂我中夏是彼西洋脚底所踹之國，其輕賤我中夏甚已，此言非譏之也。察彼所占之午，而義自見矣。總之天主教人之心，欲為宇宙之大主，天則耶穌之役使，萬國人類為亞當一人所生。國則居正午之陽，而萬國皆其臣妾；地則居上而萬國在其下與四旁，此猶可曰小人無稽之言，不足與較。而「依西洋新法」五字，明謂我中夏奉西洋之正朔，此亦不足較乎？人臣無將，將則必誅[三]。若望之所行，可謂將之極矣。中夏君臣請試思之，斷不可與同中國，留之必為他日患。

孽：若望進曆疏云：在地廣二百五十里，在天約差一度，此各省直節氣時刻[四]，交食分秒，所繇以異。故分朝鮮、盛京、江、浙、川、雲等省為十二區，區之節氣及日出没時刻，交食分秒，地各不同。此得天上之真節氣。

鏡：以地之道里[五]，準天之度數，其法與羅經不同。羅經定二十四山之五行，故用天三百六十五度四分度之一之全。以地測天，天有上下，地亦有面背，在上之天，映地平上之地面，即二分太陽晝行天上，度之體也；在地下之天，映地平下之地背，即二分太陽，夜行地下，度之體也。故以地測天者，用一百八十二度六十二分八十七秒五十微，此其所以與羅經之用不同也。今不必依古先聖人之法之理，以地之全映天之半，即照若望圓毬之地，以配天之全度，而天上之真節氣，可從而考矣。《新法》判天為三百六十度。據若望疏云：二百五十里而差一度，是千里差四度，萬里差四十度，三百六十度共差九萬里止矣。果如所言，則大寰之內，萬國之多並四大海水合而計之，東天際至西天際，橫徑九萬里；南天際至北天際，直徑九萬里止矣。而必不能有所增者，有天包之於外，有度以限之於天故也。地徑九萬里者，乃若望自訂二百五十里而差一度之率，雖有巧辯，不可易也。

孽：若望又疏云：臣自大西洋八萬里航海來京。

鏡：考若望之西洋國，在午宮第十度起。至我中夏，在丑宮第一百七十度止。共計一百六十度，以每度差二百五十里積之，止該四萬里，何云八萬里來中夏也？以八萬里分為一百六十度，每度該地五百里，此法之正也。再將東方二百度計之，又有十萬里，共計十八萬里，則與限定九萬里之率，自相剌謬矣。請問若望天上之節氣，將何從而得其真乎？觀此則十八年來盡墮其雲霧中矣。此猶就若望大地如毬之率推之也。若以地平横徑之法，二百五十里差一度推之，則自東天際至西天際，横徑止得四萬五千里。而八萬里之來程，已多於横徑三萬五千里矣。況所多之外，更有十萬里哉？且姑置此更多之十萬里於不論，即就若望來程所多之三萬五千里言之，定當撑破天外矣。試問若望，還是中夏在天外乎？還是西洋在天外乎？若云中夏在天外，而我中夏實居天地之中，無在天外之理。若云西洋在天外，則西洋為天所隔限，若望何能越天而來？若云中夏西洋俱在天内，則二百五十里而差一度之奏，是為欺罔紅牌之禁，若望何以自文也？

孽：若望刻印之《見界總星圖》，箕水豹三度，在丑宫之初，鬼金羊在午宫之第三第四度。

鏡：若望因冬至日躔箕三度，不察天行之數，宫宿之理。違天定之則，逞曲學之私，將寅宮之箕三，移入丑宮之初，因而將滿天星宿，俱移十餘度。他宮猶為不顯，獨未宮之鬼金羊宿，原在未宮第二十五、二十六度。今移入午宮第四五度，是未宮全為井宿所踞，而無鬼金羊之氣矣。夫生人之十二肖，非無故而取也。天列二十八宿，占度各有短長，分布於十二宮。每宮取一宿，以為一宮之主。故子午卯酉為四仲，仲者，中也，正也，謂之四正宮，以四太陽為主宿。故虛日鼠宿，居子宮之中，所以子年生人肖鼠；星日馬宿，居午宮之中，所以午年生人肖馬；房日兔宿，居卯宮之中，所以卯年生人肖兔；昴日鷄宿，居酉宮之中，所以酉年生人肖鷄。此四正宮之宿，所以居於中也。寅申巳亥為四孟，孟居左，故以宿之在左者為四孟宮，以四火星為主宿。尾火虎宿，居寅宮之左，所以寅年生人肖虎；觜火猴宿，居申宮之左，所以申年生人肖猴；翼火蛇宿，居巳宮之左，所以巳年生人肖蛇；室火猪宿，居亥宮之左，所以亥年生人肖猪。此四孟宮之宿，所以居於左也。辰戌丑未為四季，季居右，故以宿之在右者為四季宮，以四金星為主宿。亢金龍宿，居辰宮之右，所以辰年生人肖龍；婁金狗宿，居戌宮之右，所以戌年生人肖狗，牛金牛宿，居丑宮之右，所以丑年生人肖牛，鬼金羊宿，居未宮之右，所以未年生人肖羊。此四季宮之宿，所以居於右也。孟仲季之名，以主宿所居之左中右而定。十二宮之名，以主宿之象而定。人之生肖，以十二宮主宿而定，非漫無考據而亂拈，此可以徵羲和氏之精審也。且生肖書於曆後之紀年，以頒於天下與各屬國，其關於一代新修之曆法，亦匪細政令也。今《新法》調觜火猴於中，而以參水猿居於左，則申宮之左，為猿所居。是申宮不當肖猴，而當肖猿矣。以井木犴宿之初度入未宮，井之三十一三度入午宮[六]；鬼金羊宿，入午宮之第四五度，是未宮全為井木犴宿，獨據而絕無鬼金羊之氣，則未宮不當肖羊，而當肖犴矣。宇宙之內，凡係未年生人，速向若望於《時憲曆》後紀年條下，將未年生人改書羊字為犴字，使天下後世及各屬國觀之，始與名實相符。如未年生人仍該肖羊，則鬼金羊宿，不當移入午宮也，此不通之最著者也。

附　金烏玉兔辯

世之使事，咸以金烏為日，玉兔為月，是皆未考究夫天之列宿，故誤呼月為日，呼日為月爾。按二十八宿，東方蒼龍，七宿有房日兔；西方白虎，七宿有畢月烏。西方屬金，故畢月烏為金。烏玉者對待之文，非白兔也。如以玉為真白，則金色亦白，而烏匪黑矣。金烏玉兔，昭然列於天上，而謂金烏是日，玉兔是月，不知出自何典？考卯宮又單有日星，酉宮有月星。日東月西，更與房日兔、畢月烏符合。而好奇者輒穿鑿翔陽烏名，為日中踆烏三足，以附會其說，乃刊之《尚書》之端。此與蛇足何異？俗傳金烏西墜，玉兔東昇，蓋望夜未眠，翫月至曉，見月西墜而日東昇，故爾云云。政與長夜之飲斗轉參橫，同一命意，非望之夕之言也，人自錯會意爾。人以兔之無雄象，太陰之體，不察先天坎卦為月之象在於西方，外二陰而內一陽，是為陰中有陽；先天離卦為日之象，在於東方，外二陽而內一陰，是為陽中有陰。無雄之兔之為日宿，政陽中有陰之卦象。斯伏羲氏及古先聖人至精至微之道理[七]，豈尋常之學問所能企及其萬一哉。文章使事，貴求義理之正，出處之真。若捨古先聖賢之大道理，不問而以至微小毛蟲之體為據，是亦西洋新法之謬也。故附之於圓地圓水之後，與天下學者共政之「見圖」。

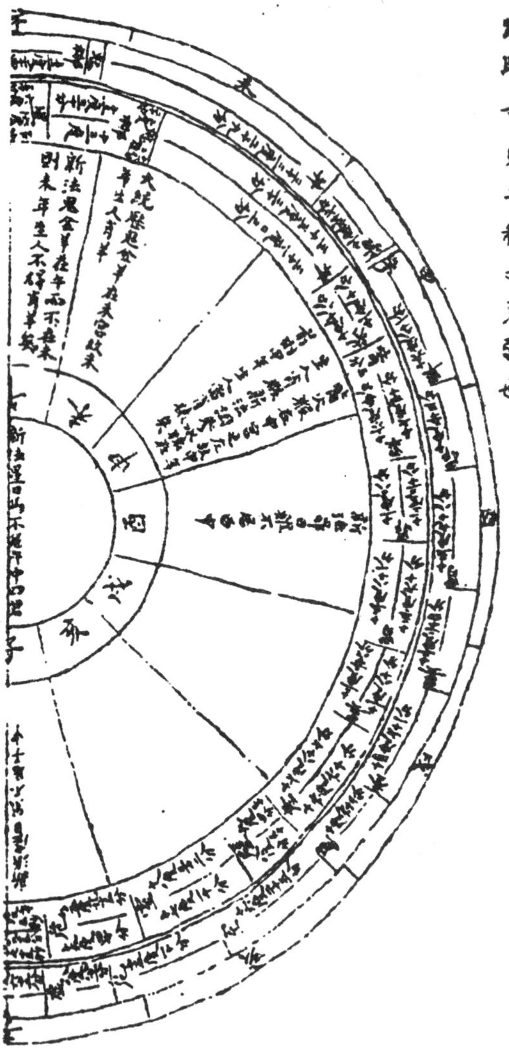

外盤是新法黃道之二十八宿計三百六十度依查明補刻　又外盤是新法赤道之二十八宿計三百六十五度二十二分此若望刊印見界總星圖所載之數何赤黃二道之數目自相矛盾大統回回二科絕無舛敗可見二科之衰弱也

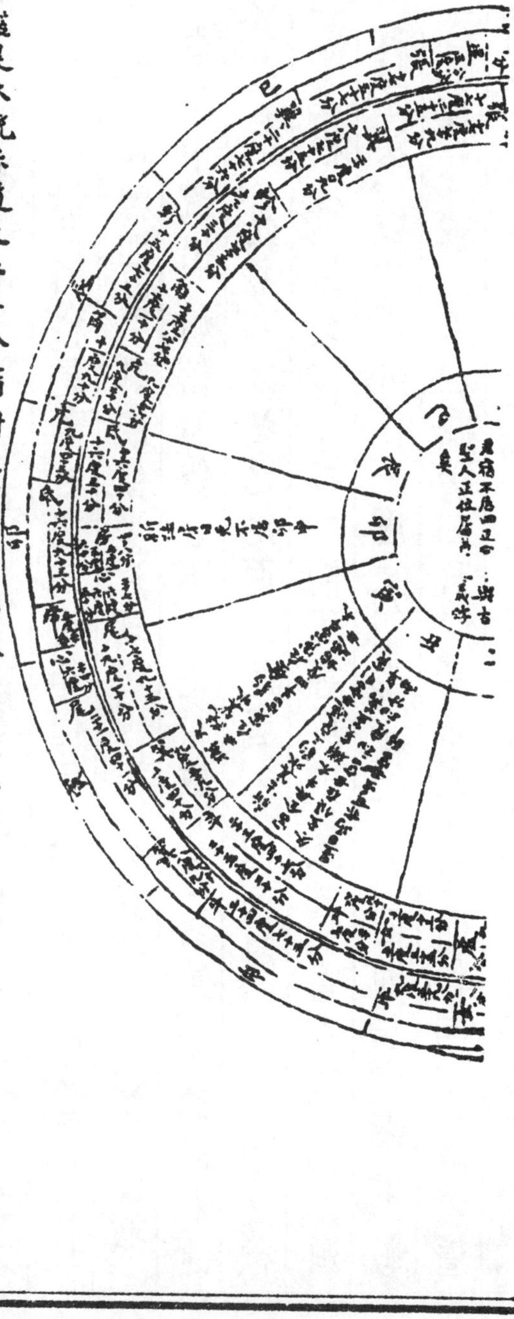

内盤是大統赤道之二十八宿計三百六十五度二十五分七十五秒又内盤是大統黃道之二十八宿總數與赤同而各宿之度數與赤異由日行之宮有闊狹也　大統黃道自郭守敬至今未脩十二宮之闊狹盡皆不同所當亟宜考脩者也

孽：若望《新法》判天之赤黄二道，俱是三百六十度。

鏡：若望既判天為三百六十度，則凡法之與圖皆宜畫一，不當自相異同也。查若望刻印之《見界總星圖》所載：赤道十二宫之二十八宿，位次改移，既與羲和迥異，而度數亦應與羲和不同。奈何於《新法》之圖用三百六十五度二十五分，仍踵羲和之數，何其自相抵牾之至此也。人傳《新法》之由，是利瑪竇以千金買回回科馬萬言之二百年恒年表。其紫炁未經算授，故《新法》祇有三餘而無四餘，其説似乎近真。今考《見界總星圖》之度數，可見其學之不自胸中流出，始信所傳之不謬也。羲和之舊官，不講羲和之學，已十七年於兹矣。是羲和之法已絶而未絶者，獨回回科爾。若望必欲盡去以斬絶二家之根株，然後《新法》始能獨專於中夏，其所最忌唯回回科為甚。蓋回回科之法，以六十分作一度，六十秒作一分，回回法之春分，較之羲和在前二日，秋分較之羲和在後二日。新法盡與回回科同，恐識者看破其買來之學問，故必去之而後快。如悍妾之譖逐正妻，而得獨專其房幃，始無後來之患。李淳風、袁守誠亦唐初修曆之賢也，知回回科春分前二日，秋分後二日之誤，而猶存其科以備參考，此其心何等公虛正大，故回回科之法，得存於唐，以歷宋元明至於今日，豈若若望之是己滅人而不恤也。總之君子之學問真，故喜人學問之真，見人真學問之長，愈足以濟己學問之長；小人之學問假，最忌人學問之真，恐人真學問之長，便足以形己之短。此李袁若望學問之所以別，而存回回科與滅羲和、回回二科之所以異也。不有較證，孰為辨別？故將羲和之宮宿度數，與《新法》之宮宿度數，合成一圖，以明未宮之無鬼金羊，與箕三度之在寅而不在丑，及《新法》不應有三百六十五度二十五分之數，俾天下之人一見了然，而知其天上節氣之不真。而若望數十年所作之孽，畢於此鏡中見之矣。

孽：若望十二宮象名，仍踵羲和法，以午宮為獅子象，未宮為巨蟹象等十二。

鏡：按羲和之法，以日躔六十六年二百四十三日六時而差一度。先聖恐後人誤認日躔之宿為主，而不知天之退，將十二宮之宿隨冬至之日以移，則寅宮錯入丑宮，未宮錯入午宮。十二宮之宿與宮無所不移，故於十二宮取其星之形似省，為十二象以[黔]定十二宮[八]。使宮與宿不得移動，故午宮以軒轅、御女十七星為獅子象，未宮以鬼金羊宿四星為蟹匡，故名巨蟹象。餘十宮之象，各有不同。今若望移鬼金羊宿於午宮，是巨蟹與獅子同在午宮矣，而云未宮為巨蟹象，不知若望以何星為蟹匡也，豈有兩鬼金羊乎？宮之名是宿，宿之體是象，象之名是宮，三者總一鬼金羊爾。若望此焉而不悟，尚敢言精於曆法曆理哉？竊人之長以為己長，於此不覺露其短而真贓獲矣，不知徐李三君，果何所見而尊信之也。

孽：《新法》黄道十二宮，每宮三十度，無闊狹之分，以冬至之晝短，謂太陽之行疾；夏至之晝長，謂太陽之行遲。

鏡：按二至晝之長短，視太陽行地上度之多寡，非太陽有遲疾也。太陽東行一刻行一分，一日行一度，此太陽右旋之體也。天西行一刻，行三度六十六分二十五秒，一日一週天，而猶過一度，此天道左旋之體也。細以實理求之，太陽繫於黄道，為天之主輪而不行。故今日午時在正中，明日午時在正中，歷萬古之午時而在正中。天一日一週而猶過一度，故見太陽東行一度爾。其實太陽之輪，祇隨天運不及天一度而無行也。冬至太陽在赤道南二十四緯度，朝出辰方，暮入申方。晝行地上之天，度一百四十六度一十分，故晝短四十刻；夜行地下之天，度二百一十九度一十五分，故夜長六十刻。夏至太陽在赤道北二十四緯度，朝出寅方，暮入戌方。晝行地上之天，度二百一十九度一十五分，故晝長六十刻；夜行地下之天，度一百四十六度一十分，故夜短四十刻。此二至晝夜短長之所以別也。今若望謂冬至之晝短，為太陽之行疾，是不分晝行地上度之少，夜行地下度之多，而概云行疾，則晝四十刻，夜亦四十刻。而冬至之晝夜，共八十刻止矣，如云冬至之夜長。夫晝短是行疾，則夜長是行遲矣，豈有疾於晝而遲於夜之理哉？謂夏至之晝長，為太陽之行遲，是不分晝行地上度之多，夜行地下度之少，而概云行遲，則晝六十刻，夜亦六十刻矣。而夏至之晝夜，共有一百二十刻矣，如云夏至之夜短。夫晝長是行遲，則夜短是行疾矣，豈有遲於晝而疾於夜之理哉？斯言也，即坐卧不知顛倒之愚人，且不肯道，而自號精於曆法曆理者，肯作此論乎？吾不得其解也。

校記

［一］「二百四十一」，原本及華本俱作「一百四十一」，依原刻本改。

［二］「漏土」，原刻本作「漏上」。

［三］原刻本及華本無「則」字。

［四］「直」，原本作「真」，據原刻本改。

［五］「道里」，原本作「道理」，據原刻本改。

［六］「三十一一三度」，華本作「三十一二三度」。

［七］「伏羲」，原刻本作「宓犧」。

［八］「黔定」，原本無「黔」字，據原刻本及華本補。

孽餘

書成客有問於予，曰：子之《孽鏡》就事照事，行文如白傅之詩，雖讀使老婦聽之，亦莫不解，況學士大夫乎？但《新法》之行，起於《大統》《回回》交食之弗驗，而《新法》之驗［二］，「子」將何道以令大統、回回二科之驗乎［三］？

予曰：客果知二科之弗驗，而《新法》之驗耶？不知所謂不驗者，匪天時之不驗，人事之不驗也。薦利瑪竇之曆法於朝者[三]，宗伯徐光啟爾，未幾而宗伯平章軍國矣。驗與不驗，出於若望之所唱，相國之所和，非日與月之所得自主也。相君之所是，孰敢非之；相君之所非，孰敢是之。《新法》即不驗，有牀頭捉刀人為之代草，以鳴己之驗，而坐二科之不驗。二科即驗，無裨諶為之草創，以拾《新法》之不驗，而聲己之驗。一如提線之傀儡，運掉靈便而衆人謂之驗；一如斷線之傀儡，儡然似屍而衆人謂之不驗。此《新法》之所以驗，而二科之所以不驗也。繼相君而監西局者，為之藻、天經二李君，而辯詰之疏揭紛然矣。二科曷敢置一喙以抗之乎？二科之不驗，繇局面人事以限之也。即二科真不驗，而交食不過曆法中之一事爾。而以箕三度入丑宮，鬼金羊入午宮，調參水猿，居觜火猴之前，如此撫亂乾象，未見相君言《新法》之非，舉世言羲和之是，愈可以明二科不驗之故也。相君苟以交食為盡曆法之奧，則相君誠不知曆法矣。天本無宮，人以一歲有十二月，故判天為十二宮；天本無度，人以一歲有三百六十五日三時，故判天為三百六十五度四分度之一。又恐宮之無別，故指二十八宿以名宮，又恐日躔有歲差之移，故於列宿取星之近似者，立十二象以驗十二宮。知午宮以軒轅為獅子象，未宮以鬼宿為巨蟹象之類。《新法》宿移而象不移，相君不知因象以求宿，安得謂之知曆法乎哉？不但相君不知，即若望亦不知象為何物。所以莊烈皇帝問象於若望，而若望畫五彩獅子為午宮之象、青緑蟹為未宮之象、紫袍白馬為寅宮之象十二圖以進，莊烈皇帝嗤之。故修曆者雖極口讚《新法》之精，而終烈皇之世，《新法》所以不得見用，繇若望之底蘊為烈皇一眼所看破也。夫交食之法，全在黄道十二宫之闊狹度數、增減之差，增減得而交食自無不驗。《大統曆》之黄道，自郭守敬至今三百餘年，未修而差已五度。雖善算者不過以平線求之，而宿度之分秒，終有所未盡，正間有時刻分秒之差。蓋太陽一歲而差一分五十秒；六十六年二百四十三日六時而差一度。此一度之差而黄道十二宫之宿數，宫宫各有增有減。所以闊狹不同，故必六十六年八月而一修，而交食無不驗也。夫所謂修者二分之刻，測太陽躔赤黄内外二道口之交，匪法壞而待修也。儒者不明其故，謂法久而差，不知差者，歲差之差，非差錯之差也。天行一歲，有一分五十秒之差；六十六年八月有一度之差，天之定體也。知歲差之定體，而羲和之法、回回之法、西洋之法，殊途而同歸矣。然羲和之法所以善於回回、西洋者，二家以三百六十度，配歲之三百六十五日三時，其間以短為長，未免有迂曲之算。豈若羲和以三百六十五度二十五分，配歲之三百六十五日三時之為直截省事哉。觀此則羲和、《新法》之是非得失，不待學而知矣。以三百餘年未修之宮度，而交食尚未盡差，則羲和之敝猶善也。使監修者無偏黨之心，尊羲和之法，以為之主而加修之。用回回之淩犯以驗星象之行度，用西洋之交食以正日月之躔離，豈不集衆長以成一家，何故分門別户，必欲滅大中至正之法，而獨尊僻誕不通之法乎？此所謂愛而不知其惡，非君子之用心也。至於交食分秒時刻之驗，其中有大弊焉。日月食於天上，分秒之數，人仰頭即見之，何必用彼教之望遠鏡，以定分秒耶？不知望遠鏡有展小為大之異。廢目用鏡，中夏之士大夫落其術中久矣。若夫時刻之數，則其弊又特甚焉。大凡公家之事，恐其言之不驗，則遷其事以神其言，況數家之冰炭水火乎？惟勢之所在則金飇而羽沉。故午末而報未初者有之矣，未初而報午末者有之矣，孰為争此一刻乎？又有以細草插壺之孔，微其漏以候時者。此又近時之事，誰察其莫辯之冤。客所謂不驗者，率皆如此之類，安得叫徹九天，以定其真是非乎？客幸詳之。客曰：今而後知驗不驗之故也，微子之論，吾亦幾成吠聲矣。

校記

[一]驗字下原本有「爾」字，今依原刻本及華本略。

[二]「子」字據原刻本及華本補。「令」，華本作「今」。

[三]「朝」原刻本及華本俱作「天」。

合朔初虧時刻辨

曆家之算交食，以合朔之時刻為定準。所謂合朔者，日月同經度而不同緯度，此常月合朔之法也。日月同經度而又同緯度，此交食合朔之法也[一]。日月既同經緯度，然後見初虧；日月雖同緯度而未同經度，必不得見初虧，此數也、法也、理也，無二致焉[二]。未有合朔已過二刻十三分，（新法十五分為一刻。）而後始見初虧者，此必無之數，必無之法，必無之理也。若望之《時憲曆》於康熙三年十二月初一戊午日未正三刻二分合朔，而《報食圖》之初虧，則在申初一刻强。是合朔先於初虧二刻十三分，日月未同經度，不知其何以得合朔也。如以未正三刻二分之合朔為是，則申初一刻强之初虧為非；以申初一刻强之初虧為是，則未正三刻二分之合朔為非，二非必居一焉，無兩是之理也。陽進未正三刻二分之合朔，以欺君以惑天下；陰握申初一刻强之初虧，以固寵以操曆權，是彼單以交食為香餌，以釣我國，吾不得不微細分辨，以破其姦云。

校記

[一]「此」，原本及華本作「故」，依原刻本改。

[二]「無」，原刻本及華本作「毋」。

日食天象驗

湯若望之曆法，件件悖理，件件舛謬，乃詫於人曰：我西洋之《新法》，算日月交食有準。彼以此自奇而人亦以此奇之，竟弗考對天象之合與不合，何其信耳而廢目哉？已往之交食，姑不具論，請以康熙三年甲辰歲十二月初一戊午朔之日食驗之，人人共見，人人有目，難盡掩也。其準與不準，將誰欺乎？而世方以其不合天象之交食為準而附和之。是以西洋邪教為我國必不可無之人，而欲招徠之，援引之，以自貽伊戚也，毋論其交食不準之甚。即使準矣，而大清國卧榻之内，豈慣謀奪人國之西洋人鼾睡地耶？從古至今有不奉彼國差來朝貢，而可越渡我疆界者否？有人貢陪臣〔一〕，不還本國，呼朋引類，散布天下而煽惑我人民者否？江統《徙戎論》，蓋早炳於幾先，以為毛羽既豐，不至破壞人之天下，不已茲敢著書顯言，東西萬國及我伏羲與中國之初人，盡是邪教之子孫。其辱我天下人至不可以言喻，而人直受之而弗耻，異日者脱有蠢動，還是子弟拒父兄乎，還是子弟衛父兄乎？衛之於義，不可拒之，力又不能。請問天下人何居焉？光先之愚見，寧可使中夏無好曆法，不可使中夏有西洋人。無好曆法不過如漢家不知合朔之法，日食多在晦日，而猶享四百年之國祚。有西洋人，吾懼其揮金以收拾我天下之人心。如厝火於積薪之下，而禍發之無日也，況其交食甚舛乎？故圖戊午朔食之天象，與二家報食之原圖，刊布國門，徧告天下，以辨舊法新法之孰得孰失，以解耳食者之惑云。［見圖］

校記

［一］「陪」，原刻本及華本作「倍」。

西洋湯若望推算

康熙三年十二月初一戊午朔合朔未正三刻二分

日食八分九十二秒

初虧申初一刻強

食甚申初二刻半

復圓酉初三刻

日入地平未復光七分六十六秒此分秒不合天象

食甚日躔黄道丑宮斗宿二十一度二十一分

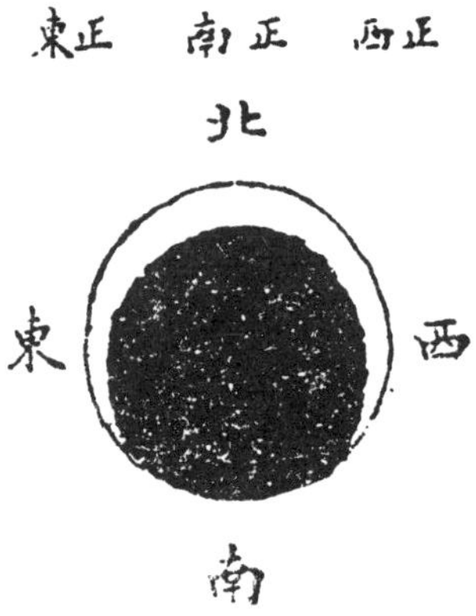

初虧、食甚、復圓方位，與天象全無一合。

康熙三年十二月初一戊午朔

日食八分五十六秒

舊法何雒書推算

初虧未正三刻 正西偏北

食甚申正一刻 正北

復圓酉初三刻 正東偏北

日入地平地未復光三分七十二秒

食甚日躔黃道丑宮斗宿二十二度一分四十秒

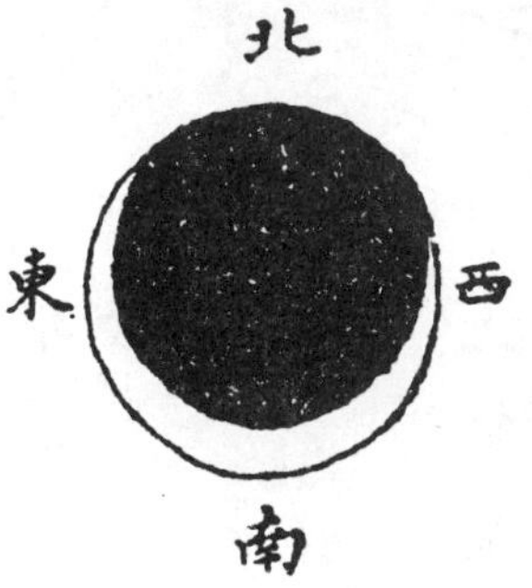

此圖食甚在正北。天象食甚在北東。此圖與天象有八分合。

康熙三十年二月戊

初虧西南

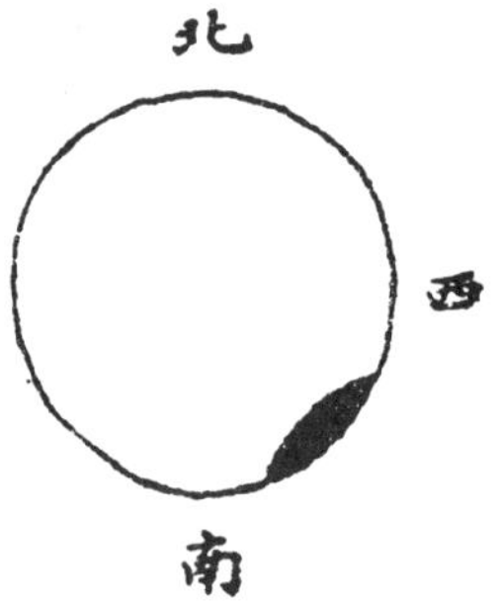

初虧方位。湯若望與何雒書。兩家之推算俱與天象不合。

金環食四面露光

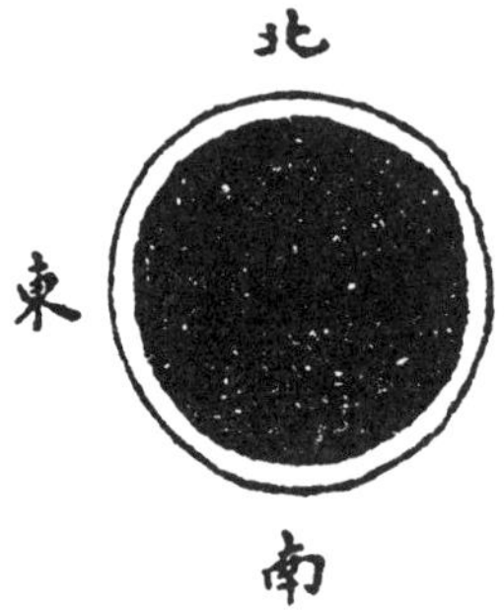

此金環食。兩家之推算俱與天象不合。

午朔日食天象之圖

食甚東北

日入地平未復光

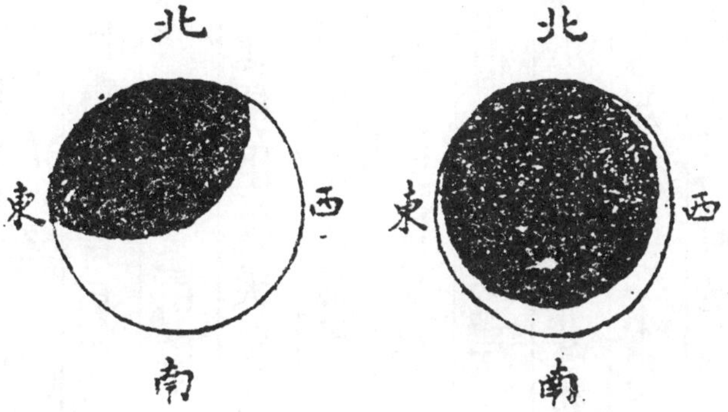

食甚天象。湯若望在南。何雒書在北。雒書推算。有八分合天象。若望推算。全與天象顛倒。

復圓在東北。何雒書推算與天象合。湯若望之推算。與天象不合。

叩閽辭疏

江南徽州府新安衛官生編歙縣民臣楊光先謹奏，為天恩隆重，臣分難勝，仰籲皇仁，憫臣聾老，准臣辭職，在監効勞，以報皇恩，以安愚分事：

本年二月内，禮部為請旨事，奉旨吳周㦛等三人准取來，將楊光先應於欽天監以何品用，一併議奏。欽此。臣聞命自天，汗流浹背[二]，即具呈禮部，未准代題。三月内禮部題授臣欽天監右監副。四月初四日吏部題覆。初七日奉旨，依議。欽此。臣愈措躬無地，隨繕疏賫投通政司，不准封進。下情無路上達，只得具本叩閽。臣惟功名之途，人咸争趨，祇有求而不得，未有出自特恩而反辭者。更值聖朝，欣逢睿主，政臣子宣猷効命之秋，何敢辭榮，自矜高尚。况監副係小京堂官，非布衣一蹴之所可到，但臣生性下劣，有不可一日居官者。臣自知之深，不得不披瀝於皇上之前。臣禀不中和，氣質麤暴，毫無雍容敬謹之風，純是鹵莽滅裂之氣。與人言事，無論兵刑禮樂，上下尊卑，必高聲怒目，如鬪似争。臣父每戒臣曰：汝此性像，若居官必致殺身。雖日嚴督臣讀書，終不能變化氣質，故不令臣赴舉子試。

臣謹遵父命，不敢襲先臣宗伯楊寧巡撫軍功之世廕，讓職臣弟，所以懲傲悖守父教也[二]。頃因邪教毀滅天地[三]，廢亂綱常，更包藏禍心。用《滅蠻經》之《洪範》五行，暗害我國，而又枉參部臣，立威以鉗制群工之口，遂敢大膽無忌，造傳妖書，謂東西萬國，盡是邪教子孫，明白示天下，以叛逆之漸。臣用是忿不顧身，發其罪狀，原不敢望有生。賴皇上聖明，認道之真，信道之篤，毅然不惑，將五六十年之大姦伏莽，一旦鏟除，斯皇上扶持道統，培養國祚之大烈鴻休，永垂於千秋萬世。而臣一生讀書衛道之志，亦藉信於下矣。若一受職，則臣伐叛討妖之舉，非為衛道衛國而作，是為功名富貴而作也。錫之鞶帶，終朝三褫，聖有明戒，臣何人斯而敢不畏聖人之言耶？且臣年六十有九，雙耳聾鐘，晻嗌之日，為光幾何，人當懸車，臣反釋褐，是真知進而不知退，知得而不知喪之小人，皇上何所取若人而任之哉。況數月對審，心血已枯，精神恍忽，時作眩暈。若不揣分，貪戀功名，日趨職事，愈加衰憊，脱有錯誤，死不償責。從皇上不殺臣，天下人能不笑罵臣哉。此臣所以不敢受職之實心也。伏乞收回成命，准臣辭職，容臣以布衣在監聽皇上差遣。

臣矢竭平生之學術，以報皇上之特恩，惟皇上垂鑒焉。臣曷勝隕越，待命之至，字多逾格，仰祈鑒宥，為此具本叩閽，謹具奏聞。

康熙四年四月十四日叩閽，十五日奉旨，差官將臣併本交與吏部議奏。初一日吏部題覆前事，據楊光先《叩閽疏》內云云，查得康熙四年四月內，臣部覆禮部尚書祁等，為請旨事一疏，將楊光先補右監副等因具題，奉有依議之旨在案。今雖稱年六十有九，耳聾眩暈，心血已枯，精神恍忽等語。但先將楊光先補授右監副，具題已經奉旨，其叩閽辭職緣由，相應不准。本月初四日奉旨：依議。

校記

[一]「浹」，原刻本作「洽」。

[二]「儆悻」，華本作「徼倖」。

[三]「邪教」，原刻本「教」字為倒空。

二叩閽辭疏

江南徽州府歙縣民臣楊光先謹奏，為再懇天恩，允臣辭職，在監供事事：

臣蒙皇上以臣為知曆，故授臣欽天監右監副，臣於四月十四日叩閽辭職，奉旨吏部議奏。五月初一日，吏部題覆，不准臣辭。初四日奉旨依議，欽此。臣思官以欽天名，必精於曆數曆理者，方能勝任而無失。儒家但知曆之理，而不知曆之數；曆家但知曆之數，而不知曆之理。臣於去年在部對審之時，有楊光先止知曆理，不知曆數之親筆口供，在案可查。又於去年十一月十三日，部臣祁徹白、王熙將《日食圖》三張，問臣孰得孰失。臣回稱：光先未習交食之法，實不知道，寫有口供。二臣見在可問，此皆在未奉皇上議品之旨之先之事，非逆知皇上授臣欽天監之官，而先造此口供以為今日辭官之地也。今以未學曆數，聾老眩暈之夫，冒濫欽天監曆數之職，實不副名，是為騙官，臣寧萬死不敢欺君。故於初四日聞不准辭之命，即於初十日以民服到監供事，不敢報名謝恩，不敢穿著頂帶，不敢到任支俸，不敢隨班朝參，謹冒死再疏上聞。伏乞皇上俯念臣未習曆數，准臣以布衣在監學習，待曆數精熟之日，然後授臣以官，庶上不負皇上之隆恩，下不負臣職之名實，臣感恩無窮矣。為此再疏叩閽。

康熙四年五月十一日叩閽，發吏部議。五月二十六日吏部覆。查得凡官無辭官布衣供事之例，本月二十八日奉旨：依議。

三叩閽辭疏

欽天監供事布衣臣楊光先謹奏，為三懇天恩事：

臣頃再疏辭職，吏部題覆從無布衣供事之例，不准臣辭。臣惟皇上授臣欽天之官，實本朝從無之例，誠千載曠遇之恩。臣即頂踵捐糜，尚不能報，何敢至再至三，自干罪戾。但臣之辭職，非敢辭榮沽名〔一〕，實懼不能勝任。按曆法俱係幾百幾十幾萬幾千百十分秒數目字樣。習者記性聰明，原不甚難。但臣精神耗鈍，記性全消，曆法起例止四十餘條。臣自奉命至今，凡四閱月，尚不能成誦，而冒欽天之職，寧不自慚。臣之所以冒死必辭者，聾老昏憒，恐負皇上拔臣之心；臣之所以願以布衣在監供事者，天恩未報，欲竭駑駘之力，以報皇上曠世之恩也。臣願報恩之心，匪獨止臣一身。臣欲習學精熟，俾子傳孫，孫傳曾孫，世世子孫，得為皇上之犬馬臣。此臣報皇上無窮無盡之心，豈忍恝然辭職，不以布衣供事，而負皇上之恩於不報耶？銓臣執無例二字，臣以為布衣不由薦擢，特旨拔授監員，斯皇上之恩例也。若允臣所請，亦皇上之恩例也。例總出於皇上，授免無非天恩。如明太祖初取江南，即聘鎮江布衣陳遇，授以編修。遇辭不受，以平巾供事終其身，至今人稱明祖之聖。臣才遠不及陳遇，而皇上之聖神實過明祖，此臣所以哀籲［於］皇上之前也［二］。臣非敢執此為例，但就銓臣無例之言，則布衣供事，前已有行之者矣。總之臣之職出自皇上之特旨，銓臣斷不敢覆准臣辭。伏乞皇上俯念臣老不勝任，仍頒特旨准臣以布衣在監供事，使臣他日不以曆數得罪［三］，則皇上保全微臣性命之恩，與天地併矣。為此具疏叩閽，謹具奏聞。

康熙四年六月十三日具疏叩閽。十四日早，奉上差蝦諭旨，清朝從無布衣供事衙門之例，官不准辭，原本發還。

校記

[一]「敢」，原本及華本作「故」，依原刻本改。

[二]「於」，據原刻本及華本補。

[三]「以」，原刻本作「因」。

四叩閽辭疏

江南徽州府歙縣民臣楊光先謹奏，為臣有六不敢受職之畏，二不敢受職之羞，謹將實情分具八本，冒死披陳，仰祈睿鑒事：

本月十三日，臣具第三疏叩閽，請比編修陳遇以平巾供事明太祖之例，蒙皇上差蝦諭旨，清朝無布衣供事之例，官不准辭，將原本還臣，欽此。臣蒙皇上天高地厚之恩，不以臣屢辭震怒，置臣於法，臣即有胸無心，敢忘捐糜圖報。但察之人情事勢，有所大畏而不得不辭者。臣若不以布衣在監供事，是以臣而抗君，臣應萬死。臣自五月初十日到監供事，見人情行事，無一不伏殺臣之機，臣安得不畏。臣素以理學自信，豈畏一死；所畏者被人排陷，死敗名爾。臣今以辭職，干皇上之怒，賜臣以死，臣雖死無罪，天下後世，必有恤臣有明人倫、尊聖學、闢邪教之功。臣死猶生，臣苟不能逆睹禍機之來，貪戀一時之榮名，坐入陷穽之中，不但皇上他日不能原臣，臣即渾身是口，有所不能分辯。是臣以見利忘害，有罪而死，天下後世，誰復憐臣，而肯為臣暴白。此臣之所以大畏，冒死辭職，奏明於生前，以求明白於死後也。謹將可畏事情，分具八本叩閽，謹具奏聞。

康熙四年六月二十一日具本叩閽。二十七日奉旨：楊光先所奏各本内事情，着吏禮二部會同，一併察質取口供具奏，各本俱無小日，八本無貼黃，着飭行。

第一不敢受職之畏疏

臣所告邪教，是為往古來今明人倫，為朝廷百姓除隱禍，非有私怨而與之訟也。彼乃思圖報復，大張機穽，忽造流言，臣寧不畏。臣於本年正月十五日，奉旨召至内院，同滿漢院臣、滿漢禮臣，選皇上大婚吉期。臣恭選得本年八月二十八日辰時，古曆已交寒露節，鑾輿由大清門進，此臣之所擇也。忽於二十日遍地鬨傳，謂臣言三年内無婚嫁吉期，長安中無不人人且笑且駡，致臬臣李秀忿恨之極，不審有無，遽誤形之章疏。若非皇上明察秋毫，嚴旨為臣剖分，則臣之冤，千古莫白。而他日滅臣族之慘，早伏於阻皇上三年大婚之一語。此言不但殺臣，且並李秀幾累臣之顯禍，得李秀而始免。此謀不出自邪黨流言，何從而生？其計今雖不行，不能保其日後之無暗算。機深叵測，禍隱難防，此臣之所以深畏而不敢受職者，一也。伏乞皇上鑒察。

奉旨：已有旨了。

第二不敢受職之畏疏

助教臣許之漸序邪教妖書，謂二氏同知君臣父子，即儒教不能無弊，誠名教中之大罪人。荷皇上寬恩，僅褫其職，宜亟歸里，閉門思過，[一]尚難免萬世唾駡。乃敢潛住京師，日與湯若望及各省解來之西洋人，朝夕往來，謀薦復官。聲言起官之後，誓必殺臣，風聞雖不足信，但查革職漢官，引嫌畏譏，從無久住京師之例。今敢留京，無忌其中，必有深謀。邪教金多，群居思報，臣之智力有限，安能察其隱微。日憂中傷，夜虞刺客。此臣之所以深畏，而不敢受職者二也。伏乞皇上鑒察。

奉旨：已有旨了。

校記

[一]「門」，原刻本作「閤」。

第三不敢受職之畏疏

皇上殺欽天監五官，及流徙已死劉、賈二人之家屬而不赦者，以其用《洪範》五行而暗害國家也。率土之臣，見《洪範》五行，即宜力加排斥，始盡臣子之心。未有既知五官為《洪範》五行而殺，而反欲用《洪範》五行者，蓋其心有所為爾。臣未到監之先，選擇官持各家通書，稟三滿監臣，言各家通書，俱有《洪範》五行，不宜偏廢等語，滿監臣嚴叱其非。及臣到監之後，部劄行監，選蓝格格葬期。選擇官呈稱，宜將《洪範》五行參用，更為合理，滿監臣塗抹其呈至再而後止，可謂只知有邪教，而不知有朝廷之法度矣。夫既對臣以《洪範》五行為是，則是明斥臣之距《洪範》五行為非。彼不但力斥臣，且敢力抗皇上，其心不過受邪教之主使，以臣不用《洪範》五行為非，竟不思皇上不赦劉有泰諸人之為是也。監員之立心行事如此，臣安敢與之同衙門，共事皇上哉？此臣之所以深畏而不敢受職者，三也。伏乞皇上鑒察。

奉旨：已有旨了。

第四不敢受職之畏疏

本年五月二十九日，臣隨滿漢諸監臣，上觀象臺考驗儀器，見湯若望之西洋日晷斜安八分。臣即言曰：「去年十二月初一日日食，用此斜晷以測時刻，曆科博士何雒書、馬惟龍安得不輸？」天文科博士李光宏應曰：「去年日食不在西洋日晷上測。」臣問：「在何處測？」答曰：「是在簡儀上測。」臣指簡儀問光宏曰：「簡儀是子在北、午在南，乃夜用之以測星者，豈可用以測日之時刻？」光宏答曰：「二百年來俱是如此測。」臣曰：「二百年來既用簡儀，上測星之赤道，何故於簡儀下之平盤，又立一子南午北之日晷？」諸臣看曰：「此是測時刻之日晷。」臣曰：「放着子南午北之日晷不用，豈有以簡儀夜測星之赤道，而測日時刻之理，二百年來之臺官，其不通不至此也。」光宏猶曰：「此是倒冲測法。」臣曰：「依你説夜時刻可倒冲日時刻，獨不思小寒節，太陽在赤道外二十一度，不曾躔入赤道，如何十二月之太陽照得上簡儀之面。此話只好替湯若望欺欽差部院大臣[一]，如何欺得我？你不是欺欽差，你是欺皇上。我明日奏過朝廷，請官與你測驗，便見誰是誰非。」光宏語塞，始曰要求指教。復於簡儀平水槽中注水[二]，見簡儀斜側五分。夫儀既不正，即測天度星辰，盡皆不準，何況用之以測太陽？如此情形，率與邪教朋比為姦，以欺天下。臣安能與之同衙門，共事皇上哉？此臣之所以深畏而不敢受職者，四也。伏乞皇上鑒察。

奉旨：已有旨了。

校記

[一]「此話」，原刻本作「你這樣話」。

[二]「於」，原本作「與」，依原刻本改。

第五不敢受職之畏疏[一]

臣惟皇上聖明，頒行大清一代之曆，革除邪教《新法》，復用堯舜舊法。不但山陬海澨之民，咸慶復見天日，即聲教所迄之國，莫不欣霑聖化。為羲和之曆官者，宜何如歡躍，何如鼓舞，各展抱負，以報皇上復用其家學之恩。乃今首鼠兩端，心懷疑貳[一]。見西洋人公然馳騁長安道中，揚揚得意，相傳湯若望不久復官，不敢出其所長，以得罪於若望。故全會交食七政、四餘之法者，託言廢業已久，一時温習不起；止會一事者，又以不全會為辭。目今考補春、夏、中、秋、冬五曆官，而曆科所送之題目，不以交食大題具呈，止送小題求試，意在暫圖陞擢，他日好以不全會推諉，無非欲將舊法故行錯謬，以為《新法》留一恢復之地。是人只知若望之威之可懼，而不知皇上之命之當遵也。人心如此，臣寧不畏？此臣之所以深畏而不敢受職者，五也，伏乞皇上鑒察。

奉旨：已有旨了。

校記

[一]原刻本及華本無「敢」字。

［二］「貳」，原刻本作「二」。

第六不敢受職之畏疏

皇上因星變地震，大赦天下，非為湯若望一人而赦也。今民間訛傳，稱若望是真聖人，其教是真天主。故於若望將刑之時，天特為之星變，地特為之震動，朝廷遂不敢殺，乃全而生之，仍令其主天主之堂，可見真聖人真聖教之不可滅，有如此斯言也，豈天下國家之福哉？皇上之赦天下，不知生全幾萬千人，而人獨於若望之一身，貪天功為己力，人心至此，可不大憂？小民不知大義，易為邪言煽惑，此言一行，即傳天下，將見天下之人民，盡化為邪教之羽翼。是臣以攻異端之法語，反為邪教增重其聲價，臣之罪不可解矣。向盤踞京師者，止若望四人，今則群聚數十；向尚不知避忌，今知秘其機緘。金多可役鬼神，漢人甘為線索，往來海上，暗通消息。若無有以關防之，實為養虎自遺其患。從來天下之禍，常伏於其所忽。初以其根蒂之小也［二］，不甚留意提防，及至毛羽既豐，一旦變作，不可撲滅，雖悔何追。自古至今，每每如斯。況其教以謀奪人之國為主。查其實蹟，非止一端。其謀奪本國也，有耶穌正法之書像可考；其謀奪日本國也，有舶商之口可憑；其已奪呂宋國也，有故明南禮部臣沈㴶之參疏可據[二]。如此狼子野心之凶人，又有火器刀甲之銛猛，安可與之同中國哉？臣不但為身懼，為族懼，且為天下懼，為朝廷懼矣。此臣之所以深畏而不敢受職者，六也。伏乞皇上鑒察。

奉旨：已有旨了。

校記

[一]「根」，華本作「梗」。

[二]「㴶」，原本華本原刻本俱作「確」。

第七不敢受職之羞疏

臣聞有真過人之學問，然後可以為人之師表。無其學而充其位，人雖壓於勢而不肯心悅誠服，必有覆餗之患。臣無算曆之能，而儼然居於能算曆之官之上，對之能不自慚？或有錯誤，臣無術以正之，何以謝欽若之責？此臣之所以甚羞而不敢受職者，一也。伏乞皇上鑒察。

奉旨：已有旨了。

第八不敢受職之羞疏

臣惟曾以正論規諫人者，不敢自蹈其轍。明末武舉陳啟新，負斧鑕上五千言，授以吏科給事中。臣曾規正之，曰：人之情，不做官則敢作敢為；一做官便瞻前顧後，科長若不受職，辦着一張鋒快嘴，說些民間利病的公道話，替朝廷治得天下，救得蒼生，自然名傳後世。科長如今做了官，不見有所建明，只學得保守紗帽，恐後來死得不好。臣著《正陽忠告》一書譏之。啟新後果被糾參提問，自投黃河而死。舉世皆笑啟新之愚，而稱臣言之是。今臣以不能算曆之夫，而濫受皇上欽天之職，將來必有如楊光先之人，來笑當年規正陳啟新之楊光先矣。臣雖靦顏偷生世上，死之日將何面目見陳啟新於地下哉？此臣之所以甚羞而不敢受職者，二也。臣有二甚可羞、六深可畏，安敢輕易受皇上之官，而不冒死以必辭耶？此臣之所以不避斧鉞，而叩閽之無已也。伏乞皇上鑒察。

奉旨：已有旨了。

五叩閽辭疏

欽天監供事臣楊光先謹奏，為天恩愈重，臣懼愈深，懇鑒微忱，收回成命事：

本年七月二十七日，吏禮二部取臣等供回奏。八月初五日奉旨：欽天監事務精微緊要，既稱於三月初二日地震之間，簡儀微陷閃裂，彼時何不即行具呈。經楊光先看見説出，始於六月十八日具呈請修。據此凡事俱草率因循，張其淳着降，楊光先着為監正；張其淳着為左監副，李光顯着為右監副。欽此。竊照臣屢疏瀆聒，宸聽不以臣為煩擾，置臣於法，反加臣為監正，臣感皇上如天之恩，至於如此之極，而不覺繼之以泣也。但臣自揣分量，實不敢一刻自安。臣聞人臣事君，進退以禮，辭受以義，祇有辭尊居卑，未有辭卑居尊者。臣蒙皇上授臣右監副，臣以學術未精，不能勝任，凡四叩閽疏辭。茲授臣以監正，臣即拜命，則臣前日之辭，是辭監副之卑；而今日之受，是受監正之尊矣。於卑則辭，而於尊則受，是臣止知躁進，而不知事君進退之禮，辭受之義，安望其能盡臣職哉[一]。況看出簡儀傾側者，乃滿監臣，而責令其具呈請修者，亦滿監臣也。臣不過於辭疏中，舉監員稽怠之習以入告。皇上以臣為能，而加臣為監正，是臣掠滿監臣之美，以得監正，臣能不自愧哉。臣又聞驟富貴者不祥。臣以無位布衣，一旦得六品之官，已犯驟貴之戒，尚未謝恩到任，又擢為五品，視篆京堂，於驟之中而又加驟焉。天災人禍，將必隨之。臣以天道人事之理指人，而不自知吉凶之趨避，是懵於天道人事之理矣。以懵於天道人事之理之夫[二]，豈可以為欽天監之監正哉。此臣之所以深懼而必辭也。臣又考之史册，上有大聖人之君下，然後有不受職之臣。故上有堯、舜，下有巢由；上有漢高、光武，下有四皓、嚴光；上有宋祖、明祖，下有陳摶、陳遇，是皆遭際聖君，故得遂其高尚。臣固不敢追踪前哲，實以堯、舜、高、光、宋明二祖仰望皇上。倘蒙皇上允臣所請，俾千秋萬歲後之人，頌皇上容一明人倫、尊聖學、闢邪教之楊光先，而不强之以職，則皇上聖神之名，駕越於堯、舜、高、光、宋明二祖之上矣。伏乞收回成命，准臣以布衣在監供事，庶臣無掠美之愧，而更鮮驟貴不祥之懼矣。字多逾格，仰祈鑒宥，為此昧死叩閽。

康熙四年八月二十四日，奉差蝦交吏部議。本年九月十三日，吏部議得已經奉旨：楊光先着為監正，其辭職緣由，相應不准。十四日奉旨：楊光先因知天文衙門一切事務，授為監正，着即受職辦事，不得瀆辭。

校記

[一]華本此句旁有批語：「即此以觀當時之擬旨者，可想矣。」

[二]「天道」，華本作「天運」。

跋一

向聞吾友戴東原說：「歐羅巴人以重價購此書即焚燬之，欲滅其跡也。今始於吳門黄氏學耕堂見之。楊君於步算非專家，又無有力助之者，故終為彼所詘。然其詆耶穌異教，禁人傳習，不可謂無功於名教者矣。

己未十月十九日竹汀居士錢大昕題時年七十有二

跋二

初，書估携此册求售，余奇其名，故以白金一鋌購之。後李尚之謂余曰：「錢竹汀先生嘗以未見此書為言，則此誠罕覯之本矣。」因付裝潢，求竹汀一言，前所跋者是也。至於步算非專家，余屬尚之詳論其所以，適尚之應阮藝臺中丞聘，臨行揀還，未及辨此[二]，當俟諸異日爾。

己未冬十一月既望書於聊吟西館黄丕烈

校記

[二]「辨」，華本作「辯」。

跋三

此書歙縣布衣楊光先所著。楊公於康熙初入京，告西洋人以天主邪教煽惑中國，必為大患，明見在二百年之先，實為本朝第一有識有膽人；其書亦為第一有關名教、有功聖學、有濟民生之書。當時邪不敵正，質審明白，黜湯若望諸人之官，殺監官之附教者五人，禁中國人習天主教，可謂重見天日矣。乃西洋人財可通神，盤踞不去，遍賄漢人之有力者，暫授楊公為監正，必欲伺其間隙，置之死地。楊公明燭其謀，五疏力辭，又條上六畏二羞之疏，情詞剴切。部議陰受指使，始終不准，不得已就職。不久即以置閏錯誤，坐論大辟，蒙恩旨赦歸，中途為西洋人毒死，而後西法復行，牢不可拔。蓋楊公死於未授職之前，則無以摘其誤謬，而西術不能復興，即興亦終不能固。故設此陷穽，以洩其憤而售其奸。邪謀之深毒，不可畏哉？然而天主教之不敢公然大行，中國之民不至公然習天主教，而盡為無父無君之禽獸者，皆楊公之力也[一]。正人心，息邪說，孟子之後一人而已。或以愚言為過[二]，當請具眼人辨之。

此書於壬寅夏，得刻本於吳壽雲處，價昂不能購。倩友人「胡子安」影抄一本[三]，後有竹汀先生手跋，謂西人購此書即焚燬之。苟非切中邪謀，何以如是。至楊公步算非專家，則明理不明數，公已自言之，何得為公病？書中辨論，未必無鋒棱太峻語[四]。然闢異端，不得不如此。聖人復起，亦當許之，特拘墟小儒，眼光如豆，不免以此訾議耳。至於辭官諸疏，懇摯暢達，奸謀早已洞燭。意如此其誠，見如此其明，而猶始以布衣供事，終乃就職監正者，實因感激皇恩[五]，而不忍以黨邪疑執政耳。假尊崇為傾陷，為從來宵小害君子者，特闢一途，雖聖主亦所不疑。吾為楊公痛，吾為世道人心痛矣。

丙午六月元和錢綺跋

校記

[一]清抄本無「皆」字。

［二］「愚」，清抄本作「余」。
［三］「胡子安」，據清抄本及華本補。
［四］「未必」，清抄本作「不」。
［五］「皇」，清抄本及華本俱作「聖」。

跋四［一］

此書歙縣布衣楊光先所著。楊公於明末屢以草莽伏闕上章，劾首揆溫體仁、吏垣陳啟新。崇禎癸未冬，襄城伯李國楨薦其有文武材，徵書未達而北都陷。本朝康熙初，入京首告西洋人湯若望等，借知曆為名窺伺中國，以天主邪教煽惑人心，必為大患。當時邪不敵正，質審確實，黜若望諸人，殺監官之附教惑衆者五人，燬各省天主堂，禁人傳習，可謂重見天日矣。乃西洋人財可通神，潛匿京師，遍賄漢人之有力者，擬薦楊公為監正，必欲伺其間而置之死地。楊公明燭其謀，五疏力辭，情詞剴切。部臣陰受指使，始終以不准辭官議覆，强使就職。而監中諸人，皆係彼黨，詢以中國舊法，諉為不習，坐視不助。曆算繁要，獨力難支。明年即以置閏錯誤，部議論大辟。蒙恩旨革職回籍。至揚州旅寓，中毒暴死，即西洋人鴆之也。於是若望等復起用，西洋永行，牢不可拔。蓋楊公死於未授職之前，則無以伺其誤，而西法不興，即興亦終不能固。故設此陷阱，以洩其憤而售其奸。邪謀之深毒，不可畏哉？然而天主教之不敢大行，中國之民不至公然習天主教，而盡為無父無君之禽獸者，皆楊公之力也。正人心，息邪説，遏亂萌，實為本朝第一有識有膽人。其書亦為第一有功名教，有功聖學，有功國家之書。西人既復用，以重價購其書，焚燬殆盡。壬寅夏得見刻本於吴君壽雲，時英夷適寇江南。楊公明見在二百年之先，一夕讀遍，不勝駭服。價昂不能購，友人胡君子安，見之亦驚喜，欣然任鈔録，即以贈余。西人銜楊公，發其奸並賄史館，於《明史》中削去劾温體仁諸事，幸散見他書。故儀徵阮相國《疇人傳》，猶載其崖略。此書傳鈔數本，不至泯滅。他日論闢異端之功，首列儒林，從祀文廟，未必不賴是書之存也，固跋而藏之。道光癸卯三月元和錢綺識。

校記

[一]此跋據南京圖書館善本部藏清同治八年顧大昌抄跋本録。

跋五[一]

此書絶少，向只管心梅先生收藏一本，其中批注即其手筆。楊先生事蹟，錢飲江跋語甚詳。同治八年夏日，託劉泖生借得，亟屬江鹿門手鈔，數日而畢，汲汲遑遑，予心亦有所不得已也。稜迦山民記。

此書今日觀之，字字金玉，後人當什襲藏好。設有遺失，得我此書者，亦當珍重。非予之愚，實在事關重大也。又記付。曾壽。

按天主教見之於史傳最前者，大秦國上德阿羅本，於唐貞觀九年至長安，此即天主教始入中國。然是僧故貞觀十二年於義寧坊，建大秦寺，度僧廿一人。後至開元時，其教大行，其徒夜聚婬穢，畫魔王踞坐，佛為洗足云。佛上大乘，我乃上上乘。蓋邪教中之最惡劣者，其徒既衆，天下皆遍，數與軍人格鬥，搶掠姦盜。至會昌時謀反，梁貞明六年又反，其時皆是僧尼也。

建中二年大秦寺有碑，名《景教流行中國》，文稱三一妙真，無元真主阿羅訶，判十字以定四方，鼓元風而生二氣云云。又七日一薦、洗心反素等語。今其碑尚存在西安府。揔之讀聖賢書，行當行事。故孔孟之道皆為帝王卿相，而言孝弟忠信，使其上行下效，人皆感化以翼。垂拱無為，此等邪教，無非地獄天堂，恐嚇下愚，且疑其别有邪術。舉世下愚，既多為人上者不為之教，是自棄其民，况又導之耶，悲夫。民又書。

日本國世弘著《邪教攻心》一論，中有云：西洋人慣以小利誘中國人人教，使變其心腸，仇其君父，惟邪教是信。一旦乘之，則不傷一卒，不費多金，皆為邪教心復之民，如此則享國自久。噶嚁巴、吕宋，前車可鑒，所謂西人用攻心之法者如此。

校記

［一］清同治八年抄本《不得已》，顧大昌跋。原書藏南京圖書館善本部。

跋六

楊長公自刊《不得已》一書，雍乾間傳本已尠，程棉莊謂此書初出，西人購以重貲，每部二百金，燔燬略盡。晚得宛陵梅公所藏，愛之重之，踰於天球法物，其可珍貴若是。盋山圖書館庋有丁氏所藏東湖蔣氏節録本，僅録《請誅邪教疏》、《與許青嶼侍御書》、《闢邪論》三篇，皆節録，非全豹也。今年正月吴君慰祖以《不得已》寫本一册存館中，上下兩卷具足，末有竹汀、蕘圃及錢子文跋。吴君謂係王樸臣先生故物，沽自冷攤者。爰付中社影印，并録蕭敬孚先生所撰碑傳於後，以廣其傳。長公持論鋭利，而孫淵如以文不雅訓少之，實則此書為宗教史中明清之際一重公案，不必斤斤於文之工拙也。

己巳上巳鎮江柳詒徵

故前欽天監監正楊公光先別傳

蕭穆《敬孚類稿》卷十

楊光先，字長公，江南歙縣人。尚書凝裔孫，世襲新安衛中所副千户，讓職與弟光弼，孑身入都。康熙《徽州府志》。

山陽武舉陳啟新者，崇禎九年詣闕上書，言天下三大病，捧疏跪正陽門三日，中官取以進。帝大喜，立擢吏科給事中，歷兵科左給事中。劉宗周、詹爾選等先後論之。光先訐其出身賤役及徇私納賄狀，帝悉不究。然啟新在事所條奏，率無關大計。《明史·姜埰傳》。

温體仁當國既久，劾者章不勝計。而劉宗周劾其十二罪六奸，皆有指實。宗藩如唐王聿鍵，勳臣如撫寧侯朱國弼，布衣如何儒顯、楊光先等，亦皆論之。光先至輿櫬待命，帝皆不省，愈以為孤立，每斥責言者以慰之，至有杖死者。《明史·温體仁傳》。光先被杖，謫戍遼左。《徽州府志》及王泰徵撰《始信録序》。癸未冬，烈皇御經筵，求文武材。襄城伯李國楨以光先封。上曰：「是舁櫬之楊光先乎？」遂懸大將軍印以待之。襄城遣人迎，未至而明已亡。王泰徵《始信録序》。

入國朝順治十七年，抗疏斥西洋教之非，以西人耶穌會非中土聖人之教。且湯若望所造《時憲書》，其面上不當用上傳批「依西洋新法」五字等語。具呈禮部，不准。《徽州府志》、阮元《疇人傳》及黄伯禄編《正教奉褒》〔二〕。康熙三年七月，光先叩閽，進所著《摘謬論》一篇。摘湯若望《新法》十謬；又《選擇議》一篇，摘湯若望選擇榮親王安葬日期，誤用《洪範》五行，下議政王等會同確議。四年三月壬寅，議政王等逐款鞫問所摘十謬，楊光先、湯若望各言己是。曆法深微，難以分別。但歷代舊法每日十二時，分一百刻；《新法》改為九十六刻。又康熙三年立春日，候氣先期起管，湯若望誑奏候至其時，春氣已應。又二十八宿次序分定已久，湯若望私將參觜二宿改調前後，又私將四餘中刪去紫炁。又湯若望進二百年曆，夫天祐皇上，曆祚無疆。而湯若望止進二百年曆，俱大不合。其選擇榮親王葬期，湯若望等不用正五行，反用《洪範》五行，山向、年月，俱犯忌殺，事犯重大。擬欽天監監正湯若望、刻漏科杜如預、五品挈壺正楊宏量、曆科李祖白、春官正宋可成、秋官正宋發、冬官正朱光顯、中官正劉有泰等，皆凌遲處死；已故劉有慶子劉必遠、賈良琦子賈文郁、宋可成子宋哲、李祖白子李實、湯若望義子潘盡孝，俱斬立決。得旨：湯若望係掌印之官，於選擇事情不加詳慎，輒爾准行，本當依擬處死。但念專司天文，選擇非其所習，且效力多年，又復衰老，著免死；杜如預、楊宏量本當依擬處死，但念永陵、福陵、昭陵、孝陵風水，皆伊等看定，曾經効力，亦著免死。湯若望等並其干連人等，應得何罪，仍著議政王貝勒大臣九卿科道，再加詳覈分明，確議具奏。《東華録》。夏四月己未，議政王等遵旨再議，湯若望、杜如預、楊宏量、潘盡孝及案内干連人犯等，俱責打流徙，餘俱照前議。得旨李祖白、宋可成、宋發、朱光顯、劉有泰，俱著即處斬。湯若望、杜如預、楊宏量，責打流徙俱著免。伊等既免，其湯若望義子潘盡孝及杜如預、楊宏量干連族人，責打流徙，亦著俱免，餘依議。《東華録》。光先疏言湯若望之曆法，件件悖理，件件舛謬，特授欽天監右監副，旋授監正。阮元《疇人傳》、《徽州府志》及黄伯禄編《正教奉褒》。光先以但知推步之理，不知推步之數，叩閽辭職疏凡五，上不准辭，輯前後所上書狀論疏為上下卷，名曰《不得已》。《疇人傳》。又《徽州府志》云：「凡九叩閽十三疏，辭弗允，勉就職。」今據《疇人傳》及《不得已》本書。

五年二月丁巳，欽天監監正楊光先奏：今候氣之法，久失其傳，十二月中氣不應，乞准臣延訪博學有心計之人，與之製器測候，并敕禮部，采取宜陽金門山竹管，上黨羊頭山秬黍，河内葭莩備用，從之。《東華録》七年，詔求直言，光先條陳十款，悉見采納，内逃一人一款，得免十家連坐之例。《徽州府志》。冬十月戊子，禮部以江南取到元郭守敬儀器，請旨定奪。得旨楊光先奏稱所用律管、葭莩、秬黍，已經取到，照尺寸方位候過，二年未見效驗。案候氣之法，自北齊信都方取有效驗之後，經千二百餘年，俱失其傳爾。部議交與楊光先，令訪求博學有心計之人，應將一千二百餘年失傳之處，能行修正之人，可得與否？及楊光先能修正與否？俱詳問再議具奏。《東華録》。十一月丙辰，禮部遵旨議覆，候氣之事，據欽天監監正楊光先奏稱：律管尺寸，雖載在司馬遷《史記》，而用法失傳。今博訪能候氣之人，尚在未得，臣身染風疾，不能管理。查楊光先職司監正，候氣之事，不當推諉，仍令延訪博學有心計之人，以求候氣之法，從之。《東華録》。十二月庚寅，治理曆法南懷仁劾奏欽天監副吴明烜所造康熙八年七政民曆内[三]，康熙八年閏十二月，應是康熙九年正月；又有一年兩春分兩秋分種種差誤。得旨曆法關繫重大，著議政王貝勒大臣九卿科道，會同確議具奏。（東華錄）。八年春正月庚申，議政王等會議南懷仁奏吴明炬推算曆日差錯之處。奉旨差大學士圖海等同欽天監監正馬祜，測驗立春、雨水、太陰、火星、木星，與南懷仁所指逐款皆符，吴明炬所稱逐款不合，應將康熙九年一應曆日交與南懷仁推算。得旨楊光先前告湯若望時，議政王大臣會試，以楊光先何處為是，據議准行；湯若望何處為非，輒議停止；及當日議停，今日議復之故，不向馬祜、楊光先、吴明炬、南懷仁問明詳奏，乃草率議覆不合，著再行確議。（東華錄）。二月庚午，議政王等遵旨會議，前命大臣二十員赴觀象臺測驗。南懷仁所言逐款皆符，吴明炬所言逐款皆錯。問監正馬祜、監副宜塔喇、胡振鉞、李光顯，亦言南懷仁曆皆合天象。竊思百刻曆日，雖歷代行之已久，但南懷仁推算九十六刻之法，既合天象，自康熙九年始應將九十六刻曆日推行。又南懷仁言羅睺、計都、月孛星，係推算曆日所用，故開載；其紫炁星無象，推算曆日並無用處，故不開載。自康熙九年始，將紫炁星不必造入七政曆日内。又言候氣係自古以來之例，推算曆法亦無用處，嗣後亦應停止。楊光先職司監正，曆日差錯不能修理，左袒吳明烜妄以九十六刻推算，謂西洋之法必不可用，應革職交刑部從重議罪。得旨楊光先革職從寬免交刑部，餘依議。（東華録）。

三月庚戌，授西洋人南懷仁為欽天監監副。先是欽天監官，案古法推算康熙八年曆，以十二月置閏，至是南懷仁言雨水為正月中氣。是月二十九日值雨水，即為康熙九年之正月，不當置閏，置閏當在明年二月。上命禮部詳詢欽天監官，多直南懷仁，乃罷康熙八年十二月閏，移置康熙九年二月，其節氣占候，悉從南懷仁之言。（東華録）。八月辛未，康親王傑書等議覆，南懷仁、李光宏等呈告：楊光先依附鼇拜，捏詞陷人；將歷代所用之《洪範》五行，稱為《滅蠻經》，致李祖白等各官正法；且推曆、候氣，茫然不知；解送儀器，虛糜錢糧；輕改神明，將吉凶顛倒；妄生事端，殃及無辜；援引吳明烜誆奏授官；捏造無影之事，誣告湯若望謀叛；情罪重大，應擬斬，妻子流徙寧古塔。至供奉天主，係沿伊國舊習，並無為惡實蹟，湯若望復「通微教師」之名，照伊原品賜卹；還給建堂基地。許纘曾等復職，伊等聚會，散給

《天學傳概》及銅像等物，仍行禁止。西洋人栗安黨等，該督撫驛送來京。李祖白等照原官恩卹，流徙子弟取回，有職者復職。李光宏、黄昌、司爾珪、潘盡孝，原降革之職，仍行給還。得旨楊光先理應論死，念其年老，姑從寬免，妻子亦免流徙。栗安黨等二十五人，不必取來京城。其天主教，除南懷仁等照常自行外，恐直隸各省復立堂入教，仍著嚴行曉諭禁止，餘依議。《東華録》。光先邀蒙恩免。《正教奉褒》。放歸卒於途。《徽州府志》，又《疇人傳》：「歙人言光先南歸，至山東暴卒，蓋為西人毒死。」而《池北偶談》則稱：「論大辟，其實光先蓋論大辟。免死歸卒者也。」又《正教奉褒》：「出京回家，行至山東德州地方，病發背死。」

原文録錢綺《不得已跋》，已見本書，故不贅録。[三]

校記

[一]「黄伯禄譯」，原誤。改為「黄伯禄編」，下同。

[二]吴明烜，即吴明炫，詳見本序。

[三]即本書所附之跋三。

故前欽天監監正歙縣楊公神道表（敬孚類稿）卷十一

穆嘗恭讀世宗憲皇帝所録《庭訓格言》，中有訓曰：「爾等惟知朕算術之精，却不知我學算之故。朕幼時欽天監漢官與西洋人不睦，互相參劾，幾至大辟。楊光先、湯若望於午門外九卿前，當面睹測日影，奈九卿中無一知其法者。朕思己不知焉，能斷人之是非？因自憤而學焉。今凡八算之法，累輯成書，條分縷析，後之學此書，視此甚易，誰知朕當日苦心研究之難也。」穆既知聖祖仁皇帝之精算術，實由於此，因想楊公之為人。今年夏，晤黟縣老友李君宗煝，談及楊公當日情事。因託遣人於歙縣楊氏，代求楊公所著之書。旋於楊公族裔孫某孝廉家得之。穆既得所録副本，因念楊公之墓，年久不免荒蕪，復託李君佗日會同孝廉，商為修理。因略叙其生平事蹟，佗日表於其阡。

公姓楊氏，諱光先，字長公，徽州歙縣人也。其世祖諱凝，字彦謐，明宣德五年進士。官至禮部尚書，調南京刑部尚書。嘗自叙前後戰功，乞世廕子，堣遂得新安衛副千户，子孫遂世襲焉。傳世至公，乃讓職與弟光弼，子身入京師，時為崇禎十年也。時有山陽武舉人陳啟新者，崇禎九年詣闕上書，言天下三大病，捧疏跪正陽門三日，中官取以進，帝大喜，立擢吏科給事中，歷兵科左給事中。劉公宗周、詹公爾選等先後論之。公復劾其出身賤役及侚私納賄狀，帝悉不究。復經御史王公聚奎、倫公之楷，給事中姜公埰先後劾其溺職，及請託受賕、還鄉驕横，併不忠不孝、大奸大詐狀，乃削籍下撫按追贓擬罪，啟新竟逃去不知所之。又中極殿大學士温體仁，當國既久，劾者尤多，公復論之。至輿櫬待命，帝皆不省，每斥責言者以慰之，至有杖死者。而公卒以此遣戍遼左。然體仁亦旋以黨與奸狀，為帝所悟，放歸。十六年冬，烈皇御經筵，求文武材，襄城伯李國楨以公對。上曰：「是舁櫬之楊光先乎？」遂懸大將軍印以待之。襄城遣人迎，未至而明已亡。先是崇禎元二年間，莊烈帝以欽天監推算不合天行，日食失驗，欲罪臺官。時禮部尚書徐光啟言臺官測候，本郭守敬法。元時當食不食，守敬且爾無怪臺官之失占。臣聞曆久必差，宜及時修正。帝從其言，詔西洋人龍華民、鄧玉函等推算曆法，徐光啟為監督。三年五月又徵日耳曼人湯若望、意大理人羅雅谷，襄授製器，演算諸法。入國朝順治元年夏，湯若望具疏將本年八月朔日食，明年正月望日食，照新法推步，京師所見虧蝕分秒，並起復方位圖象，與各省所見不同之數，繕册進呈。七月復將所製渾天星球一架、地平日晷、窺遠鏡各一具，并輿地屏圖一幅進呈，旋補授欽天監監正。自是十餘年，屢加恩擢用。十七年公入京抗疏，以西人耶穌會非中土聖人之教，且湯若望所造《時憲書》，其面上不當用上傳批「依西洋新法」五字，具呈禮部，不准。是年復召比利時人南懷仁來京，纂修曆法。

康熙三年七月，公復叩閽，進所著《摘謬論》一篇，摘若望新法十謬；又《選擇議》一篇，摘若望選擇榮親王安葬日期，誤用《洪範》五行，下議政王等會議。四年三四月，議政王等逐款鞠問，及遵旨再議，湯若望等奉旨僅得罷職，旋以病死。聖祖特授公欽天監右監副，旋授監正，公以但知推步之理，不知推步之數，叩閽辭職，疏凡五上不准，乃輯前後所上書狀論疏，為上下卷，名曰《不得已》。七年詔求直言，公條陳十款，多見采納。内逃一人一款，得免十家連坐之例，實自公發之。八年春二月，為治理曆法南懷仁所劾，曆日差錯，得旨革職，旋蒙恩放歸，卒於途。

公殁後西人以重價購其書，悉為焚燬，欲滅其跡。新城王文簡公士禛所撰《池北偶談》，曾記此書事，實西人復以計削去此條，且有改為詆毀此書者，以故公此書及生平事實，後人罕有知音。嘉慶間吳門黃主事丕烈曾得此書，嘉定錢少詹事大昕、儀徵阮相國元，先後評跋。阮公復見初印本《池北偶談》，併采公所著《日食天象驗》篇，為《疇人傳》。且推《摘謬十論》譏西法一月有三節氣之新、移寅宫箕三度入丑宫之新，則固明於推步者，所不能廢。錢公雖以公於步算非專家，亦深惜公無有力者助之，故終為彼所詘。其詆耶穌異教，禁人傳習，為大有功名教。近吳門葉君廷琯，嘗稱公少年已氣節龂龂如此，乃越三十年，時移世易，而剛直之性不渝，可謂豪傑之士。其書雖為西人計燬，然迄今仍有傳本，而姓氏亦稱道弗衰。蓋其精誠固結，自有不可磨滅者在云云，皆能知公之深。穆乃恭記《庭訓格言》一則，並綜《明史》姜埰、温體仁等傳及《東華録》、康熙朝《徽州府志》、近世名人著述之可傳信者，檃括以表公阡，俾鄉之後進者詳焉。

附録

周駬方 編

天主教及西學名詞簡釋

目録

一　天主教義名詞

天主上帝　天主教至上之神，拉丁文作Deus（音譯陡斯）。明末天主教再入中國，教會人士根據《史記·封禪書》「八神：一曰天主，祠天齊。」譯為「天主」。起初，尚以中國傳統經籍中之「天」（如《書·泰誓》上：「天佑下民，作之君，作之師。」）、「上帝」（如《書·立政》「吁俊尊上帝」）、「天帝」（如《荀子·正論》：「居如大神，動如天帝。」）等名稱，與天主一詞，並行使用。天啟七年，教會「嘉定會議」，決議以「天主」一詞，對譯拉丁文之Deus。自此，有關天主之名稱，逐漸統一。

上帝見天主上帝。

天帝見天主上帝。

陡斯見天主上帝。

罷德肋　聖父。拉丁文Pater之音譯。

費略　聖子。拉丁文Filius之音譯。

斯彼利多三多　聖神，也作聖靈。拉丁文 Spiritus Sanctus 之音譯。

契利斯督　基督。拉丁文 Christus 之音譯。

天神　也作天使。

阨辣濟亞　恩寵，或聖寵，或神恩。拉丁文 Gratia 之音譯。

盎臘際 見阨辣濟亞。

亞尼瑪　靈魂。拉丁文 Anima 之音譯。

瑪而底而　致命，或殉教者。拉丁文 Martyr 之音譯。

撒格辣孟多　聖事。拉丁文 Sacramentum 之音譯。專指天主教聖洗、堅振、告解（懺悔）、聖體、終傅、神品、婚配七件聖事。

拔第斯摩　聖洗，或洗禮。拉丁文 Baptismus 之音譯。

白泥登濟亞　告解，或懺悔。拉丁文 Poenitentia 之音譯。

阿斯弟亞　聖體。拉丁文 Eucharistia 之音譯。

畀斯波　主教。拉丁文 Episcopus 之音譯。

撒責爾鐸德　神父，或司鐸，或祭司。拉丁文 Sacerdos 之音譯。

鐸德即撒責爾鐸德。

陡琭日亞　神學。拉丁文Theologia之音譯。

斐琭所費亞　哲學。拉丁文Philosophia之音譯。

多耳篤　博士。拉丁文Doctor之音譯。

二　經籍及聖經人物

古經《舊約》。

玻羅弗大之書未詳。

西經十二信《信經》。總述天主教會基本信條的經文，共十二端信理。

性簿録見西經十二信。

亞黨Adam（拉丁文），人名，今譯亞當。

厄襪Heva（拉丁文），人名，今譯厄娃，或夏娃。

阨襪見厄襪。

美瑟Moyses（拉丁文），人名，今譯梅瑟，或摩西。

嘉俾厄爾 Gabriel（拉丁文），天使名，今譯加俾額爾，或加百列。

露際弗爾 Lucifer（拉丁文），魔鬼首領的名字。

輅齊弗兒見露際弗爾。

蓋法 Caiphas（拉丁文），人名，猶太大司祭，公元十八至三十六年在任。

多默 Thomas（拉丁文），人名，又譯作托馬斯。耶穌十二門徒之一。

三 域外人名地名

閉他卧刺 Pythagoras（拉丁文），人名，古希臘哲學家。

聖亞悟斯丁 Augustine，Saint，人名，基督教神學家、哲學家。

如尼伯爾 Juniperus（拉丁文），人名。天主教方濟各會聖徒。

格老的惡 Claudio，意大利人名。

如德亞 Iudaea（拉丁文），地名，今譯猶太。

白稜郡 Bethlehem（拉丁文），地名，今譯白冷，或伯利恒。

西納山 Sina（拉丁文），地名，西奈半島上的一座高山，也作西乃。

大西洋　明人泛指歐洲。《明通鑑》：「艾儒略出其所撰《職方外紀》，始知歐羅巴洲中七十餘國，統名曰大西洋。」卷四七

佛狼機　明人對葡萄牙人與西班牙人的統稱。《明史》作「佛郎機」，有傳卷三二五

干絲蠟　西班牙又稱Castilla，明人即以此統稱西班牙與葡萄牙。《明史》作「干系臘」，《佛郎機傳》：其人「恃强陵轢諸國，無所不往，後又稱干系臘國。」

米索果　地名，今摩鹿加島。《東西洋考》作「米粟果」。明萬曆天啟年間，其地為西班牙、和蘭迭互雄據，故明末亦有人以是地代指和蘭。

大浪山　地名。今作好望角。艾儒略《職方外紀》卷三《利未亞非洲總説》「其在西南海者曰大浪山。」

小西洋　今印度半島。艾儒略《職方外紀》：「歐邏巴初通海道，周經利未亞，過大浪山，抵小西洋而至中國。」卷二

咬嚁吧　今雅加達。《明史》：「福建商人歲給引往販大泥、呂宋及咬嚁吧

者」云云。卷三二五。

浡泥　舊譯婆羅洲，今加里曼丹島北部及文萊。《明史》作勃泥、《海道針經·甲》作勃泥、《東西洋考》作文萊。

呂宋　今菲律賓呂宋島。《明史》有傳。

三寶顏　今菲律賓棉蘭老島西部之商埠，至今當地華僑猶是稱之。

猫兒眼失考。

窟頭郎　今馬來半島上孫姑那港口。《海道針經乙》作「屈頭隴」，也作「堀頭隴」。

濠鏡澳見香山澳。

香山澳　今澳門。舊又稱濠鏡澳，在廣東香山縣。《明史·佛郎機傳》：「自是佛郎機得入香山澳為市。」又《南海志》引龐尚鵬《撫處濠鏡澳夷疏》稱：「廣州南有香山縣，地當瀕海，由雍麥至濠鏡澳，計一日之程，有山對峙如臺，曰南北臺，即澳門是也。」卷十二

後記

周岩的遺著《明末清初天主教史文獻新編》即將出版了。這是周岩生前宏大的寫作計劃《中國天主教史文獻概論》的重要組成部分之一，也是他生前研究中國天主教史文獻的核心部分。作爲他的妻子，我深知這部書飽含著他怎樣的心血，現在付梓刊布於世，他的在天之靈一定會感到欣慰的。

周岩一九八七年從北京師範大學歷史系中國近代文化史專業研究生畢業後，一直從事編輯工作，是一位優秀的編輯，他愛崗敬業、恪盡職守，高水準的業務素質和學術修養有口皆碑。在本職工作之餘，他先後撰寫了《百年夢幻——中國近代知識分子的心靈歷程》（國際文化出版公司出版，一九八八年）、《袁世凱家族》（中國青年出版社出版，一九九〇年）以及《中國宋遼金夏藝術史》（合著，人民出版社出版，一九九四年）等多部學術著作，並有《鈎沉學海　獵逸書林——記一代史學宗師陳垣》、《驪歌》等散文、隨筆、評論、考據文章、譯作和詩歌等發表。

周岩的碩士學位論文是《康有爲與貝拉米宗教理論觀比較》。那時，他已經對宗教研究産生了興趣。近二十年來，他利用業餘時間自費於京、滬、寧等地進行明末清初天主教史文獻的蒐求、整理、校勘等工作。探訪、查詢、手抄筆錄、登記排序，艱難之狀，可想而知，可他不以爲苦，樂此不疲。二〇〇二年他在一篇回憶北京師範大學圖書館的文章中曾經有過這樣的記述：

> 上學的時候，胡亂看過很多書，有的一時之後，也就忘了；有的則深記在心，《明清之際歐人東渡及西學東漸史》就是這樣一部書。《明清之際歐人東渡及西學東漸史》，張維華著，好像是稿本。在那部書裏，張先生極系統地叙述了明末清初中西文化交流的方方面面，非常有條理，實在是這方面歷史研究絶好的一部入門書。上學時，對於複印一整部書，價錢實在是太昂貴了，所以我就著手抄，製作卡片。抄這部書用去了多長時間，記不得了，但這部書肯定續借過。這部書對於我來説，實在有著太大的好處，明白了抄書是最好的學習方法。而且由這部書，導引出一系列的中西交通史籍。這也難怪，北師大圖書館接續了原輔仁大學圖書館的藏書，所以這方面的文獻很豐富。我有一個本子，上面記了很多諸如利瑪竇、艾儒略、湯若望、方豪、丁韙良、李提摩太等人的漢文文獻目錄。一九九四年我著手明末清初天主教史研究的時候，把這

個筆記本拿出來，竟然還可以作爲研究的基本文獻索引。而且這些書都是老輔仁的舊藏，雖然十年過去了，連書號也沒有變，實在便捷得很！

没想到，眞的「做點學問」，卻是畢業以後的事情了。編校《明末清初天主教史文獻叢編》，北京地區主要利用的就是北京圖書館（現中國國家圖書館）和北師大圖書館的藏書。憑著當年對北師大圖書館的瞭解，我知道那裏藏有當年耶穌會士們漢文著作的哪些版本、抄本。《明末清初天主教史文獻叢編》中收的《破邪集》，是在師大圖書館裏抄成的，《三山論學記》等古籍也是在那裏用不同版本校勘的。編這部書時，我在師大圖書館，總共待了四個多月，天天去，没有中斷。師大圖書館老師們所提供的便利，令人難忘。不僅如此，《破邪集》中文原本已佚，傳世的祇有日本翻刻本，日本翻刻本的序，是用「日式」漢文手書的，實在難以辨識，有的話因爲翻刻中的錯舛，也難以卒讀。這些問題，也是在圖書館崔先生的指點下，且琢且磨，得以解決。（北師大圖書館編，《百年情結——「我與北師大圖書館」徵文文集》，北師大出版社）

感恩之心、愉悅之情，流諸筆端，溢於言表。

周岩執著於天主教史文獻的研究，艱苦備嘗。這本書的出版是對他二十年心血的一個肯定、一份展示、一種慰藉。在這部書的整理、出版過程中，得到國家圖書館出版社孫彥編審的全力幫助和精心指導，這是本書得以面世的關鍵所在。更讓我感動的是周岩的大舅陳天恩教授，他爲整理這些遺稿及籌劃出版付出了極大的辛勞。還有那些一直給予我們關心和幫助的師友們，在此謹致以衷心的感謝。

本書是周岩的遺著，在他生前還没有最終定稿，因此書中不足、不妥之處，在所難免，尚祈海内外大方之家予以指正，既慰天上，亦惠人間，功德無量，善莫大焉。

許　娜

二〇一三年五月